U0090623

中國学術思想 研究輯刊

十四編

林慶彰 主編

第26冊

譚嗣同經世思想及其新政變法研究

趙世瑋 著

花木蘭文化出版社

國家圖書館出版品預行編目資料

譚嗣同經世思想及其新政變法研究／趙世瑋 著 — 初版 — 新
北市：花木蘭文化出版社，2012〔民 101〕
目 2+310 面；19×26 公分
（中國學術思想研究輯刊 十四編；第 26 冊）
ISBN：978-986-322-036-7（精裝）
1.（清）譚嗣同　2. 學術思想　3. 哲學
030.8　　　　　　　　　　　　　　　　　101015392

ISBN-978-986-322-036-7

9 789863 220367

中國學術思想研究輯刊
十四編　第二六冊　　　　　　　　ISBN：978-986-322-036-7

譚嗣同經世思想及其新政變法研究

作　　者　趙世瑋
主　　編　林慶彰
總 編 輯　杜潔祥
出　　版　花木蘭文化出版社
發 行 所　花木蘭文化出版社
發 行 人　高小娟
聯絡地址　新北市永和區中正路五九五號七樓
　　　　　電話：02-2923-1455／傳真：02-2923-1452
網　　址　http://www.huamulan.tw 信箱 sut81518@gmail.com
印　　刷　普羅文化出版廣告事業
封面設計　劉開工作室
初　　版　2012 年 9 月
定　　價　十四編 34 冊（精裝）新台幣 56,000 元　　版權所有·請勿翻印

譚嗣同經世思想及其新政變法研究

趙世瑋　著

作者簡介

趙世瑋，國立中山大學中國文學系碩士，天主教輔仁大學中國文學系博士，現任桃園創新技術學院通識教育中心專任助理教授，且兼任國立清華大學中國文學系助理教授。曾發表期刊論文"Yen Fu and the Liberal Thought in Early Modern China"、〈中國近代思想史「群」觀念之起源及其影響〉、〈譚嗣同師弟關係考辨〉；會議論文〈論戴震詮釋孟子思想之意義及相關思想史上之問題〉、〈試論晚清公羊學派進化思想之形成〉、〈蘇軾〈正統論〉及其時代問題析論〉、〈論晚清「以太」說之建構與作用〉、〈清代中晚期永嘉儒學發展略述〉、〈明清「浙學」概念及涵義重探〉，以及譯作〈全球倫理與中國資源〉（Gregor Paul）。現從事晚清思想及清代浙學等專題研究。

提　要

　　近代以來，學者對譚嗣同的研究著作頗多，討論的議題也具多樣性，但是整體的論述與理論邏輯的推演，卻相對較為粗疏，而在談論譚嗣同思想成因上，也多有忽略或缺乏明確論證。諸如學者偏重於討論譚嗣同哲學思想，而忽略其早年學術思想的內容與經學、史學對其思想形成的重要性；學者偏重討論《仁學》的哲學意涵，與譚氏思想究屬唯心或唯物的問題，卻忽略譚氏寫作《仁學》的目的與其中關注的焦點，並非全在哲學問題上；學者無法明確指出譚氏思想形成的來源究竟為何，只依據主觀判斷其受到王船山思想與湖湘學派的影響，卻無視於譚氏曾自言永嘉之學對其深刻的影響。此外，譚氏在戊戌維新時期與失敗後的種種作為，學界仍有許多紛紛之論，其原因不外乎譚氏究竟心中有無革命的思想，而文獻上的證據卻往往有撰者本身政治上的私人目的混含其中，如梁啟超所撰〈譚嗣同傳〉、畢永年的〈詭謀直紀〉等，致學者誤信其說，爭議遂起。

　　本論文即試圖解決上述學者研究上的不足與疏略處。全文概分為緒論、結論及七章：

　　緒論部分將海內外研究譚嗣同思想的重要文獻予以簡要評析，並說明本論文研究所關注的議題及所採取的學術取徑為何。

　　第一章：譚嗣同學問形成的過程。以譚嗣同的啟蒙時期為起點，逐步分析譚嗣同思想形成的幾個關鍵階段，同時釐清影響譚氏思想最主要的來源為何。

　　第二章：從〈治言〉到〈三十自紀〉的思想轉變。主要分別探討《石菊影廬筆識》〈學篇〉中的經學問題、〈思篇〉中的思想以及史論。另外對〈治言〉寫作的動機與內容的分析中來探尋譚氏思想發展的脈絡，並剖析完成〈三十自紀〉後譚氏思想轉變的契機。

　　第三章：甲午戰後至居金陵期間完成《仁學》。除深入探究影響譚嗣同深遠的經世事功思想外，譚氏寫作〈瀏陽興算記〉之後在湖南地區以及師友之間所產生的爭議，也詳加論述，並對譚氏最重要的著作《仁學》寫作目的，及著作版本問題進行剖析。

　　第四章：深入探討《仁學》思想，並就仁說、以太與氣、以太與仁、從以太到心力的轉化、政治思想、倫理思想及經濟思想等問題予以剖析。

　　第五章：金陵棄官與湖南新政的開展。從譚嗣同在金陵候補知府時期，留心新政的推展，以及對《申報》和《時務報》的幫助、促成時務學堂的設立，之後選擇離開金陵回到湖南，成立南學會，並大力推展湖南新政，而受到守舊派和張之洞等人的彈壓，最後終因書院出題之事導致譚氏與歐陽中鵠師生關係決裂。

　　第六章：從奉旨入京到菜市口就義。分述譚嗣同戊戌北上後擔任軍機章京時，與康有為等人協助光緒推展新政的過程，以及譚氏密會袁世凱的始末，和譚氏選擇從容就義的經過，另外也釐清獄中題壁詩的疑點。

　　第七章：一生的評價，探討譚氏性格對其一生的影響，以及反滿、死君的疑問，並就對後世的影響加以說明。

目次

緒　論 …………………………………………………………… 1

　一、論題的建立 ………………………………………………… 1

　二、當前研究成果概述 ………………………………………… 2

　三、現有研究的闕失及研究前景 …………………………… 6

第一章　譚嗣同學問形成的過程 …………………………… 11

　一、譚嗣同的啓蒙時期 ……………………………………… 11

　二、譚嗣同思想形成的關鍵階段 …………………………… 17

第二章　從《石菊影廬筆識》與〈治言〉到〈三十
　　　　自紀〉的思想發展 ………………………………… 25

　一、《石菊影廬筆識》〈學篇〉中的經學問題 …………… 26

　二、《石菊影廬筆識》〈思篇〉中的思想 ………………… 44

　三、《石菊影廬筆識》〈思篇〉中的史論 ………………… 55

　四、〈治言〉寫作與思想發展的脈絡 ……………………… 59

　五、〈三十自紀〉後思想轉變的契機 ……………………… 69

第三章　甲午戰後至居金陵期間完成《仁學》 ………… 73

　一、瀏陽興算所產生的爭議 ………………………………… 74

　二、譚嗣同的經世思想 ……………………………………… 83

　三、《仁學》寫作目的及著作版本問題剖析 ……………… 94

第四章《仁學》思想探析 …………………………………… 103

　一、仁說 ……………………………………………………… 103

二、以太與氣 ·············· 105

三、以太與仁 ·············· 111

四、從以太到心力的轉化 ·············· 117

五、政治思想 ·············· 125

六、倫理思想 ·············· 140

七、經濟思想 ·············· 144

第五章　金陵棄官與湖南新政的開展 ·············· 149

一、往來於湖南湖北及江蘇等地 ·············· 149

二、湖南辦礦 ·············· 159

三、《湘學報》與《湘報》 ·············· 170

四、時務學堂事 ·············· 176

五、南學會 ·············· 187

六、湖南保衛局與團練 ·············· 192

七、改時文事件 ·············· 199

八、湖南新政失敗原因 ·············· 205

第六章　從奉旨入京到菜市口就義 ·············· 215

一、戊戌北上 ·············· 215

二、入值軍機處 ·············· 220

三、圍園密謀與戊戌政變 ·············· 224

四、戊戌政變肇因 ·············· 242

五、獄中絕筆及題壁詩 ·············· 249

六、戊戌變法失敗原因 ·············· 256

第七章　一生的評價 ·············· 267

一、譚氏性格 ·············· 267

二、死君與死事之辨 ·············· 268

三、對後世的影響 ·············· 279

結　論 ·············· 281

重要參考文獻 ·············· 285

一、清代以前輯著之文獻資料 ·············· 285

二、近人專著及論文集 ·············· 291

三、近人外文著作及中譯著作 ·············· 298

四、中文碩博士論文 ·············· 301

五、中文期刊論文 ·············· 302

緒　論

一、論題的建立

　　直至今日，以譚嗣同為範疇的直接或相關的研究，雖已有許多篇卷，但仍有不少待澄清、開發及解釋的問題，這些問題在目前的研究論著中，卻相當罕見。就本文論題而言，研究譚氏的思想內容已有許多成果，但是相對的，譚氏從中國古籍的探研過程中所產生的學術觀點，研究者卻寥寥無幾。彷彿譚嗣同自寫出《仁學》一書後，他的思想發展也就完成了。因此，學者關注譚氏思想的焦點，自然也就莫此為甚。然而譚氏一再表明：「近依《仁學》之理衍之，則讀經不難迎刃而解，且日出新義焉。」（《全集》頁 262～266）且《仁學》中對經書的詮解，所在多有，這些都是譚氏在撰著《仁學》之前，對古籍鑽研的成果展現，甚至可以說譚氏《仁學》的寫作目的，有部分就是為了解決經書中的詮釋疑義。

　　職是之故，本文撰寫的目的，就在於通過對譚氏學術思想及經世作為的表現，尋繹一條溝通譚氏早年至《仁學》撰寫完成，以及後來譚氏變法思想與經世實踐的線索，來重新審視譚嗣同思想上的特點。如此，才可能對譚嗣同的研究具備完整性。

　　當前學界對譚氏思想發展的脈絡，多半未詳細掌握，因而往往產生如此的誤解：將譚氏維新改革思想放大到從早年甚至幼年即逐漸形成，這與譚氏自稱早年彈抵西學，深懷夷夏之防的觀念不免相牴觸。如此一來，對譚氏的思想研究，甚至評價譚氏的一生，都顯得極不客觀，常見的情形，乃成為研究者的「譚嗣同研究」。再者，早期研究譚嗣同的學者多半採取社會主義觀點

－1－

來批判譚氏的思想，也不免將譚氏思想裂解支離。爲避免如此的研究取徑，「新史學的主要任務之一：把過去重要時代的文化整體重新復原。我們衡量某個時代一個事件或一個方面的重要性的標準應該是當時的標準，而不是寫歷史人的時代的標準。」〔註1〕則是值得引鑑的方法。「新史學」的研究注意到「任何單一的原因，都不能決定歷史事件的進程。歷史學者對歷史因果關係必須採取一種試探的和經驗的態度，並且要接受多元的觀點。」〔註2〕應用在探討譚嗣同的思想與經世作爲上，是值得嘗試的一種方法。

　　焦潤明在評析德國蘭克（Leopold von Ranke）的實證史學時曾指出：「在特定歷史時期特定思想問題的研究中應用實證方法，起碼要弄清楚如下幾個問題：某一特定思想是由誰最先提出來的？這一思想淵源於何處？在什麼時間、什麼地點、什麼刊物上，以什麼樣形式發表的？某一思想是怎樣傳播的？產生了怎樣的影響？等等，上舉的每一個問題其實都是需要實際證明的。」〔註3〕儘管蘭克的史學觀點和目的受到許多的批評和質疑，伊格爾斯即認爲：「蘭克那種狹隘地集中注意於與廣泛的社會背景脫節的政治史，過窄地著眼於歐洲列強的外交事務，過分倚重國家文件而對其他史料不屑一顧的『科學』的歷史研究模式，不僅對於德國啓蒙文學家寫一部包羅萬象的政治社會史的雄心壯志來說是一個倒退，而且也反應了這種研究模式產生時，19 世紀早期普魯士大學的政治、社會和知識的侷限性。」〔註4〕但是蘭克的實證方法，在當前研究譚嗣同的學者中，採用此法的還是大有人在，且這種方法對於釐清譚氏《仁學》裡的「以太」和「心力」等觀念，及其在戊戌變法時期的作爲，反而更顯得客觀與重要。

二、當前研究成果概述

　　譚嗣同在近代中國歷史，留下了深刻的印跡。即使在他逝世百年之後的今天，仍不斷受到研究者的關注。百年來的研究成果，堪稱豐碩。無論是基礎文獻資料的搜集、出版，還是對譚氏思想研究的推拓，這些工作到今天仍持續進行。1917 年，上海文明書局發行了第一本鉛印本《譚瀏陽全集》。1943

〔註1〕　見 James Robinson:《新史學》（北京市：商務印書館，1964 年），頁 187～188。
〔註2〕　同前註，頁 206。
〔註3〕　見焦潤明:〈關於中國近代思想史研究的若干理論問題〉，《遼寧大學學報（哲學社會科學版）》2003 年第 1 期，頁 89。
〔註4〕　見伊格爾斯:《歐洲史學新方向》（北京市：華夏出版社，1989 年），頁 9～10。

年，歐陽予倩編的《譚嗣同書簡》出版，為譚嗣同的研究提供了一些新史料。
1954 年，北京三聯書店出版了《譚嗣同全集》，系統地分類整理了譚嗣同的研究史料。同時，《湖南歷史資料》也發表了一批譚嗣同的未刊書信。1957 年，楊廷福的《譚嗣同年譜》問世。之後，楊榮國的《譚嗣同哲學研究》、李澤厚的《康有爲譚嗣同思想研究》等論著相繼出版，形成了譚嗣同研究的良好趨勢。1981 年，北京中華書局出版了蔡尚思、方行編的《譚嗣同全集》（增訂本），增加了近四分之一的研究史料。同年，湖南人民出版社與上海人民出版社同時出版了由徐義君著作的《譚嗣同思想研究》和鄧潭洲的《譚嗣同傳論》。前者較系統地論述了譚嗣同的政治觀點、哲學思想及其產生的社會根源和思想基礎；後者則先概述譚嗣同的一生，再就他的思想進行專題評論。1988 年，湖南譚嗣同紀念館等單位編輯出版了《譚嗣同研究資料匯編》，補足了部分和譚嗣同相關的一手資料。1998 年 9 月 28 日至 30 日在譚嗣同家鄉瀏陽市舉行的「譚嗣同暨湖南戊戌維新國際學術研討會」，將譚嗣同的研究推進了一步。2004 年湖南大學出版社分別出版了丁平一的《譚嗣同與維新派師友》和賈維的《譚嗣同與晚清士人交往研究》兩本專著。以資料和內容而論，後者的學術價值遠超過前者。

　　自 1950 年代至今，香港和臺灣報刊雜誌上發表了有關譚嗣同的文章已有數十篇，臺灣的碩、博士論文也有十一篇〔註 5〕，其中較具學術價值的爲林載爵的《譚嗣同評傳》和邱榮舉的《譚嗣同的政治思想研究》。日本學者一直對譚嗣同懷有濃厚的興趣，據粗略估計，從 50 年代到 80 年代末，日本學者就發表譚嗣同研究論文近 40 篇，其中，已有中文譯作的，如竹內弘行所撰〈譚嗣同的《仁學》和清末的仁思想〉一文，詳盡分析了譚嗣同所提的「仁」這一概念的內涵、來源及其對中國近現代思想界的深刻影響。他認爲譚嗣同所持的「仁的人偶說」，是在清朝考證學者們批判宋學和復興漢學中所形成的，也是清末變法所共有的學說。〔註 6〕此外，小野川秀美的《晚清政治思想研究‧

〔註 5〕　可參見程克雅：〈臺、港及海外地區近五十年來的譚嗣同研究〉，《中國文哲研究通訊》2004 年第 14 卷第 1 期，頁 131，另可查閱國家圖書館「全國博碩士論文資訊網」。
〔註 6〕　相關研究可參見陳善偉：〈八十年來的譚嗣同研究〉，《香港中文大學中國文化研究所學報》1984 年第 15 卷，頁 139～151；鄭焱：〈譚嗣同研究述評〉，《求索》1995 年第 4 期，頁 113～116；李喜所：〈百年譚嗣同研究的回顧與展望〉，《廣東社會科學》2000 年第 1 期，頁 77～82。

譚嗣同的變革論》、近藤邦康的《救亡與傳統──五四思想形成之內在邏輯‧清末變法論與譚嗣同思想》、堀川哲男的〈譚嗣同的政治思想〉、有田和夫的《氣的思想‧變法運動中的氣──附：以太》，以及坂元弘子的〈譚嗣同的《仁學》和亨利烏特的《治心免病法》〉，都提供了許多探討譚嗣同思想的不同面向。未有中文譯作的，如近藤邦康的《中國近代思想史研究》（東京：勁草書房，1981 年）、有田和夫的《清末意識構造の研究》（東京：汲古書院，1984 年）和《近代中國思想史論》（東京：汲古書院，1998 年）、佐藤慎一編，坂元ひろ子的《近代中國の思索者たち‧譚嗣同──「万物一体の仁」の思想》（東京：大修館書店，1998 年）、島田虔次的《中国思想史の研究‧譚嗣同の思想の性格》（京都：京都大学学術出版会，2005 年）、坂出祥伸的〈譚嗣同の「以太」說〉，《関西大学中国文学会紀要》（1974 年 12 月第 5 号）、李惠京的〈譚嗣同の「仁学」──批判哲学としての破壊と建設の役割について〉（《東方学》95，1998 年）、孫路易的《中国思想認識における幾つかの問題‧譚嗣同の「以太」》（京都：明友書店，2006 年）等，更注意跳脫唯心、唯物論的爭辯問題，而著重在以往研究譚嗣同時所忽略的思想性格方面。

　　當代美國、加拿大學者對譚嗣同的研究，應屬 Nathan M. Talbott、Douglas David Wile、Ray Ronald Robel（羅貝爾）及篠原亨一（Koichi Shinohara）四位學者的博士論文為最完整且重要。最早較全面談及當代美國研究譚嗣同的論著，則是現任加拿大 Lethbridge 大學歷史系教授鄺兆江（Luke S. K. Kwong）在 1996 年出版的專著 T'an Ssu-t'ung, 1865～1898: Life and Thought of a Reformer. 鄺兆江指出：「在中國以外地區，學者同時對譚嗣同有興趣則發生在 1950 年代。以美國為例，除去各種期刊論文不算，到 1977 年為止，至少有四篇集中討論譚嗣同的博士論文已經完成。」〔註 7〕現任香港中文大學翻譯學系教授陳善偉（Sin-wai Chan）在 1980 年出版的 T'an Ssu-t'ung: an annotated bibliography. 已詳盡地將三位學者的博士論文及其他學者的研究著述列舉簡介。此外，Lisa Marie Rogers 的博士論文 Nature and Ethics in Late Qing Thought. 第三章也討論了譚嗣同的《仁學》；Ingo Schäfer 的文章 Natural Philosophy, Physics and Metaphysics in the Discoourse of Tan SiTong: The Concepts of Qi and Yitai. 以及 Richard H. Shek 的 Some Western Influences on T'an Ssu-t'ung's Thought. 都偏重於探討

〔註 7〕見 Luke S. K. Kwong, *T'an Ssu-t'ung, 1865～1898: Life and Thought of a Reformer*, (Leiden; New York; Köln: Brill, 1996), pp. 3～4.

《仁學》的哲學問題。

　　現有關於譚嗣同年譜著作，有楊廷福的《譚嗣同年譜》、譚訓聰的〈清譚復生先生嗣同年譜〉和譚恆岳（譚嗣同在臺灣的嗣孫）編著的《譚嗣同年譜新編初稿》較為完備，其餘如徐義君、李喜所等都只有附錄式的行蹤表。《仁學》的評注本，以周振甫的《譚嗣同文選注》、加潤國選注的《仁學：譚嗣同集》及印永清評注的《仁學：走出不仁的中世紀》為最主要，但是譚恆岳編著的《譚嗣同仁學注釋析評》，卻較前三本更加深入與完備，可說是目前為止對《仁學》用力最深的著作。

　　在期刊論文及學術會議論文方面，中國、香港和臺灣已有大量的篇章，此處不再贅述，而值得一提的是，輔仁大學曾出版《仁學百年：譚嗣同仁學的回顧與展望》；譚恆岳等人也在 1994 年於臺灣成立「中華仁學會」，並且已舉辦過多場學術研討會，集結五冊的《論文集》，如中華仁學會主辦的《譚嗣同先生學術研討會論文集》、《先烈譚嗣同先生殉難一百週年譚嗣同暨戊戌維新國際學術研討會論文集》；中國人民大學哲學系主辦、中華仁學會協辦的《譚嗣同思想學術研討會論文集》，許多關於譚嗣同的專論，也有部份收錄於田伏隆、朱漢民主編的《譚嗣同與戊戌維新》。

　　至於討論譚嗣同在湖南推行的維新新政，有小野川秀美的《晚清政治思想研究・戊戌變法與湖南省》、林能士的《清季湖南的新政運動（1895～1898）》，以及尹飛舟據博士論文增修出版的《湖南維新運動研究》，Charlton M. Lewis 的單篇論文：The Reform Movement in Hunan（1896～1898），以及專著 Prologue to the Chinese Revolution: The Transformation of Ideas and Institutions in Hunan Province, 1891～1907. 有部份章節極具參考價值。此外，黃彰健的《戊戌變法史研究・論光緒丁酉戊戌湖南新舊黨爭》，雖在許多文獻資料不足的情況下，撰述內容遭致陳善偉的批評，但其貢獻仍值得肯定。而討論譚嗣同在戊戌變法及政變過程中的歷史地位，如鄺兆江的專著：A Mosaic of the Hundred Days: Personalities, Politics, and Ideas of 1898. 及高田淳的《中国の近代と儒教：戊戌変法の思想》皆有其個別的詮釋角度。但其中最值得肯定的重要著作，當屬茅海建的《戊戌變法史事考》一書。茅海建的學術取徑極為類似前述的實證史學，充分讓文獻資料來說明歷史事件，也謹慎選辨非官方文獻，並且對孔祥吉等人的學術態度和論證多有批評。該書對釐清戊戌政變過程的原委，予人印象深刻。

三、現有研究的闕失及研究前景

　　本文研究所根據的一手文獻《譚嗣同全集》，雖是已經過編者增補了部分新發掘的史料的增訂本，但是仍不能稱之爲「全集」。至少，許多重要的檔案文獻已經被銷毀、佚失或是尚待發掘。尤有甚者，《譚嗣同全集》所收錄的譚嗣同著作，有部分卻是需要再進一步加以考證，以確定其眞僞。

　　戊戌政變發生之後，朝廷雖一再發佈諭令，將可能牽涉其中的官員、士紳，一律不再追究，但是當時仍有許多人爲了避免日後株連而將珍貴的書信、日記等文獻銷毀。《宋恕集》卷十〈日記〉中即有編者按語，指宋恕「向來就有記日記習慣。但戊戌政變後，頑固派對維新人士大肆鎭壓，以致不得不於『己亥十二月二十、廿一兩日夜及廿二大半日』檢理一番全部日記和筆記，『當存者裁存，當摘者摘記，除裁存摘記者外，原本悉於廿二下午日悉付丙丁矣』。當日燒燬的就有丁酉、戊戌、己亥等年日記及其他簿冊十九本。……可見顧慮重重」。〔註 8〕居住在北京的顯貴，據說也紛紛將門房的來客登記簿燒掉。以和譚嗣同過從甚密的唐才常和梁啓超爲例，在《譚嗣同全集》中可找到譚氏寫給兩人的書信，而在現今可見到的兩人的文集或全集當中，竟然沒有一封書信是寫給譚嗣同的！如此不合理的現象，唯一可以解釋的，就是兩人都像宋恕一樣，將可能受株連的書信予以銷毀了。

　　狹間直樹在一篇談論譚嗣同的著作文章中，曾提到：「譚嗣同的《仁學》，以前爲了宣傳其意義，被披上了康有爲學說的外衣，而現在這件外衣卻由梁啓超自己將它脫了下來。……那麼，與梁啓超的關係又是怎麼樣的呢？本稿最初提示的 7 項內容，全部被刪除了。連顯示兩者特殊關係的比喻『程嬰杵臼、月照西鄉』都被刪除。這樣的話，就不得不使人對〈去國行〉的措辭抱幾分懷疑了。現在我還沒有探明這一疑問的解釋方法。」狹間直樹因而對梁啓超分刊譚嗣同的《仁學》一書的目的有所質疑，而更令人訝異的是：「這且不提，對於本稿來說，更爲重要的是，譚嗣同的著作『皆藏於余處』的記載被刪除了，而且還被改成了『君死後皆散逸』一句。這只能說是『不可思議』的大轉換，雖然與《清議報》第 85 冊所載的廣告所說的內容相呼應，但是與在這之前的《清議報》上所登載的事實相矛盾。也許可以作這樣的推測，爲了避開這一前言後語的矛盾，梁啓超將單行本拿到了《國民報社》去出版，而不是《清議報》館。」

〔註 8〕見宋恕著，胡珠生編：《宋恕集》（北京市：中華書局，1993 年），下冊，頁917。

〔註9〕這是否就意味現行的《仁學》刊本是不全，甚至有部分並非譚氏原著？因為如果梁啓超否認當初譚嗣同親自交付的著作，那麼連在上海由唐才常刊行的《仁學》，原就是得自梁氏的副本，也可能有問題？

　　譚嗣同曾於戊戌六月十三日北上進京的途中，寫信給李閏說：「前在省托唐佛塵寄回書箱等件，其中皆是要物，想均收到矣。」（〈致李閏・二〉，《全集》頁531）「其中皆是要物」是否有《仁學》和其他師友往來書信？唐才常負責整理封存寄回，那麼他是否也曾抄錄一份《仁學》？譚訓聰在《清譚復生先生嗣同年譜》中曾記載：「先祖母（按：即李閏）於民國十四年乙丑（1925）九月初七日逝世，越年餘於祖母居室樓上，發現公遺物，用大小木箱數十件，又有用籐箱竹簏貯藏者。……竹簏中所藏計有六、七隻，多係刊物，計有《申報》、《時務報》、《湘報》、《湘學報》、《知恥報》、《知新報》、《農學報》、《算學報》等等，及英人丁韙良譯《萬國律例》、公演算草稿數十本（用毛邊紙毛筆演算）、英日文《字典》、《新約全書》，及當日所謂格致書籍。木箱中書有湘鄉曾國荃刊行之《王船山全書》，公親批點，蓋有『瀏陽譚氏復子䍥書』篆文印。觀此可知公之嗜好與興趣。」〔註10〕這些木箱中的書籍遺物，應該就是唐才常整理寄回的。但譚訓聰卻沒有提到《仁學》一書。可是譚訓聰又記說：「先人手澤現無片紙存留，余家居時，發現一批信件，及會客門簿。除大束家信外，信札中有鄭孝胥、徐仁鑄、江標、王之春、陳寶箴、陳三立、丁惠康、熊希齡、梁啓超、陶浚宣、錢恂、張通典、龍璋、龍紱瑞、徐乃昌、左孝同、宋恕、黃遵憲、羅振玉、言敦源（言爲袁世凱幕友）、沈兆祉（後入袁世凱幕，有小諸葛之稱）、汪詒書、吳順鼎、吳鐵樵、樊錐等，以及學生林圭、范源濂二人聯名信，方外人有釋敬安（八指頭陀）信，邑人有歐陽師（瓣薑）、貝元徵、唐才常、劉善涵、李正則等，其中以歐陽師及張通典、黃遵憲、劉善涵四人爲最多。」〔註11〕又可證明譚氏與上述多人的確曾有書信往來。這些書信當中，必定有能夠對譚氏的言論、思想更深入了解的文件。是否全都佚失，或是還未發掘？

　　由此可知，若想進一步對譚嗣同思想有突破性的研究，除史料須再蒐集

〔註9〕見狹間直樹：〈梁啓超筆下的譚嗣同——關於《仁學》的刊行與梁撰《譚嗣同傳》〉，《文史哲》2004年第1期，頁35。

〔註10〕引自政協長沙市委員會文史資料研究委員會、政協瀏陽縣委員會文史資料研究委員會、譚嗣同紀念館合編，《譚嗣同研究資料匯編》，1988年9月第1版，頁17。

〔註11〕同前註，頁15。

外，勢必得走上史料辨偽一途。除上述《仁學》之外，《全集》中的書信、文章，甚至和記載譚氏相關的第一手史料，都需加以考辨。其中關於戊戌八月三日晚上譚嗣同密會袁世凱之事、譚氏獄中絕筆等問題，都有考辨的需要。所幸這些工作已有學者不憚其煩地從檔案庫、圖書館中，發掘可資參考的重要史料。以譚氏在戊戌政變期間的問題，從 1970 年以來，利用清宮檔案研究戊戌政變的著作，就有包括黃彰健的《戊戌變法史研究》、孔祥吉的《康有爲變法奏議研究》、楊天石的《尋求歷史的謎底》以及茅海建的《戊戌變法史事考》。相關論文有房德鄰：〈戊戌政變史實考辨〉，收入胡繩武主編：《戊戌維新運動史論集》；林克光的〈戊戌變法史實考實〉、〈戊戌政變時間新證〉等，對研究此一時期譚嗣同的行蹤和行事，提供了許多寶貴的線索。

　　誠如李喜所指出的：「今後的譚嗣同研究是高起點的研究，難度很大。原因是，開掘新的資料非常困難。而對於歷史研究來講，資料是基礎，無新史料，一切都無從談起。同時，譚嗣同活的時間短，活動有限，著述有限，社會地位有限，可讓研究者馳騁的範圍較小，不會如康有爲、梁啓超、孫中山那樣成爲眾多研究者追求的目標。而且，百年來的研究成果斐然，再有所突破，並不容易。從以往的研究看，譚嗣同本身的研究較多，和譚相關的則較少涉及，也就是說不大關注其社會關係的考察。如譚嗣同的家庭問題，其父貴爲巡撫，是清末數得上的大官僚，爲什麼會出現譚嗣同這樣的叛逆者，很值得研究。譚嗣同個人的家庭生活，也有自己的特色，與他的思想和行動不無關係。家庭對個人的影響，從一定意義上講，遠遠超過了社會。不研究透名人的家庭，就不可能觸及到名人的本質。從譚氏家庭去解析譚嗣同，無疑是相當必要和具有開拓意義的。還有譚嗣同的交友情況，他一生中結交的朋友究竟有多少，這些朋友的狀況如何，對譚的影響在那裡。從研究譚嗣同的朋友去探討其文化品格，定會有新收穫。這方面的研究已有人接觸，但遠遠不夠。譚嗣同的讀書生活，應有專門研究。因爲只有眞正搞清楚了他一生讀了哪些書，才可以講明白他的思想源流。一般講譚嗣同的思想淵源是儒學、佛學和西學，但具體講是什麼樣的儒學、哪一派佛學、西學的哪些部分，則講不清了。如果弄明白了譚的讀書情況，再把他讀過的書找來看看，上述問題就迎刃而解了。」〔註12〕

〔註12〕 見李喜所：〈百年譚嗣同研究的回顧與展望〉，《廣東社會科學》2000 年第 1 期，頁 80～82。

　　李喜所的提示實具有啓發意義，但限於研究者的學力，也僅能就所知、所了解的部分，盡力還原譚嗣同本來面貌的十一，則已不勝欣慰！

第一章　譚嗣同學問形成的過程

一、譚嗣同的啓蒙時期

　　譚嗣同，字復生，號壯飛，又號華相眾生、東海褰冥氏、通眉生、通眉苾芻、寥天一閣主等，湖南瀏陽人。生於清同治四（1865）年，在清光緒二十四（1898）年戊戌政變中死難。譚嗣同的第一位啓蒙老師，是塾師畢蒓齋。譚氏在《遠遺堂集外文初編・自敘》曾提及這件事：「五六歲時，居京師宣武城南，與先仲兄俱事畢蒓齋師。」（《全集》頁89）當時譚氏就有過人的稟賦，「即審四聲，能屬對」（〈三十自紀〉，《全集》頁55）。同時間還有另一名塾師雲南楊先生，生平不可考，而所教授譚氏兄弟的，大約是童蒙之學，譚氏曾在〈先妣徐夫人逸事狀〉中記載此事（《全集》頁54）。

　　同治十一年，譚嗣同又拜第三位塾師韓蓀農。〈城南思舊銘并敘〉一文提到：「往八九歲時，讀書京師宣武城南，塾師爲大興韓蓀農先生，余伯兄、仲兄咸在焉。」（《全集》頁 22）韓氏所教授的內容，大抵是譚氏所謂的新學，即科舉時文〔註1〕，但也僅止於文章的背誦。據《《仲叔四書義》自敘》回憶：

〔註1〕譚氏曾提及的新學，似有二義。其一，如〈《仲叔四書義》自敘〉言：「孔仲遠作《正義》，閒肯經傳聲口，反覆申析其義。王介甫效爲新學，易詩賦聲病刓薄之習，鑿空說經，益張其名曰義，禍七八百年未渫。二者皆無當生人之用。新學尤能汩人性靈，而陰使售其僞。……嗣同兄弟，生用新學之時，舍之無以操業。……仲兄泗生不幸先生八年，爲新學梏獨久。……方今天下多故，日本踏我朝鮮，襲我盛京，海上用兵無虛日。……此豈新學能任其萬一者哉！竊惟不廢新學，無以發舒人人聰彊。弦久懦，則更張之。新學不爲不

「若嗣同兄弟共案，屬呼憤讀，力竭聲嘶，繼以瘖咽涕洟，回顧一鐙熒然，幾二十年所，猶尚如昨日事。」(《全集》頁 17) 可想譚氏當時應該還未能對記誦的內容有更深入的了解。

譚嗣同的第四位老師，歐陽中鵠，是影響譚氏思想較爲關鍵的其中一人。同治十三年，當時譚嗣同十歲，「是年七月，中鵠官中書，譚君延教其子嗣襄、嗣同」(〈先妣徐夫人逸事狀〉，《全集》頁 53)。光緒元年春，譚嗣同的父親譚繼洵升戶部郎中，「旋監督坐糧廳」(同上)，譚嗣同因而與父親「隨任北通州，猶時往京師」(〈三十自紀〉，《全集》頁 56)。隔年，譚嗣同的母親、二姊、大哥均因染喉疾不治，譚氏也感染喉疾，「以致昏死三日，幸虧得到歐陽中鵠老師親自護理，給他生火熬藥，乃得復甦」。[註 2] 光緒三年八月，譚繼洵「奉旨補授甘肅鞏秦階道」(〈先妣徐夫人逸事狀〉，《全集》頁 53)，是年冬天譚氏父子「歸湖南，取道天津，浮海逕煙臺至上海，易舟溯江，逕江蘇、安徽、九江至湖北，又易舟仍溯江泛洞庭，溯湘至長沙，陸抵瀏陽」(〈三十自紀〉，《全集》頁 56)。光緒四年春天，譚嗣同即隨父親赴甘肅秦州任所。而歐陽中鵠自甲戌年殿試以內閣中書供職京師 [註

久矣，效亦可觀矣，更張之時，其在斯乎。嗣同行與新學長辭，不復能俯首下心奉之。」(《全集》頁 16～17) 可知此「新學」應是指「科舉時文」。其二，如〈與唐紱丞書〉言：「三十以前舊學凡六種，茲特其二。余待更刻。三十以後，新學灑然一變，前後判若兩人。三十之年，適在甲午，地球全勢忽變，嗣同學術更大變，境能生心，心實造境。……嗣同不慧，蚤爲舊學所溺，或餖飣裒積，役于音訓；或華藻宮商，辱爲雕蟲。握槧則爲之腕脫，雒誦則爲之氣盡，夫亦可謂篤於文矣。」(《全集》頁 259) 又〈與徐仁鑄書〉言：「義寧陳撫部持節來，一意振興新學。」(《全集》頁 269)《湘報》後敍(下)言：「自江學政首倡新學，繼之以徐學政，簡要宏通，舉歸實踐，而襟佩之中喁喁然一新矣。其所以爲新之具不一，而假民自新之權以新吾民者，厥有三要。一曰：創學堂，改書院。……二曰：學會。……三曰：報紙。」(《全集》頁 418)〈羣萌學會敍〉言：「湖南省會，既大張新學，有若南學會，有若校經學會，有若時務學堂，有若武備學堂，有若方言學堂，有若課吏館，有若保衛局，有若機器製造公司，有若旬報館，有若日報館，有若各書院之改課，駸駸乎文化日闢矣。」(《全集》頁 430) 凡此「新學」，皆是指譚氏三十歲以後之學問，或指西學、新政等範疇而言，而與前之「科舉時文」的「新學」相較，「科舉時文」也被譚氏歸入「舊學」。

〔註 2〕引自譚恆輝、譚吟瑞：〈嗣同公生平事蹟補遺〉，《譚嗣同研究資料匯編》，頁 50。這段敍述據作者所言，是根據他們青少年時期在家中耳聞目睹的事實和參考其他著述，進行認眞的回憶和思考所得，但眞實情形是否如此？尚待釐清。

〔註 3〕內閣中書一職，按清代文職官員品級列爲從七品；清代內閣設有典籍廳、滿

3〕，光緒三年曾隨譚繼洵返瀏陽，次年，丁父憂居鄉守制，九年，入漕運總督楊昌浚幕，隨後即在楊家授徒近四年；十二年，入浙江學政瞿鴻機幕〔註4〕；光緒十三年充會典館協修，十四年充光緒大婚典撰文，歸政加上徽號典禮撰文；光緒十四年入江西學政龍湛霖幕爲總校，並受聘南昌閱經書院閱課卷；十六年入湖北巡撫譚繼洵幕，「嗣同復從其受學」〔註5〕；光緒十八年充國史館校對、補會典館纂撰、充方略館校對、充武殿試墶榜官、充萬壽慶典撰文；光緒二十年「假歸修墓」，回到湖南〔註6〕，幾乎長達十餘

本房、漢本房、蒙古房、滿票簽處、漢票簽處、誥敕房、稽察房、收發紅本處、飯銀處、副本庫、批本處等機構，分掌各項事務；其中漢本房及漢票簽處都設有漢人供職的中書定員。漢票簽處掌校閱漢文本章。撰繕漢文票簽，撰擬御製文字等工作，一般約有二十七位漢員中書。參見陳茂同：《歷代職官沿革史》（上海市：華東師範大學出版社，1988年），頁513～518。

〔註4〕引自賈維：《譚嗣同與晚清士人交往研究》（長沙市：湖南大學出版社，2004年），頁28。

〔註5〕同上引書；有關這年歐陽中鵠的行蹤，《歐陽五修族譜》〈歐陽中鵠事略〉及歐陽予倩〈先王父辮薑府君家傳〉均未提及，賈維是否根據歐陽氏一些未刊文稿而論述，不得而知，故此處所言「嗣同復從其受學」，賈維文中並未提供這個說法的出處，因而此說猶有可疑，詳下註6。

〔註6〕引文分別見賈維：《譚嗣同與晚清士人交往研究》，頁28、《歐陽五修族譜·歐陽中鵠事略》及歐陽予倩：〈先王父辮薑府君家傳〉，轉引自《譚嗣同研究資料匯編》，頁172及169。又唐才常在〈瀏陽興算記〉曾載：「維時吾師歐陽節吾先生，方以假還縣。」見湖南省哲學社會科學研究所編：《唐才常集》（北京市：中華書局，1980年），頁159。似乎可以確定歐陽中鵠從光緒二十年（1894年）回到瀏陽後，一直待到光緒二十二年，因譚嗣同、唐才常等人積極興辦算學館事，而留下來協助。今觀譚氏〈報劉淞芙書·一〉有「後得復事辮薑」一語，顯然譚氏自早年師事歐陽氏後，直至光緒二十年歐陽中鵠回到瀏陽，譚氏才再度師事之。不過，譚氏在《石菊影廬筆識·思篇》第四十一寫道：「又集褉帖字贈吳小珊曰：『此日盛游，同氣仰爲賢知列：異時文集，相期長在地天閒。』系曰：『家大人開府湖北，賓從文讌，盛極一時，辮薑師外，若王君信餘，吳君小珊，張君憩雲，涂君質初，貝君元徵，方諸芝蘭，吾臭味也。』」譚訓聰於〈先祖嗣同公年譜初稿〉認爲該文是光緒十八年所記，其所據爲何，並不清楚。復查其所編《清譚復生先生嗣同年譜》（見《譚嗣同研究資料匯編》，頁12），光緒十八年譚氏父「敬甫公七十整壽，九月初旬，親朋畢集。……撫署留影」。又譚繼洵於光緒十六年赴湖北任職巡撫，因此譚嗣同上文所記「家大人開府湖北」究竟是光緒十六年？抑或十八年？比較可能則是光緒十八年譚繼洵壽辰時有此次聚會。而上文「辮薑師外」，應指歐陽中鵠也參與此次集會，若是單純爲譚繼洵祝壽，則最多停留數日，隨即返回北京銷假，否則即難以解釋歐陽中鵠當時何以會在湖北。至於鄧潭洲指出，光緒三年譚繼洵回瀏陽修墓：「設宴招待前來弔唁的親朋戚友。譚嗣同在來賓中認識了唐才常，

年時間都入幕各處或留職北京〔註7〕。如此，譚嗣同親自向歐陽中鵠問學的

兩人傾談，志意相投，很快就成了朋友。這時，歐陽中鵠從北京回到瀏陽，
譚繼洵恐怕譚嗣同荒廢學業，就請他教譚嗣同讀書，唐才常得到他父親賢疇
的同意，也拜歐陽中鵠為師。」見《譚嗣同傳論》（上海市：上海人民出版社，
1981年），頁6。鄧氏這段文字敘述，據其注釋所引，是根據楊時霖的《唐佛
塵先生歷年事略》。楊氏此書今無從查考，但其說頗有問題。若依上文賈維所
述，歐陽中鵠是隨譚繼洵返回瀏陽，則兩說何者為真？再者，《唐才常集》中
〈上歐陽中鵠書〉第一及第二封，唐才常對歐陽中鵠稱「節吾老叔大人」，而
自稱「小姪」，兩封信繫年皆為癸巳十月及十二月，即光緒十九年；第三封以
後，唐才常對歐陽中鵠改稱「夫子大人」，而自稱「受業」，第三封信繫年為
乙未。（見該書頁224～230）又唐才質在〈唐才常烈士年譜〉中詳細記載：「癸
巳（1893年），……公與譚公嗣同事辦薑先生以師禮。」（同前揭書，頁269）
很明顯唐才常拜歐陽中鵠為師，恐怕是光緒十九年以後的事；因此鄧氏、楊
氏所指譚、唐二人事蹟，並當時歐陽先生是否曾回瀏陽諸事，恐不足具信。
另外，鄧潭洲又指出：「光緒十六年，……七月底，歐陽中鵠應譚繼洵之聘，
到湖北任撫院幕賓，譚嗣同又跟這位有名的學者讀書。此時，歐陽中鵠除了
指導譚嗣同系統地鑽研王船山的《四書訓義》外，還特別叮囑須以王船山所
著的《俟解》作為立身處世之本。」見《為改革而獻身的譚嗣同》（長沙市：
嶽麓書社，1998年），頁21～23。但鄧潭洲並未對這段話的來源出處或依據，
提出任何註解，其真實性如何，實令人費解。尤有甚者，鄧氏又記載：「光緒
二十年，……二月間，湖廣總督張之洞推薦歐陽中鵠到北京去參加慈禧太后
六旬慶典的『撰文』工作。歐陽中鵠臨走時，囑咐譚嗣同奮志攻書，砥礪品
德，以期成為國家的有用人材。」（見前揭書，頁24）然遍查《張之洞全集》
中有關光緒二十年所有的奏議、公牘、電牘、書札等，均未提及張之洞向任
何人推薦歐陽中鵠一事；況且光緒二十年歐陽中鵠還「奉朱筆圈派武殿試填
榜官」（見前引〈歐陽中鵠事略〉），可見鄧潭洲書中所陳述的，究竟有多少真
實性，頗值得懷疑。而賈維所述歐陽中鵠「十六年入湖北巡撫譚繼洵幕，嗣
同復從其受學」，也同樣未註明出處。賈維該書應曾參閱過湖南省社會科學院
歷史所藏歐陽中鵠所著《辦薑未刊文稿》、《辦薑未刊雜文》及《辦薑未刊函
稿》等一手資料，但該資料是否有相關紀錄明確記載歐陽中鵠這二十年期間
的行止？賈維亦交代不清。因此，上述問題恐難一時釐清。

〔註7〕 〈先妣徐夫人逸事狀〉記歐陽中鵠為譚嗣同母親所撰寫的墓誌銘：「歲丙
子，……其年九月，歸夫人喪於瀏陽。」（《全集》頁53）〈思篇·五十一〉：
「謂十二年前，從辦薑師渡此遇颶風也。」（《全集》頁151）當時譚嗣同二
十四歲；又據譚訓聰〈先祖嗣同公年譜初稿〉記光緒二年「秋九月仲兄奉
父命，護喪歸瀏陽，親屬歿於京師者六人」見《譚嗣同唐才常兩先生暨丙
午年萍瀏醴革命史料》（台北市：大中書局，出版年不詳），頁6。極可能歐
陽中鵠隨譚氏兄弟回到瀏陽，協助喪葬事宜，事畢即攜譚嗣同返回北京。〈先
妣徐夫人逸事狀〉又記：「明年八月，譚君奉旨補授甘肅鞏秦階道，加二品
銜，乃請假回籍修墓。既將之任，豫卜期葬夫人，屬志於中鵠，為志其要
者。」依文意推敲，當時譚繼洵與歐陽中鵠應尚在北京。

時間，大約只有從光緒元年至光緒三年，其間還須扣除譚氏往來北通州和北京一年多，以及他感染疾病的時間，還有歐陽中鵠須在公務之餘，才有可能當面對譚氏講授學問。

　　至於當時講授的內容為何？王樾認為歐陽中鵠「在教學中即以王船山的思想、氣節薰陶著譚嗣同，使他在幼小的心田裡早已播下『天下唯器而已』、『無其器則無其道』的道器論，反對守舊，主張進化的歷史觀及『天人合一』的宇宙、人生觀以及嚴夷夏之防的漢族本位民族主義等思想的種子」。〔註 8〕鄧潭洲則認為歐陽中鵠「在給譚嗣同兄弟講解《四書》等儒家經典時，便很自然地傳播了王船山的某些學術觀點。當時譚嗣同年紀小，並不完全懂得這些觀點所包含的意義，但由於歐陽中鵠深入淺出的講解，而且多次地反覆，也使他受到一些影響。從這時起，他就開始受到王船山的思想影響」。〔註 9〕段本洛強調：「歐陽中鵠一向推崇王船山的學問和氣節，……在教學中以王船山的思想薰陶著譚嗣同，在他幼小的心田裡，開始播種下中國傳統的民主思想的種子。」〔註 10〕李喜所認為譚繼洵將「歐陽中鵠請到家裡，作譚嗣同和其二哥譚嗣襄的老師。從此，譚嗣同開始接觸王船山的學說。……譚嗣同接觸到（王船山）這些東西之後，不僅開了眼界，而且變成了他後來所形成的政治和哲學觀點的重要資料來源。……歐陽中鵠對譚嗣同的早期思想確實發生過較多的影響，……那種認為歐陽中鵠對譚嗣同的影響很小，甚至力圖抹殺這種影響的觀點是欠公允的」。〔註 11〕鄧白洲更直接指出譚嗣同的父親「聘請歐陽中鵠到家為他兄弟倆授課。從此，嗣同才開始了正規學習，並初步閱讀《船山遺書》」。〔註 12〕

　　從上述學者對譚嗣同早年從學歐陽中鵠所學習的知識內容的論述，恐怕都只是推測，並沒有提出任何直接的證據加以證明，其中更不乏有過度臆測的可能。這些臆測大抵是基於幾個線索而來。首先，最重要的是上述學者普遍根據歐陽中鵠傾心於王船山思想而推斷歐陽氏在譚氏早年之時，即予以灌輸船山思想；其次，學者可能根據歐陽予倩在〈上歐陽瓣薑師書序〉所說：「譚先生十歲就跟我祖父讀書，以後每次回瀏陽，在我家裡往來很密。曾為監修

〔註 8〕見王樾：《譚嗣同變法思想研究》（臺北市：臺灣學生書局，1990 年），頁 21。
〔註 9〕見鄧潭洲：《譚嗣同傳論》，頁 5。
〔註 10〕見段本洛：《譚嗣同》（揚州市：江蘇古籍出版社，1985 年），頁 1。
〔註 11〕見李喜所：《譚嗣同評傳》（鄭州市：河南教育出版社，1986 年），頁 16～17。
〔註 12〕見鄧白洲：〈譚嗣同的五位老師〉，轉引自《譚嗣同研究資料匯編》，頁 147。

我曾祖父母的墳墓，在山上一住好幾天。我小的時候常常看見他。」（《全集》頁535）而誤認為譚氏因此能常與歐陽中鵠往來問學，自然容易接受王船山思想的影響；再者，學者普遍尊仰譚嗣同的人格，甚至稱其為偉大的愛國主義者而過度誇大譚氏生平及思想特殊之處，也成為學者之間一貫陳述譚氏思想的共通看法。

關於第一個線索的質疑，鄧潭洲在〈關於譚嗣同生平事蹟的幾個問題〉一文中曾指出：「譚嗣同在少年、青年時代先後拜歐陽中鵠、劉人熙為師（對劉只是問學）。這兩個人都是瀏陽的著名學者，都推崇王船山，所以他們在給譚嗣同傳道、授業、解惑時，自然會將他們研究王船山的體會、見解和主張向譚嗣同灌輸。究竟灌輸一些什麼東西呢？有些學者想當然地論斷，他們把王船山的唯物主義哲學思想和某些具有進步意義的社會政治思想，都向譚嗣同灌輸。其實，這是一種誤會。據我所知，歐陽中鵠對船山著作最重視的是《俟解》，他在〈與艮生〉中說：『船山《俟解》一卷，猶使人驚心動魄，日閱數則，以為嚴師之奉，庶幾不忘戒慎恐懼也。』又在〈復泗生〉中說：『《船山遺書》中《俟解》一卷，最為深切著明，可取而為嚴師之對。』……歐陽中鵠對船山學說的擇取既然是這樣，那麼他給譚嗣同傳授船山學說，也就不會越此範圍了。」〔註13〕如果按照鄧氏所推論的，譚嗣同可能受到船山思想的影響，應該只限於《俟解》部分，但即便是如此，也缺乏直接證據證明譚氏早年的確受到船山思想的影響。

無法判定譚嗣同早年是否透過歐陽中鵠而接受王船山的思想的問題，不僅因為譚氏早年跟隨歐陽氏受學的時間究竟有多長？〔註14〕更重要的因素在於譚氏十歲左右的年齡，究竟能吸收多少歐陽氏及船山的思想？譚氏在〈報

〔註13〕 引自《譚嗣同研究資料匯編》，頁328～329。鄧潭洲這篇文章原載於《求索》1988年第4期，早先鄧氏曾撰寫過《譚嗣同傳論》，且在1983年譚嗣同殉難85周年時，油印出版《為改革而獻身的譚嗣同》一書，而於1998年由湖南嶽麓書社正式出版。因此，鄧氏此文應是對《為改革而獻身的譚嗣同》書中的論點，提出若干修正。

〔註14〕 小野川秀美曾引用歐陽予倩〈上歐陽辦薑師書序〉，描述譚嗣同與歐陽家交往甚為密切，其用意似乎在論證譚氏與歐陽氏之間密切的關係，以及所可能受到歐陽中鵠思想的影響，但並未明白說出。然而譚氏最早回到瀏陽，已是在他十五歲時，而當時是否從學於歐陽中鵠，頗令人質疑（見前註第5、6、7）；譚氏與歐陽家往來密切並不代表即與歐陽中鵠有密切往來。見氏著《晚清政治思想研究》（臺北市：時報文化公司，1982年），頁170～171。

劉淞芙書一〉曾回顧一段早年的學習過程：「嗣同少稟惛惰，長益椎魯，幸承家訓，不即頑廢。然而家更多難，弱涕坐零。身役四方，車輪無角。雖受讀瓣薑、大圍之門，終暴棄於童蒙無知之日。」（《全集》頁8）譚氏此處書信行文容有過謙之詞，但也可能是陳述了部分的事實；譬如譚氏在〈城南思舊銘并敘〉曾提到：「往八九歲時，讀書京師宣武城南，……余夜讀，聞白楊號風，閒雜鬼歡。大恐，往奔兩兄，則皆撫慰而呵煦之。然名勝如龍泉寺、龍爪槐、陶然亭，瑤臺棗林，皆參錯其間，暇即浼兩兄挈以遊。」（《全集》頁22～23）又如〈先仲兄行述〉記載譚嗣襄「好攀登屋脊上，又善騎，揮鞭絕塵，窮馬力然後止。父師約束嚴，終不自戢，鞭撻之餘，隨以嬉笑」。一方面八歲、九歲的幼童仍是懵懂貪玩，另一方面，譚氏似乎處處以兄長為榜樣，「顧好弄，不喜書」（〈《仲叔四書義》自敘〉，《全集》頁 17），因而「終暴棄於童蒙無知之日」。此為對第二個線索的質疑。

　　至於對第三個線索的質疑，至少到目前為止，似乎仍然普遍存在一種「譚嗣同情結」的現象，亦即學者在討論譚嗣同思想的來源和特質時，所感受到譚嗣同的人格精神感召力，往往勝過理性思辨。這種情結固然是因為譚嗣同自我犧牲的精神所造成，影響所及，常令人將譚氏的政治行為、情感意志及思想內容混為一談而不自覺；此一現象在中國學者身上，更是清晰可見，而這一現象所形成的學術研究成果，乃至於大眾文化等等，幾乎已經成為一牢不可破的概念，以至於對譚嗣同的評價和認識，往往產生太多過譽，諸如「民主思想的種子」的論調。〔註15〕

二、譚嗣同思想形成的關鍵階段

　　從光緒四年秋天，譚嗣同隨父親赴甘肅蘭州，回抵秦州任所時，已近初冬。段本洛在《譚嗣同》一書當中，曾敘述這一年「譚嗣同在蘭州道署裡讀

〔註15〕造成這一現象的最大根源，可能是梁啟超和毛澤東所致，而兩人所以如此，皆不免有其個人的非學術動機，但造成的影響卻可能斲傷了學術研究的價值。相對於戊戌政變罹難的其他五人而言，中國社會和中國學界對於譚嗣同的特殊待遇，即是這一影響所造成的，但不免令人唏噓！中國學界幾乎一面倒地頌揚譚嗣同的偉大，以及中國社會對譚嗣同的懷念，皆令人訝異。中國長春電影製片廠所攝製的百部愛國主義教育影片「譚嗣同」，其內容即為一明顯例證。此外，INTERNET 網頁中有「譚嗣同紀念館」及「禪心劍氣相思骨，並做樊南一寸灰」兩站，又是極明顯的一例證。

書，對方苞、劉大櫆、姚鼐等桐城派古文，發生了很大興趣。桐城派古文，在當時的文壇上佔據著正宗的地位。桐城派不僅在文學思想方面是保守的，而且是程朱理學的信徒。譚嗣同閱讀桐城派古文時，程朱理學的唯心主義觀點，已無形中對他的思想產生了影響」。〔註16〕但段氏指譚嗣同此時於道署讀書，並愛好桐城派古文，可能是採用鄧潭洲在《譚嗣同傳論》一書中的觀點。〔註17〕這或許是他們根據譚嗣同〈三十自紀〉中所陳述的「嗣同少頗為桐城所震，刻意規之數年，久自以為似矣；出示人，亦以為似。誦書偶多，廣識當世淹通娉壹之士，稍稍自慚，即又無以自達。或授以魏、晉間文，乃大喜，時時籀繹，益篤耆之。由是上溯秦、漢，下循六朝，始悟心好沉博絕麗之文，子雲所以獨遼遼焉」（《全集》頁 55）這段話而作繫年判斷。待遍查所有關於譚嗣同的傳記、年譜、論著，以及譚氏著作，都未有明確證據指譚氏於蘭州道署對桐城派古文產生興趣。〔註18〕若依照鄧潭洲的論述，譚嗣同對桐城派古文產生喜好，應該早在光緒元年後譚氏從歐陽中鵠受學之時；而譚氏模仿桐城派古文習作也應該歷經數年時間，最後才改寫駢文，同時對寫駢文一事多有迴護之言〔註19〕。但此一推論猶有可議之處，說詳下文。

光緒五年夏，譚嗣同十五歲時，從秦州回到湖南，秋天溯江至長沙，陸抵瀏陽。這一年，根據鄧潭洲的論述，譚嗣同從第四個老師涂啓先讀書。鄧氏指出譚嗣同因在道署讀書，喜愛桐城派古文，雖然矻矻誦讀，而譚繼洵還認為缺乏明師教誨，就與瀏陽的著名學者涂啓先聯繫，請他在瀏陽教譚嗣同讀書。「譚嗣同跟隨涂啓先讀的書，雖然主要是儒家經典，但也受到涂啓先學術思想的影響。涂啓先稟承乾嘉漢學家遺風，對於文字、訓詁都有一定研究，而尤長於史學，考證得失。……我們只要看他後來所寫的《石菊影廬筆識‧

〔註16〕見段本洛：《譚嗣同》，頁 4。

〔註17〕見鄧潭洲：《譚嗣同傳論》，頁 7。鄧氏在書中提到的道署，並沒有指名蘭州，同時鄧氏認為譚嗣同之所以愛好桐城派古文，是受到歐陽中鵠的影響，而且目的即在於桐城派的義法，與時文制藝在神理上是相通的，宜於初學仿效。若鄧氏此言屬實，則更可證明歐陽中鵠在最初教授譚氏兄弟時，可能只限於時文的訓練，而不太可能教授船山思想，同時歐陽氏教授的內容也必須符合譚繼洵的要求。

〔註18〕除了王樾在《譚嗣同變法思想研究》一書中，引用鄧潭洲在《譚嗣同傳論》的陳述（見王樾書，頁 24）及段本洛在《譚嗣同》所指，而有譚氏在蘭州道署讀書的說法，此外幾乎找不到任何對此事的相關陳述或論據。鄧潭洲的陳述可能是最早的，但是這項陳述，鄧氏在書中卻沒有進一步的論證。

〔註19〕可參見〈三十自紀〉，《全集》頁 55。

學篇》七十六則，關於文字、訓詁、史傳所作的考證辨析，佔了大部分，且有不少發前人所未發的地方，便可知道他所受涂啓先的影響。譚嗣同跟涂啓先讀了兩年多書，擴大了學習的範圍，一方面接受了涂啓先重考證的治學方法；另一方面，涂啓先講授儒家經典，不以宋朝朱熹的注解爲侷限，而好稱引乾隆時阮元、焦循的經說。」〔註20〕

王樾也指出：「光緒五年，譚嗣同拜瀏陽著名學者涂啓先爲師，涂啓先，字舜臣，秉承乾嘉考據之遺風，精通文字音韻、名物訓詁和史學。在他兩年的指導下，譚嗣同接受了考據學派嚴謹的治學方法。不過，涂啓先講授儒家經典，並不侷限於朱熹的《四書集注》，而好稱引阮元的經學，而阮元是一位觀念進步的學者，對清代中葉今文經學常州學派的『微言大義』十分推崇，因此，譚氏也藉此一因緣接受了今文經學的薰陶（筆者按：段本洛書作薰陶），在煩瑣枯燥的故紙堆外，嗅得了自由思考、經世致用的新學風。」〔註21〕

由鄧、王二人的陳述中，大約可以歸結譚嗣同受到涂啓先的影響，不僅在傳統儒家經典，同時乾嘉漢學考據的文字、聲韻、訓詁，以及「浙東史學」〔註22〕、方志，甚至連常州公羊學派的思想都包括其中。鄧潭洲所持的論據主要來自譚嗣同的《石菊影廬筆識・學篇》以及劉通叔〈涂大圍先生事跡〉〔註23〕，而王樾及段本洛則所據不詳。雖然鄧氏的論據極爲確切，但是譚嗣同《石菊影廬筆識・學篇》大約寫成於十五至三十二歲之間，在此之間，譚氏也曾受學於劉人熙及復事歐陽中鵠，何以譚氏〈學篇〉中考證辨析的撰述卻不受兩位老師的影響？

此外，根據歐陽中鵠所撰〈涂訓導行狀〉一文的描述，涂啓先「博習多通，辭尚體要。與修縣志，發凡起例，皆古良史法，以當時持異同，卒別纂集。能爲桐城古文，義法謹嚴，操筆立就」。〔註24〕歐陽氏此文可注意有兩處，其一，涂啓先擅長史學，已見上文鄧潭洲等人的論述；其二，尤爲重要的是涂啓先擅長桐城古文，似乎應該也將此傳授給譚嗣同，所以譚氏在〈三十自紀〉中所述「嗣同少頗爲桐城所震」，極可能是從此時由涂啓先所啓迪。而譚訓聰所撰寫的〈清譚復生先生嗣同年譜〉，其中有一段敘述寫道：「一日吾在

〔註20〕見鄧潭洲：《譚嗣同傳論》，頁7～8。
〔註21〕見王樾：《譚嗣同變法思想研究》，頁24；又可見段本洛：《譚嗣同》頁4～5。
〔註22〕關於此點的論述，詳本章文末。
〔註23〕見鄧潭洲：《譚嗣同傳論》，頁8。
〔註24〕轉引自《譚嗣同研究資料匯編》，頁151。

公保大樓逢教育界國大代表魯立剛先生詢涂先生學行，魯君亦上東鎮人，魯告曰：『涂先生制行甚嚴，學宗程朱，文法桐城，其伯父輩均師之。』」〔註25〕也提供了涂啓先擅長桐城古文的證據。若然，則前述鄧潭洲與段本洛等人所論述譚嗣同在道署讀書時喜愛桐城派古文一事，其實並無明顯證據，同時可能是錯誤的。譚嗣同對桐城派古文的偏愛，應該是在他從涂啓先受學之後。

譚嗣同向涂啓先問學的時間，從光緒五年秋天以後，至少一直到光緒八年春。〔註26〕光緒七年，涂啓先繼續教譚嗣同讀書。鄧潭洲對此時譚嗣同所學，曾經指出：「第二年涂啓先除了給譚嗣同講授《周禮》、《儀禮》外，還給他講授《昭明文選》中的魏晉文。」〔註27〕張立文也有類似的論述，他在〈十九世紀末東方的人權宣言書──譚嗣同思想述評〉一文中指出，譚嗣同「十七歲讀《易經》、《禮記》、《儀禮》、《周禮》等，開始有系統地學習中國傳統文化『經典』。但他爲學博覽，同時致力於考據箋注、金石刻鏤、詩古文辭、並學習西方自然科學。亦『喜談經世略』，攻中國古兵法」。〔註28〕基本上，張立文這段論述幾乎是採用楊廷福的《譚嗣同年譜》中所敘述的。〔註29〕楊廷福認定此時譚嗣同所讀所學的內容，主要是根據兩項材料而推論，一項是譚嗣同的〈史例自敘〉，另一項則是蔡丙因的〈譚嗣同傳〉。楊氏引用譚氏〈史例自敘〉爲證，據〈史例自敘〉所述：「少受《易》，因及三《禮》，於《春秋》獨不喜言例。」但譚氏並未說明「少受」究竟是從幾歲開始；而蔡丙因〈譚嗣同傳〉一文也只敘述譚氏「少年曾爲考據箋注、金石刻鏤、詩古文辭之學，亦好談中國古兵法」，〔註30〕同樣並未具體說明年歲。

上述鄧潭洲、張立文及楊廷福三人對譚嗣同當時所學的描述，其間的差異在於，鄧氏認爲《周禮》、《儀禮》是涂啓先教授給譚嗣同，而張、楊則認

〔註25〕 同前註，頁 19。

〔註26〕 這期間譚氏曾在光緒七年秋短暫遊長沙，其它時間應該都留在瀏陽。可參考譚氏〈三十自紀〉一文所述。

〔註27〕 見鄧潭洲：《譚嗣同傳論》，頁 11。

〔註28〕 見張立文：《中國近代新學的展開》（台北市：東大圖書，1992 年），頁 143～144。

〔註29〕 可對照楊廷福：《譚嗣同年譜》（香港：崇文書店，1972 年），頁 39。

〔註30〕 蔡丙因這篇傳記所述，大多抄引自梁啓超〈譚嗣同傳〉，譬如此段文字，梁啓超即謂：「少年曾爲考據箋注金石刻鏤詩古文辭之學，亦好談中國古兵法。」（《全集》頁 556）文字全同。見蔡丙因（冠洛）編《清代七百名人傳》（北京市：中國書店，1984 年），頁 1913；該書最早可能在民國二十六年出版於上海世界書局。

為是譚氏在瀏陽家鄉所自學；除了《周禮》、《儀禮》之外，張、楊更指出當時譚氏還讀《易經》、《禮記》。雖然到目前為止，沒有任何明顯的證據，可以證明上述鄧潭洲、張立文及楊廷福三人所論的確是事實，但楊廷福根據〈史例自敘〉所作的推論，可信度應較高。

譚嗣同在十七歲之後，除了學習儒家經典之外，研究譚嗣同的學者更指出譚氏在弱冠前曾習讀《墨子》。楊廷福《譚嗣同年譜》在 1883 年譚嗣同十九歲的譜主事略，記載譚氏回到蘭州，「寓憩園讀《墨子》，羨慕墨翟為人，遂『私懷墨子摩頂放踵之志。』故其『仁學』受墨子的影響甚大，其平等的學說就是《墨子・兼愛篇》的演繹，國家論也滲合了墨子任俠的行徑。先生這種『任俠』精神，正是要求自由與解放的豪放情緒的表現」〔註31〕。楊氏這一看法後來卻遭到鄧潭洲的反駁。鄧潭洲認為：「有人在介紹譚嗣同的生平事跡時，謂譚嗣同在十九歲那一年『寓憩園讀《墨子》，羨慕墨翟為人』。按譚氏在三十歲以前，喜愛辭章考據，對於《墨子》這樣的古籍，可能是他以後研究哲學時才加以鑽研。據唐才質云：『復生好讀《墨子》，蔚廬以為異端，嘗引其書之螫孔孟旨者誨之。』（《戊戌聞見錄》）譚氏向劉人熙問學是從光緒十五年開始，則譚氏之研讀《墨子》，當在這一年或以後幾年內。」〔註32〕鄧氏此論似不無見地。但根據謝照明和潘民中所推論的，譚嗣同接觸墨學恐怕要遲至 1896 年。謝、潘二人認為從譚氏三十歲以前的著作，包括《石菊影廬筆識》的〈學〉、〈思〉二篇來看，譚氏當時仍未涉足《墨子》一書，而其論點則為譚嗣同於 1896 年在南京時透過吳樵的介紹認識了梁啓超，並經由梁氏的推介而仔細研讀孫詒讓的《墨子間詁》，從中了解到墨學的基本觀點〔註33〕。謝、潘二人的推論正確與否，尚待考證，但大致可為此問題暫時作一結論。

綜觀譚嗣同二十歲前的為學途徑，不外乎八股制藝時文、駢體文、經學中訓詁章句考據之學、詩古文辭之學及經世之學等。對於時文、經學中訓詁章句考據之學、詩古文辭等，譚嗣同後來回顧這段學習過程，言語中頗多不慊，如〈與唐紱丞書〉中說到：「嗣同不慧，夙為舊學所溺，或餖飣襞積，役于音訓；或華藻宮商，辱為雕蟲。握槧則為之腕脫，雒誦則為之氣盡，夫亦可謂篤於文

〔註31〕 見楊廷福：《譚嗣同年譜》，頁 42。
〔註32〕 見鄧潭洲：《譚嗣同傳論》，頁 8。
〔註33〕 見謝照明、潘民中：〈試論墨學對譚嗣同思想的影響〉，《平頂山師專學報》第 14 卷第 1 期，1999 年 2 月，頁 10～13。

矣。」（《全集》頁 259）又如〈致唐才常‧二〉信中提到：「嗣同自束髮治經學，好疏析章句，而不知拘于虛也。」〔註34〕也頗有幡然醒悟的口吻。

對於八股時文的用力，雖迫於無奈，但以譚氏當時的年紀，並沒有太多對八股文的苛責。在〈《仲叔四書義》自敘〉文中，譚氏回憶道：「嗣同兄弟，生用新學之時，舍之無以操業。受書以來，未嘗不掊其有用之精力，鉥心鏤肝，昕夕從事，以蘄一當。……若嗣同兄弟共案，屬呼憒讀，力竭聲嘶，繼以瘖咽涕洟，回顧一鐙熒然，幾二十年所，猶尚如昨日事。」（《全集》頁 17～18）當時譚嗣同方十歲左右，然而八股時文對嗣同內心影響之深，二十年後，記憶猶新。和其兄譚嗣襄相較，譚嗣同除時文之外，章句之學也是他所熱衷的，譚嗣同於〈先仲兄行述〉中記其兄譚嗣襄：「讀書精研義理，不屑為章句之學，工制藝，精密沉鬱，近明大家。……尤究心經世，與客談天下事，終日不倦。」（《全集》頁 92）可見兩人為學途徑畢竟有別，但就「經世學」而言，譚嗣同似乎終究受其兄影響頗大，如〈報劉淞芙書‧一〉說到：「於時方為馳騁不羈之文，講霸王經世之略。」（《全集》頁 8）〈思篇〉第三十也談及：「嗣同蚤歲瞀瞀，不自揣量，喜談經世略。」（《全集》頁 139）應該注意的是，譚氏兄弟此處所談的「經世」之學，或經世思想，其來源究竟為何？恐怕才是此一階段譚嗣同思想形成的極重要問題。大致而言，譚氏此一時期經世思想的來源，應有兩個可能，一是來自於涂啟先，另一則是來自於譚繼洵。

前文曾提及譚嗣同的第四位老師涂啟先擅長史學，涂啟先的史學觀念很可能是屬於或者是近似於浙東史學派的。涂啟先早年曾「就讀於湖南長沙城南書院，受知於湖南巡撫王文韶和學政廖壽恆」〔註35〕，當時主持長沙城南書院的應是何紹基〔註36〕。涂啟先在城南書院就讀，似乎深受懷抱經世之志，

〔註34〕 古代男子成童時，把頭髮梳到頭頂成為髻（髮結），稱為「束髮」，通常是指十五歲左右。

〔註35〕 見賈維：《譚嗣同與晚清士人交往研究》，頁 32。賈維這段話：「就讀於湖南長沙城南書院，受知於湖南巡撫王文韶和學政廖壽恆」按其時間發生先後，恐易令人誤解：涂啟先就讀於城南書院是咸豐六年之事，而受知於湖南巡撫王文韶和學政廖壽恆則是同治十年之後的事，兩事相隔至少十五年之遙。又據《大圍山房文集》的〈年譜〉所記，涂啟先於二十三歲時即入縣學，當時的督學使者為浙江張海門編修金鏞。

〔註36〕 何紹基，字子貞，湖南道州人。道光十六年進士，選庶吉士，授編修。紹基承家學，少有名。阮元、程恩澤頗器賞之。歷典福建、貴州、廣東鄉試，均

縷陳時務的何紹基所感召，之後又受王文韶和廖壽恆在經世思想上的影響。
王文韶，字夔石，浙江仁和人。同治十年，署湖南巡撫。甲午和議既成，先
後「建議籌修旅大砲臺，陳河運漕糧積弊，請蘇漕統歸海運，他若勘吉林三
姓金礦、磁州煤礦，踵鴻章後次第成之，而京漢鐵路亦興築於是時矣。又奏
設北洋大學堂、鐵路學堂、育才館、俄文館，造就甚」〔註37〕。王文韶是咸
豐二年進士，二十三年前，即道光九年，和王文韶同鄉的近代名人龔自珍也
中了進士。王文韶的著作極少，除了《退圃老人宣南奏議》和《先祖考太保
文勤公夔石太府君手訂履歷》之外，還有和唐炯等人修纂的《續雲南通志稿》，
另外則有一部《王文韶日記》。王文韶是否受到鄉先輩龔自珍的影響，不得而
知，但當時整個江、浙地區似乎都受到清代浙東學派的影響〔註38〕，王文韶
的思想極可能由此建基，所以他一方面重視修史、經世，一方面也支持維新
運動。同樣的情形也發生在廖壽恆身上。廖壽恆，字仲山，江蘇嘉定人，同
治二年進士，授編修，後出督湖南學政。廖壽恆的著作更少，除與多人合撰
的《起居注後跋》，就只有上海圖書館藏的《戊戌八月以後日記》。雖《清史
稿》有傳，但也只大略記其生平，對廖壽恆思想背景的論述，目前爲止還未
見到專門著作。謝俊美在一篇論文中，提到廖壽恆支持戊戌維新變法，並與
當時支持變法的江、浙、皖籍官員往來密切，同時也擔負光緒帝和康有爲之
間的聯繫〔註39〕。廖壽恆後值軍機，和王文韶多有互動，兩人的經世思想也
可能多有相似之處。故而在涂啓先受知於王、廖二人的當時，多少在浙東史
學這一方面的觀念得到若干啓發，之後又將此觀念轉植於譚嗣同。

　　譚嗣同另一個經世思想的來源，可能受到他的父親譚繼洵的影響。據賈
維的描述，譚繼洵道光二十九年長沙鄉試考中舉人，當時的座師是湖南學政

稱得人。咸豐二年，簡四川學政。召對，詢家世學業，兼及時務。紹基感激，
思立言報知遇，時直陳地方情形，終以條陳時務降歸。歷主山東濼源、長沙
城南書院，教授生徒，勖以實學。紹基通經史，精律算。嘗據《大戴記》考
證禮經，貫通制度，頗精切。文見《清史稿》列傳二百七十三〈文苑・三〉。
有關何紹基的經世思想和作爲可參考魏泉：〈「顧祠修禊」與「道咸以降之學
新」——十九世紀宣南士風與經世致用學風的興起〉，《清史研究》2003年第
1期，頁69～79。

〔註37〕見《清史稿》卷四百三十七，列傳二百二十四。

〔註38〕關於這一論點的討論，詳見論文第三章。

〔註39〕見謝俊美：〈營救維新志士的軍機大臣——戊戌政變中的廖壽恆〉，《探索與爭
鳴》2003年第4期，頁46～48。

劉崑，業師則是浙江鄞縣的章大司。後來譚繼洵任戶部主事，曾言：「農曹者，度支所總，國用民生所繫也。善其職，誠有裨於世，顧非習掌故、達機宜者不能。」於是儲書數萬卷，以資博覽〔註40〕。劉崑的生平可見於《清抄本劉侍郎奏議》一書。該書有童世華、劉芳撰寫的〈影印前言〉，對劉崑生平及該書大旨有較詳細的說明，如所言：「劉崑為人耿直，為政清廉，不循私情，不畏權貴，所到之處，力格弊政，治理森嚴，為時所稱道。……考本書所記之事，大多事關經國安邦，如大凌河墾荒、漕糧運輸、主持考務等。特別是其任湖南巡撫的五年間，剿撫湖南及湘黔邊界苗民起義、哥老會起義事，記載甚詳。」〔註41〕這段劉崑的行事和後來譚繼洵一生官場所為、模式和態度幾乎如出一轍，可想見譚繼洵追隨劉崑的務實風格，所受影響應是不小。至於章大司的生平幾乎不見於史籍，賈維該書也沒有進一步的說明，但是可以推想譚繼洵受到業師章大司的影響應該更深，而章大司是浙江鄞縣人，這正好也是清代浙東學派重要人物黃宗羲、萬斯同及全祖望等人的出生地。章大司思想的形成是否受到這些鄉先輩的影響，不得而知，但就地域環境整體因素而推敲，章大司可能也接觸過浙東經世思想，應不至於是一種不合理的假設。因此，譚繼洵通過劉崑、章大司的影響，而將經世思想直接或間接地傳給了早年的譚嗣同。

〔註40〕 見賈維：《譚嗣同與晚清士人交往研究》，頁 52～54。
〔註41〕 見劉崑：《清抄本劉侍郎奏議》（北京市：全國圖書館文獻縮微複製中心，2002年），頁 4。

第二章 從《石菊影廬筆識》與〈治言〉到〈三十自紀〉的思想發展

　　關於譚嗣同《石菊影廬筆識》（以下簡稱《筆識》）成書時間的問題，學者間仍有歧見。楊廷福於〈譚嗣同著作和書啓寫作年月考〉中認爲：「考其寫作年月，譚氏一八九四年〈致劉淞芙書〉：『《筆識》草創，撰述復多塗乙，未敢相質。』又〈三十自紀〉：『今凡有……《石菊廬筆》二卷。』是可證。《石菊影廬筆識》完成於一八九四年。」〔註1〕同樣的論證材料，徐義君卻得出不同的看法。他在〈譚嗣同著作寫作年月考〉一文中指出：「該《筆識》是譚嗣同以一八九四年前所寫的筆記匯編而成，自一八九四年冬開始匯編，直到一八九五年才最後定稿：『《筆識》草創，撰述復多塗乙，未敢相質。』其中少數條款確係一八九五年所作，如『南台書院今將改課算學格致』，此即指譚嗣同與歐陽中鵠等人在一八九五年提議將瀏陽南台書院改爲算學館之事。」〔註2〕徐氏所引證據爲譚嗣同〈致劉淞芙・三〉：「《筆識》草創，撰述復多塗乙，未敢相質。」（《全集》頁481）並考證此信作於1896年1月15日〔註3〕。如此，楊廷福所言失之太早，而徐義君認爲《筆識》定稿於1895年，恐也仍有疑問。既然譚氏在給劉淞芙的信中已經言明「《筆識》草創，撰述復多塗乙，未敢相質」，豈不是指《筆識》仍未達到定稿的地步嗎？換言之，譚氏對後來的撰述仍有許多待商榷之處，所以不時塗改增削。因此，《筆識》定稿日期，

〔註 1〕 見〈譚嗣同著作和書啓寫作年月考〉，《復旦學報——人文科學》，1956 年第 1
　　　　 期，頁 182。
〔註 2〕 見徐義君：《譚嗣同思想研究》（長沙市：湖南人民出版社，1981 年），頁 181。
〔註 3〕 同前註，頁 210。

恐怕要在更晚之後。

　　昌發在〈譚嗣同著作概述〉中，除了對《筆識》內容有詳細的整理說明，同時也對上述問題提供一思考材料。他說：「《石菊影廬筆識》是譚嗣同閱讀《五經》、《四書》、《說文解字》、《爾雅》、《國語》、《史記》、《三國誌》、《史通》、《聖武記》、《日知錄》、《海國圖志》、《酉陽雜俎》、《世說新語》、《餘冬序錄》、《幾何原本》等典籍的讀書札記。卷一為〈學篇〉，計七十六篇，卷二為〈思篇〉，計五十四篇，是譚嗣同以思考問題為主的著作。《石菊影廬筆識》的最早印本，是「光緒二十三年丁酉金陵石印本」，本書封一題：『光緒（丁）酉』、『石菊影廬筆識』、『金陵之刊』。封二有唐才常篆書題寫的『東海搴冥氏三十以前舊學第四種』。嗣後的《譚瀏陽全集》、《譚嗣同全集》均都收錄此書。」〔註4〕從《筆識》最早印本是在 1897 年來推論，《筆識》完全定稿的時間，大約是在 1896 年到 1897 年之間。

　　雖然現當代討論譚嗣同哲學思想的論著頗多，但對於譚氏早期著作《筆識》的探討，學者間的論述卻相對缺乏。目前最早有較大篇幅探討譚氏《筆識》的著作，可能應屬中華書局在 1981 年所出版周振甫的《譚嗣同文選注》，後收入《周振甫文集》第十卷；其次是張灝於 1988 年出版《烈士精神與批判意識》一書中的部分篇章。最近有專文論述的，則屬黎建球〈譚嗣同之學思〉一文〔註5〕。而上述諸文的缺憾，是仍然無法將譚氏此一時期思想發展過程所呈現的問題，予以詳細和深刻的描述。在《筆識》中，譚氏對個別古文經典的解釋和關注，是可以尋繹出若干譚氏早期思想發展的關鍵線索，因此本章將針對從《筆識》、〈治言〉到〈三十自紀〉等篇章中，理出譚氏思想觀念的轉折，進一步處理譚氏早期思想發展與轉變的因素。

一、《石菊影廬筆識》〈學篇〉中的經學問題

　　黎建球先生在論述譚嗣同《筆識》篇章的意義時，認為「〈學篇〉是就以往之書中與現今之時勢作一印證，而〈思篇〉則是以現代思想之發展而論一己之願望」。〔註6〕據黎先生整理，「〈學篇〉中所論及之書有：《尚書》（一則）、

〔註4〕　見《譚嗣同研究資料匯編》，頁 520。
〔註5〕　該文收於《譚嗣同暨戊戌為新國際學術研討會論文集》：臺北市：中華仁學會，1998 年 10 月初版。
〔註6〕　見黎建球：〈譚嗣同之學思〉，頁 35。

《詩經》（2～4 三則）、《禮記》（5～7 三則）、《周禮》（一則）、《儀禮》（一則）、
《春秋》（10～12 三則）、《論語》（13～14 二則）、《孟子》（一則）、《爾雅》（16、
17 二則）」，黎先生認爲譚氏所引用的書中，皆有個人之見解。與經書有關的
見解爲：

　　（一）以引文喻理想，如以天下爲己任，爲改革而奮鬥，爲理想而努力，
爲君王而獻身等。如〈學篇〉第一則：

　　《尚書》孔傳，〈盤庚〉上傳言：「人貴舊，器貴新，汝不徙，是不
　　貴舊？」案下文皆不忍誅責舊臣之意，則貴舊乃就王言；此云汝不
　　徙，是不貴舊，是就民言，語嫌參差。即就民言，當云汝不徙，是
　　不貴新，謂遷新居，如易新器，舊居不可苟安也。

黎先生的解釋爲：「究此文，譚嗣同有二意，一在國家改革之際，對舊臣仍一
本尊重之意，二在發展之時，任何人不可以有苟安之意；譚嗣同在他內心明
知革命之艱辛，護君之困難，而仍求兩全之方，因此，一面倡導改革，一面
又想能安撫，究竟此種方法很難獲得共鳴。這和他在《仁學》中反名教的作
風更是大相逕庭，由此可知在革命之際要有兩全之策可眞是爲難。」〔註7〕黎
先生此說可能是發揮了楊廷福的見解：「表現了先生對於變法事業熱心……如
〈學篇〉一，根據經典發揮變法維新的大義。」〔註8〕但楊、黎二人如此的解
釋，卻可能存在一過度曲解的問題，這問題主要是牽涉到〈學篇〉此則的寫
作時間，甚至整個《筆識》完成的時間問題。依譚氏在《筆識》開頭所言，
此書爲「東海褰冥氏三十以前舊學第四種」，很明白譚氏是在三十歲以前即完
成此書，但譚恆岳卻誤解成「是年寫成《石菊影盧筆識》二卷」〔註9〕，而徐
義君於〈譚嗣同著作寫作年月考〉指出：「《筆識》是譚嗣同以 1894 年前所寫
的筆記匯編而成，自 1894 年多開始匯編，直到 1895 年才最後定稿。」〔註10〕
然而譚氏〈致劉淞芙・三〉曾說：「《筆識》草創，撰述復多塗乙，未敢相質。」
（《全集》頁 481）徐義君考訂該信作於 1896 年 1 月 15 日〔註11〕，則顯然至
1896 年《筆識》仍在編撰中。如果依照《筆識》各篇章內容仔細推考，該書
極可能是譚氏從學於涂啓先之後，即開始寫作，並陸陸續續於三十歲之前寫

〔註 7〕　見黎建球：〈譚嗣同之學思〉，頁 36。
〔註 8〕　見楊廷福：《譚嗣同年譜》，頁 67。
〔註 9〕　見譚恆岳：《譚嗣同年譜新編初稿》（臺北市：中華仁學會，1994 年），頁 65。
〔註 10〕　見徐義君：《譚嗣同思想研究》，頁 181。
〔註 11〕　同前註，頁 210。

完，之後從 1894 年冬開始匯編，至 1986 年以後完成。而《筆識》〈學篇〉前十六則，寫作的年代應屬最早，但恐也不過譚氏二十歲之前，甚至可能更早於十七歲之時，而內容大抵是爲準備應試科舉所讀經書中有所疑義而作。若如此，要說譚氏此則已蘊義變法思想，恐太過牽強。

此外，《尚書》孔《傳》此文本就語意欠詳，〈商書・盤庚上〉言：「遲任有言曰：『人惟求舊，器非求舊，惟新。』」則孔傳：「遲任古賢言：『人貴舊，器貴新，汝不徙，是不貴舊。』」語句應作：「遲任古賢言：『人貴舊，器貴新。』汝不徙，是不貴舊」。實則遲任只言「人貴舊，器貴新」兩語，「汝不徙，是不貴舊」應是盤庚對貴戚眾臣的告諭。儘管如此，「汝不徙，是不貴舊」兩語，意思仍有不通，亦即譚氏所質疑的「語嫌參差」，吳汝綸因而在此處有案語：「《風俗通》引有上『求』字，疑後人加之；舊《傳》『汝不徙，是不貴舊』下『不』字，亦疑後人所加。」〔註12〕

再者，譚氏此則所提出的案語見解，認爲：「下文皆不忍誅責舊臣之意，則貴舊乃就王言；此云汝不徙，是不貴舊，是就民言，語嫌參差。即就民言，當云汝不徙，是不貴新，謂遷新居，如易新器，舊居不可苟安也。」如果依照吳汝綸的理解：「〈盤庚〉之書分爲三篇，王氏謂上篇告群臣，中篇告庶民，下篇告百官族姓。夫『百官族姓』，群臣統之矣，非於群臣之外，又有所謂『百官族姓』也。若中篇所謂『我先神后之勞爾先』、『古我先后，既勞乃祖乃父』云云，即上所謂『古我先王，暨乃祖乃父，胥及逸勤』、『世選爾勞』者也，安所辨爲告庶民耶？予謂三篇大抵皆爲世家大族『伏小人之攸箴』而『胥動浮言』者言之，初無臣庶官族之判也。」〔註13〕譚氏認爲本文分別就王、民而言，恐值得仔細商榷。

又如〈學篇〉第四則：

> 《詩》疏〈綠衣〉疏：「上章言其反幽顯，此章責公亂尊卑。」案此
> 疏在第三章，於義未合；當云首章言其反幽顯，次章言其亂尊卑，
> 三章言其紊先後，卒章言其失時序。

黎先生的解釋爲：「譚嗣同對倫理、進退、禮節等的要求上，不但要其有邏輯

〔註12〕 見吳汝綸：《尚書故》卷二：《續修四庫全書・經部・書類》（上海市：上海古籍出版社，1995 年）第 50 冊，頁 59。

〔註13〕 引自吳汝綸：〈讀盤庚〉，《吳汝綸全集一・文集補遺》（合肥市：黃山書社，2002 年），頁 348。

的順序，也要求有義理的先後，如此，在明辨忠奸之時，有了一定的法則與條件，譚嗣同清楚生命的意義與價值，知道生命中的核心與目的為何，因此引喻而為自己的理想奠定基礎。……在此所強調的先後，尊卑就是希望在有理性的安排下得以順利發展。」〔註14〕黎先生這樣的說法，似乎很難從譚氏此則的案語中，找到可以如此論斷的理據，因為就譚氏此說，只是粗淺地依照〈綠衣〉詩句的表面意義解釋，尤其是四個「其」字，所指究竟何人，譚氏也沒有清楚交代。《欽定詩經傳說彙纂》摘錄了許謙的說法，認為：「首章言己為賤者所掩蔽，次章則貴賤易位矣，然此僅就妾身而言。三章則言妾僭之由，皆在於君子。末章則深達乎事逐時變，物隨氣遷，理勢之常，無足怪者，尚何憂悴之有？」〔註15〕又顧鎮在《虞東學詩》也廣錄各家說法，指出：「首章以表裡與幽顯，言掩蔽也；次章以衣裳與尊卑，言倒置也；兩言心憂，為君憂，為君之子憂，為國家後日憂，故不能止而不能忘也。三章言妾僭之由，在於君子，如綠之為衣，皆治絲者為之。末章則達於事逐時變，物隨氣遷，理勢之常，無足怪者。故三章之思古人，猶欲效之以無過；末章之思古人，直謂之獲我心而已，是我心素定，而古之善處此者，特先得所同然耳。至此絕無一毫怨懟不平之氣，莊姜所以為賢也。許疏若以絺綌之遇寒風，作秋風紈扇之意，豈復能思古人以善處哉？」〔註16〕比起譚氏只是對經文注解的考訂辨正，顧鎮顯然在微言大義上，著墨較多。

　　（二）指出前人注疏之錯，或不同意前人之說法，或自有主張的。如〈學篇〉第二則：

　　　　〈文王〉之詩凡七章，章八句。愚謂亦可作十四章，章四句。蓋此
　　　　詩每章首尾相銜，如貫魚然，魏、晉以來時有仿此體者。分為十四
　　　　章，亦復首尾相銜，與〈下武〉、〈既醉〉相似。或謂作十四章，則
　　　　首章及「無念爾祖」章，中間不聯貫。應曰作七章，亦有不聯貫者，
　　　　即〈下武〉、〈既醉〉亦不盡相貫。

黎先生的解釋為：「由於〈文王〉之詩有幾句話，非常富革命性，如果譚嗣同將它特別標示出來，似乎也可見怪不怪，例如一章：『文王在上，於昭於天。

〔註14〕見黎建球：〈譚嗣同之學思〉，頁36～37。
〔註15〕見王鴻緒：《欽定詩經傳說彙纂》：《欽定四庫全書・經部》（臺北市：臺灣商務印書館，1983年）第83冊。
〔註16〕見顧鎮：《虞東學詩》：《欽定四庫全書・經部》第89冊。

周雖舊邦，其命維新。有周不顯，帝命不時。文王陟降，在帝左右。』就充滿了上帝眷顧周民百姓的語言，如果把這一章分成了二章，就成了第一章文王在天上和上帝一樣明察天下，勤於照顧周朝，一如周文王奉上帝之命建國一樣；而第二章則是周命雖有時不顯，但文王之神時時升降天地之間，在上帝左右，輔佐上帝，照顧周朝，立刻就成了對時局感懷的模式，因此，譚嗣同的改革理想，是隨時隨地都在表達的，也可知他的用心之苦了。」

　　檢視〈大雅・文王〉之詩：

　　　　文王在上，於昭於天。周雖舊邦，其命維新。有周不顯，帝命不時。
　　　　文王陟降，在帝左右。
　　　　亹亹文王，令聞不已。陳錫哉周，侯文王孫子。文王孫子，本支百
　　　　世，凡周之士，不顯亦世。
　　　　世之不顯，厥猶翼翼。思皇多士，生此王國。王國克生，維周之楨；
　　　　濟濟多士，文王以寧。
　　　　穆穆文王，於緝熙敬止。假哉天命。有商孫子。商之孫子，其麗不
　　　　億。上帝既命，侯於周服。
　　　　侯服於周，天命靡常。殷士膚敏。祼將於京。厥作祼將，常服黼冔。
　　　　王之藎臣。無念爾祖。
　　　　無念爾祖，聿修厥德。永言配命，自求多福。殷之未喪師，克配上
　　　　帝。宜鑒於殷，駿命不易！
　　　　命之不易，無遏爾躬。宣昭義問，有虞殷自天。上天之載，無聲無
　　　　臭。儀刑文王，萬邦作孚。

若按照譚嗣同所觀察的「每章首尾相銜」，第一句尾「其命維新」和第二句首「有周不顯」沒有聯貫，又「無念爾祖」章也不相聯貫；其他章句首尾也有若干文字出入。譚氏因此特別舉〈下武〉、〈既醉〉兩篇為例，證明雖有首尾不相貫，但並不妨礙據此推論可重分章句的慣例。再檢視〈大雅・下武〉之詩：

　　　　下武維周，世有哲王。三後在天，王配於京。
　　　　王配於京，世德作求。永言配命，成王之孚。
　　　　成王之孚，下土之式。永言孝思，孝思維則。
　　　　媚茲一人，應侯順德。永言孝思，昭哉嗣服。
　　　　昭茲來許，繩其祖武。於萬斯年，受天之祜。

受天之祜，四方來賀。於萬斯年，不遐有佐。

又〈大雅・既醉〉之詩：

> 既醉以酒，既飽以德。君子萬年，介爾景福。
>
> 既醉以酒，爾殽既將。君子萬年，介爾昭明。
>
> 昭明有融，高朗令終，令終有俶。公尸嘉告。
>
> 其告維何？籩豆靜嘉。朋友攸攝，攝以威儀。
>
> 威儀孔時，君子有孝子。孝子不匱，永錫爾類。
>
> 其類維何？室家之壼。君子萬年，永錫祚胤。
>
> 其胤維何？天被爾祿。君子萬年，景命有僕。
>
> 其僕維何？釐爾女士。釐爾女士，從以孫子。

差不多即如譚嗣同所說，首尾相貫的句子較多，不相貫者較少。因此，似乎可以依此體例將〈大雅・文王〉重其章。此是譚氏讀書聰明之處，其用意也僅止於此。黎先生的解釋和推論，似乎求之太深了！若譚氏真有此改革理想，何不直言呢？

又〈學篇〉第十一則：

> 《春秋左傳》杜註，宣公十五年經，「秦人伐晉」，汲古閣本註：「無
> 傳。」案：有傳，此註誤衍，可補阮氏《校勘記》。

黎先生先引《隋書・經籍志》記載《左傳》杜預注本的源流，接著又引述皮錫瑞對杜預注解《左傳》的質疑，並由此解釋爲：「譚嗣同之以爲有傳，只是在說明這些實際的狀況而已。」〔註17〕但問題在於譚氏認爲原本應該有傳，只是杜預的註文誤衍，據查《十三經注疏校勘記》第二百四十八卷《左傳注疏校勘記》，〔註18〕阮元也並未勘正，而譚氏的案語又只如此一筆帶過，沒有更詳細的論述，黎先生也沒有進一步說明「這些實際的狀況」究竟是指什麼？照《左傳》宣公十五年的傳文所述：

> 秋七月，秦桓公伐晉，次於輔氏。壬午，晉侯治兵於稷，以略狄土，
> 立黎侯而還。及雒，魏顆敗秦師於輔氏，獲杜回，秦之力人也。初，
> 魏武子有嬖妾，無子。武子疾，命顆曰：「必嫁是！」疾病，則曰：
> 「必以爲殉！」及卒，顆嫁之，曰：「疾病則亂，吾從其治也。」及
> 輔氏之役，顆見老人結草以亢杜回，杜回躓而顛，故獲之。夜夢之

〔註17〕見黎建球：〈譚嗣同之學思〉，頁39。

〔註18〕阮元該書見《續修四庫全書・經部・群經總義類》第180～183冊。

　　曰：「余，爾所嫁婦人之父也。爾用先人之治命，余是以報。」
元代的李廉有這麼一段案語：「此條諸傳皆無，左氏於王箚子殺召伯、毛伯後，
傳曰：『秋七月，秦桓公伐晉，次於輔氏。壬午，晉侯治兵於稷，以畧狄土，
立黎侯而還。及雒，魏顆敗秦師於輔氏，獲杜回，秦之力人也。』疑此文本
是此經之傳，故陳氏曰：『秦人，秦伯桓公也』，則亦以為即七月之伐矣！經
傳之文，其月日先後者甚多，不知杜氏何以不取？」〔註19〕李廉的推測似乎
合理，但凡對照經文傳文者，都極可能有這樣的懷疑。不過明代的熊過卻對
李廉的推測提出質疑：「李氏欲于王箚子後，移秦人輔氏之簡於此，而指為秦
桓。不知杜氏已明言無傳，不敢易置矣！」〔註20〕熊過此說，又顯拘泥經文
太過。對此問題有比較合理的解釋，可能是清代的葉酉。葉氏認為：「《傳》：
『秦桓公伐晉，次於輔氏。壬午，晉侯治兵於稷，以畧狄土，立黎侯而還。
及雒，魏顆敗秦師於輔氏。獲杜回，秦之力人也。』案《傳》載晉敗秦師事
甚詳，而杜於《經》下註云無傳，蓋秦遣將伐晉，秦伯次於輔氏以為之援，《傳》
所載者，乃晉敗秦師於輔氏，而秦人伐晉之事，則無傳也。」〔註21〕依《左
傳》傳文「秦人伐晉」所記，的確是記載魏顆獲杜回之事，並無秦人伐晉的
細節，因而葉酉認為杜預在經文下標注「無傳」，才正是說明了「實際的狀況」。
如此，杜預所說的「無傳」，即當指「秦人伐晉」一事而言。而譚氏認為有傳，
且可補充阮元《校勘記》所缺的傳文，是否就和李廉的案語有同樣見解？不
得而知。

　　又如〈學篇〉第十三則：

　　　《論語》兩「何有於我哉」，註疏皆以為人無而己獨有，未免近誇。
　　　《集註》以為自謙，又未免太過。愚謂兩處語同而意別，在〈默識〉
　　　章，若曰：吾之識與學與誨，皆本當然之理，何有我見存其間哉？
　　　在後章，若曰：此皆易為之事，何煩為我憂哉？即黃氏式三《後案》，
　　　以何有為不難也。〔註22〕

〔註19〕見李廉：《春秋會通》卷十五；《欽定四庫全書‧經部》第162冊。
〔註20〕見熊過：《春秋明志錄》卷七；《欽定四庫全書‧經部》第168冊。
〔註21〕見葉酉：《春秋究遺》卷九；《欽定四庫全書‧經部》第181冊。
〔註22〕黃式三生平據柯劭忞等編《清史稿》列傳二百六十九，〈儒林三〉所言：「黃
　　　　式三，字薇香，定海人……於學不立門戶，博綜群經，治易治春秋，而尤長
　　　　三禮。論禘郊宗廟，謹守鄭學。論封域、井田、兵賦、學校、明堂、宗法諸
　　　　制，有大疑義，必釐正之。有復禮說、崇禮說、約禮說。嘗著論語後案二十
　　　　卷，自為之序。」前稱譚嗣同引述黃式三《論語後案》語，不知譚氏是否直

譚氏所引《論語》兩「何有於我哉」，一在〈述而〉，一在〈子罕〉。譚氏以為《論語》此兩句「何有於我哉」，鄭玄、皇侃、邢昺等人解釋過於誇大，而朱子之說又迴護聖人太過，依譚氏的理解，「默而識之」章與「出則事公卿」章兩處「何有於我哉」語同而意別。黎先生據此而認為：「在這二句中，譚嗣同既不贊成自誇之說，也不贊成自謙之說，而以『何有為不難』之意。其實細讀此二句，此三意皆含其中，既有自誇，也有自謙，也有可以做得到的意思，主要看讀者當時的心境如何。」〔註 23〕姑且不論黎先生如此解說是否太過模稜，首先檢視譚嗣同所提及的黃式三《論語後案》。黃氏認為：「何有，不難詞，全經通例，經中所言『何有』，皆不難之詞。」此外，劉寶楠在《論語正義》中也有相同解釋：「與上篇『為國乎何有』、『於從政乎何有』，『何有』皆為不難。」〔註 24〕關於《論語》中「何有」詞義的討論，學者意見始終紛歧〔註 25〕，黃式三認為「何有」即「不難」的解釋，屬於整部《論語》的通例，而《論語》中有七處「何有」；劉寶楠較保守地認為至少有四處可以解釋為「不難」。但這顯然都和譚嗣同的理解有出入，譚氏認為「何有」即「不難」的解釋，是只適用於「出則事公卿」章，但譚氏卻又徵引黃式三《論語後案》的解釋，於是對「默而識之」章的解釋，就應該依照黃式三所認為全經通例的規則來理解，這豈不產生矛盾？然而〈學篇〉這一則的問題還不僅在於譚氏的解釋恰當與否，如果將譚嗣同對這一則的解釋，和程頤、朱熹、王夫之的解釋對照，問題可能顯得更有趣！

　　《論語‧述而》記孔子言曰：「默而識之，學而不厭，誨人不倦，何有於我哉！」程伊川對「何有於我」的解釋為：「默識而無倦者，有諸己者也。何有於我，勉人當學如是也。」〔註 26〕有自勉並勉人之意。朱子《四書集注》則認為：「『何有於我』，言何者能有於我也。三者已非聖人之極至，而猶不敢當，則謙而又謙之辭也。」又《朱子語類》於「默而識之章」也說：「此語難說。聖人是自謙，言我不曾有此數者。聖人常有慊然不足之意。眾人雖見他

　　　　接翻閱過《論語後案》，抑或從何處轉引黃氏語？

〔註 23〕　見黎建球：〈譚嗣同之學思〉，頁 40。

〔註 24〕　黃、劉兩說引自程樹德：《論語集釋》（北京市：中華書局，1990 年），頁 437　　　　～438。

〔註 25〕　此問題可參考吳玊：〈《論語》中的「何有」〉，《齊魯學刊》1995 年第 6 期，頁　　　　125～126；徐燕杭、林養飛：〈《論語》「何有」考〉，《孔子研究》1998 年第 2　　　　期，頁 118～121。

〔註 26〕　見《二程集》（北京市：中華書局，1981 年），頁 1144。

是仁之至熟，義之至精，它只管自見得有欠闕處。」《語類》又一條，問：「『何有於我哉』，恐是聖人自省之辭。蓋聖人以聖德之至，猶恐其無諸己而自省如此，亦謙己以勉人之意。」曰：「此等處須有上一截話。恐是或有人說夫子如何，故夫子因有此言。」〔註27〕程子的自勉勉人，看似與朱子的自謙及朱子弟子的自省有差別；程子認為默、識、學、誨皆孔子有諸己，而朱子的弟子認為是孔子無諸己，但朱子所認為的自謙，恐不是無諸己，而是有諸己但仍覺不足，且時時感到不足，故須自勉，並以此勉人。這也就和王夫之對朱子此說的理解，意思相近。

王夫之在《四書訓義》這一章有此說：「學者作聖之功，有不容不自效者。無日不念其果得於己與否，而後可以自信者，益自勉也；未可以自信者，常自勉也。……是三者，吾才之所可企及，吾心之所可自盡，吾志之所可自矢，而吾以是庶幾乎作聖之功。乃自念之，我其可不自信為有哉？而我其可自信為有哉？唯日念畢吾生以幾之，誠有不容自已者矣。嗚呼！此聖人之所以終日乾乾，與天合德，而非人之所可及也。」〔註28〕

又《論語‧子罕》子曰：「出則事公卿，入則事父兄，喪事不敢不勉，不為酒困，何有於我哉！」王夫之在這一章的看法仍是一致的。他說：「學者其可以不自念乎哉！高語性命，侈談治理，而反之躬行者在日用之間而莫能自信，曾莫之念焉，則亦安得不皇然懼也？我且不釋於心，而人其俱能無愧乎？……『何有於我！』我惟日念之而不敢懈者也。有意於學者，其尚引以自問哉！」〔註29〕也就因朱子說的「只管自見得有欠闕處」，船山才說「日念而不敢懈」。於是劉人熙在〈啖柘山房本四書訓義敘〉所說的「船山《訓義》發紫陽之微言大義，並其所以至此者而亦傳之，使學者得入其門焉。自有講義以來，未之或能先也」。〔註30〕可謂深有見地。

很明顯，譚嗣同對這兩章的解釋，和程子、朱子以及王夫之的解釋相差甚遠，甚至應該也和其師劉人熙的看法明顯不同。因此，仔細推究譚氏在《論語》這兩章的解釋，可衍生以下兩個問題。

第一，譚氏如此解釋，明顯未受王夫之思想的影響，至少譚氏並未參照

〔註27〕見《朱子語類》（北京市：中華書局，1986年）卷三十四，頁856～857。
〔註28〕見《船山全書》（長沙市：嶽麓書社，1990年）第八冊，頁478～479。
〔註29〕同前註，頁581～582。
〔註30〕同前註，頁976～977。

《四書訓義》的解釋。但譚氏寫這一則時，應當早已在受業於歐陽中鵠之後，可見歐陽氏在早年教譚嗣同讀《四書》時，即予以傳播王夫之學術觀點的說法〔註31〕，就顯得極為可疑。且王夫之《四書訓義》一書最早印本為道光二十二年的「守遺經書屋」《船山遺書》本，該版本不僅歐陽中鵠未見，恐怕連劉人熙也尚未得見。因此，歐陽中鵠斷不至於對譚嗣同講述《四書訓義》內容〔註32〕。第二，譚氏讀王夫之《四書訓義》，大約在二十五歲受業於劉人熙之後〔註33〕，但何以對《論語》這兩則問題的解釋，不參酌《四書訓義》所述？至譚氏三十歲後，陸續編成《石菊影廬筆識》〈學篇〉，仍然未參照王夫之的見解而改動〈學篇〉這一則的內容。如果不是譚氏在此處不認同王夫之的意見，可能就是譚氏編〈學篇〉時，只是做簡單的整理篇次工作，並未重新校理文章內容。而這兩種可能似乎以前者較為合理，若如此，則可推斷譚氏受船山思想的影響畢竟是有限的。

　　除上文黎建球先生注意到譚嗣同《石菊影廬筆識》〈學篇〉的若干問題，〈學篇〉中還存在不少問題。如〈學篇〉第五則：

　　《禮記‧禮運》：「法無常而禮無列。」案詳上下文義，「而」疑作「則」。

其實王引之《經傳釋詞》卷七已指出：「而，猶則也。《易‧繫辭傳》曰：『君子見幾而作，不俟終日。』言見幾則作也。僖十五年《左傳》曰：『何為而可？』言何為則可也。襄十八年《傳》曰：『若可，君而繼之。』言君則繼之也……然而，然則也。而與則同義，故二字可以互用。」又《經傳釋詞》卷八：「則，猶而也。文二年《左傳》曰：『周志有之，勇則害上，不登於明堂。』言勇而害上也。昭三年《傳》曰：『寡君願事君朝夕不倦，將奉質幣以無失時，則國家多難，是以不獲。』言而國家多難也。」〔註34〕很明顯「而」、「則」兩字

〔註31〕 如鄧潭洲在《為改革而獻身的譚嗣同》一書，即持此觀點，見該書頁5；又可參照本文第一章所論。

〔註32〕 至於歐陽中鵠是否傳授《船山遺書》中的《四書箋解》或《讀四書大全說》給譚嗣同，從譚氏此處對《論語》的解釋，似乎看不出有任何思想關聯的線索；鄧潭洲和賈維認為歐陽中鵠傾心於船山思想的部分，也只在《俟解》一書。因受限於有關歐陽中鵠資料的問題，目前尚無法判斷。

〔註33〕 《四書訓義》一書第二版為光緒十三年潞河「啖柘山房」本，劉人熙曾為之作敘。譚嗣同於光緒十五年北上京師從劉氏問學，後有〈上劉蔚廬師書〉一通，提及劉人熙命譚氏肄力《四書訓義》一事，可參見《石菊影廬筆識》〈思篇〉第三十，《全集》，頁138。

〔註34〕 兩段引文分見《經傳釋詞》（南京市：江蘇古籍出版社，2000年），頁64下及82下。

可互訓。譚氏此處見疑，只是從〈禮運〉該處上下文的文義，推敲而得，如果譚氏曾查閱《經傳釋詞》，當不至於置疑。

又〈學篇〉第六則：

> 〈郊特牲〉：「縣弧之義也。」案註疏謂男子初生，縣弧而不能射，如疾病而不能射也。殆非《禮》意。蓋男子生而縣弧，明其能射，今既不能，何以為士？故不直對不能者，揆之縣弧之義，有不可也。

查孔穎達在《禮記注疏》卷二十五的疏言：「孔子曰『士使之射，不能則辭以疾，縣弧之義也』者，孔子既美射之與樂相應，又論射之不可不習，為士之法，理合能射，今使之射，若其不能，便是乖於為士之義，則當辭以疾病。縣弧之義也者，以男子初生，縣弧於門左，示有射道而未能也。今士亦有射道，以其疾病而不能，與男子初生縣弧相似，故云縣弧之義也。」〔註35〕

孔穎達對「縣弧之義」的解釋，到了清代，康熙最早對此提出質疑：「蓋男子始生，即縣弧於門左，而有射義，未可以不能謝也。案縣弧之義，是解所以不可，辭以不能之故。《疏》謂疾而不能，與初生之未能相似，非也。」〔註36〕康熙此說與譚嗣同所言，可謂相差無幾！其後，杭世駿等人更進一步闡述關於「縣弧之義」的看法：「案射義，男子生，桑弧蓬矢，以射天地四方，蓋示人以有志於所事，何嘗示人以所未能？若縣弧果示以所未能，則此亦直以不能辭之，可矣，何必辭以疾？要知所謂縣弧之義者，蓋惟義本當能而不能，則非縣弧立志之義，故第託疾辭之，庶無負於其義耳。」〔註37〕

不論康熙及譚嗣同對孔穎達的解釋有所懷疑，或是杭世駿等人提出的解釋，細究和孔穎達的解釋，其實並沒有太大的歧異。孔穎達在《禮記注疏》卷二十五也曾說：「案〈內則〉云：『子生，男子設弧於門左，女子設帨於門右。』男子所以設弧者，示其有射道，所以縣之者，以其未能也，長大不得不能，故辭以疾也。」查考〈內則〉於「男子設弧於門左，女子設帨於門右」句下，鄭玄有注云：「表男女也。弧者，示有事於武也，帨，事人之佩巾也。」孔穎達認為這是「所生男女教養之法」〔註38〕，換句話說，「設弧」一事，可

〔註35〕 見孔穎達：《禮記注疏》卷二十五；《欽定四庫全書·經部》第 115 冊；。

〔註36〕 見張廷玉、鄂爾泰、汪由敦編：《日講禮記解義》卷二十八；《欽定四庫全書·經部》第 123 冊。

〔註37〕 見杭世駿：《欽定禮記義疏》卷三十六；《欽定四庫全書·經部》第 124 冊。

〔註38〕 見李學勤主編：《十三經注疏·禮記正義》（北京市：北京大學出版社，1999年），頁 241，總頁 1469。

以解釋爲單純的昭告鄰里該戶人家初生男子，與「女子設帨」一事純爲「表男女」之有別，這或許是「縣弧之義」的本義。但生男子需「設弧於門左」，又是上古時代對男子的期待，即是「示有事於武」，也即是上述杭世駿所認爲的「射義」，因而這樣的「縣弧之義」不免成爲了引申義。至於《禮記》中記載孔子的「縣弧之義」，恐怕已是假借義了！即如杭世駿所言：「何必辭以疾？」康熙與譚嗣同所質疑的正在於此。而孔穎達所說「爲士之法，理合能射」即是有「射道」，就應該「縣弧」，但是「今使之射，若其不能，便是乖於爲士之義，則當辭以疾病」，可見「射道」是除了初生男子與有疾者之外，所有男子都應該具備的，這是爲士之義，也是社會對男子的期望。但若有不能者，他並非眞有疾病，只是終究沒有達到社會的期望，故《禮記》中記載孔子對這種人是有鄙視的意味，應能而未能，除非就像是初生男子或有疾者，故托辭於「縣弧之義」，其實已說明了這種人是不可爲士的，也就是康熙和譚嗣同所說的「不可」之意。

又〈學篇〉第七則：

> 〈明堂位〉：「昔者周公朝諸侯於明堂之位，天子負斧依，南鄉而立。」案註疏以天子爲周公，陳雲莊疑記者之誤。愚謂記者不誤，下既云三公，明周公本在臣位，未嘗負依，此天子指成王。曰「周公朝諸侯」，周公以諸侯朝也。曰「周公明堂之位」，位周公所定也，不然，周公既負依，彼中階之三公又誰耶？至云「周公踐天子之位」，則誠如方望溪之言，劉歆僞竄者也。

譚氏此則所指陳雲莊即元代陳澔。陳澔對於天子是否爲周公的問題，乃是引石樑王氏之說：「周公爲冢宰時，成王年已十四，非攝位，但攝政。周公未嘗爲天子，豈可以天子爲周公？此記者之妄，注亦曲徇之。」〔註39〕並非陳澔自己的意見。〔註40〕雖然陳澔引石樑王氏之說認爲是「記者之妄」，而譚氏卻說成是「記者之誤」，不知是否爲譚氏誤記？即使是譚氏誤記，從「陳雲莊疑

〔註39〕 見陳澔：《陳氏禮記集說》卷五；《欽定四庫全書・經部》第 121 冊。

〔註40〕 陳澔（西元 1260～1341 年）字可大，號雲莊，人稱經歸先生。南康路都昌縣（今江西都昌）人，宋末元初著名理學家。陳澔最有影響的著作是《禮記集說》，乃明清兩代學校、書院，私塾的「御定」課本，科考取士的必讀之書。《續文獻通考》載：「永樂間頒《四書五經大全》，廢古注疏不用，《禮記》皆用陳澔集說」。可見《禮記集說》流行之廣，影響之大。陳澔爲朱熹四傳弟子，其〈禮記集說〉承程朱學派。本文中陳澔所引用的石樑王氏之說，可參考杭世駿：《續禮記集說》卷五十九之〈明堂位〉，浙江書局刊。

記者之誤」的語氣，應該也可以理解成陳雲莊是不認爲「天子爲周公」的，譚氏和陳氏的看法似乎一致。不過譚氏卻說「愚謂記者不誤」，就文義上來看，恐有矛盾，但下文譚氏又說「天子指成王」，那麼「記者」又如何「不誤」？至於譚氏說「誠如方望溪之言」，方苞認爲周公踐天子之位的說法是：「此莽之意，而爲之者劉歆之徒耳。莽之篡，無事不託於周公。其居攝也，羣臣上奏，稱明堂位以定其儀，故《記》所稱，莫不與莽事相應。其稱周公踐天子之位以治天下，朝諸侯於明堂，以莽踐阼背斧依，南面朝羣臣也」。〔註41〕如此看來，這個問題似乎已經得到解答了。「周公踐天子之位」的說法，乃是劉歆之徒所僞竄的。但事實果眞如此？歷代學者仍有許多歧見。

　　沈彤對周公是否踐天子之位曾有一段明白的敘述，說：「然則其曰：『周公踐天子之位以治天下者何？』曰：『此〈文王世子〉之所謂攝政而踐阼，非負斧依，南鄉而立之謂也。阼，天子出治之位也，然踐阼不可以爲涖阼，則踐位不可以爲即位，與孟子踐天子位之云，文同而意異也。』曰：『周公之治天下，相天子也。曷爲而踐天子之位也？其不疑於天子乎？』曰：『踐天子之位者，非天子不在位而代之踐之，乃奉天子於天子之位，輔翼啓沃而不之離也，是相幼君之道也，故別於相之常有矣，疑於天子則未也。』曰：『近世說者，據《古文尚書》『周公位冢宰，正百工』之文，謂無踐天子之位之事也，然歟？』曰：『冢宰，周公本位也。書之文爲蔡仲嗣封起本，豈必盡周公之所位而序之邪？夫不敢負斧依，南鄉而立者，聖人之經；踐天子之位以治天下者，聖人之權；皆其事之實也。因記者誇誣之多，而盡疑之，則又過矣。』曰：『〈家語〉載孔子適周，觀乎明堂，有周公抱成王負斧依，南面以朝諸侯之圖，是周公亦嘗負斧依而南面，子何以云不敢也？』曰：『周公之負斧扆南面者，爲抱成王也。抱成王而不負斧扆南面，則是避己嫌而致天子不得正其位，詎非大拂乎？輕重之宜，吾所云不敢者，謂夫成王之不在抱也。是篇云：六年朝諸侯於明堂。其時成王已長，不在周公之抱有年已。』」〔註42〕依沈彤之意，是承認周公曾踐天子之位。

　　孫希旦於《禮記集解》則持反對的說法：「陳氏祥道曰：『若曰周公代之而受朝，則誤矣！代之之說，始於荀卿，盛於漢儒，於是以復子明辟爲還政之事，

〔註41〕見《禮記析疑》卷十五；《欽定四庫全書·經部》第 128 冊。
〔註42〕沈彤：《果堂集》卷三〈禮記明堂位問·明堂位目〉；《欽定四庫全書·經部》
　　　　第 1328 冊。

以誕保文、武受命，惟七年爲攝政之年，是皆不知書者也。』愚謂：成王免喪即政，求助群臣，見於〈閔予〉、〈小子〉諸詩，必無至六年尙不能朝諸侯之理。且成王既至東都，率諸侯以祀文、武，而周公乃代之受朝，是二天子也。《尙書》、《左傳》之言，周公不過曰位冢宰、正百工而已，曰相王室以尹天下而已，未有言其踐天子位者，而荀卿始言之，《禮記》出於漢儒，遂有周公踐阼，朝諸侯於明堂之說，皆欲侈周公之事，而失其實者也。」〔註43〕

　　前述方苞已疑「周公踐天子之位」之說爲劉歆僞造，陳祥道和孫希旦認爲「周公踐天子之位」之說應早在荀子之時，姚際恆更在方苞之前即對此提出質疑：「諸儒以明堂位尊美周公，誇飾魯事，或云魯人爲之，或云三桓之徒爲之，皆非也。春秋時，去周公已遠，猶爲此尊大之辭，恐無謂。此篇爲馬融所取入記，使爲周末人作，不應直待融始收之矣。故予以爲必新莽時人爲之，蓋借周公以諂莽者，而融無識而收之耳。說兼見〈文王世子〉。此篇自註疏而下，人應識其誣妄，不多贅。」〔註44〕故而周公踐天子之位究竟出於荀子？抑或出於王莽時人所爲？不得而知。崔述另從史實考證此一問題，一反前人之說，另闢蹊徑：「以余考之，周公不但無南面之事，並所稱成王幼而攝政者亦妄也。……況周公之東也，唐叔實往歸禾，則成王之不幼明矣。蓋古者君薨，百官總己以聽於冢宰三年。……然則武王崩時，周公蓋以冢宰攝政；不幸群叔流言，周公東辟，遂不得終其攝。及成王崩，召公鑒於前禍，遂奉子釗以朝諸侯，由是此禮遂廢。後之人但聞有周公攝政之事，而不知有冢宰總己之禮，遂誤以成王爲幼；又見〈洛誥〉之末有『周公誕保文武受命惟七年』之文，遂誤以爲攝政之年數耳。不思周公居東二年，東征三年，七年之中，周公之在外者四五年，此時何人踐阼，何人聽政？成王之自臨朝視政明矣。何故能踐阼聽政於四五年，而獨此二三年中必待周公之攝之也？鄭氏謂『成王居喪不言，周公以冢宰聽政，而二叔流言』是已；然又謂『成王親迎以歸，然後攝政』，則亦未免惑於《史記》、《漢志》之言也。」似乎又言之成理，可聊備一說。〔註45〕

〔註43〕楊家駱主編：《皇朝五經彙解》卷二百五十一：《清儒禮記彙解》下冊（臺北市：鼎文書局，1972年），總頁455。

〔註44〕《禮記通論》輯本下冊卷五九〈明堂位〉（臺北市：中央研究院中國文哲研究所，1994年），頁213。

〔註45〕見崔述：《豐鎬考信錄》卷之四〈周公相成王〉上；《崔東壁遺書》（臺北：河洛圖書出版社，1975年），頁1～3。

由上文論述可見,「周公踐天子之位」之說的問題爭議至今仍不能有一確切的定論,但譚嗣同此處讀書,隨處指點,猶可以見此大問題,也可以見其聰明之處。

又〈學篇〉第八則:

> 《周禮‧天官》漁人,徒三百人。案馬融以池塞苑囿,取魚處多,故用三百人。竊疑取魚者多至三百,於義未安。觀甸師徒三百人,賈氏據其職以爲耕耨藉田,則此三百人亦必兼工作,其職曰時漁爲梁可見。

今查《周禮‧天官‧冢宰》原文:「漁人,中士二人、下士四人、府二人、史四人、胥三十人、徒三百人。」又《周禮‧天官‧漁人》:「漁人掌以時漁爲梁。春獻王鮪,辨魚物,爲鮮薧,以共王膳羞。凡祭祀、賓客、喪紀,共其魚之鮮薧。」孫詒讓在《周禮正義》也說:「云『中士二人、下士四人』者,《穀梁》隱五年傳云:『魚,卑者之事也。』故以中、下士掌之。云『徒三百人』者,賈《疏》引馬融云:『池塞苑囿,取魚處多故也。』」〔註46〕可見賈公彥在此處是贊成馬融的看法。但譚嗣同於此處則認爲徒三百人過多,並引甸師之徒三百人下賈《疏》說:「徒三百人者,天子藉田千畝,借此三百人耕耨,故特多也。」而認爲漁人之徒三百也必兼有其他工作。然而《周禮》甸師的工作,依馬融注解爲「甸師主共野物」,賈公彥卻認爲其徒兼有耕耨之事,明代王應電則說:「郊外曰甸,師猶長也,自此以下五職,皆主生聚取辨野物。甸師主齍盛爲重,故居其先。」〔註47〕「五職」即甸師、獸人、漁人、鱉人、臘人,這五職的工作性質相近,如果甸師之徒需兼職耕耨,何以不將其歸入〈地官〉?此實可疑。賈公彥既然贊成漁人取魚之處多而需有徒三百,則漁人之徒便不必然有兼職。漁人的問題和甸師的問題並不必然相同或相似,譚嗣同以此而推彼,可能有失當之處,否則酒人奚也有三百人,是否人數也太多而應有兼職?譚氏這裡認爲的「時漁爲梁」,「時」字之義當爲「一歲三時」的「時」字,賈公彥說:「取魚之法,歲有五。〈月令〉孟春云獺祭魚,此時得取,一也;秋季薦鮪,二也;鱉人云秋獻龜魚,三也;〈王制〉云獺祭魚,然後虞人入澤梁,是十月,四也;季冬,漁人始魚,五也。三時取魚,唯夏不取。案〈魯語〉云:『宣公夏濫於泗淵,以其非時,里革諫之。』……釋曰:『云凡祭祀、賓客、喪紀,共其魚之鱻薧者。』」

〔註46〕見孫詒讓:《周禮正義》(北京市:中華書局,1987年),頁30。
〔註47〕見《周禮傳》卷一上;《欽定四庫全書‧經部》第96冊。

（《周禮注疏》卷四）一歲三時五取，又「凡祭祀、賓客、喪紀」也必然常取，「池塞苑囿」，取魚之處又多，三百人恐怕也不算多！明代王志長總結原因，認為：「若夫專官行事，勢宜多而不宜省，則漁人之與甸師，其徒皆三百人，而春官御史，其史則百有二十人矣。」〔註48〕

　　又〈學篇〉第九則：

　　　　《儀禮‧士昏禮》：「棄餘水於堂下階間加勺。」案「加勺」二字，
　　　　當在「三屬於尊」之下，「棄餘水於堂下階間」之上。加謂加於尊，
　　　　若餘水既棄，無用勺矣。

依譚嗣同的看法，《儀禮‧士昏禮第二》：「婦入寢門，贊者徹尊冪，酌玄酒，三屬於尊，棄餘水於堂下階間，加勺。」後三句應改為：「三屬於尊，加勺，棄餘水於堂下階間。」理由是「加謂加於尊，若餘水既棄，無用勺矣」，用勺的目的就是要將水「加於尊」，因此，就譚氏的理解，「加」字等於「三屬於尊」的「屬」字，即注水於尊中。這種解釋若就上下文意來思考，原無可厚非，但《儀禮》一書中有「加勺」的字句不少，其用法是否可以如譚氏的理解，一一對應，恐怕有問題。元代敖繼公曾對上述〈士昏禮〉一段有如下解釋：「玄酒，清水也。玄，水色，與酒並設，故亦以酒名之。云酌，則以勺也。棄餘水者，不欲人褻用之也。徹冪、加勺，兼指二尊而言。」以勺舀水，三次注於尊中，其禮即已完成，自然不需再用勺，因此「加勺」當不是對「水」而言，而是對「尊」而言。敖繼公在《儀禮‧士冠禮第一》：「若不醴則醮，用酒尊于房戶之間。兩甒有禁，玄酒在西，加勺。」又解釋：「此醮而設酒甒，與醴而設醴甒者，其節同，亦於陳服之後為之。兩甒，一酒一玄酒也。玄酒在西，尊西上也。尊西上者，以冠者之位在其西，故順之。他篇不見者，其義皆放此加勺，加於二尊之上，而覆之也。玄尊亦加勺者，不以無用待之也。南枋為酌者，北面覆手，執之便也。」〔註49〕清代的蔡德晉也有相同的說明：「加勺，以勺加於二尊之上而覆之也。」〔註50〕張爾岐撰〈燕禮第六‧射日陳燕具席位〉，於「蓋冪加勺又反之」句也說：「此覆尊之法，勺加冪上，復撩冪之，垂者以覆勺。」〔註51〕可見「加勺」的「加」，應是放置、覆蓋的意

〔註48〕見《周禮註疏刪翼》卷一；《欽定四庫全書‧經部》第97冊。
〔註49〕見《儀禮集說》卷一；《欽定四庫全書‧經部》第105冊。
〔註50〕見《禮經本義》卷一；《欽定四庫全書‧經部》第109冊。
〔註51〕見《儀禮鄭註句讀》卷六；《欽定四庫全書‧經部》第108冊。

思，是將勺覆於尊上，而不是譚氏所認爲的用勺加水於尊的意思。

又〈學篇〉第十二則：

> 顧亭林《左傳杜解補正》：「文馬百駟。邱光庭曰：『文馬，馬之毛色
> 有文采者。』」案馬毛色有文采，已不多見，況百駟乎！當是被以文
> 采，如〈康王之誥〉，所謂黃朱也。

考《左傳》宣公二年原文爲：「宋人以兵車百乘、文馬百駟以贖華元於鄭。」
〔註52〕杜預認爲「文馬百駟」是：「畫馬爲文，四百匹。」邱光庭對杜預的說
法提出反駁說：「宣二年，宋人以兵車百乘、文馬百駟，以贖華元於鄭。杜《注》
曰：『畫馬爲文，四百匹也。』明曰：『杜說非也。文馬者，馬之毛色自有文
彩，重其難得。若畫爲文，乃是常馬，何足貴乎？』」〔註53〕既然馬的毛色有
文彩，實屬難得，要在短時間內籌措四百匹文馬，豈不更難？此即是譚嗣同
質疑邱光庭的重點所在。但如果是畫馬爲文，當畫於何部位？目的又何在？
譚嗣同因而又引《尚書》，認爲：「當是被以文采，如〈康王之誥〉，所謂黃朱
也」。案《尚書》原文爲：「王出在應門之內，太保率西方諸侯，入應門左，
畢公率東方諸侯，入應門右，皆布乘黃朱。」孔穎達在此下疏說：「諸侯朝見
天子，必獻國之所有，以表忠敬之心，故諸侯皆陳四黃馬朱鬣，以爲庭實，
言實之於王庭也。四馬曰乘，言乘黃，正是馬色黃矣。黃下言朱，朱非馬色。
定十年《左傳》云：『宋公子地有白馬四，公嬖向魋，魋欲之，公取而朱其尾
鬣以與之。』是古人貴朱鬣。知朱者，朱其尾鬣也。」〔註54〕又孔穎達在前
述《左傳》宣公二年的疏文也已經說明：「謂文飾雕畫之，若朱其尾鬣之類也。」
清人張尚瑗也進一步將這兩種說法作一歸結道：「杜《注》畫馬爲文，邱光庭
非之，謂畫馬爲文，常馬何足貴？必馬之毛色自有文彩，乃爲難得。蓋邱說
如唐玄宗天育監牧馬數萬匹，毛色爲群，每色一隊，相間如錦繡，此承平一
統之盛，天子肆其侈心，宋鄭列國，安得辦此？《周書‧康王之誥》：『太保、
畢公，率諸侯布乘黃朱。』孔《疏》『馬色黃而朱其鬣』，引《左傳》：『宋公
子地有白馬四，公取而朱其尾，以予桓魋，言：古者貴朱鬣。』則宋人贖華

〔註52〕阮元校刻：《春秋左傳正義》（北京市：中華書局影印，1980 年）卷廿一，頁
164。

〔註53〕見邱光庭：《兼明書》（北京市：中華書局，1985 年新一版，寶顏堂秘笈本）
卷三〈文馬〉，頁 25。

〔註54〕見《尚書正義》卷十九〈康王之誥〉第廿五（上海市：上海書店，1985 年），
頁 131。

元而以畫馬四百予之，其賂已重，又何駁乎？」〔註55〕似乎可以說文馬即畫馬於其尾鬣部位，其目的是「古者貴朱鬣」而使馬匹顯得有價值。但這畢竟是人爲的，和〈康王之誥〉的「黃朱」恐怕有別！

　　今再考許愼《說文解字》，有「駁」一字，說：「駁，駁馬。赤鬣縞身，目若黃金，名曰吉皇之乘，周成王時犬戎獻之；從馬文，文亦聲。《春秋傳》曰：『駁馬百駟。』文馬，畫馬也，西伯獻紂以全其身。」段玉裁於「《春秋傳》曰：『駁馬百駟。』」下有注文：「見宣二年。《左傳》作文馬。案許書當作文馬，此言《春秋傳》之文馬，非〈周書〉之駁馬也，恐人惑，故辯之。」又於「畫馬也」下另注：「杜注亦云『畫馬爲文四百匹』；〈孔子世家〉文馬三十駟，亦謂畫馬。」〔註56〕段玉裁這段說明，很清楚將許愼當時存在的「駁」及「文馬」兩種說法予以釐清，可見《尙書》的「駁」和《左傳》的「文馬」是不同的。故而惠棟在《左傳補注》卷二乃說：「《說文》引作駁馬，云：『畫馬也。』《周書‧王會》曰：『犬戎駁馬。』〔今本文馬〕此馬當畫赤鬣縞身之形，非眞吉黃之乘也〔《補正》載邱光庭說，文馬，馬之毛色有文采者，此臆說也〕。」〔註57〕清人朱珔也清楚分別兩者的不同：「案（許愼）所引《傳》見左氏宣二年，今《傳》作文馬，許以爲畫馬，則非《周書》之馬也。此處字亦作駁，當爲文之假借，若〈海外西經〉奇肱之國乘文馬。注：文馬即吉量也。文又爲之省借矣。」〔註58〕如此，問題即顯得很清楚，《左傳》的「文馬」是將馬尾鬣畫上朱色，因宋、鄭列國當時是迷信「古者貴朱鬣」，即迷信《尙書》的「駁」，乃成王、康王之時犬戎及四方諸侯所進獻的「黃朱」之有朱鬣。因此，孔穎達在上述《尙書》疏文的解釋，即將這兩種不同的馬混爲一談，其原因乃是孔穎達以《左傳》之例解釋《尙書》所導致的錯誤，而「黃朱」的「黃」也不是馬的毛色，應是指「赤鬣縞身，目若黃金」。這種馬，即許愼所說的「吉皇之乘」，是天生自然而數量極少的珍貴馬匹，於是宋人爲了贖回華元，故而將馬僞畫成「吉皇之乘」的樣子。

　　至於清人洪亮吉認爲：「《周書‧王會》曰：『犬戎文馬。』案邱光庭曰：『文馬，馬之毛色有文采者。』蓋取賈義。今考叔重既言駁馬赤鬣縞身，目

〔註55〕見《左傳折諸》卷十「文馬百駟」；《欽定四庫全書‧經部》第 177 冊。
〔註56〕見《說文解字》（臺北：漢京文化，民國 74 年），頁 468。
〔註57〕惠氏此書載於北京市中華書局選「守山閣叢書」於 1991 年出版之「叢書集成初編」，頁 39。
〔註58〕見《說文假借義證》卷十九；《續修四庫全書‧經部小學類》，頁 144。

若黃金，又云畫馬也，則意亦言馬之文采似畫耳。」〔註59〕與朱鶴齡所說：「丘光庭曰：『文馬，馬之毛色有文采者。』愚謂後世剪馬鬣爲三花五花，文馬殆即此類。若云畫馬爲文，何足貴乎？」〔註59〕以及黃樹先所認爲的「『駁馬』是周成王時犬戎所獻，『駁』是馬名」，〔註60〕恐也只是徒增臆說。

從以上譚嗣同〈學篇〉幾則經學問題所做的解釋，可以發現若干值得深思的現象。首先，這些經學問題多半是譚氏爲準備科舉考試而在一些必讀書中所發現的疑問。劉兆璸的研究對此提供了一條明證：「鄉試三場考試之內容，首重考經，使闡發聖賢之微旨，以觀其心術。士子各報考一經，解經標準概宗宋儒程朱學說，《四書》以朱子《集註》，《易經》以程、朱二《傳》，《詩經》以朱子《集傳》，《書經》以蔡氏《傳》，《春秋》以胡氏《傳》，《禮記》以陳澔《集說》爲主。」〔註61〕前述譚氏對〈明堂位〉的疑義即由此而來。另外，從譚嗣同捐助南學會書籍題名單，也看見《御纂七經》（《譚嗣同研究資料匯編》頁499），這些都是譚氏爲準備科考所必讀的書籍。

此一現象不僅見於譚氏的〈學篇〉，也可見於〈思篇〉當中。陳來在〈王船山的《中庸》首章詮釋及其思想〉〔註62〕一文中，曾推斷「《四書箋解》與《四書訓義》似兼爲學子應舉用，與《讀四書大全說》形成、整理自己思想的札記不同。《四書箋解》、《四書訓義》對朱子批評甚少，這也可能是個原因。」若眞如此，劉人熙要求譚氏肆力於《四書訓義》，並非單純爲了將船山思想灌輸給譚氏，恐怕爲了舉業才是主要目的。

其次，譚氏對這些經學上的疑問，似乎並沒有太多考據的興趣，從上述諸則的分析可見，譚氏的見解往往錯謬的情況不少，許多可疑之處也並未進一步深入或廣泛的研察，最多也只徵引數家學者的見解加以解讀，可見對這些經學問題，譚氏的興趣並不在此，而只是憑他一時的聰慧，提出質疑或解釋。

二、《石菊影廬筆識》〈思篇〉中的思想

譚嗣同在〈思篇〉第一則首先提及「理、數」的問題：

〔註59〕見《春秋左傳詁》卷十：《續皇清經解》（臺北市：藝文印書館，1986年），卷二五七。
〔註59〕見《讀左日鈔》卷四：《欽定四庫全書・經部》第175冊。
〔註60〕見黃樹先：〈「駁馬」探源〉，《語言研究》1996年第2期，頁122～124。
〔註61〕見《清代科舉》（臺北市：東大圖書，1977年），頁45。
〔註62〕見《武漢大學學報（人文科學版）》2002年6期。

理、數二也，而實一也。自其顯而有定者言之，曰理；自其隱而難知者言之，曰數。猶陰陽之爲一氣，禮樂之爲一事，故知數者，知理而已，無數之可言也。不善言數而專任乎數，數始與理判矣。嘗筮易兩分以後，不待掛扐，奇偶已定。然猶掛扐者，盡人事也。可知兩儀既奠，其閒萬品之物，萬端之事，皆已前定，而有一發不可復收之勢，雖天地鬼神，莫可如何！夫數之推移，如機輪之互運，因此及彼，輾轉相之，不能自已。不能自已，庸非理乎？（《全集》頁 122）

又〈思篇〉第二則：

數者，器也，所以器者，道也。自邵子囿數爲道，而數始爲天下惑。（《全集》頁 123）

與〈思篇〉第三十三則，都針對邵雍《易》學而有所批判：

以〈秦誓〉殿二帝三王之書，邵子謂知代周者秦也。此說亦無可厚非。國之興亡，至誠前知，豈非有顯然可見之理乎？秦據文、武龍興之地，臨天下之吭背，地廣民強，其興也不待智者而後明也。安知非欲周知秦有可興之勢，因懼而修德耶？又安知非欲秦知雖有可興之勢，要當如穆公自知其過，傾心者老，不可力征經營，自詒伊戚耶？由今而觀《詩》終〈商頌〉，先周者也；《書》終〈秦誓〉，後周者也。特邵子曠理任數，適取疑耳。（《全集》頁 141）

按邵雍在《觀物外篇》中曾說：「天下之數出於理，違乎理，則入於術。世人以數而入於術，故不入於理也。」明人黃畿於此下注解：「聖人之意不可見，立象以盡意，則起於剛柔互用，出入咸宜者也。究之意言象之各得，而皆通於數，數出於理。違理而徒任乎數，則入於術而不入於理矣。」〔註63〕張其成對邵雍《易》學中的「理、數」問題有較深入的探討，認爲：「『邵堯夫數法出於李挺之，致堯夫推數方及理。』（程頤《二程遺書》卷十八）邵雍將『數』看成是出於『理』又可明『理』的根本：『天下之數出於理，違乎理，則入於術。世人以數而入於術，則失於理。』（《皇極經世書·觀物外篇上》）『易之數，窮天地終始。』（同上）『數也者，盡物之體也。』（《皇極經世書·觀物內篇上》）認爲：數出於理，數可窮理。近代國學家呂思勉對邵子之學作了評

〔註63〕參見《皇極經世書》卷之七下〈後天《周易》理數第六〉（鄭州市：中州古籍出版社，1992 年），頁 363。

價：『邵子雖以數術名，實於哲學發明爲多，數術非所重也。』〔註64〕雖然以邵氏爲『數術』之學有悖事實（邵子對此已作辯證），但認爲邵子以數發明哲理的觀點還是妥當的，呂思勉還認爲以邵子爲首爲數學派理學家：『其學雖或偏於術數，而其意恒在於明理，其途徑雖或借資異學，而多特有所見，不爲成說所圍。後人訾貶之辭，實不盡可信也。』〔註65〕以數明理，實爲邵氏數學派的基本立場。」〔註66〕由張其成引呂思勉對邵雍的評價，至少可以看出，譚氏認爲邵雍「曠理任數」，甚或「圍數爲道」、將「理、數」二分的評斷，可能失之客觀。

〈思篇〉第三則專論「地圓之說」：

> 地圓之說，古有之矣。惟地球五星繞日而運，月繞地球而運，及寒暑畫夜潮汐之所以然，則自橫渠張子發之。……案《周禮》以馮相保章分職，則固顯分測量占驗爲二家，夫二家不相入者也。占驗固多附會，而測量亦皆粗率，天文不章，伊古已然。今以西法推之，乃克發千古之蔽。疑者譏其妄，信者又以駕於中國之上。不知西人之說，張子皆已先之，今觀其論，一一與西法合。可見西人格致之學，日新日奇，至於不可思議，實皆中國所固有。中國不能有，彼因專之，然張子苦心極力之功深，亦於是徵焉。註家不解所謂，妄援古昔天文家不精不密之法，強自繩律，俾昭著之。文晦澀難曉，其理不合，轉疑張子之疏。不知張子，又烏知天？（《全集》頁123～124）

又〈思篇〉第五則繼續此論：

> 地圓之說，見於《內經》、《周髀算經》、《大戴禮記》及郭守敬，非發於西人。且月之食也，食之者，地之圓影。地不圓，影何以圓？此尤昭昭可目驗者也。（《全集》頁124）

但《周髀算經》卷上之一卻認爲：「商高曰：『平矩以正繩，偃矩以望高，覆矩以測深，臥矩以知遠；環矩以爲圓，合矩以爲方；方屬地，圓屬天，天圓地方。』」譚氏不知引據何處？而譚氏認爲《大戴禮記》有地圓之說，可引焦循的兒子焦廷琥在《地圓說》一書中引梅氏《術學疑問》〔註67〕佐證：「故《大

〔註64〕 （呂思勉《理學綱要・序》，上海書局 1988 年影印版）
〔註65〕 （呂思勉《理學綱要・序》，上海書局 1988 年影印版）
〔註66〕 見張其成：《象數易學》（臺北市：志遠書局，2003 年），頁 131～32。
〔註67〕 案，應爲《曆學疑問》。

戴禮》則有曾子之說，《內經》則有歧伯之說，宋則有邵子之說、程子之說。地圓之說，故不自歐邏西域始也。」〔註68〕譚氏此說也非獨創。只是譚氏許多粗淺甚至錯誤的科學知識或科學觀，在三十歲前，並無任何改變的跡象，此又可以〈與沈小沂書・二〉（《全集》頁 4～7）中所述證明之。此處譚氏認爲西學西法皆中國所固有，仍堅守中學爲體的觀念，並未萌生全盤西化的觀念，皆因爲對西學未有更深入的了解所致。

〈思篇〉第六則主要說明「地動之說」：

> 地球五星繞日而行，月又繞地球而行，此由寒暑晝夜交會晦蝕，推而得之。五星復各有月繞之而行，其餘眾星亦各爲所繞而行之日，各有繞之而行之月。河漢之光，皆爲眾星，此由遠鏡窺測而得之。遠鏡窺測，去天遼闊，世或未信爲然。若夫地球繞日而有寒暑，地球自轉而有晝夜，五星繞日而有交會，月繞地球而有晦蝕，則確不可易。且地之動，乃聖人之言也。《易》曰：「坤至柔而動也剛，至靜而德方。」又曰：「坤道其順乎！承天而時行。」又曰：「天地以順動，故日月不過，而四時不忒。」又曰：「夫坤，其靜也翕，其動也闢。」《易・乾鑿度》曰：「地道右遷。」《尚書・考靈曜》曰：「地恆動不止。」《春秋・元命苞》曰：「地右轉。」《河圖・括地象》曰：「地右動。」《河圖・始開圖》曰：「地有三千六百軸，犬牙相牽。」更若倉頡、尸子，皆有地動之說。使地不與天同動，而獨凝立於其閒，則是崛強不順，而又何以承天耶？故動也者，其繞日也；時行也者，其自轉也。繞口故四時不忒，自轉故日月不過。然則所謂天者安在乎？曰：「天無形質，無乎不在。」粗而言之，地球日月星以外皆天也。張湛《列子注》曰：「自地以上皆天也。」此以氣言也。精而言之，地球日月星及萬物之附麗其上者，其中莫不有天存。朱子《四書注》曰：「天即理也。」此以理言，而亦兼乎氣也。然則所謂坤至靜而德方者，何謂也？曰：此說極精微，自後人誤分天地爲二，其解遂晦。夫地在天中，天亦即在地中，陽中有陰，陰中有陽也。就其虛而無形者言之曰天，就其實而有形者言之曰地。天、陽也，未嘗無陰；地、陰也，未嘗無陽。陰陽一氣也，天地可離而二乎？天圓者，地球日月星莫不圓也；地方者，則固曰德方也，非以

〔註68〕見《續修四庫全書・子部天文演算法類》第 1035 冊，頁 23。

形言也，猶義本無形，而稱其德曰方也。天動者，地球日月星莫不
動也；地靜者，亦以德言也，動根於靜也。夫如是則可以圓而動者
爲天，方而靜者爲地，而渾天四遊之說，益用明焉。(《全集》頁 125
～126)

譚氏此處大篇幅探討「地動之說」，並引據西方天文儀器觀察結果來論述，尚
稱客觀，但其目的最終還是歸結於「地之動，乃聖人之言」，且譚氏爲了解釋
「所謂坤至靜而德方者」，同時說明上述《周髀算經》所言「天圓地方」的問
題，而將「地方說」強解爲「地方者，則固曰德方也，非以形言也，猶義本
無形，而稱其德曰方也」，並以此說明地靜也是「以德言也」，所以「方而靜
者爲地」的說法就可以成立無誤。其實〈文言〉「坤至靜而德方」一語並不必
要來和西方天文學相比較，譚氏既然承認西方科學觀察天文現象的結果，是
地既動且圓，但他還是要強加附會，地動且圓在中國聖人之言中，也是有的，
因此「坤至靜而德方」也就等同於「地動而圓」。

〈思篇〉第九則乃專論氣：

西人論氣，由地而上，至二百里而盡矣，或謂不止二百里。其謂止
二百里者，如高山不產生物，惟草木是植。更高則草木亦不復植，
氣有厚薄故也。愈高愈薄，以至於無，故乘氣球而上升，必儲氣於
囊，以供呼吸，爲其無氣也。其謂不止二百里者，以日之暄，直達
乎地也。二說皆有考驗，而後說較勝，然亦有未盡。二百里之氣，
乃生物之氣，若夫天地往來之氣，固無可止也。日達其氣於地，月
星皆達其氣於地。月星之光，照地則明，是月星之氣達於地矣。人
目仰見月星，是地之氣，達於月星矣。且日月吸地海爲之潮，故朔
望潮盛。夫豈有理之所至，而氣之所不至乎？(《全集》頁 127～128)

張灝對此則的理解是：「生物之氣是包括在天地往來之氣裡面的。至於什麼是
『天地往來之氣』，譚嗣同在箚記裡並沒有明確的說明。從他接受張載和王夫
之的氣化論這一事實來看，我們可以間接地推測，所謂『天地往來之氣』就
是傳統儒家的『氣』。這裡必須指出，傳統儒家的『氣』並不是一個純物質性
的概念，它往往是指一個有精神生命的東西。……在譚嗣同的宇宙觀裡，『氣』
仍然是一個基本觀念。他雖然接受了一些西方近代天文學的觀念，但他的宇
宙論仍然保存傳統氣化論的基本形態。」〔註 69〕但是譚氏此處的「天地往來

〔註 69〕 見張灝：《烈士精神與批判意識：譚嗣同思想的分析》(臺北市：聯經出版事

之氣」，應該還只是指純物質性的概念，以西方科學而論，譚氏所稱的「天地往來之氣」，其實就是他此處所說的「光」。「人目仰見月星，是地之氣，達於月星矣」，是譚氏科學知識謬誤的論述，但是這「地之氣」還是物質的屬性，況且這「氣」是和「理」對舉的。

〈思篇〉第十七則由生死而論及對待：

> 以人之遊魂而變我耶？我不知其誰也。以我之遊魂而變人耶？我不知其誰也。以今日之我，不知前後之我；則前後之我，亦必不知今日之我。試以前後之我，視今日之我，以今日之我，視前後之我，則所謂我，皆他人也。所謂我皆他人，安知所謂他人不皆我耶？原始反終，大《易》所以知生死，於以見萬物一體，無容以自圓者自私也。大至於地球，而麗天之星，皆為地球，其數百千萬億而未止也。小至於蟲豸，而一滴之水，皆有蟲豸，其數百千萬億而未止也。以麗天之星視地球，則地球雖海粟倉稊，可矣。以一滴之水視蟲豸，則蟲豸雖巴蛇溟鯤，可矣。鳶飛魚躍，《中庸》所以察上下，於以見大道為公，無容以自私者自圓也。（《全集》頁132～133）

知滴水之中有數百千萬億之蟲豸，都是接觸西學之後而有所體悟之語。周振甫對此則的看法具有啟發性，他認為：「第十七篇裡講的『遊魂』，可以看作靈魂、思想，思想互相影響，一個人的思想先後變化，我的思想裡有別人的思想，從而得出反對自我局限和自私。又指出所謂大小是相對的，含有反對自大的意思。提出要上下察，觀察外界事物，歸結到反對自我局限和自私上。反對自我局限和自私跟後來《仁學》中講沖決網羅的思想有關。」〔註70〕無人我之別，無小大之別，甚至無死生之別、上下之別，此觀念與《仁學》第十七所談論的並無太大差別：「虛空有無量之星日，星日有無量之虛空，可謂大矣。非彼大也，以我小也。有人不能見之微生物，有微生物不能見之微生物，可謂小矣。非彼小也，以我大也。何以有大？比例於我小而得之；何以有小？比例於我大而得之。然則但有我見，世間果無大小矣。多寡長短久暫，亦復如是。疑以為幻，雖我亦幻也。何幻非真？何真非幻？真幻亦對待之詞，不足疑對待也。」故而此則可看作是《仁學》破對待之說的先聲。

〈思篇〉第二十則繼續談論生死的問題：

業公司，1988年），頁44。

〔註70〕見《周振甫文集》第十卷（北京市：中國青年出版社，2000年），頁643。

方余之遭仲兄憂，偕從子傳簡困頓海上也，晬雲水之混茫，夕營魂而九逝，心誦《南華》，用深感乎方生方死、方死方生之言。死者長已矣，生者待死而未遽死。未遽死，豈得謂之無死哉？待焉已耳！是故今日之我雖生，昨日之我死已久矣，至明日而今日之我又死。自一息而百年，往者死，來者生，絕續無間，回環無端，固不必眼無光口無音而後死也。閱一年，則謂之增而不知其減也；易一境，則謂之舒而不知其蹙也。生而有即續之死，人之所以哀逝；死而終無可絕之生，天之所以顯仁。衡陽王子曰：「未生之天地，今日是也；已生之天地，今日是也。」又曰：「以為德之已得，功之已成，皆逝者也。」夫川上之歎，雖聖人不能據天地之運以為己私。天與人固若是之不相謀也，而豈莊生河漢其言哉？雖然，若不委窮達素抱，深可惜夫！惟馳域外之觀，極不忘情天下耳。（《全集》頁 133～134）

周振甫在此則認為：「第二十篇是要破生死關，破功名關，但在破除了生死關、功名關以後不要消極，還要積極地『不忘情天下』，這跟（仁學）的沖決網羅為了救世的精神是一致的。不過他講破生死關的看法，把人體的新陳代謝說成『方生方死，方死方生』，跟人的死混為一談，這是不對的。他講破功名關的話也不正確，他認為德立、功成，已成為過去，其實德立、功成不僅在當時建立了功德，在歷史上也有影響。因此，他的破生死關、破功名關都帶有濃厚的感傷情緒，有消極面。」〔註71〕其實此則譚氏仍然關注於對待問題上，死生是一對待，即《莊子》所言「方生方死，方死方生」之說，而德功對於人之窮達而言，不也是一對待？

可注意的是，「未生之天地，今日是也；已生之天地，今日是也」之文，〔註72〕譚氏後來將此語引至《仁學》第十五：「王船山曰：『已生之天地，今日是也；未生之天地，今日是也。』吾謂今日者即無今日也，皆自其生滅不息言之也。不息故久，久而不息，則暫者綿之永，短者引之長，渙者統之萃，絕者續之互，有數者渾之而無數，有跡者溝之而無跡，有間者強之而無間，有等級者通之而無等級。人是故皆為所瞞，而自以為有生矣！」「以為德之已得，功之已成，皆逝者也」一語又引至《仁學》第十六：「一多相容，則無可知也。自以為知有我，逝者而已矣！王船山亦有言：『以為德之已得，功之已

〔註71〕見《周振甫文集》第十卷，頁 643。
〔註72〕見《船山全書》第一冊，頁 885。

成，皆其逝焉者也。』」

〈思篇〉第二十八則：

> 夫浩然之氣，非有異氣，即鼻息出入之氣。理氣此氣，血氣亦此氣，
> 聖賢庸眾皆此氣，辨在養不養耳。得養靜以盈，失養暴以歉，氣行
> 於五官百骸，形而爲視聽言動，著而爲喜怒哀樂，推而究之，齊治
> 均平，所由出也。其養之也，又非吐納屈伸之謂也。懲忿窒欲固其
> 體，極深研幾精其用。懲與窒，斯不憂不懼繼之矣；極與研，斯盡
> 性至命繼之矣。故善養氣者，喜怒哀樂視聽言動之權，皆操之自我
> 者也。操之自我，而又知言以辨其得失，於是無有能惑之者，而不
> 動心之功成矣。嗣同時過後學，罔知攸賴，廣籀陳籍，徵之所處，
> 以學莫大於養氣，而養氣之方，宜有如此。至其節目詳審，履者自
> 知，無用彈說，亦不能也。（《全集》頁 137）

周振甫認爲是講養氣，周氏說：「嗣同講氣是呼吸之氣，是唯物。他提出『養
氣』要『懲忿窒欲』，就是要去私心，排除主觀。有時正確與否不容易辨別，
所以要『極深研幾』。去私心所以無所畏懼，是非辨別得極明確，所以不惑。
不懼不惑可以破除生死觀。後來他決心爲維新而犧牲，毫不動搖，正實踐了
他這種主張。他要靠極深研幾來分辨是非，終不免陷入唯心主義。」〔註73〕
這樣的說法，似乎太過了。譚氏此處只是談論知言、養氣，和破除生死觀並
沒有太大關係。養氣是爲了能不憂不懼；知言是爲了不惑而能不動心，最終
目的在於能盡性至命。譚氏講得極明白，但又覺得不周密，故〈思篇〉第二
十九則繼續申述：

> 養氣之學，前說既備，無已，更一申焉。窒欲者，懲忿之前事，欲
> 窒，則忿易以懲，然而未密也。去矜則窒欲之極，忍詬則懲忿之精
> 也。夫如是，氣不其弱乎，加以不憂不懼而體剛矣。然不窒且懲，
> 亦不能不憂不懼。研幾者極深之通塗，幾研則深易以極，然而未周
> 也。明勢則極深之著，趣時則研幾之發也。夫如是，氣不其胸乎，
> 加以盡性至命而用大矣。然不極且研，亦不能盡性至命。（《全集》
> 頁 137～138）

〈思篇〉第三十則更進一步論及中和說：

> 往年上劉蔚廬師書一通，今識於此，略足見爲學大致。其辭曰：……

〔註73〕見《周振甫文集》第十卷，頁 644。

前命肆力《四書訓義》，伏讀一過，不敢自謂有得也。然於「內省不疚，夫何憂何懼」，始知內省不疚之後，大有功力，非一省即已。雖然，功力果安在？以意逆之，殆中庸之云乎？夫欲不憂懼，必先省無可憂懼，所謂無疚也。無可憂懼，仍不能不憂懼，則亦憂懼之而已矣。故以無可憂懼治憂懼，不如以憂懼治憂懼。若曰無可憂而憂，無可懼而懼，是則可憂也，是則可懼也。《中庸》曰：「戒慎乎其所不覩，恐懼乎其所不聞。」戒慎焉斯可矣，奚爲其恐懼乎？苟非至愚至妄，其於不覩不聞之頃，自當天機內暢，舒氣外餘，而必皇皇焉恐且懼者何哉？且恐懼果安屬乎？以爲事耶，則不與憂懼之君子異矣；以爲私耶欲耶，猶粗言之也。求之而不得，蓋亦喜怒哀樂已爾。其未發也，不滯於喜，不滯於怒，不滯於哀，不滯於樂。雖不滯也，有無過不及之則焉，故曰「中」。其已發也，無過不及之喜，無過不及之怒，無過不及之哀，無過不及之樂，雖無過不及也，有不滯之機焉，故曰「和」。天以之化生萬物，人以之經緯萬端，戒慎其中和，恐懼其未中和，不必其無憂懼也，而非猶夫人之憂懼也。返其憂懼之施之囿於事者，歸之於理，則存誠之學也。舉其憂懼之由之柄於天於人者，責之於己，則立命之說也。是故不必其無憂懼也，易以地爲判天壤矣。嗣同蚤歲瞀瞀，不自揣量，喜談經世略，乃正其不能自治喜怒哀樂之見端，苟不自治，何暇治人？苟欲自治，又何暇言治人？即欲治人，亦本諸喜怒哀樂而已矣。第所謂未發者，又有疑焉。人非木石，欲其冥而無思，懸而無薄，幽求之夢寐，遠期之終身，實無此冥與懸之一會。本所無而強致之，是以目喻心之異說也，是泥沙金玉兩無可著也，是人而木石之也，而人固不能也。然則未發者何心耶？既未發矣，又焉知中？又焉知不中？曰：是亦戒慎之心也，是亦恐懼之心也。舍此無以爲未發，即無以爲中，亦無以爲心也，舍此更無以爲不憂懼之君子也。（《全集》頁 138～138）

按前兩則譚氏欲以《易》解《孟子》、《中庸》之企圖至爲明顯。譚氏既認爲「懲忿窒欲」工夫未密，故又加以「去矜忍詬」；「極深研幾」工夫未周，故又加「明勢趣時」一段。此實爲譚氏的特解，船山並未有此解說。而「始知內省不疚之後，大有功力」，船山《四書訓義》：「『不憂不懼』……大有工夫……

故內省不疚後，還有不憂不懼一大學問。」但船山是指「無疚而憂懼，是庸人爲利害所搖一大病」，〔註74〕與譚氏所言又有不同。譚氏將憂懼一事與《中庸》戒慎恐懼和中和之說相結合，而加以解說，實已超出船山訓義的範圍。劉人熙〈復譚生嗣同書〉即點出此問題：「來書言知內省不疚後，有不憂不懼工夫，思得用功之要，推本於戒慎恐懼，云以不憂不懼治憂懼，不如以憂懼治憂懼，非眞爲己者不能及此。然理雖可通，而於司馬牛問君子一章本旨，則不免有牽合儱侗之弊。昔朱子說書，最苦心爲分明，而及門諸子，多喜爲牽合之說，則力辨之。蓋一本萬殊，格物之功，不可厭其詳也。如此章不憂不懼，蓋指得失、死生、禍福而言；內省不疚，亦指一境一事而言。船山恐人不易明瞭，明言如司馬牛兄弟之亡，豈內省有疚使然？無疚而憂懼，是庸人爲利害所搖一大病，則不憂不懼，正有知言養氣全副本領。」〔註75〕但譚氏所說亦不錯，「以憂懼治憂懼」，正如伊川所言目畏尖物，室中率置尖物，所重亦在存養工夫上。

又譚氏解已發、未發之意，「不覩不聞之頃」似屬於「未發」，故而可「不憂不懼」；「以爲事，以爲私、欲」似屬於「已發」，故而爲「喜怒哀樂」。但譚氏對「未發」之說又存疑，「未發者何心」一語，乃針對人之不能「冥而無思，懸而無薄」而來，故以「戒愼之心、恐懼之心」解說，而劉人熙卻認爲如此「不免支蔓」。其實譚氏如此懷疑並非無據，劉人熙也說：「程子曰：『才思即是已發。』又曰：『儼若思時也。』其言簡要精純，要學者自得之。船山《讀四書大全》說：『未發者，喜怒哀樂之未及乎發，而有言行聲容之可徵耳。』（此與儼若思時之旨相發）又云：『方其喜，則爲怒哀樂之未發，方其或怒或哀或樂，則爲喜之未發。』（此與才思即是已發之旨相發）然則至動之際，固饒有靜存者焉，則於程朱之奧義微言，又已揭日月而行矣。」〔註76〕則船山「未發者，喜怒哀樂之未及乎發，而有言行聲容之可徵」，不正是解釋了譚氏所懷疑的人之不能「冥而無思，懸而無薄」？「未發者，喜怒哀樂之未及乎發」，亦可說「未發者，非不發者，待發而已」，即船山所說：「非云一念不起，則明有一喜怒哀樂，而特未發耳。」〔註77〕則喜怒哀樂之未發，乃是此性之

〔註74〕見《船山全書》第七冊，卷十六〈顏淵〉第十二，頁690。
〔註75〕見劉人熙：《蔚廬文集》卷三（台北市：中央研究院傅斯年圖書館藏，清光緒丙申年大梁刊本，1896年），頁18。
〔註76〕見劉人熙：《蔚廬文集》卷三，頁18～20。
〔註77〕見《讀四書大全說》卷二（北京市：中華書局，1975年），頁470。

未自心中發出而爲情者，故朱子說：「性具於心，發而中節，則是性自心中發出來也，是之謂情。」〔註78〕性具於心而未發，亦只是待發而已，非不發之無私無薄，而待發之機，正在於「發而中節」之一「節」字。心之待發而未發，關鍵即在於能否「發而中節」？「節」字的標準爲何？又如何能「節」？似又回到內在的操持涵養工夫上。

朱子〈答張欽夫書・三〉言：「人之一身，知覺運用莫非心之所爲，則心者固所以主於身而無動靜語默之間者也。然方其靜恢，事物未至，思慮未萌，而一性渾然，道義全具；其所謂中，乃心之所以爲體，而寂然不動者也。及其動也，事物交至，思慮萌焉，則七情迭用，各有攸主；其所謂和乃心之所以爲用，感而遂通者也。然性之靜也，而不能不動，情之動也，而必有節焉，是則心之所以寂然感通，周流貫徹，而體用未始相離者也。」則「情之動也，而必有節」之「節」還須由心來判斷衡量，故朱子才說：「只是合當喜，合當怒。如這事合喜五分，自家喜七八分，便是過其節；喜三四分，便是不及其節。」〔註79〕而這合五分又如何便是「節」？畢竟難講。如船山所說：「君子以其戒愼恐懼者存養於至靜之中，而喜怒哀樂未發之際，人以爲虛而無物者，君子以爲實而可守；則存養之熟，而無一刻之不涵萬理於一原，則心之正也，無有不正者矣。君子以愼獨省察於方動之頃，而喜怒哀樂固然之節，存之於未起念之前而不紊者，達之於既起念之後而不違；則省察之密，而無一念之不通群情以各得，則氣之順也，無有不順焉。」〔註80〕還是得靠存養省察工夫，方能使之爲「固然之節」。

康有爲於1896年萬木草堂講課時，指出：「『喜、怒、哀、樂之未發』一句，自宋儒一大聚訟。宋儒捨『戒愼、恐懼』而專言『未發』，故多異說。聖人學問，在愼獨以自始終，此『喜、怒』一句，原從上二句體出。」「『喜、怒』句，上文『不睹、不聞』，已是明文，此承上語耳。」〔註81〕而譚氏正從此處入手：「既未發矣，又焉知中？又焉知不中？曰：是亦戒愼之心也，是亦恐懼之心也。舍此無以爲未發，即無以爲中，亦無以爲心。」譚氏反覆言「不必其無憂懼」，亦即時時可憂可懼，正是看見存養省察工夫的重要。

〔註78〕見《朱子語類》第62卷（北京市：中華書局，1986年），頁47。

〔註79〕同前註，頁62。

〔註80〕見《船山全書》第七冊，頁108。

〔註81〕兩段引文分見《康有爲全集》第二冊，《萬木草堂口說》（上海市：上海古籍出版社，1987年），頁338及343。

雖然張灝對於譚氏在〈思篇〉內探討的思想問題評價並不高：「譚嗣同在這些片斷的札記中，對於他的宇宙觀，並無完整而系統的論述，但其基本的傾向，則清晰可見。儘管譚嗣同已受到了一些西方近代科學宇宙觀的影響，他仍然試圖在傳統的思想裡，特別是張載和王夫之的氣化論裡尋找一個有意義、有目的的宇宙秩序。」〔註82〕但大體而言，譚氏在〈思篇〉中所處理和思考傳統典籍中的問題，顯然較〈學篇〉中來得成熟深刻，其中可見受到西學影響的痕跡，這應可視爲是譚氏較後來的作品，而譚氏思想發展的方向也正逐漸轉變。

三、《石菊影廬筆識》〈思篇〉中的史論

譚嗣同在〈思篇〉中的史論，大約都是在中法戰爭與甲午戰爭之間所寫成，因內容多爲針對時局，有感而發。

首先，譚氏在〈思篇〉第三十一則提到「時運」、「通變」和「治亂」等觀念：

> 於征誅觀世變，則三代之誓詞，周不如殷，殷不如夏，夏不如虞。不知揖讓亦然。堯讓於舜，舜一辭而已；舜讓於禹，禹乃辭至再三。禹豈劣於舜哉？則以時有不同，而處夫運之漸降也。堯之時，民方昏墊，思得大聖人治之，而在廷諸臣，又有凶嚚之屬，舜知舍己其誰，於是坦然受之不惑。舜之時，天下乂安，民樂於治，而民之知識亦日啓，其上師師賢聖皆帝王之器，此禹所以不敢徑遂也。夫禹非苟辭焉，而求合於人也。使如舜之一辭即受，天下必有起而議其後者，是不幾負舜之託乎？故必自盡其禮，而後可以爲人上。是何也？運爲之也。運之行也，益久而益替，惟聖人能挽其替而歸諸隆。即處聖人之不幸而當運之極，亦能與運轉移，通變以漸而救其失，使將替者不遽替，已替者不更替，以盡禮爲馭運之微權，而運失其權焉，於是乃可以長治。然而聖人不常見，愚不肖又雜然朋興而不已。一彼一此，終必底於無可爲。及其既久，雖有聖人起，亦莫能爭於千年之擾攘，使一旦咸歸於治。以是一治一亂之天下，往往亂常而治偶，亂久而治暫，亂速而治緩，亂多而治寡，亂易而治難。（《全集》頁139～140）

〔註82〕見張灝：《烈士精神與批判意識：譚嗣同思想的分析》，頁45～46。

此處譚氏以舜、禹讓辭不同的原因，說明「時運」是替陵漸降，「運之行也，益久而益替，惟聖人能挽其替而歸諸隆」，即便是在「當運之極」的時候，聖人也能「盡禮馭運」，「通變以漸而救其失，使將替者不遽替，已替者不更替」。此處可見譚氏有善於通變以「盡禮馭運」的觀念，而關鍵還是在於要「漸而救其失」，而不是急進躁進而為，這就和他日後在維新變法時期的態度大不相同。但此則譚氏卻又一轉，認為「聖人不常見」，天下又都是「亂常而治偶，亂久而治暫，亂速而治緩，亂多而治寡，亂易而治難」，顯示譚氏既無〈治言〉裡「忠、質、文」可反之的樂觀想法，也沒有「公羊三世」的歷史演進觀，反而更真實卻又悲觀地承認歷史的現實面。

〈思篇〉第三十六則論及「封建之廢，事勢所必爾，非秦所能為」，與〈思篇〉第三十七則合論井田與限田之別，認為：

> 荀仲豫曰：「漢高祖、光武當大亂之後，土曠人稀，可行井田而不行。非此時而行井田，騷擾不一矣。」案井田與封建同為天之所廢，無能復興。惟限田之法，差近治理，然亦必行之於開創之始。夫開創之盛，其惟秦乎？六而一之，國而郡縣之，東極於海，南跨乎越，西北逼匈奴，數萬里咸奉一主，開闢以來未嘗有也。當此之時，天下憊極，農粟不足供轉饟，女布不足應箕斂，忍死竭力，以效使令，溝壑之瘠，居九州之強半。然而秦令夕下，朝已奉行，鑿五羊，填東海，築長城，車駕遨遊，軍旅四出，死生勞逸，惟上所命，而不暇自愛。何也？其勢張，故令無不行也；其威積，故人無不從也；其力果，故事無不舉也。甚矣，興朝盛氣之大可用也。雖令以殘暴不仁，使即死地，且罔敢不率，使有語以先王之道者，與其銷兵，孰如限田？與其獨取，孰如均分？與其焚書坑士，孰如誅豪強、嚴兼併？藉易行之時，行易行之政，又有使民不敢不行之權。其臻先王之治，猶星辰之傾西，江河之就東，浩浩其孰禦之？時乎時乎！萬世而一時也。惜乎其不出此也！（《全集》頁 142）

封建與井田制已為天所廢棄，意即不合於時，故而不可能復興，即便在荀仲豫當時的東漢末年亦然，這是譚氏的論點。但譚氏接著認為井田不可復，限田之法卻是可行於國家開創之始，因此漢高祖、光武，乃至於秦統一天下之時，都是可行限田之法的恰當時機。譚氏並因此而推論秦朝種種政治作為的不當：「藉易行之時，行易行之政，又有使民不敢不行之權。其臻先王之治，

猶星辰之傾西，江河之就東，浩浩其孰禦之？」語氣中不免深感惋惜。但限田之法可行性如何？在董仲舒提出此想法之後的兩漢時期，此法早已因具體落實困難而形同一紙空文，其幾近於烏托邦式的想法，恐怕比起井田制更難以經受歷史現實的考驗，譚氏此時提及此法，不知目的爲何？

又〈思篇〉第三十二則：

管仲事子糾而欲殺桓公，魏徵事建成而欲殺太宗，是皆忠於其主也。殺桓公不克，而子糾以之殺；殺太宗不克，而建成以之殺，是皆不幸於其主也。以殺桓公不克而殺子糾之管仲，反而事桓公；以殺太宗不克而殺建成之魏徵，反而事太宗，何其前後謬歟？而論者責魏徵也嚴，責管仲也寬，殆以孔子之原之歟？非也。太宗，弟也；桓公，兄也。譚嗣同曰：使桓公而弟，子糾而兄，仲其能死之乎？何以知其不能也？曰：以交於鮑叔而知之。夫管、鮑之交，才也而知其所勝，過也而有以相諒。氣類之相通，親於肺腑，憂樂之與共，踰於骨肉。其交之深而可恃有如此。以管、鮑之交之深而可恃，不共事一公子，而各主其主。何也？曰：惟管、鮑之交之深而可恃，然後可以不共事一公子，而各主其主。方襄公之弒也，桓公奔莒，子糾奔魯，桓公與子糾年未必不相若也，才亦未必相遠也。莒之小，魯之弱，又未必相懸殊也。桓公可立，子糾亦可立，則正不知立之在誰也。使仲與叔共事一公子，此一公子立斯已矣，不立則仲與叔遂俱死。即不死，亦必不得志於齊國，度仲之智必不出此。彼其心未必不以平日相知之素，重以死生不相背負之約，不幸而蒙難，皆能有以相急而陰爲之地，以使得志於齊國。於是遂不共事一公子而各主其主，而無所疑。然則帶鉤之射，桓公不幸而貫胸洞脅，則子糾立而仲相，仲於叔亦必陰爲之地，以使得志於齊國。夫桓公、子糾，必有一得國者也。此得則彼失，彼得則此失，而仲與叔則無往而不得也。故仲之不死，於其與叔各事一公子以出，則已決矣。不然，子糾既殺以後，堂阜未被以前，桓公怒且不測，乃仲急自請行，若有卿相之榮，惟恐往取之不速者。彼仲一敗軍之虜耳，亦何恃不恐哉？則誠逆知叔之爲之地也。世言交友，咸慕管、鮑，夫管、鮑之交，豈不甚善，然跡其君臣之際，吾恐食祿養交者得而踐也。孔子仁管仲，第即其功言之，死不死之心，未嘗深論焉。其間果有難

言者哉？嗣同持此論久矣，或訾其刻覈，後讀《呂覽·不廣篇》，竟說其事如此。（《全集》頁 140～141）

按《呂氏春秋》第十五卷〈不廣〉有言：「智者之舉事必因時。時不可必成，其人事則不廣，成亦可，不成亦可。以其所能託其所不能，若舟之與車，……外物則固難必。雖然，管子之慮近之矣。若是而猶不全也，其天邪，人事則盡之矣。」〔註83〕可見譚氏此處所持論點即在於，「君臣之際」不是關乎忠不忠的問題，而是智不智的問題。故譚氏以此標準評論管仲，也認為孔子對管仲的評價，不在「君臣之際」的得當與否。儘管有人認為譚氏如此批評管仲似乎太過嚴苛，但譚氏評論歷史人物功過，固然有是非的標準，不能全然因功而掩過。然而這樣的「君臣之際」的道德標準，是否適用於譚氏與光緒之間？與譚氏在《仁學》中的大聲疾呼是否有所衝突？確實值得深究，本文第七章將詳細討論。

又〈思篇〉第三十九則：

> 凡物多則生患，天下之患，生於多者十，而外夷不與焉。士多而不教，官多而不擇，民多而無業。士多而不知理，法多而無所守，說多而無所從。取多而無度，用多而不節，兵多而不可用，盜多而不能弭。有一於此，天下以亂。況備乎？若夫外夷雖多，不足患也。李大亮氏曰：「中國如本根，外夷如枝葉。夫有本根之撥，而枝葉從之矣；未見枝葉之害及其本根者。自古以來，中國未有亡於外夷者也。皆先有以自亡而外夷因之，故以為天下之患，不在外夷，在中國也。」今之談者，以為患莫大乎外夷，而荒中國之大計以殉之。強者主戰，而不問所以戰；弱者主和，而不察所以和。幸敵兵一旦不至，即謂長治久安，可以高枕無慮。偶有徵兆，又力以掩飾，深諱不言。耕者患蟊之禍苗也，於是舍苗不事，鏟土剔草，務盡去天下之蟊，蟊未必去，而苗蕪久矣。夫蟊誠足惡，至於知有蟊不知有苗，未見其能知患也。沃水於釜，魚遊其中，不識其釜也。方掀髯奮甲，相忘於江湖，而不知烈火之燔其下。豈不痛哉！豈不痛哉！
> （《全集》頁 144～145）

此處引用李大亮的話以證今日時局，李大亮是否就是唐初曾任涼州都督者，不得而知，但李大亮這段話，譚氏援用來批評清末朝廷在政治、軍事策略上

〔註83〕見《諸子集成》第六冊（北京市：中華書局，1954 年），頁 172～173。

的謬誤，並論證外夷不足患，顯然與〈治言〉中的觀點相吻合，大約此則寫作時間應與〈治言〉同時。

四、〈治言〉寫作與思想發展的脈絡

關於譚嗣同〈治言〉寫作的確切時間，按照譚氏〈報貝元徵〉信中的內容與信後繫年爲甲午秋七月推論，〈治言〉應作於光緒十年，殆無疑問。但是譚氏的信一般不寫年和季，故信後繫年極爲可疑；且〈報貝元徵〉信中內容多有提及甲午七月以後的事，徐義君因而考證並推論：「〈思緯氤氳臺短書——報貝元徵〉（下簡稱〈短書〉）云：『十年之前，作〈治言〉一篇。』〈短書〉寫於一八九六年一月，故〈治言〉應作於一八八六年。」〔註84〕

昌發於〈譚嗣同著作概述〉則又持不同意見：「〈治言〉是譚嗣同二十歲時撰寫的。當時正是中法戰爭的光緒十年（1884），譚氏憤而作〈治言〉四千餘言，文中已蘊有變法思想的萌芽。〈報貝元徵〉一文中說：『十年之前作〈治言〉一篇，所言尚多隔膜，未衷於理，今並呈覽，亦可考驗其議見之增益。』文中所說『十年之前』是清光緒十年（甲申，1884 年）這時譚嗣同剛好二十歲。譚嗣同在〈治言〉開頭附記：『此嗣同最少作……。』這是可信的。不過，文中提到劉人熙說的話，而譚拜劉人熙爲師是光緒十五年（1889），可知此文寫成後，到光緒十五年或稍後又作了修改補充。」〔註85〕昌發的說法近是，因「十年之前」在行文中可以是整數，也可能是約數，徐義君對〈短書〉的論證合理，但是以十年之數推論〈治言〉，卻不一定合理。

〈治言〉一文，固然是譚氏對時局批評的最少作，且譚氏後來極後悔其中的虛憍之論，但是這樣的論點，譚氏並沒有很快改變，而一直延續到甲午之後，才有所轉變。今觀重新修訂後的〈治言〉最前段的小序：「此嗣同最少作，於中外是非得失，全未縷悉，妄率胸臆，務爲尊己卑人一切迂疏虛憍之論，今知悔矣，附此所以旌吾過，亦冀談者比而觀之，引爲戒焉。」和〈報貝元徵〉所言「今中國之人心風俗政治法度，無一可比數於夷狄，何嘗有一毫所謂夏者！即求並列於夷狄猶不可得，遑言變夏耶？」（《全集》頁 225）幾無二致，再對照〈治言〉內容所論，譚氏思想變化不可謂不大。

〔註84〕見徐義君《譚嗣同思想研究》，頁 174；又徐氏對《短書》的考證，亦見該書
　　　　頁 212～216。
〔註85〕轉引自《譚嗣同研究資料匯編》，頁 521。

　　譚氏在〈治言〉一文提出一重要的文化觀，他將中國歷史的演進分爲三階段，又將人類文明發展予以地理分區爲三大塊：「天凡四千年而三其變，地凡九萬里而三其區。」（《全集》頁231）以「天」、「地」對舉，但「天」、「地」的內涵完全不同；按照「地」的分區是採全球眼光，那麼對「天」的演變卻又單限於中國一區？若要比較，似應以同範圍同等級爲客觀標準，此處譚氏顯然以主觀的認知來論述，而更可見他將「天」等同於中國此一「尊己卑人」的心態。

　　對「天凡四千年而三其變」的論述，譚氏說到：

　　夏后氏興，出天下於洪水猛獸，俾東西南朔，海隅蒼生，田田宅宅，而一登於大順，固已灑然其非舊矣。雖其創制顯庸，要皆黃帝、堯、舜井田封建之制，而州肇以九，山列以四，食鮮而艱，傳賢而子。其他車服、禮器、百官、宗廟、樂律、政刑、正朔、徽號，罔不括五帝之終，而啓三王之肇。故天於是成，地於是平，遂足以當一變。夏以後治亂損益不一，其大經大法，閱商、周未之有改，是曰道道之世。由是二千年，至於秦而一變。盡取先王之法度弁髦而敝屣之，以趨後世一切苟簡之治。郡縣封建，阡陌井田，禮樂而會計，詩書而獄吏，其疾求而捷給，亦足以取快於一時，而箝舉世別味辨聲被色之倫，以無能自遁於其外。迨乎萬物疲極而思戢，則且息肩於雜霸黃老，世主時相之稍有條理者，而見爲一治。故秦以後，治亂損益不一，其大經大法，閱漢、晉、隋、唐、宋、元、明未之有改，是曰法道之世。由是二千年，至於今而一變。開闢之所未通，琛賮之所未供，鞮譯之所未重，尉侯之所未逢，星辰寒暑之異其墟，而舟車人力之窮其途，東掘若木之所根，西竭虞淵之所淪，南北絚二極，若筦以籥而絡以繩。其間排虛蹠實，根著浮流之母午而紛蹟，莫不蜎飛蠕動，跂行脊運，錯蹄交內於上國，而蘦蘦乎，而蒸蒸乎，而訰訰乎，群起以與之抗。上國一再不勝，且俯首折氣，日出其下而未有已。降一統而列邦，降朝請而盟會，降信義而貨幣，降仕宦而駔儈，而上國固已朒矣，而生民固已荼矣。此三王之所逆億而不能，而漢、晉以下所色然驚其未聞者也，是曰市道之世。此天之三變也。（《全集》頁231～232）

其中可注意者即是「市道之世」，這一階段所發生的事件，如「錯蹄交內於上

國」、「上國一再不勝」、「降一統而列邦，降朝請而盟會」正是清代自鴉片戰爭後的歷史寫照。對「地凡九萬里而三其區」的論述，譚氏則說：

　　赤道以北，適居三百六十經度之中，西至於流沙，東南至於海，北
　　不盡興安嶺，八荒風雨之所和會，聖賢帝王之所爰宅，而經緯、風
　　教、禮俗於以敦，而三綱五常於以備也。是足以特爲一區，曰華夏
　　之國。而東朝鮮，西回、藏，泊越南、緬甸之遺民，猶勢面內向，
　　潛震先王之聲靈，以服教而畏神者，咸隸焉。由是而東起日本以北，
　　迤俄羅斯而西，折而南，而土耳其，而西印度，西北踰地中海，而
　　布路亞，而西班牙，而德、法、英諸國。又西踰海而北亞美利加，
　　其壤地不同，同於法治，其風俗不同，同於藝術。其稟於天而章於
　　用，爲人所以生，而國所以立，而上下之所以相援繫，視華夏則偏
　　而不全，略而不詳。視禽獸則偏而固，爲全之偏，略而固，爲詳之
　　略。是足以爲一區，曰夷狄之國。而北之瑞典群島，南之荷蘭島，
　　咸隸焉。由是而南起阿非利加，西至南亞美利加，又西至澳大利亞，
　　則有皆榛莽未闢之國也，又皆出夷狄下。是宜自爲一區，曰禽獸之
　　國。而近南極之群島咸隸焉。立乎華夏而言，自東而北而西，或左
　　或右或後，三方環以拱者皆夷狄也。其南空闊泱漭，而落落以肴列
　　於前者，皆禽獸也。此地之三區也。（《全集》頁232）

既然「華夏之國」是「八荒風雨之所和會，聖賢帝王之所爰宅，而經緯、風教、禮俗於以敦，而三綱五常於以備」，比起「夷狄之國」的「其稟於天而章於用，爲人所以生，而國所以立，而上下之所以相援繫，視華夏則偏而不全，略而不詳」遠遠勝之，又怎麼會發生如上文所說的「市道之世」？譚氏的解釋是：

　　夫以天之所變，而市不斬乎法，法不斬乎道而天窮。地之所區，而
　　夷狄率禽獸以憑陵乎華夏而地亂，不先不後，薈萃盤結於一朝。斯
　　固天地自旦之宵，生民自長徂消，方將休息乎歸墟，以待別起而爲
　　更始矣。雖然，又豈惟天地之主宰是、綱維是哉？治不自治也，則
　　亦亂不自亂也。人爲之，質文遞禪，勢所必變也。夏、商之忠質，
　　固已伏周之文；周之文，固已伏後世之文勝而質不存。周以降，皆
　　敝於文勝質不存，今其加屬者也。審乎此而挽救而變通者可知，抑
　　審乎此而夷狄之加乎華夏者皆可知。何以明其然耶？夷狄之加乎華
　　夏，夷狄之由忠而質，且向乎文，而適當乎華夏之文勝質不存也。

夷狄之生人生物，晚於華夏不知幾千萬年之期。其草創簡略，亦尚
與古之靈閣相近，而人心之樸，於以不漓。故夷狄之富，不足以我
虞；夷狄之強，不足以我孤；夷狄之憤盈而暴興，不足以我徂；夷
狄之陰狡而亟肆，不足以我圖。惟其出一令而舉國奉之若神明，立
一法而舉國循之若準繩，君與民而相聯若項領，名與實而相副若形
影，先王之言治，曰「道一而風同」。道非道而固一，風非風而固同，
斯其忠質之效，而崛起強立，足以一振者矣。(《全集》頁 232～233)

譚氏認為華夏之所以發展成「市道之世」，全是自己造成的，「人為之，質文
遞禪，勢所必變也」。而造成的原因卻又是勢所難免的，「斯固天地自且之宵，
生民自長徂消，方將休息乎歸墟，以待別起而為更始」，如此自我安慰的說法，
遂借用《史記‧高祖本紀》〔註 86〕太史公之言，轉而提出「忠、質、文」的
歷史循環論。雖然現今華夏是處於「文勝質不存」而且更加劇烈的時期，但
夷狄也好不到哪裡，因為「夷狄之加乎華夏，夷狄之由忠而質，且向乎文，
而適當乎華夏之文勝質不存也」。而夷狄的「忠、質、文」是怎麼來的，又何
以會由忠而質而向乎文？譚氏因此特加說明：

〔註 86〕 據《史記》卷八《高祖本紀》言：「夏之政忠。忠之敝，小人以野，故殷人承
之以敬。敬之敝，小人以鬼，故周人承之以文。文之敝，小人以僿，故救僿
莫若以忠。三王之道若循環，終而復始。周、秦之閒，可謂文敝矣。」可見
《史記》僅提及「忠、敬、文」，而非「忠、質、文」。如何由「敬」轉「質」？
據董誥等纂修之《全唐文》卷 483，於貞元二十一年禮部策問五道的第二道，
問：「夏殷周之政，忠敬文之道，承弊以救，始終循環。而上自五帝，不言三
統，豈備有其政？或史失其傳，嬴劉而下，教化所尚，歷代相變，其事如何？
豈風俗漸靡，不登於古，復救之之道，有所未至耶？國家化光三代，首冠百
王，固以忠厚，勝茲文弊，前代損益，佇聞討論，遷數之中，所希體要也。」
仍是「忠、敬、文」。至朱熹《近思錄》卷三〈致知〉引伊川先生《春秋傳‧
序》曰：「天之生民，必有出類之才，起而君長之。治之而爭奪息，導之而生
養遂，教之而倫理明，然後人道立，天道成，地道平。二帝而上，聖賢世出，
隨時有作。順乎風氣之宜，不先天以開人，各因時而立政。暨乎三王迭興，
三重既備，子丑寅之建正，忠質文之更尚，人道備矣，天運周矣。」則已是
「忠、質、文」了。此後明代唐順之《稗編》卷二十二有〈三代忠質文考索〉；
湛若水〈重修江都縣儒學記〉言：「夫敝而後有修，修也者，修其敝者也。忠
質文者，三代時治之隆者也，其易而異尚也，所以修敝也。故夏忠之敝也野，
商不得不修之以質；商質之敝也陋，周不得不修之以文。」見鍾師彩鈞點校：
《泉翁大全集點校稿》(臺北市：中央研究院中國文哲研究所，2004 年) 卷二
十七，都是就「忠、質、文」而論說。故而由「敬」轉「質」的時間當在唐、
宋之際，其轉變肇因為何，尚待考證。

世之言夷狄者，謂其教出於墨，故兼利而非鬥，好學而博不異。其
生也勤，其死也薄，節用故析秋毫之利，尚鬼故崇地獄之說。戛戛
日造於新，而毀古之禮樂。其俗工巧善制器，制器不離乎規矩。景
教之十字架，矩也，墨道也，運之則規也。故其數皆出於圓，而圓
卒無不歸於方。割圓者，割方以使圓也。三角者，方之角也。故其
教出於墨，乃今則不惟是也。出於墨，自其朔而言之也。其出而為
治，不惟是也。其出而為治，罰必而賞信，刻覈而寡恩，暴斂而橫
征，苛法而斷刑，君臣以形名相責，而父子不相親，奮屬桓撥以空
其國於佳兵。是昔之夷狄，墨家之夷狄也；今之夷狄，法家之夷狄
也。墨家之學出於夏，忠也；法家之學出於商，質也，而又繼之以
靡麗。故曰：由忠而質，且向乎文也。且向乎文，則亦且向乎文勝
而質不存。文勝而質不存，則其衰也。孽不必自天隕，禍不必自地
出，物產不必其不供，鹽鐵之大利不必其或絀，而世降則俗澆，俗
澆，則人自為心而民解裂，則令不行而上下相厄。上下相厄，則所
舉皆廢而國以不國，雖欲如華夏之質不存而猶可以存者，又烏可得
耶？何者？其文固非文也。故其敝亦且一敝而終敝。（《全集》頁 233
～234）

既然夷狄最終也會如華夏走入「文勝質不存」的地步，因此華夏自不必擔心，
夷狄終究「孽不必自天隕，禍不必自地出，物產不必其不供，鹽鐵之大利不
必其或絀，而世降則俗澆，俗澆，則人自為心而民解裂，則令不行而上下相
厄。上下相厄，則所舉皆廢而國以不國」，甚而其命運將比華夏更慘烈，因為
其「雖欲如華夏之質不存而猶可以存者，又烏可得耶？何者？其文固非文也。
故其敝亦且一敝而終敝」。如此恐非出自譚氏的自信，而是空幻的自傲。但現
實的挫折遠比此空幻的自傲更驅使譚氏不得不嚴肅面對，畢竟待夷狄步入「文
勝質不存」，又不知何年何月，因而現今對待夷狄之策，仍應講「戰」與「和」：

　　故夫戰，不可不夙講也，以戰之具，若測算，若製造，亦志士所有
　　事，而詆之者拘也。不獲已而和，以紓吾力焉。以和之具，若立約，
　　若交聘，亦當官所宜慎，而待之者愚也。（《全集》頁 235）

但譚氏卻又立刻否定這些制夷之策，理由是夷狄一敝而終敝，華夏卻是可以
由「文」反「忠」的：

　　要之華夏之以自治者，則皆不在乎此。華夏之於夷狄，夫既有相反

之形矣。夷狄且以文斃者，華夏固可反之於忠。忠者，中心而盡乎
己也。以言乎彼己之己，則華夏之自治爲盡己。先王之典孔彰也，
祖宗之澤方長也，舉而措之，人存政不亡也。……反天下擾攘者一
於禮，而後風俗敦，風俗敦而法乃可均。日馳騖於外侮，而荒其本
圖，是謂舍己之田而人於耘。以言乎人己之己，則出治者先自治爲
盡己。……性有秉彝，故三代之治不易民；道有汙隆，故未定之天
能勝人。事不求可，功不求成。君子之立本以趨時，居易以俟命，
固已異於策士之縱橫。創業垂統，求爲可繼，強爲善者人，而成功
者天。誠可期乎必濟，孟子不以告滕文矣。且期乎必濟，彼之爲戰
爲和爲守之說者，能必濟耶？抑不能漫以云云也。無可必而姑期之，
將非自欺而欺人者乎？夫君子則何能治天下哉？能不自欺而已矣。
又何敢言治天下哉？言不自欺而已矣。(《全集》頁 235)

華夏能盡己以自治，自然可以「反之於忠」，這才是務本之道，「日馳騖於外
侮，而荒其本圖，是謂舍己之田而人於耘」，所指的即是「彼之爲戰爲和爲守
之說者」，譚氏甚至認爲這些人不務根本，專以戰、和、守之說自欺欺人，並
援引其師劉人熙的一段話大加批判：

聞之吾師蔚廬先生曰：「子噲以子之亡，不得謂堯、舜不當行揖讓；
李密以無恆斃，不得謂湯武不當用征誅；新莽敗於井田，不得刪《尚
書》之〈禹貢〉；王安石禍於青苗，不得毀文公之官禮。天下事，知
其一，不知其二，固未有不囿於從違者也。且世之自命通人而大惑
不解者，見外洋舟車之利，火器之精，劌心鉥目，震悼失圖，謂今
之天下，雖孔子不治。噫！是何言歟？自開闢以來，事會之變，日
新月異，不可紀極。子張問十世，而孔子答以百世可知，豈爲是鑿
空之論，以疑罔後學哉？今之中國，猶昔之中國也；今之夷狄之情，
猶昔之夷狄之情也。立中國之道，得夷狄之情，而駕馭柔服之，方
因事會以爲變通，而道之不可變者，雖百世而如操左券。若使夏禹
受禪，而帝啓即有崖山之沈；周武興師，而尚父即膺黃巢之戮。則
可云鄒魯之不靈，《六經》之有毒矣。而要之決無慮此。」〔註87〕

─────────────

〔註87〕譚氏此段引文係摘引自劉人熙《蔚廬文集》補遺〈節楚寶目錄提要〉，其中的
論魏源《海國圖志》一書內容，見該《文集》卷四，頁44。蔡尚思與方行於
編寫《譚嗣同全集》時，似乎未參照《蔚廬文集》，因而不清楚此段文字敘述

則誠能不自欺者也。夫不自欺，忠也；救文勝之敝，而質賴以存也。
夫不自欺，自知知人，明而致知之徵也。夫不自欺，又意之所由誠
也。夫言治至於意誠，治乃可以不言矣。夫聖人固曰：「意誠而心正，
心正而身修，身修而家齊，家齊而國治，國治而天下平。」（《全集》
頁235～236）

譚氏最後由不自欺歸結於《大學》之「意誠」，實因治天下的本源，仍在於「意
誠」。通篇文章看似對時局變化有感而發，且極力提出一對治的策略和觀點，
但是細讀內容，卻較像是一篇制藝時文。

　　當代學者對譚氏〈治言〉的分析，相對於《仁學》而言是較缺乏的。以
單篇學術專論而言，目前僅有劉紀榮所撰寫的〈淺議譚嗣同〈治言〉的思想
傾向〉一篇，但因為劉紀榮過分稱譽譚氏思想，導致許多論點自相矛盾。如
劉氏認為：「〈治言〉正好顯示出他早年思想從守舊向革新轉化的過程，反映
了譚氏有一定的要求變革的思想傾向。易言之，〈治言〉已經昭示了譚嗣同維
新變法思想的萌芽。」這說法似乎引用前述昌發的論點，但從〈治言〉內容
看來，如何可見譚氏有此傾向？何況譚氏在文末還徵引師說，肯定「道不可
變」，又如何變革？劉氏復又認為：「我們分析〈治言〉的思想特徵，並不能

何者屬於譚氏或劉氏，甚至將之分段，並有標點誤植情形，以致文意易遭人
誤解。此錯誤應是編者延續參考北京市三聯書店於1954年出版的《譚嗣同全
集》中，對〈治言〉一文的編輯錯誤，未加修正所致。劉人熙於「而要之決
無慮此」以下，乃進一步論之：「且夫中國之所以為中國者，豈徒以其名哉？
帝出乎震，猶水木之有本源，衣服之有冠冕也；猶人之一身體，有大小，有
貴賤；清氣出上竅，濁氣走下竅也，天秩之矣。君君臣臣，父父子子，兄兄
弟弟，夫夫婦婦，而人道立矣，天心享矣。豈如夷狄之國，蜂蟻之屯聚，蛇
黽之吞制哉？昔吾先正衡陽王子言之矣，中國一失而夷狄，夷狄再失而禽獸。
此明於分數之言也。明於分數，而後可以審得失，審得失而後可以安處善。
中國之盛也，君明臣良，草野有士。君子之行，而比戶可封，故郊焉，而天
神格廟焉，而人鬼享風雨、節寒暑。時五穀昌，四夷賓服，兵革不作；及其
衰也，反是而大亂，必興夷狄之弱。如今亞非力加一洲，其俗獷悍殘暴，無
政無教，若禽獸嘫，西洋人亦誣為至劣之土，故至今見役於英、法、羅馬諸
夷。夫英、法、羅馬之政教，比於中國聖王，其相去不知幾千萬億也。然教
非教也，而亦自有其教，政非政也，而亦自有其政，則足以制猙猙狂狂之黑
奴，而乘中國之衰，亦有時倔強不馴，非大創之不已。上觀千古之興亡，下
卜萬年之離合，大約中國之政教，卓絕於夷狄四裔，則足以制夷狄，而遠其
害；夷狄之政教略殊於禽獸，則足以制夷狄之近於禽獸者，而賴其利。聖人
復起，不易吾言矣！」劉人熙所持夷夏觀念之重，於此段文字可見一斑，而
此觀念復又影響譚嗣同〈治言〉思想之形成，也可由此文尋得若干線索。

完全依據譚氏的自我反省之辭，但這畢竟給了我們認識《治言》思想特徵的某些啓發或『方便法門』。我們認爲，〈治言〉是譚氏 20 歲的思想反映，自然是他對當時社會發展的總體看法，是他具有儒學特色的政治抱負的具體化；〈治言〉也就是他的『治國之言』，其中既包含有『聖人之道』永遠不變的守舊的一面，又流露出了『勢所必變』、學習西方『戰守之具』的革新的一面，而這正是當時社會上較爲盛行的洋務思想的一種反映。」然而譚氏所指的「勢所必變」，並不是指要革新變法，而是指「質文遞禪」之理，怎可說由質而向文是革新變法，豈不顚倒黑白？若非劉氏有故意曲解之嫌，否則即是解讀錯誤；不僅如此，「戰守之具」也是譚氏最後所否定的，怎可都說成是譚氏的「治國之言」？

　　劉氏還認爲：「譚嗣同在當時已能明白理解西方強盛之深刻原因，這確乎是他的高明之處了。然而，譚氏之論存在著矛盾。他認爲世界文化只是循環變化而已，……中國亦必然由『文勝質不存』到『忠』再進到『質』。……譚嗣同認爲，『知其反則華夏之以自治者，固有道矣』。因而『故夷狄之富，不足以我虛；夷狄之強，不足以我孤；夷狄之憤盈而暴興，不足以我徂；夷狄之陰狡而亟肆，不足以我圖』。這裡，他既承認了西方各國比中國富強，卻又在字裡行間流露出一種虛驕之氣。」究竟是「譚氏之論存在著矛盾」，還是劉氏解讀的矛盾？譚氏文中只提到華夏可以「由文反忠」，因爲只有「忠」才可以力抗夷狄的「文」，並沒有提到再進到「質」的問題，且「故夷狄之富，不足以我虛；夷狄之強，不足以我孤」若是一種「虛驕之氣」，則譚氏應該是全然否定夷狄的富強，更何況夷狄的富強是和憤盈、陰狡並舉。事實上，以譚氏的夷夏觀而論，根本不承認西方比中國富強。

　　〈治言〉最後幾段譚氏引劉人熙之言，因《全集》編者疏忽而造成容易遭到誤解，明顯的例子即出現在劉氏此文：「譚嗣同以上說的其實都是儒學學說，是古代中國的『聖人之道』。」他說：『今之中國，猶昔之中國也；今之夷狄情，猶昔之夷狄情也。』那麼，言治之方即在於『立中國之道，得夷狄之情，而駕馭柔服之，方因事會以變通，而道之不可變者，雖百世而如操左券』。也就是說，治今日中國之世，只須適當學習西方的先進技術，『因事會以變通』，主要用中國儒家的救治之道，來駕馭柔服西方各國。這樣，只要不改變中國聖人之道，那麼即使是百年、萬年，中國都會永操勝券。……譚嗣同在〈治言〉中不僅全力宣揚了『正人心』而『敗夷狄』的儒家學說，

而且對當時社會上因崇拜西方的「船堅炮利」而懷疑孔子學說、讚美西方制度的言論也進行了堅決反擊。他說：『世之自命通人而大惑不解者，見外洋舟車之利，火器之精，劌必怵目，震悼失圖，謂今之天下，雖孔子不治，噫！是何言歟？自開關以來，事會之變，日新月異，不可紀報，子張問十世，而孔子答以百世可知，豈爲是鑿空之論，以疑罔後學哉。』〔註88〕其中兩處「他說」，都不是譚氏所言，而是劉人熙所言。因此，譚氏最多只是肯定劉人熙所言，並不能直指爲譚氏的主張或論點。同樣的問題也出現在李喜所的論述當中，他說：「譚嗣同在這裡已初步接觸到了中國的封建官制和西方的法治問題，他對清廷各級官吏的抨擊也可謂一針見血，然而他並不認爲清朝的制度比西方各國差。他在〈治言〉中不僅全力宣揚只要發揮了儒家學說的眞正作用就能『正人心』，敗『夷狄』，而且對當時社會上那種因崇拜西方的『船堅炮利』，而懷疑孔子學說，讚美西方制度的苗頭進行了堅決反擊。……總而言之，譚嗣同承認世道在變，但封建之道百世永遠不能變，整個〈治言〉是變與不變的矛盾集合體。」〔註89〕

　　對譚氏〈治言〉內容能提出較客觀分析的，如張灝所言：「整篇充滿了他對國事的關心和對外侮的憂憤，但是他對當時的世局卻主要是從傳統道德的有色眼鏡去認識。」〔註90〕鄺兆江則認爲：「〈治言〉反映的，是晚清道、咸、同、光四朝流行於士大夫中間『尊己卑人』的心理。」〔註91〕譚氏「尊己卑人」的態度，不僅表現在他的夷夏觀，同時也表現在他的「忠、質、文」歷史循環論。而這種歷史循環論並非譚氏所自創，而是如同鄺兆江所言，乃晚清道、咸以後士大夫之間流行的說法。魏源就有極相似的看法：「太古之不能不唐虞三代，唐虞三代之不能不後世，……故忠、質、文皆遞以救弊，而弊極則將復返其初。」〔註92〕管同也有類似的說法：「天下之風俗，代有所弊。夏人尙忠，其弊爲野；殷人尙敬，其弊爲鬼；周人尙文，其弊也文勝而人逐末。三代已然，況後世乎？雖然承其弊而善矯之，此三代兩漢之俗所以日美

〔註88〕 前引劉紀榮之文，具見於〈淺議譚嗣同《治言》的思想傾向〉，《貴州師範大學學報（社會科學版）》頁83～85，2000年第4期。
〔註89〕 見李喜所：《譚嗣同評傳》（鄭州市：河南教育出版社，1986年），頁46
〔註90〕 見張灝：《烈士精神與批判意識：譚嗣同思想的分析》，頁38～39。
〔註91〕 見鄺兆江：〈馬尚德——譚嗣同熟識的英國傳教醫師〉，《歷史研究》1992年第2期，頁185。
〔註92〕 見《魏源集》（北京市：中華書局，1983年），頁257。

也。承其弊而不善矯之，此秦人魏晉梁陳之所以日頹也。……今者繼世相承，則舉而變之，事易而功倍矣，此當今之首務也。」〔註 93〕和魏源同時的龔自珍也發揮公羊三世的歷史循環論，指出：「書契以降，世有三等，三等之世，皆觀其才；才之差，治世為一等，亂世為一等，衰世別為一等。」〔註 94〕林吉玲對此有一段詮釋：「龔自珍也借用了公羊家的三世說，但其表現形式與公羊家的『據亂、升平、太平』的三世理論不同，而是將三世次序倒過來，譏當世為衰世。從其『終不異初』的理論來看，衰世之後，必是治世。龔自珍企圖利用三世說來說明人類社會的發展是一個由亂世到治世、由質樸到文明的過程，從而為改革提供了理論基礎，這雖然隱含著指陳時弊、希求改革的思想，但仍未超出歷史循環論。」〔註 95〕這和譚氏所認為華夏必將能由文反之於忠的觀念是一致的。

　　從譚氏在〈治言〉中所論述的幾個主題看來，可以明確概括出譚氏此一階段思想發展的脈絡。首先，譚氏此一時期的夷夏觀明顯受到其師劉人熙的影響，賈維對此也有相同看法：「〈治言〉的主題是華夷關係，它試圖探討華夷之間盛衰消長的規律，表明『聖人之道』與『夷狄之情』之間的關係已經成為譚嗣同思考的中心問題。再次，在對待『夷狄之情』的問題上，譚嗣同的態度要比劉人熙開放、積極，沒有那種深閉固拒的傾向。他試圖對所謂的『夷狄之情』進行一些分析。針對當時所流行的『西學源於墨子』的說法，他指出：『昔之夷狄，墨家之夷狄也；今之夷狄，法家之夷狄也。』他看到了法制對於西方社會的重要性，並肯定它是夷狄之國的優點之一：『其出一令而舉國奉之若神明，立一法而舉國循之若準繩，君與民而相聯若項領，名與實而相副若形影，……而崛起強立，足以一振者矣。』從其中我們似乎可以聽到馮桂芬『君民不隔不如夷，名實必符不如夷』說法的回聲。正是這種認識和比較外部世界與外來文化的強烈願望，使譚嗣同成為瀏陽士人群體中比較突出的一個，也成為其後來思想轉變的重要契機之一。」〔註 96〕但賈維最後

〔註93〕見《擬言風俗書》，收於賀長齡、魏源等編：《清經世文編》（北京市：中華書局，1992 年）卷 7。

〔註94〕見《龔自珍全集・乙丙之際著議第九》（上海市：上海古籍出版社，1999 年 6月新 1 版），頁 6。

〔註95〕參見林吉玲：〈常州學派與公羊三世說之變異〉，《學術交流》2001 年 7 月第 4期，頁 122。

〔註96〕見賈維：《譚嗣同與晚清士人交往研究》，頁 111。

認為譚氏此時對西方的認識成為他後來思想轉變的重要契機之一，其間思想
發展的脈絡與關聯為何，賈維並沒有進一步深論；譚氏的夷夏觀或許較其師
劉人熙來得開放，但其中的差別有多大，仍很難判別。至少，從〈治言〉中
反映的「忠、質、文」歷史循環論，譚氏對夷狄的態度還是相當守舊，因此，
才有後來譚氏對此時寫作〈治言〉的思想內容極其懊悔，「於中外是非得失，
全未縷悉，妄率胸臆，務為尊己卑人一切迂疏虛憍之論，今知悔矣，附此所
以旌吾過，亦冀談者比而觀之，引為戒焉」（《全集》頁 231）。而這時期譚氏
對夷狄，乃至於西學，也沒有太多好感：「即嗣同少時，何嘗不隨波逐流，彈
抵西學，與友人爭辯，常至失歡。久之漸知怨艾，亟欲再晤其人，以狀吾過。
而或不更相遇，或遂墓上草宿，哀我無知，負此良友，故尤願足下引為鑒戒
焉」（《全集》頁 228）。可以說譚氏此一階段思想的發展，仍停留在傳統士大
夫的觀念當中。其次，譚氏援引師說，仍可見「道之不可變」的說法。譚氏
從劉人熙問學，最得力之處乃在於認識並深入了解王夫之的學說思想。譚氏
在後來的〈報貝元徵〉中說到：「器既變，道安得獨不變？」（《全集》頁 197）
也是根據衡陽王子的學說所歸結出的，因此，似可以推想，譚氏從中法戰爭
後撰寫〈治言〉，即便到光緒十五年後從師劉人熙，並對〈治言〉加以修訂，
期間的思想發展仍有限，並未有重大的轉變。劉人熙要求譚氏致力於《四書
訓義》，卻也是間接限制了譚氏思想的發展，因而此一時期，譚氏仍墨守「道
不可變」的守舊觀念。

五、〈三十自紀〉後思想轉變的契機

譚氏三十歲以前的思想發展，如上文所述，仍屬有限，並無多大轉變。
此可以〈學篇〉第五十五則為例，再加以證明：

> 夫患與時為變，有淺深之可言，無彼此之可執。執一以為患，患必
> 發於所執之外，舍此以逐之，而他患又發焉。徒荒其始圖，而勢終
> 處於不及，有動即應，至於應不勝應，營營四顧，目眩手束，將安
> 歸也？則莫如先立其不變者，而患之變以定，此未易一二言統之。
> 中國自有中國之盛衰，不因外國而後有治亂。（《全集》頁 115～116）

「先立其不變者」與「中國自有中國之盛衰，不因外國而後有治亂」兩語，
正是道盡了此時譚氏思想的侷限性。與此相類似的言論，也可見於譚氏〈記
洪山形勢〉一文：「古今之變，亦已極矣。變者日變，其不變者，亦終不變也。

強變者不變，持之斷斷，且卒不能無變，況強不變者變哉。余謂毋遽求諸變也，先立天下之不變者，乃可以定天下之變。」〔註97〕（《全集》頁18）

徐義君對此文內容有一重要看法，他認爲「〈記洪山形勢〉所云『余謂毋速求諸變也』，表明譚嗣同寫該文時仍然反對變法維新，此文應是寫於一八九四年中日戰爭之前。譚嗣同一八九四年前秋末在武昌的年份，必定是一八九〇年。〈三十自紀〉云：『十六年，……秋返（武昌），赴安徽，流江巡九江抵安徽，尋返（武昌）。』故〈記洪山形勢〉應作於一八九〇年秋末。譚嗣同於該年春天到武昌，秋天游洪山。」〔註98〕徐氏的觀察是顯而易見的，至少一直到光緒十六年這一時期，譚氏仍然沒有相應的變革中國的言論。

譚氏這樣對傳統思想的堅持，慢慢地有了一些轉變的外在因素產生。1893年，光緒十九年，譚氏夏去北京，「道經上海，和傅蘭雅相識，並廣購當時江南製造局翻譯館譯出的自然科學，廣學會譯出的外國歷史、地理、政治和耶穌教神學以及《西國近事彙編》、《環遊地球新錄》等書讀之，努力追求西學知識。」〔註99〕同年，譚氏又與四川吳鐵樵定交〔註100〕，都是影響譚氏對西學態度轉變的重要關鍵。從譚氏在〈思篇〉第十三則開始出現對西學正面的言論，可以觀察此一轉變的線索：

> 聖人之言，無可革也，而治歷明時，《易》獨許之以革。蓋在天者即
> 爲理，雖聖人不能固執一理以囿天，積千百世之人心，其思愈密；
> 閱千百年之天變，其測愈眞。故西學之天文歷算，皆革古法，欽天
> 監以之授時而不聞差忒。革而當，聖人之所許也。（《全集》頁129）

西學中的天文歷算，皆是革古法，但這些早在明末清初就已爲人所熟知，算不上有何特殊之處，不過譚氏從此推論，至少已經願意承認「革而當，聖人之所許也」。因而在〈思篇〉第十五則，譚氏更進一步承認西方除了測算之外，還有「製造農礦工商者」，是值得學習的：

> 故《詩》、《書》，人道之至貴者也，人閱幾千萬億至不可年，而後有
> 《詩》、《書》，有《詩》、《書》，而後人終以不淪於螺蛤魚蛇黿鳥獸，

〔註97〕關於〈記洪山形勢〉寫作時間，楊廷福於〈譚嗣同著作和書啓寫作年月考〉頁181考證爲作於1890年，徐義君也同樣認爲該文作於1890年秋末，見徐義君：1981，頁180。

〔註98〕見徐義君：《譚嗣同思想研究》，頁179～180。

〔註99〕見楊廷福：《譚嗣同年譜》，頁63。

〔註100〕同前註，頁64。

抑終以不淪於夷狄。今之時，中西爭雄，中國日弱而下，西人日強
而上。上而無已，下而不憂，則必廢《詩》、《書》而夷狄，則亦可
反夷狄而螺蛤魚蛇罷鳥獸，以漸漸滅，而至於無叢生之草，周而燎
之，求其不燔以有遺種也，豈有幸乎？求其不燔以有遺種，則又非
深閉固拒而已也。則必恃其中之有人焉，起而撲滅之，而燄以不延
也。故中國聖人之道，無可云變也，而於衛中國聖人之道，以為撲
滅之具，其若測算製造農礦工商者，獨不深察而殊詆之，甚且恥言
焉，又何以為哉？（《全集》頁 131）

雖然譚氏此處看似還是堅持其「中國聖人之道，無可云變」的觀念，但是對
時局「中國日弱而下，西人日強而上」而產生的無以對治的憂心，已逐漸使
其傳統思想產生鬆動。而令譚氏思想產生最大衝擊而有重大轉變的關鍵，還
是在於光緒二十年發生的甲午戰爭。在戰爭期間，譚氏完成了〈三十自紀〉
一文：

嗣同少頗為桐城所震，刻意規之數年，久自以為似矣；出示人，亦
以為似。誦書偶多，廣識當世淹通嫥壹之士，稍稍自慚，即又無以
自達。或授以魏、晉間文，乃大喜，時時籀繹，益篤耆之。由是上
溯秦、漢，下循六朝，始悟心好沈博絕麗之文，子雲所以獨遼遼焉。
舊所為，遺棄殆盡。續有論著及棄不盡者，部居無所，仍命為集。
亦以識不學之陋，後便不復稱集。昔侯方域少喜駢文，壯而悔之，
以名其堂。嗣同亦既壯，所悔乃在此不在彼……處中外虎爭文無所
用之日，丁盛衰互紐膂力方剛之年，行並其所悔者悔矣，由是自名
壯飛。（《全集》頁 55）

由於戰爭尚未結束，馬關條約的影響並未發生，所以譚氏在此文當中僅約略提
到「處中外虎爭文無所用之日」，也頂多產生某些危機意識，而偏重於對三十年
來為學的自我批判，似乎還看不出思想上有重大轉變。然而等到甲午戰爭結束，
馬關條約簽訂後，譚氏的思想即產生巨大轉折。〈與唐紱丞書〉可窺見端倪：

三十以後，新學灑然一變，前後判若兩人。三十之年，適在甲午，
地球全勢忽變，嗣同學術更大變，境能生心，心實造境。天謀鬼謀，
偶而不奇。（《全集》頁 259）

譚氏從此的行為與言論，也逐漸較為激進尖銳。具體表現所在，即瀏陽算學
館的成立與《仁學》的撰述。

第三章　甲午戰後至居金陵期間完成《仁學》

　　中日甲午戰爭一役，湘軍大敗，震動朝野，譚嗣同「心雖哀之，未嘗不竊喜吾湘人虛驕之氣從此可少止矣」（《全集》頁 157）。而譚氏自己的學術、思想也自此產生極大變化。在〈三十自紀〉，譚氏寫道：「處中外虎爭文無所用之日，丁盛衰互紐膂力方剛之年，行並其所悔者悔矣。」（《全集》頁 55）又在《莽蒼蒼齋詩補遺》序文說：「天發殺機，龍蛇起陸，猶不自懲，而為此無用之呻吟，抑何靡與？三十前之精力，敝於所謂考據辭章，垂垂盡矣！勉於世，無一當焉，憤而發篋，畢棄之。」（《全集》頁 81）因而將前此的不切實際的言論著作，盡行棄置，「平日於中外事雖稍稍究心，終不能得其要領。經此創鉅痛深，乃始屏棄一切，專精致思」。（〈興算學議〉，《全集》頁 167～168）從譚氏寫給唐才常的一封信中，可以看到譚氏的轉變：「三十以後，新學灑然一變，前後判若兩人。三十之年，適在甲午，地球全勢忽變，嗣同學術更大變，境能生心，心實造境。」（〈與唐紱丞書〉，《全集》頁 259）因而在譚氏創辦瀏陽算學社的過程中，所寫的〈報貝元徵〉和《興算學議‧上歐陽中鵠》兩封長信，以及後來譚氏遠赴金陵之前、北上京師後，寫給歐陽中鵠的〈北遊訪學記〉，和在金陵候補官任上完成的《仁學》，都明顯可見譚嗣同在思想上有極大的轉變。本章將先就甲午戰後時期，瀏陽興算過程產生的爭議，以及譚氏經世事功思想內容，以及《仁學》寫作目的等問題，予以剖析，藉此一窺譚氏此時期思想的特點。

一、瀏陽興算所產生的爭議

譚嗣同在瀏陽積極進行興算活動的經過,據譚氏〈黎少谷《瀏陽土產表》敘〉文指出:「光緒二十一年,日本和議既成,嗣同歸以算學、格致訛說於縣之人,四鄉頗有集者。」(《全集》頁 378)又〈瀏陽興算記〉也說:

> 光緒二十一年,……瀏陽俗貴謹厚,……時方侍節湖北,而唐君紱丞、劉君淞芙亦適在兩湖書院,因日與往復圖議所以導之者,僉謂自算學始。唐、劉歸述於縣人,皆莫之應。嗣同乃爲書數萬言上歐陽辦疆師,請廢經課,兼分南臺書院膏火興算學、格致,師以抵涂大圍師,則皆謂然。鄔君岳生力籌經費,歲可得六百千錢。嗣同復爲章程一通,寄辦疆師。……師彙前書并刊爲《興算學議》。議徑改南臺書院爲算學館。事垂就而阻者大起,縣人某以工制藝取甲科,廷對時慮無以勝人,則故爲抵斥洋務之詞以自旌異,而投好尚,竟以得進。時方目不談洋務爲正人,益挾以驕視當世,至是惡奪其所挾,首起出死力排擊。嗣同歸而謀諸唐、劉及涂君質初、羅君召甘諸有志之士,令稟請學院江建霞編修。稟爲劉君所爲。[註1](《全集》頁 174)

縣人某即是陳長樋(曼秋),當時任湖北宜都縣知縣。而劉淞芙所擬的請稟即《全集》中收錄的〈上江標學院〉,其中也提到:

> 瀏陽城鄉書院,共有五座:縣城則有南臺,縣東則有獅山、洞溪,縣西則有瀏西,縣南則有文華等目。然歷年以來,均以時文課士,學子肄業,除帖括以外,曾無講求。近益俗尚頹廢,蘭艾雜處,紛至沓來,有如傳舍。推求其故,雖積習使然,實由課非實學,業無專長,以至流弊滋多,至於此極!夫書院者,原以輔學校所不逮,既不能培植士類,則書院幾同虛設。靡費膏獎,原屬無名;擲棄光陰,尤爲可惜!查縣城之南臺書院,每歲掌教脩金、生童膏火及月

[註1] 昌發曾在〈譚嗣同著作概述〉中描述《譚嗣同全集》收錄〈瀏陽興算記〉原委:「《興算學議》的最早刻印本,是光緒二十一年(1895)譚嗣同的老師瀏陽歐陽中鵠在湖南的刊印本。本書收錄〈上歐陽中鵠書〉,附錄〈瀏陽算學館原定章程〉、〈瀏陽興算增訂章程〉,至於〈瀏陽興算記〉,此書未收,因爲這是譚嗣同於光緒二十四年(1898)撰寫的,其文久已淹沒,至 1959 年湖南省志學術志編輯小組始找出(係瀏陽彭傳彭先生提供),才將其刊登於 1959 年《湖南歷史資料》第二期,後收入 1981 年增訂本《譚嗣同全集》。」文見《譚嗣同研究資料匯編》,頁 520~521。

課獎賞等項，統需千餘緡之譜。生等擬請將該書院永遠肄算，徑改
爲算學館名目，其歲費千餘緡之賞，即改歸授算經費。現在邑紳歐
陽節吾中書中鵠、涂舜臣優貢啓先，均不避勞怨，力主其議，并商
請瀏陽縣知縣唐令會同辦理。而同縣護湖廣總督湖北巡撫譚敬甫中
丞之子嗣同知府、山東登萊青道李勉林觀察之子元愷知縣自願捐購
西書，踊躍樂成，尤可概見。惟事屬創始，岑緒紛繁。其通知時務
者，自無異言，誠恐一二泥古拘儒，事體未明，橫生謗議。若不呈
請立案，雖一時興辦，終非永遠萬全之策。(《全集》頁 183)

劉淞芙的請稟呈上後，立刻得到學政江標的特許，並有批詞：「循覽稟詞，實
深嘉尙！當即札飭瀏陽縣知縣立案，準將南臺書院改爲算學館。並會同公正
明白紳耆，董理經費，細定章程，妥爲辦理。本院事事核實，樂觀厥成。若
或有名無實，徒事更張，既失育才養士之心，必開立異矜奇之誚。尙望不避
艱難，力求振作，當仁不讓，後效無窮，本院有厚盼焉！」(《全集》頁 183
～184) 此批文一出，輿論譁然，「是時正值歲試，多士雲集。批出，而眾論
大譁，至詆瀏陽爲妖異，相戒毋染瀏陽之遘毒。學院則益搜取試卷中之言時
務者，拔爲前列，以爲之招。嗣是每試必如此，其持迂談者棄勿錄，凡應試
者不得不稍購新書讀之。……其明年，瀏陽果大興算學，考算學洋務，名必
在他州縣上，至推爲一省之冠。省會人士始自慚奮，向學風氣由是大開。夫
學院非有高爵大權，而上下合志，一引其端，其力遂足以轉移全省，此以見
中國變法之易也」(《全集》頁 184)。但結果並非如譚嗣同所認爲的樂觀，南
臺書院改爲算學館，進行得並不順利，原因是「檄下縣，縣官故遲遲不即行。
會振事起，凡書院公歀皆當括以供振。瓣薑師乃糾同志十餘人，醵貲結算學
社，聘新化晏君壬卿爲之師。……嗣同念瀏陽南臺書院，學院雖允改，究未
得舉辦，而章程亦未定，阻者勢將復起，因代向者同稟諸君，撰稟及章程，
上諸撫部」(《全集》頁 184)。除了因瀏陽辦賑而將書院公款移做賑款，最大
的阻力還是來自地方守舊官吏士紳。而陳寶箴此時也正好奉命前來湖南任巡
撫，當看到譚嗣同的《興算學議》時大加賞歎，並致書歐陽中鵠稱讚：「譚復
生書粗閱一過，其識度、才氣、性情，得未曾有。侍居節府數年闇然無聞，
尤爲可敬。惜某失之交臂，爲內疚耳！」(《全集》頁184) 並命人將《興算學
議》印製千本，徧散於各書院。雖然「至次年算學社之效已大著，風氣已大
開。瓣薑師已籌得巨歀，兼廢經課，分南臺書院膏火，別創一算學館，而南

臺書院亦增課算學、時務云」，〔註2〕但是譚嗣同不免仍對興算一事歷經波折，感到沮喪，「謀舉一事，乃復崎阻百出，經年而始成。此以見住事之難，無惑乎當官者相習為退避，望望然去之也。顧自用兵以後，增設西學學堂之諭旨，申降疊沛，卒無有議興革者」（《全集》頁188）。

究竟譚嗣同在倡議興建算學館的過程中，引起了什麼爭議？歐陽中鵠於乙未年六月初十日〈致陳荇昀〉信中首先提到：「□□過鄂，曾發變法之論，謂非廢今之科舉，改習西法不行。彼時復生已歸，未與相晤。頃聞敬甫中丞擬疏請變法，意蓋出自復生。……昨復□□書，申言法不可不變，洋洋萬數千言，皆持之有故。請□□先試於一縣，此事迂儒必駭怪，難與慮始。然欲作育人材，起救時變，則亦不能竟畏其難，避庸庸者之謗訕。現擬將復生書稍加刪節，用聚珍板刷印，俾閱者知為當務之急。然後將南臺書院課額劃出一半，改習西學。」〔註3〕此即是譚嗣同《興算學議》刊行的由來。但此信有許多語焉不詳之處，歐陽中鵠後來也將此事函告涂啓先，緣由較為詳細：

> 蓋科舉者，人材之所會歸，致治之本，撥亂反正所從出也。鄂中丞譚繼洵初見及此，擬上變法疏，屬稿已定。唐生才常，劉淞芙秀才善涵，肄業兩湖書院，請先試於一縣，中丞允之。其子門人嗣同，具函復鄙人，洋洋萬數千言，乞速起任其事。已而中丞守老氏之寶，不欲為天下先，遲回未發。……科舉之不能由舊，蓋在意中。鄙人遂決意將縣中書院，改習格致，而先從算學入手。昨嗣同復以書抵南臺首事鄒君岳生（即鄒明沅）言其尊人意非有異，但不欲首發難端。又告其兄辛畬司馬（即嗣榮）：所需各書，已由鄂中購辦。事有端倪，理無中止。惟驟改舊章，殊駭觀聽。必人人與言，又苦無此喉舌。嗣同雖壓於父命，不欲顯名，而其前書所言，最為剴切詳盡，不得已為之刪十分之二，再以鄙意加批加跋，用聚珍板刷出，俾閱

〔註2〕此事尚見譚嗣同於光緒二十三年正月十八日〈致汪康年‧三〉云：「劉淞芙同到此間，共學良不寂寞，渠二三月間必來上海奉謁也。渠又言〈瀏陽算學社章程〉一通，曾經寄上，不識收到否？此章程亦嗣同違眾硬做者。去年尚係私結之社，極有效驗；今年風氣愈開，竟動本縣公款，特設一書院，名算學館，千回百折，始做到如此地步。任事之人，如歐陽節吾師，可謂難矣，然居此時，能成一事，亦是大奇。湘鄉東山書院，亦援瀏陽之例而興，瀏陽可云為天下先。擬撰《瀏陽興算始末記》一首，殆欲《民聽報》中見之。」參見《全集》頁494。

〔註3〕見《譚嗣同研究資料匯編》，頁231～232。

者了然知其必去彼取此。〔註4〕

同年七月歐陽中鵠又寫了〈書《興算學議》後〉：

> 嗣同立身有本末，不肯苟且以徇於世，而天挺異才，閱歷時變，懷縱橫八荒之心，具上下千古之概，一聞鄙言，遂乃暢發厥旨。觀所論列，蓋原本乎管子，酌取乎申、韓，而仍歸宿乎周公、孔子之道。所謂變法適以復古者，於是乎在也。此書到於閏月之望，已勤勤懇懇，請以變化之實，先試於一縣。心雖善其所言，因恐道與時違，所學非所用，不能如時文足以干祿，捨其舊而新是謀，必致信從者少，沮尼者多，猶豫未敢遽發。伏讀閏月十三日上諭，又聞下變法諸疏議奏，如自漢口修鐵路達京師，及湘省用小輪拖帶商船，皆已請行。則知科舉之道：亦必有不由其舊者。……即使科舉不變，仍有益於科學，若變，則我邑得風氣之先，已儲善事之利器，視取辦臨時者，必有工拙之異。況天語煌煌，令各大臣專折保奏，果有明效，即可直取功名，有不必由科舉以進者乎！〔註5〕

此文透露出三個訊息：一、譚嗣同倡發的變法改科舉興算學之議，原是出自歐陽中鵠的指示；二、譚氏在《興算學議》中所提出的「復古說」，實是唱和歐陽中鵠的「所謂變法適以復古者」；三、譚嗣同改書院之議一出，歐陽中鵠卻有所顧忌，不敢施行，直到讀到了變法上諭後，才將《興算學議》刊行。仔細推想，一、二點是否為實情，尚有可疑，而第三點顯然又和第一點相矛盾。七月初九日，涂啟先寫了回信給歐陽中鵠說：

> 反覆來教及復生書，心所欲言，皆經道出，覺數月來胸中塊壘，為之一平。承悉將就邑中開格致館，先講算學，此自六藝中應講之一，不足謂為變法，亦不必以西學為名，使無識者咋為用夷變夏也。……譚子將將，為一邑開風氣，即為天下開風氣，危言篤論，實中一肯綮。書中廣興學校以下二十四行，執事評為均實可行，未為阿好。執事聯英、俄入公法之議，較原書尤透快。鄙意竊謂自治之道，必先裁冗官，厚廉奉，簡繁文，與譚子諸說相輔，此則變法不僅在時

〔註4〕 見歐陽中鵠：〈致涂舜臣同年〉，《譚嗣同研究資料匯編》，頁234～235。兩信參照，可知「□□過鄂」應是「中丞過鄂」，指譚繼洵而言；「昨復□□書」應為「昨復生來書」；「請□□先試於一縣」應是「請中丞先試於一縣」。

〔註5〕 見《譚嗣同研究資料匯編》，頁474。

文也。……尊意將刊布譚子書，以為木鐸，用意良厚。但以用西法改時文為言，迂儒必將唾罵，以異議梗阻。似不若不動聲色，聘良師，購書籍，招俊士，習算法，我自視為平平無奇，人亦不能議為變法，倘他日果有廢時文之日，詔書一下，而我邑既有應之者，則人人知所趨向。即不能廢，而算學列於科舉久矣，設館教習，亦不患無從之者。所謂因勢而利導之也。〔註6〕

賈維曾指出：「涂啓先對《興算學議》，當時雖然表示支持，但實際上仍有保留意見，他在給其子信中寫道：『西人格致之學，只算得是藝成而下事，移吾儒格致之名與之，一若捨此不足圖富強，而人心風俗概置弗問，亦是矯枉過正。』可見其思想觀點實際上與劉人熙相去不遠。」〔註7〕據賈維此段注釋是引自涂啓先《大圍山房文集》，不知何以忽略參考上述涂氏〈復節吾中翰書〉？據涂氏於該信中所言，只是希望歐陽中鵠不要刊布《興算學議》，但可暗中進行興算變法之事，以免落人「用夷變夏」的口實。因而賈維此說實欠考慮。再參照歐陽中鵠〈復敬甫制軍〉一信：「擬於縣中創興算學，導格致先路，儲異日有用之人材。顧非常之願，難與慮始，經營數月，初見端緒。此事□□肇其端，復生暢其旨，舜臣贊其成。」〔註8〕更可明證涂啓先對《興算學議》是贊成的。

七月十五中元日，歐陽中鵠〈再書《興算學議》後〉即對涂啓先的來函有所回應：「善夫舜臣之言曰：『算學自六藝中應講之一，不足謂為變法，亦不必以西學為名。』名正言順，即嗣同復古之說。將來開格致館，除習算學外，仍是讀《十三經》，崇我聖通。舜臣又言不動聲色，聘良師，購書籍，招俊士，習算法。此最至平至實辦法，果使經費有著，則與書院別出，無妨謀定即行。……頃嗣同復以書來，言江西由文學士廷式為之倡，已議開格致館。並代擬縣館規條一通，近四千言，苦心結撰，無所規仿。」〔註9〕七月二十三

〔註6〕 見涂啓先：〈復節吾中翰書〉，《大圍山房文集》（長沙市：同文書社校印，1924年）卷4，頁21～22。

〔註7〕 見賈維：《譚嗣同與晚清士人交往研究》，頁161。

〔註8〕 見《譚嗣同研究資料匯編》，頁242。

〔註9〕 見《譚嗣同研究資料匯編》，頁476。賀廣如在〈論譚嗣同的變法和復古〉一文中注意到譚氏的「復古說」，認為「復古很可能根本就只是一個從輔性的地位而已，幫助變法站上歷史的舞臺，讓那些保守人士易於接受，至於是否真能復古，這個問題對於嗣同來說，可能並不成為問題。」其實譚氏和歐陽中鵠企圖藉用「復古之說」來反駁守舊派「用夷變夏」的疑慮，說穿了只是一

日，歐陽中鵠〈三書《興算學議》後〉說：「如果議行，更改必速。附記大略，以見非一人鑿空之談。且大勢所趨，如水赴壑，不能不圖得風氣之先。」〔註10〕七月二十八日，歐陽中鵠再有〈四書《興算學議》後〉：「頃嗣同復郵寄鄭觀應所著《盛世危言》一冊，於中外得失強弱所以然，別類分門，大要已盡。書凡五卷，係袖珍本，上海古香閣校刊，價約錢三四百，宜人置一冊，以資考鏡。即如〈農功〉篇，有西人邇有用電之法，無論草木果蔬，入以電氣，萌芽既速，長成更易。則早寒之地，嚴霜不慮其摧殘，溫和之鄉，一歲何止於三熟云云。似此以人勝天，真能立助苗長。雖有凶年，能以及早收穫，先事無患，何至於中國一遇汗乾，束手待盡。即此一端，宜致殷富，況其善於此者，尚不可勝數哉？」〔註11〕凡此皆是歐陽中鵠倡議變法之說，並旁引當時人的變法之議，來證明自己的變法論並非「一人鑿空之談」。歐陽中鵠為何如此不憚其煩地伸說此意？可見當時變科舉改書院的主張必定受到極大的阻力。而阻力來源之一的陳長橿，即曾經致書歐陽中鵠，表達反對立場。於是歐陽中鵠在八月十四日〈復陳曼秋〉信中，加以澄清：

> 妄謂朝野上下，必盡更新，禮所謂可與民變革者，皆變革之，其不可變革者，如正綱紀，一道德，愈從而敦厚之，積中不敗，然後鞭笞四夷，是以有酌取西法之論。……以書抵譚生嗣同，嗣同遂暢發變法之旨，請先試於一縣。其書逾萬言，觀所論列，皆有實際，並非過為高論，及拾取牙後慧，徒以空文恣肆，逞其筆鋒，即於吾道之藩籬，亦復護衛嚴謹。自顧空疏，靦然汗下。以年論，則一日之長，以學論，不當使在弟子之列。初恐駭人聽聞，猶豫未敢遽發，繼思竟秘不宣，又似有周公之才之吝。會奉閏月十三日上諭，令保舉精於天文、地輿、算法、格致諸人材。又胡芸楣廉訪陳請變法，疏舉天下事重行締造者，殆十之七，於是決然建興算學之議。〔註12〕

九月初七日，歐陽中鵠在寫給時為江蘇學政龍湛霖的信中，駁斥陳曼秋的詆

種策略上的運用，這點，連涂啟先也明白。因此，「復古說」就策略意義而言，應該是重要的。賀氏該文見國立中央大學文學院編《人文學報》第22期，民國89年12月，頁137～175。

〔註10〕見《譚嗣同研究資料匯編》，頁477。

〔註11〕見《譚嗣同研究資料匯編》，頁478

〔註12〕見《譚嗣同研究資料匯編》，頁237。前文曾指出歐陽中鵠將變法改科舉興算學之議，說成是自己首先倡發，但此時受到阻力，又將此議推還給譚嗣同，益可見歐陽中鵠對興算之議的說法，令人懷疑。

毀言論：

> 故去年過鄂時，慨然發變法之議。其時與譚嗣同未得相值。款議既
> 成後，以書暢發厥旨，請先試行於敝縣。遂將其書加批其上，又加
> 跋語刻爲《興算學議》，以曉學者。謹以一冊寄呈尊覽。此書未出時，
> 陳曼秋一聞此論，以信抵口口力爭，詆斥不遺餘力。然通計三千餘
> 言，不過聖賢門面語，其意欲盡棄西學，如槍炮之類皆不用。細按
> 之，則無一言及於實際。縣中人聞所未聞，已極駭怪。又經曼秋信，
> 另錄稿流傳，遂群然左袒，眾論歡嘩。而唐生才常歲試掌故第一，
> 與同學生劉秀才善涵，率同志十餘人具稟學使，逕請改南臺書院爲
> 格致館。學使批詞，大加稱許，飭縣遵照實力奉行。……當唐生等
> 稟尚未遞，口口慮更始爲難，須行之以漸。於是創先行立社之法，
> 而以改書院聽縣君爲主，姑與委蛇。……蓋非法之難變，變法而無
> 行法之人，則終不能愈於不變。〔註13〕

爲了取得更多人的支持，歐陽中鵠又於九月十日致函王鐵珊，請其轉交《興算學議》給劉人熙：「查西人天文、地輿、製造、光、化、電、重、聲、汽諸學，幾於各造其極，而無不從算學入手，於是創興算學之議。譚生嗣同以信暢發厥旨，請先行於敝縣。因將其信加批加跋，刻爲《興算學議》，以當家喻戶曉。茲附寄二本，一備尊覽，一請妥寄蔚廬先生。」〔註14〕不料劉人熙卻和陳曼秋的立場一致，對歐陽中鵠和譚嗣同倡議變法的作法，大表不滿，並且在十二月十九日寫了一篇〈書瀏陽興算學記〉：

> 以舍人之學，譚生之才，舋目時艱，盱衡四海，痛哭流涙，大聲疾呼，
> 惴惴焉憂四百兆黃種之民，將爲洋奴，於是得一術焉，曰：變法。其
> 心苦，其言辯，觀其舌鋒所至，喙長三尺，不能辟易。而吾以爲仍不
> 免於庸者，不揣其本，而齊其末，方寸之木，可使高於岑樓故也。何
> 以言之？今日船必堅，僕亦非謂欲其窳也。炮必利，僕亦非謂欲其鈍
> 也。然船堅矣，駕駛者誰乎？炮利矣，指使者誰乎？今日之退衄屈辱，
> 頓四十萬之眾，一籌莫展，豈盡船不堅、炮不利之過歟？抑亦有其本
> 歟？《易》曰：正其本，萬事理。本立則末必茂，徒騖其末，而忘其
> 本，末亦未必茂，而本已先亡矣。今欲取外夷之長，造機器，利船炮，

〔註13〕 見歐陽中鵠：〈致龍芝生少司寇〉，《譚嗣同研究資料匯編》，頁 245～247。
〔註14〕 見歐陽中鵠：〈復王鐵珊舍人〉，《譚嗣同研究資料匯編》，頁 480。

鼓舞以興其藝。僕以爲胡京兆開民廠之議，爲得要領。奈何取一二咕
嗶之士，使從事焉。且欲廢科舉以驅之，吾恐徒長澆風，使之棄四書、
五經爲敝屣，而器械仍須購自外洋，中國之苦窳如故也。中國士大夫
習多怙舊，其自好者往往薄洋務不言，正如籧篨戚施之人，自惡其醜，
忌而不言，而不求所以療之，此其愚亦不待智者而後知也。昔同年生
王可莊入對，上垂詢洋務，對以不習，京師士大夫爭高之。而僕私心
甚相刺謬，與眾言曰：若上詢我，我必對臣知洋務。孔子作《春秋》，
尊周室，攘夷狄，尊之攘之，固自有道，豈諱吳、楚而不言乎？而眾
亦笑之，莫之省也。故曰諱疾忌醫，庸人之論也。今不破庸人之論，
誠不足以有爲。破庸人之論而其自爲說者，不過曰變法；且所奉爲宗
主者，吾不知皆人表中幾等？尤見其惑也。且盛誇外夷，若古之黃、
農，則凡有血氣，莫不尊親，簞食壺漿，以迎其師，可也，又何必惴
惴焉憂四百兆黃種之民，將爲洋奴乎？獨不思數十年來，外夷之荼毒
我生靈者，狠若虎狼，毒如蛇蠍，有人之心，無不憤歎！「爭地以戰，
殺人盈野，爭城以戰，殺人盈城」，此孟子所謂率土地食人肉者，而
謂有如是之黃、農乎！此船山王子所謂殺之不爲不仁，絀之不爲不信
者，正今日辦洋務之樞紐，而其本則在於得人。……取人以身，修身
以道，修道以仁，此千聖相傳之心法，而強弱善敗之機，終古不出於
此。僕因心衡慮數十年，蠡測管窺，今髭鬚白矣，所見不過如此。即
舍人所引《管子》「四維不張」之語，亦何嘗不如此，而特惜其遁而
之他，捨本原之地，求速化之術。陳同甫自詡開拓萬古之心胸，推倒
一世之智勇，要其所見，不出功利，豈非植根者淺歟？……極舍人譚
生之旨趣，吾懼周、孔之道，不難爲土苴，是爲郭侍郎推波助瀾也，
豈不惜哉？〔註15〕

丙申年六月，劉人熙又將此文寄給翁同龢的姪孫翁斌孫，請其代轉給翁同龢：
「時局雖變，必有不變者存，得其不變者以御變，則萬變而不驚。……時論
日新，與變俱流，賢者不免，令人氣噎。無其不變者以定變，誠恐變不可定，
而益揚其波，故嘗私著〈書《興算學議》後〉一篇，未敢以示人，然不可有
隱於執事，謹命門人繕寫，乞執事呈宮保公教誨之也。」〔註16〕觀劉人熙〈書

〔註15〕見劉人熙：《蔚廬文集》卷三，頁43～45。
〔註16〕見劉人熙：〈復翁弢夫書〉，《蔚廬文集》卷三，頁25。

《興算學議》後〉通篇大旨可以四個字盡之，即涂啓先所擔憂的「用夷變夏」，其他的爭論點都嫌模糊隱晦，而「得其不變者以御變，則萬變而不驚」的論調，則和本文第二章引劉人熙《蔚廬文集》補遺〈節楚寶目錄提要〉中所說的「今之夷狄之情，猶昔之夷狄之情也。立中國之道，得夷狄之情，而駕馭柔服之，方因事會以為變通，而道之不可變者，雖百世而如操左券」，並沒有太大的差異。

　　譚嗣同和歐陽中鵠因興算一事，引起了當時兩派人士之間許多的爭議，原本和歐陽中鵠等人相交甚善的劉人熙，毅然站在反對的立場，橫加阻攔。而究竟譚嗣同在《興算學議》中提出了哪些變法議題，引起劉人熙如此大的不滿？譬如譚嗣同曾指出：「中國不變法以期振作，使外洋入而代為變之，則養生送死之利權一操之外人，可使四百兆黃種之民胥為白種之奴役，即胥化為日本之蝦夷、美利堅之紅皮土番、印度阿非利加之黑奴！」（《全集》頁 155）又說：「故議變法必先從士始，從士始則必先變科舉，使人人自占一門，爭自奮於實學，然後人材不可勝用，人材多而天下始有可為矣，合此更無出身之路，斯浮議亦不攻自破。故變法者非他，務使人人克盡其職，不為坐食之遊民而已。」（《全集》頁 159）甚至有全變西法的論調：「然則變法者又蘄合乎周公之法度而已。惟周公之法度，自秦時即已蕩然無存，聲明文物，後世無從摹擬，若井田封建宗法又斷斷不能復，是不得不酌取西人之幸存者，以補吾中法之亡，而沾沾於洋務之枝葉，而遺其至精，一不效，即以為洋務之罪，豈得謂之識時務哉？嗟乎！不變今之法，雖周、孔復起，必不能以今之法治今之天下，斷斷然矣。」（《全集》頁 161）歐陽中鵠在〈批跋〉也部分附和譚氏的論點：「今與人言變法，輒相非笑，至詞已窮則詭曰：『恐來不及。』試問高坐拱手，轉來得及耶？蹈常襲故，醉生夢死，其不為蝦夷、紅皮、黑奴之續者幾希！」（《全集》頁 169）又說：「既有洋務，即當講辦洋務，此一定之理。周公克勤小物，豈有關國家之存亡，華夷之消長，人類之生滅，轉視若分外，視若秦人視越人肥瘠者乎？試問不辦洋務，將聽洋人之有中國，而俯首帖耳從之耶？抑正言莊論責之曰：『汝夷狄，何故亂華？』遂唯唯退，聽我命也？夫讀聖賢書，不求致用，捨本務末，避實擊虛。其至愚者，以時文試帖小楷為身心性命之學；聰明之士，則溺於考據訓詁詞章，玩物喪志，一若希賢希聖希天，均不出此數者。縱令神州陸沉，絕不干與我事。朝菌不知晦朔，蟪蛄不知春秋。其高自位置者，又復好持清議，一遇談洋務之人，即

斥爲非我族類。」（《全集》頁 170）正是這些言論引起了劉人熙的不悅，進而爲文對兩位朋友、弟子批評。而其中意有所指的批評：「陳同甫自詡開拓萬古之心胸，推倒一世之智勇，要其所見，不出功利，豈非植根者淺歟？」卻是極爲重要。這關係到劉人熙責備譚嗣同的思想與行爲，正是認爲譚氏一意仿效陳亮及永嘉之學，而遠離了船山、朱子的聖人之道。

二、譚嗣同的經世思想

歷來研究譚嗣同思想的學者，幾乎很少注意譚氏的經世事功思想，原因不外乎學者普遍重視譚氏思想的源頭，若非來自公羊之學，〔註 17〕便是受王夫之影響深遠。雖然這兩個思想源頭確實存在譚氏思想中，也在譚氏思想中佔有重要地位，但是處於晚清「中外虎爭」的環境之下，譚氏自己也對個別思想家有所檢擇，他之所以注意到陳亮與永嘉學派，一方面如本文第一章所言，可能是師友之間的學術傳承，更重要的是永嘉之學在晚清時期對譚嗣同及其他人能產生何種影響力？本文先就此時期永嘉之學所形成的一股學術風氣，予以說明。

清末學人屢屢提及陳亮、葉適、陳傅良及永嘉之學，如宋恕在〈祭外伯舅孫琴西師文〉中即提到：「永嘉之學，陳、葉其尤。人亡緒墜，七百春秋。天遣先生，崛起荒陬。表章遺書，文與之侔。」〔註 18〕又〈外舅夫子瑞安孫止庵先生八十壽詩序〉也指出：「至國朝嘉、道間，而我外舅止庵先生與先外伯舅琴西先生起瑞安孫氏學。經史百家師陳、葉，爲文雄秀樸茂，語不後宋，識者謂逼陳、葉。然世方惑邪阮、李，崇浮徐、庾，束《左》、《馬》，外《孟》、

〔註17〕 楊東蓴認爲譚氏思想的來源是得力於今文學。（〈今文學與維新運動〉，《中國學術發展史》頁 392～393）渡邊秀方在《中國哲學史概論》近世哲學第四編〈清代哲學〉將康有爲、譚嗣同列在公羊學派之後。佐藤震二則在赤塚忠等人所編著的《中國思想史》，將譚嗣同列在公羊學派中，並認爲譚氏是康有爲的繼承者。宇野哲人於《中國哲學史》第十六章〈春秋公羊學派〉第五節〈譚嗣同〉認爲譚氏：「據春秋公羊學，窮太平大同之說，又窮《華嚴經》之教義。懷三教合一之思想，著書曰《仁學》，述其主張。」（《中國哲學史》頁 208）黃公偉也將譚嗣同歸在公羊學派，認爲譚氏「不特深受公羊學之影響」，同時「用今文學家太平大同之義，以爲世法之極軌」（《中國近代學術思想變遷史》頁 59）。楊向奎則在《清儒學案新編》第四卷康有爲《南海學案》附上譚嗣同。楊氏所持理由：「清末變法維新的將帥們如康有爲與譚嗣同，他們都講『仁』，而使之與《公羊》三世說聯繫在一起。」（《清儒學案新編》頁 426）
〔註18〕 見《宋恕集》（北京市：中華書局，1993 年），頁 237～238。

《莊》；或聖方、姚，哲管、梅，謂陳、葉不入茅《選》，桐城不道永嘉。勢
應利求，黨同伐異，交抑二先生，使名勿赫。……初，先生志行永嘉之學，
復三代之治。」〔註19〕由此可見，宋恕注意陳亮及永嘉之學，還是受到和他
有姻、師關係的孫鏘鳴、孫衣言兄弟的影響。宋恕在〈外舅孫止庵師學行略
述〉中，更有一段對孫氏兄弟提倡永嘉之學經歷的詳細說明：

> 及（宋）南都臨安，溫為王畿，士多入太學，遊公卿間，解額幾半
> 今之全浙，又出薛、鄭、陳、葉諸大師，提倡實學，於是溫之人文
> 遂甲禹域，所謂永嘉之學也。自元、明都燕，取士法陋，溫復僻荒，
> 至皇朝荒益甚。阮元督浙學，憫溫之荒，殷殷誘焉而不能破。及先
> 生與兄太僕公出，力任破荒，不憚舌敝，以科第仕宦之重，動父兄
> 子弟之聽，於是溫人始復知有永嘉之學，始復知有其他學派。聞先
> 生之幼時也，與太僕公治舉業，師例禁閱子史、諸集及朱、蔡等外
> 經說。一日，兄弟從他所見《易知錄》，大喜。《易知錄》者，史略
> 之尤略者也。則假歸私閱之，師察見，遽施扑，士皆正師。……浙
> 學故重史，而永嘉為最。……及宋南徙，汴中文獻之傳遂移於浙，
> 故南宋浙學雖分數派，然皆根據文獻之傳，絕異於閩學之虛憍。而
> 永嘉諸先生，尤能上下古今，自抒偉論，故當其時，浙學諸派皆為
> 閩黨所攻，而永嘉被攻尤甚。自元滅金、宋，悉廢諸科，專尊閩學。……
> 自十八房出而二十一史廢，而姚江王氏之學說又頗輕史，史學危矣。
> 及姚江黃氏復重史，萬、邵、章、全諸氏繼之，雖史獄屢興，士大
> 夫諱談史甚，而一線史學稍藉以延。……至莊、劉一派異軍特起，
> 漸入湘、蜀、嶺表，其後學雖大率能陳非常之義，而末流廢史虛憍
> 之弊或幾等於洛閩，而所謂史學家者，則大率鈔胥耳。於是海內史
> 學幾絕，而浙亦尤危於前代。先生傷廢史之禍烈，慨然獨尋黃、萬、
> 邵、章、全之墜緒，以永嘉往哲之旨為歸。〔註20〕

根據宋恕這段說明，可以歸結出幾個論題。宋恕一方面企圖將永嘉之學的學
脈，從南宋連接至清代，因而史學經世的思想脈絡即可建立，如其〈《經世報》
敘〉所言：「夫古無所謂經學、史學也，學者學經世而已矣！理者，經世之的；
數與文者，經世之器；而經、史、諸子者，經世之師承也。……自趙宋南渡，

〔註19〕同前註，頁245。
〔註20〕見《宋恕集》，頁324～326。

中原人荒，惟漸東西，豪傑特盛，若陳止齋氏、葉水心氏、陳同甫氏、王伯安氏其尤著者。而梨洲先生奮乎百世之下，直接孟氏之傳。」〔註21〕另一方面，宋恕雖注意永嘉之學，卻更留心於陳亮，或許是受到孫衣言的影響。孫衣言曾於〈永康縣學碑記〉對陳亮的貢獻大加讚譽：「今東南甫定，聖天子方修中興之政，中外士大夫，亦漸有意於儒者之事，蓋人心之窮而將有所轉也。而金華固呂成公、王文憲之所講學，陳同甫經世奇才，實產永康，其獨先奮興於學也固宜，而亦可見孔子之道，無日不在人心，而非怪誕不經之教，所得而汩沒之也。」〔註22〕又如郭鳳鳴寫給宋恕的輓聯也提到：「誰匹斯才？殆惟陳同甫。」〔註23〕此外，宋恕也進一步指出孫氏兄弟倡導永嘉之學的目的：「宋室南渡，甌學始盛。陳、葉諸子，心期王佐，純乎永康，實於新安。新安師徒，外強中鄙，陽述孔、孟，陰祖商、李，媚上專權，抑制殊己。閩黨橫行，百家畔降，而甌學亦幾絕矣。國朝右文，鴻儒稍出。甌僻人荒，吾師孫太僕、學士兄弟，始表章鄉哲遺書，勉英紹緒，甌學復振。」〔註24〕和宋恕持「表章鄉哲」類似看法的，還有孫衣言的弟子黃體芳。

黃體芳在〈《習學記言序目》敘〉對孫衣言之所以重視葉適的因由，有一段闡述：「吾師孫太僕先生，最服膺於鄉先正水心葉公。體芳昔在左右，或語及經濟文章，必為言水心。……是書史學二十五卷，往往得水心經濟所在，而其論《唐史》諸條，陳古刺今，尤有殷鑒夏後之意。蓋朱子曰：『永嘉之學偏重事功。』獨疑水心、止齋數人者偏於斯耳。若務以事功為不足重，則國家安賴此臣子？且所謂『民胞物與』者，果何為者乎？體芳願與讀是書者論之矣。」〔註25〕此外，在〈孫遜學先生七十有九壽序〉也詳述了孫衣言提倡永嘉之學的背景：

> 體芳自弱冠從吾師遊，每侍坐，輒聞吾師稱南宋鄉先生之學以教學者，有所論著必三致意焉。……以經制名家，卓然自為永嘉之學者，

〔註21〕同前註，頁273。
〔註22〕見孫衣言：《遜學齋文鈔》（清同治十二年刻增修本）卷二，頁14b。
〔註23〕見胡珠生編：《東甌三先生集補編》（上海市：上海社會科學院出版社，2004年），頁146～147。
〔註24〕見胡珠生輯、浙江省溫州市委員會文史資料委員會編，《溫州文史資料第八輯》：〈書陳蟄廬《治平通議》後〉，《陳虬集》（溫州市：浙江省溫州市委員會文史資料委員會，1992年），頁409。
〔註25〕見俞天舒編：《黃體芳集》（上海市：上海社會科學院出版社，2004年），頁151～153。

實自薛文憲公始。文節陳公、文定葉公，遞相賡續，益廓而昌之；世
所稱乾淳諸先生，之三公者，其渠率也。顧當其時，朱子頗譏其偏重
事功，國朝全謝山氏修定《學案》，乃始盛推尊之，然至今論者亦
不能無疑議也。體芳竊謂朱子特就其流弊言之耳。後世學術之不能必
出於一，勢也。自非聖人，孰能無弊，要在知本而已。間嘗讀三先生
遺集，其所規切南宋用人、治兵、理財諸弊政，與朱子之論，未始徑
庭。吾甚嘆宋之多賢而不能用，竟無救於危亡，為可痛惜也。然文定
嘗謂獲見君舉四十餘年，術殊而論鮮同，又謂建安之裁量與永嘉弗
同，獨無疑於薛氏。然則三先生者，亦不能無異也。至光宗紹熙之間，
重華之朝，省不以時，則文節、文定同時累疏，斷斷以天性親愛為言，
與慶元初朱子之以積誠盡孝諫寧宗者，不謀同辭，奄若符契。此數先
生者，豈詭異而苟同哉！事勢有萬殊，而性術有獨至，內之因材以致
用，外之因時而制宜，雖一人之持論，前與後若鑿枘之相戾者，比比
也，若其大本，則一而已矣。……道光間，吾師與其仲弟止庵先生，
後先成進士，入翰林，以學行文辭輝映海內，雖立朝日淺，而皆嘗抗
疏極言，有關於主術時務之大，與陳、葉諸先生曠代同風。咸豐中葉，
吾師入直上書房，於蒙古倭文端公為同僚，退輒與一時賢士大夫上下
其議論，而尤為湘鄉曾文正公所器重。倭公為學，篤守程朱主敬窮理
之說，曾公友倭公，而旁涉訓詁詞章，尤覃心古經世之法，欲推而壹
合之於禮，大旨蓋於永嘉為近。……師之仲子仲容刑部，閱覽潛研，
以恢陳、薛諸先生未竟之緒。〔註26〕

這些因素，不單純只是為了「表章鄉哲」而重視陳亮、葉適等人的事功之學，
極大的原因還是在於效法透過永嘉之學而達到經世致用的目的。

清末浙江學人中，陳虯對陳亮更是情有獨鍾。陳虯在 1897 年作的〈讀陳
同甫《上孝宗皇帝書》〉，曾大發其對時局的感慨：

西人之強過於金，今日之禍烈於宋。吾未知今世之儒士，果亦如陳
子所云否也？今世之才臣，果亦如陳子所云否也？果如陳子所云，
則中國何有望矣！倘其不然，何以二萬萬里之大、四百兆人之眾，
而見侵侮於諸白種者，且未有已時也？嗚呼！陳子生中興甫定之
後，南北解兵，人才之盛為南趙所首稱，然其言若此，我知當時之

〔註26〕見《黃體芳集》，頁 176～178。

士必有病狂其言而以爲未足信者矣！然以今觀之，究何如哉？究何
如哉？嗚呼！陳子之言不謬矣！我又未知陳子之生於今之論今世之
儒士、才臣何如也？痛矣夫！西人之強過於金，今日之禍烈於宋，
觀陳子之言，其亦可以鑒矣！然我又未知其能鑒不能鑒也？雖然，
以今中國二萬萬里之大、四百兆人之眾，而寧盡如陳子之所云哉？
而寧盡如陳子之所云哉？〔註27〕

這番感慨亦可見其心嚮陳亮，無怪乎劉久安在〈陳虯盧先生行述〉中道出了
這段事蹟：「光緒丁酉，……是歲，公車北上，康有爲、梁啓超等議開強國會，
要先生屬草稿上書、定章程；二公皆自爲勿及。已而，陳時事策於山東巡撫
張曜。張奇其才，禮爲上賓，以爲陳同甫復生！」〔註28〕不僅張曜將陳虯與
陳亮相比擬，陳虯的座師陳鼎也有相同的觀感。陳虯的《年譜》於光緒十六
年記載：「閏二月底抵京，晉謁座師陳鼎。陳以『都下亦皆知有東甌布衣』，『首
相諾問』（《求志社記》）。並有『貌似明太祖，才如陳同甫』之論（《陳虯盧先
生行述》）。」〔註29〕而宋恕在寫給陳虯的輓聯中也提及了：「浙東又弱陳同甫，
河朔方愁鐵木眞！」〔註30〕

和宋恕交往頗深的陳黻宸，也同樣看重永嘉之學。陳黻宸曾在南武書院講
學時，提到：「黃梨洲先生言：永嘉之學，教人就事上理會，步步著實，言之必
使可行，足以開物成務。黃百家謂士龍考訂千載，凡夫禮樂兵農，莫不該通委
曲，眞可施之實用，非溢譽也。是時考亭之徒，拘墟于一先生之言，攻擊異軌，
日爲功利之學，於是有永嘉喜事功之說，雖知艮齋如南軒、東萊，猶不免有疑
於此，可惜也夫！……夫自治以治人之道，要自吾心竅中流溢而出，無他謬巧
以得之。而人或分心性事功爲二派，斷斷致辨於其間，至千年而猶不止。嗚呼！
其亦未之深思也已。」〔註31〕而陳謐所編的《陳黻宸年譜》也記載：「在昔庚辰，
君入學之三年，遇先君於道。先君子奇其貌，過而問之。君與談古今成敗，侃
侃直言，洞中竅要，先君子益奇之，歸而謂胡先生紫膝曰：我邑有陳介石，公

〔註27〕見《陳虯集》，頁307。
〔註28〕同前註，頁394～395。
〔註29〕同前註，頁467。
〔註30〕同前註，頁437。
〔註31〕見《南武書院講學錄》第三期，光緒戊申（1908年）四月十一日講，陳懷筆
　　　錄，《中國近代人物文集叢書》，陳德溥編：《陳黻宸集》上冊（北京市：中華
　　　書局，1995年），頁642～644。

知之否乎？先生曰：介石受業於其兄燃石，盡得其傳，雖年少而多奇氣，陳同甫、葉水心之流歟！非我輩所能及也！」〔註32〕

孫寶瑄的〈瑞安陳公墓誌銘〉也認為陳黻宸「文章、學問、行誼為鄉先輩孫琴西、渠田兄弟所推許。所交賢士大夫尤相契者，樂清陳志三虬，平陽宋平子衡，稱溫州三傑。……公之與平子交獨厚，大抵皆邃于史，而秦、漢下數千年典制尤該洽。其於吾民，膚受弊法痛苦洞焉。……故其講學嘗出入唐陸宣公、白樂天，宋司馬溫公、葉水心，明顧亭林諸人之間」。〔註33〕邵師孟等九人的〈祭介公文〉更對陳黻宸提倡永嘉之學的貢獻，大加稱許：「吾瑞當趙宋時，人文蔚起，永嘉學術與關、閩、濂、洛並重於世，而經制一脈，厥推薛、陳、蔡、葉諸子，當時百里海疆，一進而東南小鄒魯之目，猗歟盛矣。元、明兩代，學士雖接踵而起，然而纘四先生緒餘者，惟卓忠毅一人。遞迤至於晚清，而始有吾公及陳蟄廬、宋六齋二先生應運而出。吾鄉不幸，兩先生後先棄世，七百年永嘉經制之學統，方繫於吾公，後生小子，方冀得吾公啓迪，以為鄉先生絕學分衍薪傳也。」〔註34〕因而在陳黻宸的輓聯中，即不乏將之比擬於葉適、陳亮、陳傅良等人。如〈輓聯〉第十四陳漢章：「永嘉學統尚有典型，官禮一經存，政策群推陳待制。」第十九馬敘倫：「先生如葉水心，是南渡第一流，壯志未酬，卓識曾懸驚百世。」第三一王嶽崧：「推倒一時豪傑，拓開萬古心胸，君如同甫其人，偉略未酬，大名不朽。」第三五錢熊塤：「九州奇才，當代首推同甫。」第四一戴任：「君不愧同甫奇才，每歎時局艱難，煮酒論英雄，滿座生風，永夜談兵慨往事。」第四三張楣：「經濟同甫，學行仲弓。」第五六林一同、王壬、陳作霖、趙炎：「生也榮，死也哀，一疏千秋同甫論。」第五九楊青：「千秋後於止齋溯主敬、集義事業，歎永嘉學術又失傳人。」第六三劉之屏：「永嘉學派自宋至今失傳，繼起有人，陳止齋胡為又死。」第七二陳祥：「淹博如王陽明，純粹如薛艮齋，末世論文章，我黨誰具隻眼？」〔註35〕

此外，陸學源在《危言》四十卷本前的識語中也曾提到，湯壽潛：「開敏而沈毅，恥為貢用之學，實從偕際，抵掌大下之故，持論侃侃，風發而泉湧。蓋其坐人，今之杜樊川、陳同甫一流也。」〔註36〕

〔註32〕見《陳黻宸集》上冊，頁1162，該文據年譜引述自薛士龍〈哀辭〉。
〔註33〕同前註，頁1224～1225。
〔註34〕見《東甌三先生集補編》，頁450。
〔註35〕同前註，頁459～469。
〔註36〕見湯壽潛：《危言》（湖南興學書局，清光緒24年）。

　　清末浙江學人中尚有陳熾，也極重視陳亮和經世之學。宋育仁在〈《庸書》序〉中即說到：「陳次亮農部，湛深經世之學。」〔註37〕而趙樹貴在〈陳熾年譜簡編〉更直言：「陳熾改名次亮，意在表對南宋抗金志士陳亮敬慕之心，兼明志以民族興亡為己任。」〔註38〕姑不論這樣的論述是否出於陳熾本人之意，但都顯示了清末浙江學人對陳亮以及經世之學的景仰和重視。

　　然而如果說清末學人之所以企圖恢復陳亮等人的經世之學，只是侷限於浙江一地的學人為了「表章鄉哲」而興起，恐不僅如此。清末所興起的經世事功之學，已隱然有遍及全國的趨勢。

　　首先是祖籍江西義寧的陳寶箴。曾國藩於同治八年五月末〈復陳寶箴書〉中，即如此稱讚陳氏：「大著粗讀一過，駿快激昂，有陳同甫、葉水心諸人之風。」〔註39〕雖然陳寶箴在光緒九年八月初所作〈致歐陽潤生書〉指出：「憶自少時有意當世之務，常不免有憤嫉牢騷之意。咸豐庚申之役，燕市痛哭，幾不欲生。自與尹杏農論《易》後，此中灑然，視陳同甫諸人皆不免為下和癡子。從此於身世進退得失之故，如放虛舟於中流，聽其所止而休焉。」〔註40〕看似陳寶箴對陳亮等人的積極於時務的做為稍有貶義，但是仔細推究，不過是陳寶箴為了自我壓抑功名得失之心，其實曾國藩也曾以「存一不求富貴利達之心」一語相囑託，此處看來不免只是文人間的相互勉勵之語，但其實也透露出陳寶箴早年曾心嚮永嘉學人的經世之學。故而陳寶箴之子陳三立在〈皇授光祿大夫頭品頂戴賞戴花翎原任兵部侍郎都察院右副都御史湖南巡撫先府君行狀〉中即明言：「府君學宗張、朱，兼治永嘉葉氏、姚江王氏說，師友交遊，多當代賢傑。」〔註41〕

　　此外，黎庶昌〈上穆宗皇帝第一書〉最後幾句寫道：「昔宋當南渡之後，君臣上下安於一隅，惡聞恢復之說，陳亮以一書生猶數上書陳當時利害，欲以感悟孝宗。」〔註42〕更清楚可見陳同甫對黎庶昌影響之深。而錢仲聯《人境廬雜文鈔‧前言》曾引述了章太炎對黃遵憲文章的評論，說到：「近代學者

〔註37〕見《陳熾集》（北京市：中華書局，1997年），頁3。

〔註38〕同前註，頁387。

〔註39〕見汪叔子、張求會編：《陳寶箴集（下）》（北京市：中華書局，2005年），頁1800。

〔註40〕同前註，頁1647。

〔註41〕見李開軍校點：《散原精舍詩文集下》（上海市：上海古籍出版社，2003年），頁855。

〔註42〕見《貴州文史叢刊》1992年第3期，頁22。

對黃氏文章的評價可以章炳麟、梁啓超二家之言為代表。章氏〈與鄧實書〉說：『公度喜言經世，其體則同甫（陳亮）、貴與（馬端臨）之儔，上距敬輿（陸贄），下揸水心（葉適），猶不相逮。』」〔註43〕和譚嗣同甚善的四川平昌的吳樵在給汪康年的一封信中，也評價了他的一位鄉人：「同鄉新寧縣人孫伯元，……此人自負陳同甫一流，氣甚豪邁，亦美材也。」〔註44〕徐仁鑄在所著的《輶軒今語》附論〈國朝諸儒〉特別指出：「《正誼堂全書》所收甚富，然不無門戶之見。……永嘉一派，專言治功，亦周今日之用。」〔註45〕故而提倡永嘉事功之學，正是為了「周今日之用」，這大概是當時學人的共識。

　　因此，以這些論點來看皮錫瑞在《師伏堂日記》的論述，即不難了解當時學人的心態。他認為：「我朝之法承於明，明之法承於宋時；又取士之陋，官肘繁冗之非，上下相蒙，事權不一，此在明末顧亭林、黃梨洲、王船山、魏叔子諸先生，皆已痛切言之。宋末如葉水心、陳同甫亦屢及此。」〔註46〕

　　這一態度反應在譚嗣同身上，格外明顯。譚嗣同在〈報劉淞芙書一〉中，曾將他前後對永嘉之學的傾慕與揚棄過程，概略描述：「戊己校尉，椎牛相迎；……時方為馳騁不羈之文，講霸王經世之略。……既而薄上京師，請業蔚廬，始識永嘉之淺中弱植，俶覯橫渠之深思果力，聞衡陽王子精義之學，緬鄉賢朱先生闇然之致。」（《全集》頁 8～9）其中「請業蔚廬」之後對永嘉之學態度的轉變，經查閱劉人熙〈復譚生嗣同書〉於癸巳年（光緒十九年，譚氏廿九歲）記載：「足下才氣橫溢，瞻視不凡，前與瓣薑先生書，謂似陳同甫，非徒譽也，亦所以進之耳。來書言往者不自揣，喜談治世之略，乃正其不能自治之見。端此，正道著同甫病處，亦冀足下久自見之。今知之矣，則知同甫之不足為學，的矣。……足下英氣已歛，正是由永嘉返濂洛途徑。」〔註47〕正是指此事而言。劉人熙篤信朱子、船山之學，自然批評陳亮及永嘉事功之學，本不足為奇；但譚嗣同譏詆永嘉，復又有所轉變，卻只轉眼一瞬。光緒二十二年三月十四日譚氏〈致唐才常・二〉即說：「來書盛稱永嘉，以為可

〔註43〕載《文獻》第 7 輯，書目文獻出版社，1981 年 3 月第 1 版，轉引自鄭方澤編：《中國近代文學史事編年》（長春市：吉林人民出版社，1983 年），頁 236。

〔註44〕見上海圖書館編：《汪康年師友書札一》（上海市：上海古籍出版社，1986 年），頁 460。

〔註45〕見《皇朝蓄艾文編》卷七十二〈學術四〉，上海官書局印，頁 5584～5585。

〔註46〕見鄭逸梅、陳左高編：《中國近代文學大系書信日記集 2》（上海市：上海書店，1993 年），頁 432。

〔註47〕見《蔚廬文集》卷三，頁 18～20。

資經世，善哉言乎。往者嗣同請業蔚廬，勉以盡性知天之學，而於永嘉則譏其淺中弱植，用是遂束閣焉。後以遭逢世患，深知揖讓不可以退莨符，空言不可以弭禍亂，則於師訓竊有疑焉。夫浙東諸儒，傷社稷阽危，悉民塗炭，乃蹶然而起，不顧瞀儒曲士之訾短，極言空談道德性命無補於事，而以崇功利爲天下倡。揆其意，蓋欲外禦胡虜，內除粃政耳。使其道行，則偏安之宋，庶有豸乎。今之時勢，不變法則必步宋之後塵，故嗣同於來書之盛稱永嘉，深爲歎服，亦見足下與我同心也。」（《全集》頁529）可惜唐才常的來信今已不可見，否則對永嘉之學如何影響譚、唐兩人，應有更確切的明證。至少此處可見大約在甲午不久之後，譚氏已懷疑師說而繼續盛稱永嘉之學。並且譚氏等人還將永嘉事功具體落實在興算學一事，從而引起劉人熙的反感。劉氏於光緒廿一年十二月十九日所寫的〈書興算學議後〉即憤憤地指責：「陳同甫自詡開拓萬古之心胸，推倒一時之智勇，要其所見，不出功利，豈非植根者淺與？」〔註48〕自然是針對譚嗣同而來的。但譚嗣同之所以盛稱永嘉，比起其他人而言，更具有其明確的目的，甚至還影響了譚氏變法維新思想的形成。

　　除上述學者留意到浙江學人事功思想的發展，另一個值得關注的焦點，還在於非浙江學人的譚嗣同身上。而最早論及譚嗣同對陳亮與永嘉之學心嚮的，應屬鄺兆江（Luke S. K. Kwong）。鄺氏所根據的，仍是譚嗣同光緒二十二年三月十四日致唐才常的那封信，認爲當時的「社會經濟問題光靠道德語言是無法解決的，因而懷疑劉人熙對永嘉之學的非難」。〔註49〕

　　此外，Pu Niu 依舊依據譚氏那封信的材料，並加以評論：「譚氏的說明反應了近代中國人趨向永嘉學派的態度，正是因爲面對日益敗壞的社會秩序，以及不斷增加來自西方世界的威脅，使改革者體認到用倫理教條處理社會危機所產生的失衡與無力感。因而，部分廿世紀的中國人開始嘗試提倡葉適和永嘉學派的思想來解決他們的社會問題，並且創造有利的輿論和環境，以葉適和永嘉學派的名義提供社會改革和政治訴求。」〔註50〕

　　之後，賈維也注意到這個現象，但還是根據譚嗣同寫給唐才常的信中所陳述的內容，並依此判斷：「『永嘉之學』是譚嗣同早期經世之學的重要來源

〔註48〕見《蔚廬文集》卷三，頁45。

〔註49〕見 Luke S. K. Kwong, *T'AN SSU-T'UNG, 1865～1898: Life and Thought of a Reformer*, (Leiden; New York; Koln: Brill, 1996), p.94.

〔註50〕見 Niu, Pu, *Confucian statecraft in Song China: Ye Shi and the Yongjia school*, (Ph.D. Dissertation, Arizona State University, 1998), pp. 14～15.

之一，……譚嗣同對永嘉學派的務實態度給予高度評價，並盛讚其愛國精
神。……永嘉學派以天下爲己任，主張經世致用，注意考求歷代國家成敗興
亡之理，提倡研究實用之學，這種學風給嗣同兄弟以深刻的影響。所以嗣同
後來將具六愛的永嘉之學列入『任俠』一派，……嗣同早年即愛讀陳亮的《龍
川文集》，喜愛其『淵微英特之論，雄邁超脫之氣』，讚賞『龍川儒也，以談
兵成進士』。陳亮以布衣身份批評議論天下大事，切中時弊，無所顧忌，……
嗣同也以『粗塊人裔，奄有陳亮之文』而自豪，其政論文章議論風生、痛快
淋漓的風格也與陳氏頗爲相似。師友初交，往往發現嗣同身上有『龍川遺風』，
以致後來友人宋恕斷言：『嗣同夙慕陳同甫，故自名嗣同。』雖係誤解，但也
反映了陳亮對嗣同影響之深。」〔註 51〕而和賈維論點相差無幾的，則是王興
國在〈略論近代湖湘文化的經世致用特點〉一文中所述：「早在南宋時期，浙
東學派的另一個重要代表陳傅良就曾經在湖南傳播其事功之學。到了近代，
譚嗣同和唐才常都十分推崇永嘉之學。譚嗣同在 1896 年致唐才常的信中說：
『來書盛稱永嘉，以爲可資經世，善哉言乎。……今之時勢，不變法則必步
宋之後塵，故嗣同於來書之盛稱永嘉，深爲歎服，亦見足下與我同心也。』
這段話說明，譚嗣同在早年就已經接觸浙東學派的功利之學，只是由於其老
師劉人熙的批評，才一度放棄此學。但是後來，他通過自己的實踐，目睹國
家危弱氣象，開始懷疑劉人熙的批評，重新認識永嘉功利思想的現實價值。
所以，他充分肯定唐才常的『盛稱永嘉』，是與自己『同心』。正是因爲譚氏
對於永嘉學派的重視，所以他在《仁學・自序》中將永嘉歸之於墨學中的『任
俠』派。」〔註 52〕

　　上述學者雖然都從譚嗣同〈致唐才常・二〉一信中，注意到永嘉之學對
譚氏的影響，但是這都僅限於表面現象的觀察。譚氏對永嘉之學的了解和堅
持，可能比上述學者所認爲的，要來得深遠而重要。譚氏永嘉經世思想的形
成，如本文第一章所論，可能可以追溯其父親譚繼洵的影響，而其發展又似
乎與浙江學人有關。上述學者疏略之處，即在於忽視了譚嗣同在金陵任候補

〔註 51〕見賈維：《譚嗣同與晚清士人交往研究》，頁 107～108。賈維此處並未說明宋
　　　　恕的斷言何以是「誤解」？明治三十一年（1898 年）12 月 8 日《漢文臺灣日
　　　　日新報》第 180 號采亞東時報的〈清國六士傳其一〉，有筆名逸史氏寫道：「或
　　　　曰嗣同少時最慕宋陳同甫，故自名曰嗣同。」不知是否就是轉述自宋恕之口，
　　　　還是另有他人？
〔註 52〕見《湖南大學學報（社會科學版）》2004 年第 18 卷第 6 期。

官時期與宋恕的關係，而宋恕又和陳黻宸及陳虬關係密切。因此，譚嗣同的永嘉經世思想，在某部分應該可說是曾受到浙江學人深遠的影響。

永嘉經世之學對譚氏思想的影響，毋寧說是表現在具體作爲上。本文第五章譚氏從金陵返回湖南積極推行的新政，以及後來奉詔北上，參與戊戌維新變法，都可視爲是對永嘉經世之學的實踐。若單就譚氏本人的經世思想而言，除上述譚氏的〈致唐才常・二〉外，早在《石菊影廬筆識・思篇》第三十即有「嗣同蚤歲瞀瞀，不自揣量，喜談經世略」（《全集》，頁 139）的傾向，而在〈報貝元徵〉信中則有一番愷切之談：

> 而今日又有一種議論，謂聖賢不當計利害。此爲自己一身言之，或萬無可如何，爲一往自靖之計，則可云爾。若關四百兆生靈之身家性命，壯於趾而直情徑，遂不屑少計利害，是視天下如華山、桃林之牛馬，聽其自生自死，漠然不回其志，開闢以來，無此忍心之聖賢。即聖人言季氏憂在蕭牆之內，何嘗不動之以利害乎？孟子一不可敵八之說，小固不可以敵大，寡不可以敵眾，弱不可以敵強，又何嘗不計利害？雖勝文公之艱窘，不過告以強爲善以聽天，若使孟子不計利害，便當告滕文公興兵伐齊、楚矣。堯、舜相授受，猶以四海困窮，與十六字並傳，而阜財之歌不忘於游宴，是小民之一利一害，無日不往來於聖賢寢興寤寐之中。若今之所謂士，則誠不計利害矣。養民不如農，利民不知工，便民不如商賈，而又不一講求維持挽救農工商賈之道，而安坐飽食以高談虛空無證之文與道。夫坐而論道，三公而已。今之士止驚坐言，不思起行，是人人爲三公矣。吾孔子且下學而上達，今之士止貪上達，不勤下學，是人人過孔子矣。及至生民塗炭，萬眾水火，奪殘生於虎口，招餘魂於刀俎，則智不足以研幾，勇不足以任事，惟抱無益之憤激，而嘵嘵以取憎。其上焉者，充其才力所至，不過發憤自經已耳，於天下大局，何補於毫毛！其平日虛度光陰，益可知矣。（《全集》頁 225～226；又見《興算學議・上歐陽中鵠書》，《全集》頁 163）

歐陽中鵠對此的批跋則稱讚道：「此論最透快無匹，若治天下者，不計利害，則《孟子》所言『聖人之憂民如此』，誣矣。發憤自經，尚須有匹夫匹婦之諒，今高談之士，於天下利害，漠然無動於中，而一身之利害，則最明白，此而望其自經，難矣。」（《全集》，頁 172）而「計利害」一語，不也就是劉人熙

〈書瀏陽興算學記〉據以批評的:「陳同甫自詡開拓萬古之心胸,推倒一世之智勇,要其所見,不出功利,豈非植根者淺歟?」涂啓先雖然不反對譚嗣同和歐陽中鵠倡議興算一事,但在〈上陳中丞書〉時也不免有所疑慮:「惟是民智未開,士習彌鄙。驟言變法,議論橫生。前月十五,譚子首倡斯議,外間固有以用夷變夏,攘臂相爭者。……時務非博通今古,洞達時務,不能言之鑿鑿。然根本不立,恐永康事功,不免王霸雜用。」〔註 53〕這疑慮看來似乎和劉人熙相近,但即是被批評「王霸雜用」,也是譚氏無可避免必須面對的。〈上歐陽中鵠‧十〉即說:「嗣同信道不篤,妄欲易以雜霸之術,拚命而行之,將以救然眉之急,使以此治天下。」(《全集》,頁 460)這似乎就能理解何以譚氏在《仁學‧自敘》所言「墨有兩派:一曰『任俠』,吾所謂仁也,在漢有黨錮,在宋有永嘉,略得其一體」(《全集》,頁 289)的真正用意了。永嘉經世之學,強調的正是這種積極自任,無可逃避的經世濟民的實踐精神。因此,在《仁學‧四十九》譚氏進一步宣示此一實踐精神說:「救人之外無事功,即度眾生之外無佛法。然度人不先度己,則己之智慧不堪敷用,而度人之術終窮;及求度己,又易遺棄眾生,顯與本旨相違,若佛所謂證於實際,墮落二乘矣。然則先度人乎?先度己乎?曰:此皆人己太分之過,諦聽諦聽,當如是:知人外無己,己外無人,度人即是度己,度己即是度人。」(《全集》頁371)譚氏最終的選擇,是既度己也度人,也更是對陳亮、葉適等人的事功思想的一大發揮。如果說譚氏於三十歲之後的經世作為,都是依循著此一思想精神而實踐的,應該是有充分的證據可以成立的。

三、《仁學》寫作目的及著作版本問題剖析

賈維在談到譚嗣同寫作《仁學》的動機時,曾指出:「撰寫《仁學》一書是譚嗣同在金陵時期的最大創獲。丙申七月二十三日,即抵達南京近一個月後,譚嗣同寫一長信致歐陽中鵠,匯報北遊訪學的收穫,自稱為〈北遊訪學記〉。在此信中,已經包含了後來《仁學》中的許多基本思想,可以視為《仁學》一書的濫觴。八月下旬,吳雁舟抵南京,轉達梁啓超之語,希望『嗣同暢演宗風,敷陳大義』。當時嗣同覺得:『斯事體大,未敢率爾,且亦不暇也。』但這成為譚氏正式構思並撰寫《仁學》的契機。」〔註 54〕從現有文獻資料來

〔註53〕見《大圍山房文集》卷四,頁 19～20。
〔註54〕見賈維:《譚嗣同與晚清士人交往研究》,頁 204。

看，譚氏寫作《仁學》的目的和經過情形，尚存在許多疑點，等待釐清。

光緒二十二年三月十四日，譚氏〈致唐才常・二〉信中曾說到：「來書所示，若出諸嗣同胸臆，而其微有不同者，非異趣也，乃嗣同蒿目時艱，亟欲如前書所云，別開一種衝決網羅之學，思緒泉涌，率爾操觚，止期直達所見，未暇彌綸羣言，不免有所漏耳。」（《全集》頁528）從信裡透露的幾點訊息可知，譚氏意欲「開一種衝決網羅之學」，當即是後來的《仁學》，而此時也已經開始動筆，且應已完成若干篇章。而撰著《仁學》的目的，除了要「衝決網羅」之外，也因「蒿目時艱」，對時局艱險而產生的一種危機意識所致。信中還提到「如前書所云」，可惜該封書信已不見於譚氏《全集》，否則對了解譚氏撰作《仁學》的用意，應該更有幫助。同年五月廿四日，歐陽中鵠在給譚嗣同的信裡曾提到譚氏：「比惟名德日昌，撰箸益富爲慰。」〔註55〕是否指的就是《仁學》？尚待考證。至九月二十日，譚氏寫給唐才常的信中，再度提及：「若夫近日所自治，則有更精於此者，頗思共相發明，別開一種衝決網羅之學。亦擬還縣一遊，日期又急不能定，大要歸則甚遠耳。彼時當暢衍，此書其先聲也。」（〈報唐才常書〉，《全集》頁251）似乎也預告了《仁學》即將完成。

梁啓超曾於丁酉年春致書嚴復時，談到《仁學》：「儕輩之中，見有瀏陽譚君復生者，其慧不讓穗卿，而力過之，眞異才也！著《仁學》三卷，僅見其上卷，已爲中國舊學所無矣。此君前年在都與穗卿同識之，彼時覺無以異於常人，近則深有得於佛學，一日千里，不可量也。」〔註56〕梁氏後來又追記當時情形說：「到了上海，在時務報館裡頭，剛遇著瀏陽譚先生嗣同寓在那裡，正著成《仁學》一書，那稿本不過兩三人曾經見過。毅伯先生即日抄得一部，寶藏篋中而去，在船上和李君一路細讀，讀了已不知幾十遍，把那志氣越發漲高幾度，後來毅伯先生常對人說道，他一生的事業，大半是從《長興學記》、《仁學》兩部書得來。」〔註57〕在〈三十自述〉文中，梁氏又指出：「丁酉四月，直隸總督王文韶，湖廣總督張之洞，大理寺卿盛宣懷，連銜奏保，有旨交鐵路大臣差遣，余不之知也。既而以箚來，粘奏摺上諭焉，以不

〔註55〕見歐陽予倩編：《譚嗣同書簡》（上海市：文化供應社，1948年），頁114。

〔註56〕見梁啓超：〈與嚴幼陵先生書〉，《梁啓超全集》（北京市：北京出版社，1999年），頁73。

〔註57〕見梁啓超：〈新中國未來記〉，《新小說》（上海市：上海書店，1980年）第2號，頁28。

願被人差遣辭之。張之洞屢招邀，欲致之幕府，固辭。時譚復生宦隱金陵，間月至上海，相過從，連輿接席。復生著《仁學》，每成一篇，輒相商榷，相與治佛學，復生所以砥礪之者良厚。」〔註 58〕梁氏說法是否可靠？仍存疑。不過在寓居金陵期間，譚氏曾於〈報涂儒翾書〉當中提到：「足下《議學》一刻，最爲遠大之圖，寓言、詩說，尤覺洞達本原，字字皆寶。威鳳延味，萬音翕合，以嗣同之詹詹，但有服膺，卻忘擬議。閒有足爲互證者，別紙疏出，藉備省觀。兼使據此以施督教，奢望無已。」（《全集》頁 274）是否可能就是指作《仁學》一書？尙待考證。

大約在丁酉年五月以後，譚氏於〈與唐紱丞書〉中的記載，可以確定《仁學》已經完成，信中說：

> 《質點配成萬物說》竟明目張膽說靈魂、談教務矣，尤足徵足下救世盛心，於世俗嫌疑毀譽，悍然置之度外，可謂難矣。得此則嗣同之《仁學》殆欲無作，乃足下於《湘學報》一則曰：「綿《仁學》之公理。」再則曰：「《仁學》之眞銓。」三則曰：「《仁學》大興。」四則曰：「宅於《仁學》。」五則曰：「積《仁學》以融機械之心。」六則曰：「《仁學》大昌。」轉令嗣同慚惶，慮《仁學》虛有其表，復何以副足下之重許？然近依《仁學》之理衍之，則讀經不難迎刃而解，且日出新義焉。……南昌沈小沂兆祉，吾辦薑先生弟子也。……束事後，久不相聞，邇忽得其書，言於《時務報》見嗣同著有《仁學》，爲梁卓如所稱，不知中作何等語？渠意以爲學西法，惟平等教公法學最上；農礦工商有益於貧民者，亦不可緩；兵學最下。不審《仁學》頗及上一路否？此正嗣同蚤暮惓惓焉欲有事者也，不圖小沂猛進乃爾。自惟年來挾一摩頂放踵之志，抱持公理平等諸說，長號索偶，百計以求伸，至爲墨翟、禽滑釐、宋牼之徒之強聒不舍。縣歲時，涉道路，仰屋咨嗟，千不一合，而所如輒阻，其孤渺爲足閔矣！（《全集》頁 262～266）

沈兆祉在上海報館看到梁啓超出示的《仁學》，有可能只是其中一卷，但上述譚氏在給唐才常的信中提到「積《仁學》以融機械之心」，《仁學》中論述「機心」的部分也多在下卷，可見，唐才常已細讀了譚氏的全本《仁學》。而從此處也可見譚氏《仁學》寫作的目的，即在於求「公理平等諸說」。

〔註 58〕見《梁啓超全集》，頁 958。

　　至於鄧潭洲在〈譚嗣同和黃穎初〉一文中，考證《仁學》成書時間，認爲：
「根據譚氏於光緒二十三年正月十八日（2 月 19 日）寫給汪康年信裡所說『得
數十篇，少遲當寄上』（《譚嗣同全集》下冊，第 493 頁）兩句話推測，可以確
定：他在寫信給汪康年以前，《仁學》已寫出了絕大部分，接近完稿（《仁學》
共五十篇）。明確地說，《仁學》是光緒二十二年八月下旬吳嘉瑞（字雁舟）到
南京代表梁啓超向譚氏約稿後就開始構思並動筆，至次年二月寫完的。」〔註59〕
昌發則持不同意見：「梁啓超在《清代學術概論》中說譚嗣同曾署名『台灣人所
著書』。它的著作時間估計在光緒二十二年（丙申，1896 年）八月至光緒二十
三年（丁酉，1897 年）四月。梁啓超在《譚嗣同傳》中說：『以父命，就官爲
後補知府，需次金陵者一年；閉戶養心讀書，冥探孔、佛之精奧，會通群哲之
心法，衍繹南海之宗旨，成《仁學》一書。』又在〈三十自紀〉中說：『丁酉四
月……時復生宦隱金陵，間日至上海相過從，連輿接席。復生著《仁學》每成
一篇，輒相商榷。』可見《仁學》當於光緒二十三年四月或稍後完稿。」〔註60〕
湯志鈞在〈《仁學》的寫作與出版〉一文則說：「《仁學》的寫出，應在 1897 年
春，2 月 19 日〈致汪康年書〉：『近始操觚爲之』可證。章太炎也說：『春時在
上海』，從宋恕處看到《仁學》。4 月 15 日給唐才常的信也說明這點。」〔註61〕
確切的時間依然不明。至於印永清在〈《仁學》的寫作時間與版本〉一文中認爲：
「我之所以斷定《仁學》初稿寫於 9 月至 10 月間，還有一條理由，那就是譚嗣
同的一封信引起了我的注意。譚嗣同於 9 月 21 日在武昌給他的老師歐陽瓣薑先
生寫了一封信，信中末尾有一段話意思幾乎和《仁學》中所說一樣；不但意思
一樣，文字句意也相仿。這封信見《全集》469 頁，《仁學》的一段話在《仁學》
下卷第四十三篇。此外，在《仁學》中，譚嗣同還多處引用了他於 7 月 23 日給
歐陽瓣薑師信中的話，可見譚氏寫《仁學》時，當離寫此信間隔不久。通過上
述這兩段話的比較，可以肯定一點，《仁學》寫作時間與寫信時間非常接近，完
全有理由認爲，譚嗣同在寫《仁學》過程中給老師寫了信，而在信中引用了《仁
學》中的一些話。」〔註62〕可能很有問題。印永清斷定《仁學》初稿寫於丙申

〔註59〕引自《譚嗣同研究資料匯編》，頁 196。
〔註60〕引自《譚嗣同研究資料匯編》，頁 522。
〔註61〕見田伏隆、朱漢民主編：《譚嗣同與戊戌維新》（長沙市：岳麓書社，1999 年），
　　　　頁 474～476。
〔註62〕見謝俊美主編，印永清評注：《仁學：走出不仁的中世紀》（鄭州市：中州古
　　　　籍出版社，1998 年），頁 35～36。

年9月至10月間，是根據〈上歐陽中鵠・十一〉的「佛說以無畏爲主，已成德者名大無畏，教人也名施無畏，而無畏之源出於慈悲，故爲度一切眾生故，無不活畏，無惡名畏，無死畏，無地獄惡道畏，乃至無大眾威德畏，蓋仁之至矣。」和《仁學・四十三》的「慈悲則我視人平等，而我以無畏；人視我平等，而人亦以無畏。無畏則無所用機矣。佛一名大無畏。其度人也，曰：施無畏。無畏有五，曰：無死畏，無惡名畏，無不活畏，無惡道畏，乃至無大眾威德畏。」兩段文字，以及譚氏丙申年7月23日〈上歐陽中鵠・十〉的信，即〈北遊訪學記〉裡有許多文字和《仁學》內容重複。如果根據印永清觀察的結果而下此判斷，是不是他還忽略了譚氏在乙未年閏五月及七月的《興算學議》和〈報貝元徵〉，其中也有很多段文字出現在《仁學》中。印永清的推論可見是不正確的。只能這麼說，譚氏的《仁學》，參考了許多包括《興算學議》、〈報貝元徵〉以及〈北遊訪學記〉裡的許多見解，因此才會有《仁學》內容和這些文章重複的情形。因此《仁學》一書的完成時間，昌發的說法較爲接近，但時間應該更晚一些，約在丙申年五月左右。

譚氏《仁學》一書比較成問題的，應屬版本問題。

湯志鈞曾對《仁學》的版本做過詳盡比對整理，指出，首先刊登《仁學》的是戊戌政變發生後梁啓超在日本橫濱發行的《清議報》。它自第二冊起（光緒二十四年十一月二十一日，即1899年1月2日）開始刊登，直至第一百冊（光緒二十七年十一月十一日，即1901年12月21日）刊完，共登載十三次，歷時近三載。這一本子，可以稱之爲《清議報》本。較《清議報》略後，在上海發行的《亞東時報》，自第五號起（光緒二十四年十二月二十日，即1899年1月31日），連載《仁學》，至十九號（光緒二十六年正月三十日，即1900年2月28日）刊完，共登載十四次，歷時也有一年零四個月。這一本子，可以稱之爲《亞東時報》本。《清議報》刊登《仁學》最早，它早於《亞東時報》二十九天。但《清議報》第十四冊（光緒二十五年四月初一日，即1899年5月10日）以後，隔了三十冊再行續登；第四十四冊（光緒二十六年四月十一日，即1900年5月9日）以後，登了三冊，又隔了五十四冊再行續登，以致《清議報》登完《仁學》，反較《亞東時報》遲了一年又十個月。〔註63〕

《清議報》本是眾所皆知的，即出自梁啓超自述乃得於譚嗣同訣別時所託付的《仁學》副本。但《亞東時報》本呢？湯志鈞認爲：「《亞東時報》自第六

〔註63〕見湯志鈞：〈《仁學》的寫作與出版〉，《譚嗣同與戊戌維新》，頁476～477。

號起，唐才常參加主持編務。它所刊載的《仁學》，係屬唐才常所藏譚氏稿本或另一抄本。1900 年自立軍發難前，唐才常曾致書其二弟次丞：『來往信札有關時事者，皆付丙丁；惟壯飛之書宜留。』雖未明言『壯飛之書』是何內容，但由此可知他對譚嗣同的手迹、遺著是非常重視的。他如藏有《仁學》的稿本或抄本，也不會散失。」〔註 64〕湯志鈞又指出，此後，《仁學》單行本出版，以1901 年 10 月 10 日由「國民報社出洋學生編輯所」署名發行之本爲最早。發行地址雖識以「上海新馬路餘慶里三街十九號」，實際是在日本東京印行。共兩卷，首揭〈仁學自敘〉和〈仁學界說〉。附有譚嗣同像和梁啓超撰《譚嗣同傳》。鉛字排印，白報紙印刷，平裝一冊，共一百二十頁。接著，《仁學》在《清議報》刊出後，以「索補者絡繹不絕」，而「將全編重行校印」，印在《清議報全編》第二集《名家著述》中，橫濱新民社輯印。凡是《清議報》刪節、誤植、重複的都予改正，可知它不是把《清議報》所刊《仁學》匯排，而是根據梁啓超所藏之本（「副本」）重印。它出書在 1902 年後，較《國民報》本爲遲，可稱之爲《清議報全編》本。此外，另有兩種日本鉛字排印本，都未註明出版處所和年月，實係根據國民報社本重印，而排校失檢，較國民報社本尤多。可知國民報社以後各本，都沿自梁啓超所藏「副本」。〔註65〕

　　至於《國民報》本是依據誰藏的哪一個版本？是唐才常所藏譚氏稿本或另一抄本的《亞東時報》本嗎？湯志鈞認爲還是出自梁啓超所藏的副本〔註

〔註64〕 見湯志鈞：〈仁學版本探源〉，《學術月刊》1963 年第 5 期，頁 61。關於唐才常所藏譚氏的《仁學》究竟是稿本或是抄本的問題，印永清曾提出質疑，認爲：「不論是唐本還是梁本，關鍵是要確認何本是稿本？何本是抄本？抄本有多種，而稿本只有一種。我以爲，梁啓超先得抄本，後得稿本。梁啓超只說得了《仁學》抄本，而不談稿本。但譚嗣同在被捕前生命的最後時刻去日本領事館托梁氏保管的重要文獻中，當有《仁學》稿本。據譚嗣同嫡孫譚訓聰（恆銳）言，譚嗣同被捕前二天，在瀏陽會館，『整理文件，將友朋來書盡行焚化，僅存老親告誡手諭，並將重要文稿及重要家信另貯一篋中，遂赴日使館訪梁氏，以文稿、家書奉托。此類文稿多已遺失，梁氏僅將《仁學》二卷在日本付印。』（譚訓聰：《清譚復生先生嗣同年譜》，見《譚嗣同研究資料匯編》）我認爲這重要文稿中就有《仁學》一書。」印永清並舉出三條理由證明梁啓超得到的確實是《仁學》的稿本，而梁氏交給《清議報》刊載的也是稿本。見氏著〈《仁學》的寫作時間與版本〉，印永清評注：《仁學：走出不仁的中世紀》，頁 43～44。不過印永清提出的證明理由似嫌薄弱。再者，譚氏若自己親自手抄數本，究竟該算稿本還是抄本？

〔註65〕 見湯志鈞：〈《仁學》的寫作與出版〉，頁 477。

〔註66〕 見湯志鈞：〈仁學版本探源〉，頁 62。

66〕，《國民報》本同時也將之前刊登的《清議報》本中《仁學》被刪除的部分都刻印出來，後來收錄在《清議報全編》的《仁學》也與《國民報》本相同。狹間直樹也曾就《國民報》本的刊行提出看法：「在《清議報》第 85 冊卷末裡有『新刻譚壯飛先生仁學全書出售』的廣告。廣告是這樣說的：《仁學》為吸收泰西諸學精髓之書，因為『其中新理，雖西方學子，多有未經發明』，所以要『急付棗梨，以饗同志』。甚至說『異日更當以西字譯之，俾文明國見此，應知吾國之大有人也』。關於這個單行本和以前在《清議報》上登載的《仁學》的關係，沒有作任何的說明，『鄙人三年以來，但聞其書，惜其秘而不傳。今得之友人之手，焚香誦之』的說法，單是修辭上的說法，其真意何在，也不可測。這且不管，其『寄售處在橫濱清議報館』，所以可以充分肯定，這部《仁學》單行本，是在與清議報館以至於梁啟超都有很深的關係情況下而刊行的。」〔註 67〕狹間氏並指出這個版本就是湯志鈞所說的《國民報》本。但是狹間氏對此不免有疑問：「為什麼單行本的《仁學》不在《清議報》社刊行？如果這樣做的話，就可以不但得到梁啟超在《清議報》第 100 冊中總結文章中所提到的首先刊行《仁學》的榮譽，還可以得到首先刊行《仁學》單行本的榮譽。然而梁啟超卻沒有這麼做。」〔註 68〕狹間氏因此提出這樣的理由來解釋：「梁啟超想在把自己開始刊登的事實變得模糊一些時，將帷幕落下來。在《清議報》第 100 號的概括文章裡，將其功勞限定在最初發表中，也是與此對應的措施。順便提一下，在單行本的發行處的《清議報》上，或是登滿書籍廣告的《新民叢報》上，基本上沒有《仁學》的廣告，可以說，這也是與想在黯然之中落下帷幕的態度相適應的。梁啟超給讀者留下的印象是《仁學》在開始刊登時，就像《清議報》刊本《譚嗣同傳》中所說的那樣，譚嗣同與自己之間是以『程嬰杵臼、月照西鄉』的關係為基礎的。兩年半後《仁學》刊行結束時，完全相反，單行本附載的《譚嗣同傳》中記述的是與自己沒有關係的《仁學》。在亡友遺著發表之際，梁啟超所取的態度是，並不是將作品尊重為作品，而是將它活用在宣傳自己思想立場上去了。」〔註 69〕梁啟超甚至還坦承「譚嗣同的著作『皆藏於余處』的記載被刪除了，而且還被改成了『君

〔註 67〕 見〈梁啟超筆下的譚嗣同──關於《仁學》的刊行與梁撰《譚嗣同傳》〉，《文史哲》2004 年第 1 期，頁 34。
〔註 68〕 同前註，頁 34。
〔註 69〕 同前註，頁 35。

死後皆散逸』一句」〔註70〕，不由得令人對現今所見《仁學》的內容也產生懷疑，尤其《仁學‧三十》中「奈何使素不知中國，素不識孔教之奇渥溫、愛新覺羅諸賤類異種，亦得憑陵乎仁野凶殺之性氣以竊中國」的「奇渥溫、愛新覺羅」，《亞東時報》本將之刪除，《清議報》本作「□□□□□□□」，《國民報》本則已補全。為何《亞東時報》本要刪除？或者可以說《亞東時報》本根本沒有這些字？甚至於對照譚氏在乙未年的《興算學議‧上歐陽中鵠書》、〈報貝元徵〉，以及離《仁學》撰寫時間最近的丙申年7月所寫的〈北遊訪學記〉，也只有提倡民主、民權之說，最多不過是批評「死節」之理，並沒有像《仁學》中有許多激烈的幾近反滿、革命的言辭。何以譚嗣同在這短短幾個月思想有如此大的轉變？還是做為政治目的的《仁學》刊本，已失去譚嗣同《仁學》稿本的原來面目？實在令人費解！

　　《仁學》寫出後，未公開印行的原因，譚嗣同本人並未說明。據光緒二十八年正月初一日《新民叢報》第1號〈紹介新書〉中介紹《仁學》的內容指出：「著成後，恐駭流俗，故僅以示一二同志，秘未問世，及其為民流血，功成身退，同人乃謀弘布之。」〔註71〕湯志鈞認為該介紹似出自梁啟超手筆，但這畢竟還是梁啟超的個人見解，譚嗣同的理由為何？不得而知。

　　譚嗣同《仁學》一書，並非憑空草創，仔細對照譚氏所寫的《興算學議‧上歐陽中鵠》、乙未年七月寫的〈報貝元徵〉，以及譚氏遠赴金陵之前，北上京師返回後，寫給歐陽中鵠的〈北遊訪學記〉，將三篇書信內容和《仁學》比對，可發現其中已有許多議題和內容完全相同，應可視為《仁學》的先聲，也可以說《仁學》中許多重要的問題，都藉由三封信的內容增刪而成，甚至在三篇書信當中，還有超過《仁學》所未論及的部分。因此，若將《仁學》自序與二十七條界說，和《仁學》中涉及理論的論述抽離，則三篇書信的思想價值，甚至可說還超過《仁學》。這一現象在歷來研究譚嗣同思想的論著中，察覺到此一問題的，幾乎寥寥無幾，但其重要性卻不容忽視。因而，下文探討《仁學》問題時，嘗試將《全集》內相關的篇章，以及三篇書信，與《仁學》相互對照，並印證其中的異同和轉變。

〔註70〕同前註，頁35。
〔註71〕轉引自湯志鈞、湯仁澤校注：《仁學》（臺北市：臺灣學生書局，1998年），頁139。

第四章 《仁學》思想探析

一、仁說

　　《仁學‧自敍》首先解釋「仁」的訓詁意義說：「『仁』從二從人，相偶之義也。」〈界說‧一〉的解釋最重要：「仁以通爲第一義。以太也，電也，心力也，皆指出所以通之具。」其中「所以通」三字最爲關鍵，涉及誰爲體，誰爲用的關係。《仁學‧二》又說：「彼己本來不隔，肺肝所以如見。學者又當認明電氣即腦，無往非電，即無往非我，妄有彼我之辨，時乃不仁。」（《全集》頁 295）不仁即不通，因而《仁學‧四》又說：「是故仁不仁之辨，於其通與塞；通塞之本，惟其仁不仁。通者如電線四達，無遠弗屆，異域如一身也。故《易》首言元，即繼言亨。元，仁也；亨，通也。苟仁，自無不通。亦惟通，而仁之量乃可完。由是自利利他，而永以貞固。」（《全集》頁 296）更可見「仁」即是無彼我之分別，即是要求「通」。若能弭除彼我之分別，則能如《仁學‧三》所說：「反而觀之，可識仁體。」譚氏因藉由「通」而解釋變法的必要性說：

> 數十年來，學士大夫，覃思典籍，極深研幾，罔不自謂求仁矣，及語以中外之故，輒曰「閉關絕市」，曰「重申海禁」，抑何不仁之多乎！夫仁、以太之用，而天地萬物由之以生，由之以通。星辰之遠，鬼神之冥漠，猶將以仁通之；況同生此地球而同爲人，豈一二人之私意所能塞之？亦自塞其仁而已。彼治於我，我將師之；彼忽於我，我將拯之。可以通學，可以通政，可以通教，又況於通商之常常者乎！必妄立一法，……而猥曰閉之絕之禁之，不通矣。夫惟不仁之故。（《仁學‧四》，《全集》頁 297）

再者,「仁」又可以用來說明倫理原則,《仁學·五》說:「天地間亦仁而已矣。」又說:「仁之至,自無不知也。牽一髮而全身爲動,生人知之,死人不知也。傷一指而終日不適,血脈貫通者知之,痿痺麻木者不知也。吾不能通天地萬物人我爲一身,即莫測能通者之所知,而詫以爲奇;其實言通至於一身,無有不知者,至無奇也。知不知之辨,於其仁不仁。故曰:天地間亦仁而已矣,無智之可言也。」(《全集》頁 297)《仁學·六》則說:「孔子曰:『仁者必有勇。』」如此,「仁」便能賅備智、勇、義、信、禮,則世間即使無智、勇、義、信、禮亦可以。

　　「仁」的意義不僅於此。既然「仁」是要求「通」,「通」即是「用」,變法的目的即在此。而「仁」的「從二從人,相偶之義」,在〈報貝元徵〉裡也曾說:「夫惟仁,是以相人偶。」(《全集》頁 197)其意義究竟爲何?陳祖武曾就阮元對此「仁」字的解釋,有一番探究。他指出阮元先是引許愼《說文解字》爲據,許書釋仁云:「仁,親也,從人二。」繼之又引段玉裁《說文解字注》爲解:「親者,密至也,會意。」隨後則是鄭玄的《中庸注》。《中庸》曰:「仁者人也。」鄭玄注云:「人也讀如相人偶之人,以人意相存問之言。」何謂「相人偶」?阮元於此,旁征博引,證成己說。《儀禮》中〈大射儀〉「揖以偶」,鄭玄注:「以者偶之事成於此,意相人偶也。」阮元備舉諸多例證。歸納出如下結論:「古所謂人偶,猶言爾我親愛之辭,獨則無偶,偶則相親,故其字從人二。」於是他據以重申仁字本訓:「仁字之訓爲人也。乃周、秦以來相傳未失之故訓,東漢之末,猶人人皆知,並無異說。康成氏所舉相人偶之言,亦是秦、漢以來民間恆言,人人在口,是以舉爲訓。」據此,阮元推本古訓,對《論語》中的仁字提出了新的界說,他說:「春秋時,孔門所謂仁也者,以此一人與彼一人相人偶,而盡其敬禮忠恕等事之謂也。」

　　阮元既以「相人偶」爲釋仁出發點,因而《論語·雍也篇》孔子與子貢間的問答,便成爲他心目中孔子仁學的核心。孔子說:「夫仁者,己欲立而立人,己欲達而達人。」阮元緊緊抓住這一核心,取〈雍也篇〉此章冠於諸章之首,使之同「相人偶」的古訓水乳交融,從而儼若貫穿全篇的一根紅線。他先是說:「所謂仁者,己之身欲立則亦立人,己之身欲達則亦達人,所以必須兩人相人偶而仁始見也。」繼之再說:「聖賢之仁,必偶於人而始可見。故孔子之仁,必待老少始見安懷。若心無所著,便可言仁,是老僧面壁多年,但有一片慈悲心,便可畢仁之事,有是道乎?」隨後又說:「但能無損於人,不能有益於人,未能

立人達人，所以孔子不許爲仁。」

　　對於求仁的途徑，孔子或者說「能近取譬」（《論語·雍也》），或者說「能行（恭、寬、信、敏、惠）五者於天下」（《論語·陽貨》），或者說「用其力於仁」（《論語·里仁》），講的都是平實的道德踐履，身體力行。至於他的弟子之所論，亦同樣篤實不虛。子夏說：「博學而篤志，切問而近思，仁在其中矣。」（《論語·子張》）曾子也說：「士不可以不弘毅，任重而道遠。仁以爲己任，不亦重乎？死而後已，不亦遠乎？」（《論語·泰伯》）阮元本之而論求仁，認爲其途徑唯在身體力行。他說：「凡仁必於身所行者驗之而始見，亦必有二人而仁乃見。」因而他反對閉戶修持，虛悟遠求，指出：「一部《論語》，孔子絕未嘗於不視、不聽、不言、不動處言仁也。」又說：「仁必須爲，非端坐靜觀即可曰仁。」阮元進而斷言：「若一人閉戶齋居，瞑目靜坐，雖有德理在心，絕不得指爲聖門所說之仁矣。」至此，阮元通過學理的探討，確立了積極經世、身體力行的仁學觀。〔註 1〕透過陳祖武對阮元論「仁」的義理分析，應該也可藉以探究譚氏所提出的「相人偶」的「仁」義〔註 2〕，畢竟《仁學》的大旨，並非純就理論上解決義理問題，而是爲了探討政治、經世事務的問題。

二、以太與氣

　　譚氏在〈以太說〉一文曾指出：

> 接吾目，吾知其爲光，光之至吾目歟？抑目之即於光也？接吾耳，
> 吾知其爲聲，聲之至吾耳歟？抑耳之即於聲也？通百丈之筒，此呼

〔註 1〕 見陳祖武：《清儒學術拾零》（長沙市：湖南人民出版社，2002 年），頁 255～259。

〔註 2〕 皮錫瑞在〈師伏堂未刊日記〉中也曾指出：「擬作〈同心會序〉云：『孔曰：二人同心，其利斷金，同心之言，其臭如蘭。二人數至少，何以斷金之利已如是，蓋人與人相疇，自二人彼此相親始。仁从人二，鄭康成以相人偶解仁字，相人偶即人與人相親之義，始於二人，而推及千萬人；能救得數人即可勝千萬人。』」推其義，亦在於「仁」有救時經世的意義。見《湖南歷史資料》1959 年第 2 期，頁 129。而譚氏自己也在《仁學·七》提及「漢儒訓仁爲相人偶。人於人不相偶，尚安有世界？不相人偶，見我切也，不仁矣，亦以不人。」（《全集》頁 298）都注意到鄭康成解仁字的意義。但究竟譚氏於《仁學》提出的「相人偶」，是否還有其他影響來源？似乎可推想譚氏應該也受到康有爲在《長興學記》中提到的「仁爲『相人偶』之義」的啓發。甚至連《仁學》裡強調「任俠」的意義，也極可能出於《長興學記》。見康有爲：《康有爲全集·一》（上海市：上海古籍出版社，1987 年），頁 554～555。

而彼吸，吾知其爲氣，而孰則推移是？引萬里之綫，此擊而彼應，吾知其爲電，而孰則綱維是？在格致家，必曰：光浪也，聲浪也，氣浪也，電浪也。爲之傳一也，一固然矣。然浪也者，言其動盪之數也。動盪者何物。誰司其動，誰使其盪，誰爲其傳？何以能成可紀之數？光、聲、氣、電之同時並發，其浪何以各不相礙？光、聲、氣、電之寂然未發，其浪又消歸於何處？則非浪之一辭所能盡矣。一地球，何以能攝月球與動植物？一日球，何以能攝行星彗星流星？一昴星，何以能攝天河圈內所有諸恆星？一虛空，何以能攝星林、星團、星雲、星氣皆如昴星之天河圈而遙與之攝？在動重家，必曰：離心力也，向心力也。爲之吸一也，一固然矣。然力也者，言其牽引之勢也。牽引者何物？誰主其牽，誰令其引，誰任其吸？何以能成可觀之勢？日月星地之各吸所吸，其力何能制其不相切附？日月星地之互吸所吸，其力何能保其不相陵撞？則非力之一辭所能盡矣。……是何也？是蓋徧法界、虛空界、眾生界，有至大至精微，無所不膠黏、不貫洽、不筦絡而充滿之一物焉。目不得而色，耳不得而聲，口鼻不得而臭味，無以名之，名之曰：「以太。」其顯於用也，爲浪、爲力、爲質點、爲腦氣。法界由是生，虛空由是立，眾生由是出。無形焉，而爲萬形之所麗；無心焉，而爲萬心之所感，精而言之，夫亦曰「仁」而已矣。（《全集》頁 432～434）

可視爲對《仁學》中的「以太」說進一步的申述，和《仁學·一》相較，兩者有相同，也有差異。其差異即在〈以太說〉較趨向於討論以太的物質性，而《仁學》中的「以太」說則偏重精神性。何以如此？乃是因「以太」在《仁學》中有其特殊的「論域」，和譚氏單純在〈以太說〉中談論「以太」是有所不同。《仁學》中的「以太」，其特殊性究竟爲何？下文將分別就「以太」與「氣」和「仁」的關係加以申述。

對於「以太」和「氣」的關係，當代學者有許多不同的解讀意見，張灝曾指出：「譚嗣同在卅歲以前所寫的箚記中，已有承襲張載和王夫之所闡揚的『氣一元論』的傾向。這種傾向，在他的《仁學》裡，仍然支配著他的宇宙觀，就以『以太』這個觀念而論，表面上，譚嗣同似乎是受當時西方的格致之學的影響，但骨子裡，卻保留很多『氣一元論』的觀念。」〔註3〕張氏又認

〔註 3〕 見張灝：《烈士精神與批判意識——譚嗣同思想的分析》（臺北市：聯經出版

爲：「他在寫《仁學》的同一年，又曾寫一篇短文叫〈以太說〉。在這篇文章裡，他又特別提出儒家『仁』的理想和仁所代表的『合天地人我爲一體』的宇宙觀來烘托彰顯以太的精神性。就這一點而言，譚嗣同的『以太』毫無疑問又是張載和王夫之的『氣一元論』的迴響。」〔註4〕據張氏的論述，「以太」和「氣」的關係似乎顯得很模糊，在他認爲，譚氏的「以太」概念中參雜了張載、王夫之的「氣」的觀念，但是譚氏是否運用了「氣」來理解或解釋「以太」？如果有，「以太」又如何能用「氣」來理解？張氏並沒有提出具體說明，而林毓生則認爲：「譚嗣同所瞭解的宇宙本體是一個融通、和諧、生機盎然，具有神聖性的宇宙本體。……這樣的本體論與人生觀，因揉合了下列成份而加強：《莊子·齊物論}中的『道通爲一』、《墨子》『兼愛』、大乘佛教『華嚴』與『天台』兩宗所強調的圓融無礙，以及譚氏從『氣一元論』的視野所理解當時西方科學的『以太』觀念（認爲作爲宇宙不滅本質與吸力的『以太』的基本性格是：銜接與凝聚宇宙中的大大小小的各種各樣的質素）。」〔註5〕林氏如此解釋，基本上與張灝是相同的，但是「以太」的性質既然是做爲銜接與凝聚宇宙中的大大小小的各種各樣的質素，「氣」是否也具有如此性質？林氏也未加以說明。顯然從張灝與林毓生對譚氏「以太」的理解，「以太」與「氣」的關係似乎應是譚氏借用了「氣」來表示「以太」，「以太」與「氣」是同聲異詞。

　　李師增也持類似意見，認爲：「譚氏以以太作爲本體論之本根的思想源流則是來自中國本土的『氣論』，明顯地受自莊子的『通天下一氣耳』『萬物生死皆爲一氣之聚散耳。』下及漢代氣化宇宙觀，例如淮南子的『宇宙生氣』，董仲舒的氣分陰陽，王夫之『天施氣』，及張載的唯氣論，王夫之之氣、道、器說。譚氏從少年研讀張、王之唯氣論，氣爲實有，氣不生不滅之恆有之本體論之影響更爲顯然。」〔註6〕既然傳統「氣論」對「以太」有直接的影響，這種影響的深度是否可以認爲譚氏有將「氣」等同於「以太」？日本學者有田和夫就認爲譚嗣同「在他的著作，特別是《仁學》中，沒有用『氣』來說

　　　　事業公司，1988年），頁105。
〔註4〕同前註，頁105～106。
〔註5〕見林毓生：《熱烈與冷靜——譚嗣同反傳統思想的特質》（上海市：上海文藝出版社，1998年），頁137-138。
〔註6〕見李師增：〈譚嗣同以太之形上學解析〉，《譚嗣同暨戊戌維新國際學術研討會論文集——中華仁學會叢書第八集》（臺北市：中華仁學會，1998年），頁84。

明以太，也沒有用以太來說明「氣」之處。也就是說，這種情況產生了在他的意識裡，是否有著『氣』和以太有機聯繫這樣的疑問」。〔註7〕如果抱持這個疑問，那麼對於當代學者所討論的譚嗣同用了一個從當時西方科學中獲得的新名詞「以太」（ether），來代替王船山的「氣」〔註8〕；或是認為「我們不難發現他的基本論點似乎承襲了張載和王夫之所闡揚的『氣一元論』的傾向，幾乎可說是張載『氣一元論』的化身。」〔註9〕這樣替代化身的說法，無異將「以太」與「氣」畫上等號，是否該予以更深刻的檢討？

對於將「以太」與「氣」等同的問題，除譚氏的觀點須再討論外，嚴復也把『伊脫』作為『最清之氣』的表現（《天演論‧下‧論九‧真幻》），但似乎僅僅如此，並非把它作為一個問題。〔註10〕而當代學者如李澤厚即認為在譚嗣同《石菊影廬筆識‧思篇十四》中所言之「氣」，「以太便替代了『氣』，聲光不再以『氣』為體，而是以『以太』為體了」。〔註11〕除了強調譚氏有意將「以太」取代傳統的「氣」之外，對於「以太」的內容在近代科學所預設的可能性之中得到似乎較中國傳統的「氣」更能表現其在本體論上所具有的意義，也較具有反省價值。然而這種價值在唯物論意識型態影響下，反而更加強調「以太」與「氣」的密切關係。馮友蘭即主張「譚嗣同用『以太』代替了中國古典唯物主義所說的氣，也可以說，他用當時西方自然科學中的概念，解釋中國古典唯物主義，把氣解釋為『以太』」。〔註12〕一些大陸學者也認為：「『天地往來之氣』（《石菊影廬筆識‧思篇八》），也就是當時在中國流傳的一些譯本西書所說的『傳光氣』（也有稱它為『以脫』即『以太』）。儘管他那時並沒有明確指出宇宙萬物是本原於這種『氣』，但是這一思想對於他後來的宇宙觀的發展發生重大的影響。」〔註13〕而曾在大陸留學的日本學者坂

〔註7〕 見有田和夫：《氣的思想‧變法運動中的氣——附：以太》（上海市：上海人民出版社，1990年），頁523～524。

〔註8〕 見金觀濤、劉青峰：《中國現代思想的起源》（香港：中文大學出版社，2000年），頁281。

〔註9〕 見王樾，《譚嗣同變法思想研究》，頁56～57。

〔註10〕 見有田和夫：《氣的思想‧變法運動中的氣——附：以太》，頁526。

〔註11〕 見李澤厚：〈譚嗣同研究〉，《中國近代思想史論》（台北市：三民書局，1996年），頁217～218；該文原載於《新建設》1955年第7期，但內容大有增補。

〔註12〕 見馮友蘭：《中國哲學史新編‧第六冊》（北京市：人民出版社，1992年），頁131。

〔註13〕 見馮契主編：《中國近代哲學史》（上海市：上海人民出版社，1989年），頁250～251。

元弘子也說：「譚嗣同對於以太的概念的興趣，是與他對『氣』的強烈關心相接續的……從某種意義上可以說，譚嗣同是從王船山思想以及王所依據的同樣是作爲『氣之哲學』而著稱的宋代張載的學說中『類推』而來接受這一科學概念的。」〔註14〕坂元弘子之所以如此推論，是因其他將譚嗣同在批判佛教空寂說時，認爲「天地非幻」（思篇十四），「聲光雖無體，而以所凭之氣爲體」（思篇十四），把「氣」設定爲充滿於天地之間的傳達日月星辰之光與聲音的媒介，〔註15〕而「以太」正好也具有這種特性，因而「氣」正好說明了「以太」的概念。但是即使連馮友蘭等人，都並未對「氣」何以要解釋爲「以太」的觀點提出具體論證，反而頗令人置疑的是，究竟在唯物論的意識型態影響下，藉由「以太」的性質恰好賦予了「氣」更明確的唯物性？或是根據中國古典唯物主義中的「氣」，而堅持認爲「以太」是唯物性的？這些令人困擾的問題不僅反應當代中國學者在傳統學術思想研究時採用二分法所受到的困境，也反映在下文「以太」與「仁」的關係的辯解上。

　　對於「以太」與「氣」的關係的問題，有田和夫曾做了以下的解釋：「譚嗣同那裡的以太，和『氣』並不是同質的，或者說，要斷定與『氣』同質還是有很多疑問的。但從《石菊影廬筆識》等所見的『氣』概念中，確實可以創造具有極其相似性質的以太的概念，這也是不可否認的事實；但是單從邏輯上著眼而把以太置於『氣』概念延長線上的做法，如進一步考慮他的思想的話，則未必可以說是得當的。……以太雖說和『氣』不同質，但卻是和『氣』一樣地產生萬物一體感，和『通』相聯繫的有著同樣的思想形式、起著同樣作用之物。」〔註16〕而張灝也強調：「對於譚嗣同而言，『以太』既是質體或是他所謂的『元素』又是一種力或能量。在這一點上，『以太』就很似『氣』。因爲，在傳統思想裡，『氣』也是兼爲質體和力的一個觀念，但更重要的是，在譚嗣同的觀念裡，以太是一種有生命，有精神性的東西。」〔註17〕不可否認，「以太」與中國思想中的「氣」在某些內容或性質上是有部分類似的，但是就譚嗣同而言，「以太」與「氣」卻不是可以相通或相同的，因爲在譚氏思想中「以太」主要是借用以呈現某些精神性的面貌的，但這並不就表示「以

〔註14〕見坂元弘子：〈譚嗣同思想與民族認同、性別意識〉，《譚嗣同與戊戌維新》（長沙市：嶽麓書社，1999年），頁257。
〔註15〕同前註，頁257。
〔註16〕見有田和夫：《氣的思想・變法運動中的氣——附：以太》，頁525～526。
〔註17〕見張灝：《烈士精神與批判意識——譚嗣同思想的分析》，頁105。

太」是絕對的精神性，或是從本質上看，它所具有的絕對的物質性。如果不能擺脫唯物論意識型態的束縛，對於「以太」概念的了解，就很容易陷入矛盾的困境。以李澤厚爲例，他認爲：「『以太』是譚氏哲學中一個很根本的概念。對這個概念的不同了解常常是對譚氏哲學的不同了解的出發點。……『以太』是具有十分矛盾、複雜的內容和性質的，儘管『以太』帶有相當濃厚的精神性的色彩，儘管譚氏本人甚至還對它作了某些明顯的唯心主義的規定，但是，『以太』的主要特徵卻仍然是：它是中國近代哲學史上一個物質性或接近物質性的概念。」〔註18〕李氏曾一再強調，譚嗣同的「『以太』並不是什麼『精神性的概念』，基本上是一個物質性的觀念，但其中夾雜著唯心主義的規定。」〔註19〕正是因爲擺脫不了唯物論的影響，使得「以太」概念的性質有此矛盾。但如果像孫長江所認爲的，「在譚嗣同的哲學體系裡，『以太』不是具有『親疏』的『體魄』之類的東西，而是超出『體魄』之上的『靈魂』一類的東西。『破對待』而「獨任靈魂」，這是譚嗣同的『以太』一元論的實質。」〔註20〕或是徐義君所認爲「譚嗣同用『以太』作爲精神概念，以它作爲世界的本源，構成了他的唯心主義的宇宙觀。」〔註21〕將「以太」概念絕對化爲精神性，似乎也失之偏頗。而這些基於唯物或唯心論的爭辯，究竟是當代學者對譚嗣同「以太」概念的錯解所致，或是譚氏本身思想的內在邏輯衝突所致？李澤厚曾提出一說法，認爲：「問題不在於譚嗣同是否應該提出一個哲學本體論的『以太』概念，而在於這樣一個『以太』概念究竟具有些什麼特徵，包含些什麼內容。正在是在這裡，才面臨了最複雜的問題。因爲『以太』是一個充滿矛盾的和含混的概念，因爲這個概念既不像『原子』那樣徹底是物質性的概念，又不像『理念』那樣是純粹精神性的概念，因此，也才發生爭論。」〔註22〕但一如前文所指，「以太」概念並非可以徹底的唯物性意涵以及絕對或純粹的精神性意涵來界定，因爲譚氏「他的以太觀點，做爲原質之原或是現象世界的基本要素，並不能受限於科學主張，因爲他所指定以太的屬

〔註18〕見李澤厚：〈關於譚嗣同哲學思想的研究——對孫長江先生兩篇文章的一些意見〉，《哲學研究》1957 年第 3 期，頁 68。

〔註19〕見李澤厚：〈譚嗣同研究〉，頁 210。

〔註20〕見孫長江：〈論譚嗣同〉，《中國近三百年學術思想論集二編》（香港：存萃學社編集，崇文書店，1971 年 10 月），頁 202；原載於《歷史研究》1965 年第 3 期。

〔註21〕見徐義君：《譚嗣同思想研究》，頁 91。

〔註22〕見李澤厚：〈譚嗣同研究〉，頁 221。

性與因素，遠遠超過唯物主義的極限」。〔註23〕相反的，正是譚氏基於「以太」本身的科學屬性，而借用來尋思事物發展演變的某些法則，是「以太」最重要的要素，所以，「實在很難否認譚氏的觀念與對以太的應用，比起正統科學家，更接近於十九世紀西方精神哲學家和神秘主義者」。〔註24〕

三、以太與仁

當代學者對於「以太」與「仁」的關係的理解，和前述「以太」與「氣」的關係一樣，也有多方面不同的意見。嚴北溟根據譚嗣同在《仁學》一開始的陳述而認為「『以太』已不是作為離開人的意識而客觀存在的物質概念，而根本就是『仁』『兼愛』『性海』『慈悲』『靈魂』『愛人如已』『視敵如友』等倫理觀念的代名詞。」〔註25〕嚴氏甚至認為這樣的「以太」與「仁」的關係，不僅把精神和物質、思維和存在完全混淆起來，而且實際上是把物質溶解在精神中，存在消融在思維中，認為精神的東西產生物質的東西。而王樾則是企圖將「以太」與「仁」的物質或精神性的差異完全打消，他認為：「譚氏的以太所構成的宇宙觀是兼有物質性和精神性的。他藉西洋物理學的『以太』這個名詞來作說明其哲學思想的工具，同時也賦予『以太』一個中國哲學的內容——『仁』，並將『以太』與『仁』等同，認為『以太』就是『仁』，『仁』就是『以太』。」〔註26〕依照上述兩項論點，「以太」與「仁」之所以能夠等同，是因為這兩者在本質上的差異被取消了，但無論「以太」是否兼有物質與精神性，它和「仁」之間的差異究竟是否不存在？似乎無法做如此簡單的論斷。李增師亦曾就「仁」的體用問題予以論述，認為譚嗣同在《仁學》中是以「體用」之範疇規範「以太是體，仁是用」等兩者之關係的。以太是宇宙萬物之本休，而仁則是宇宙萬物之顯用。譚氏採取物理學之以太作為形上學的基質點。從物理學上看，這是依「唯物」的定義。但是在《仁學》中譚

〔註23〕 Robel R. Ronald, *The Life and Thought of T'an Ssu-t'ung.* (Unpublished Ph.D. dissertation of the University of Michigan, 1972), p. 242.

〔註24〕 Wile D. David, *T'an Ssu-t'ung: His Life and Major Work, The Jen-hsueh.* (Unpublished Ph.D. dissertation of the University of Wisconsin, 1972), pp. 241～242.

〔註25〕 見嚴北溟：〈論譚嗣同的「仁學」思想〉，《中國近三百年學術思想論集五編》（香港：存萃學社編集，崇文書店，1974 年 1 月），頁 149；原載於《哲學研究》1962 年第 2 期。

〔註26〕 見王樾，《譚嗣同變法思想研究》，頁 54～55。

氏的「以太」，似乎僅取其在宇宙萬物中的最基本、最細微的基質，此或近於近代物理學中之原子、質子、介子、中子、電子之分子，換言之，即是構成萬物最細微而又不可再分之「質點」，譚氏又稱之爲「微生滅」。此與上述「以太」之僅於傳播光熱電磁之中介之能媒亦有一點不同，在譚氏之理解尚且以化學中「七十三」基本物質元素之「原質」比擬之。譚氏云：「至於原質之原，則一以太而已。」由此而論，則以太又爲七十三化學元素更基木的質點。化學元素彼此之差異，僅是以太之排列組合圖式之不同而已。如此而言，以太論之似乎爲唯物論之者，其實不然，以太雖然具有物理學的電子、力等物質因素；但不可否認的，以太卻也具有精神上的靈魂，腦氣筋（即腦細胞、腦神經）、心力、感覺、感應、感通，以及仁、兼愛、博愛、慈悲等感情因素。所以以太這種除了具有物理、化學物質點外，尚且具有精神力的現象則這就很難說爲唯物論了。〔註 27〕

　　同樣的問題，也反應在李澤厚的論述上。李澤厚認爲：「『以太』一方面作爲一種單純的『至精微』的單粒子式的物質存在，在這方面，它與『仁』是不同的；但另一方面，它同時又具有一種所謂『至大』的形而上學的抽象實體性質和作用，在這方面，『以太』與『仁』又是相同的。」〔註 28〕雖然「以太」同時具有物質與精神性，但是這種精神性又如何與「仁」等同？李氏認爲：「『以太』與『仁』是最根本的不生不滅的永恆實體，它無所不包無所不在，是一切物，一切事，一切事物之所以然：但它不超脫於這些事物和世界之外，而只存於其中。」〔註 29〕因爲是一切事物產生的所以然，所以「以太」具有了精神性；而這種精神性的內涵又和「仁」是相同的，所以「以太」可以是「仁」。然而李氏這個論證和他在一九五五年所持的論點是有出入的。當時李氏認爲譚嗣同根據他的「『以太』概念，建立了自己的哲學體系，論證了『仁』的基礎就是充塞宇宙、無所不在而『不增不減』『不生不滅』的物質的『以太』。『以太』被譚氏規定爲不依賴人類主觀意識而獨立存在的客觀物質，它是一切物質最後的不可分割的分子。」〔註 30〕在此，李氏不僅還堅持「以太」的物質性，同時它和「仁」也是有所區分的，它最終只是「仁」的物質

〔註 27〕　見〈譚嗣同以太之形上學解析〉，頁 189～190。
〔註 28〕　見李澤厚：〈關於譚嗣同哲學思想的研究——對孫長江先生兩篇文章的一些意見〉，頁 72。
〔註 29〕　同前註，頁 73。
〔註 30〕　見李澤厚：〈論譚嗣同的哲學思想和社會政治觀點〉，頁 215。

基礎。可是隨後李氏即發現這樣的「以太」的物質性，因爲它所具有的不增不減、不生不滅的特性，卻是極難爲人們所把握的，因而李氏必須承認：「譚氏強調『以太』不能爲人類感官所感知，它根本『無形』『無性』之可言，這樣，形體性質既完全缺乏一定的規定性，從而也就使『以太』的客觀存在帶上了極抽象的性質，它的物質性缺乏足夠的內容。而同時，更重要的是譚氏不了解世界事物規律性的存在和發展的繁複眾多的具體的物質原因和根據，就概括地把一切萬事萬物之『所以然』——從『骨肉之能粘砌不散去』，『聲光熱電風雨雲露霜雪之所以然』等自然現象一直到『有家有國有天下之相維繫』等社會問題都一概簡單地抽象地諉之於『以太』的作用。因之，『以太』在這裡就遠遠超出了其作爲純粹物質的功能而帶有了神祕的主宰的性質。於是，很清楚，在這種情況下，『以太』與『仁』這兩個概念的差別就大大縮小以致到完全消失，『以太』在這裡也作爲自然規律的抽象存在，與『仁』完全等同起來合而爲一了。」〔註31〕然而在意識型態的影響下，李澤厚對「以太」的觀點卻有極大的轉變。他陳述「以太」與「仁」的關係說道：「在這兩個概念的關係中，縮影式地全部反映出譚氏哲學的基本矛盾。當『以太』與『仁』完全相等同時，接近唯心主義；相反，則表現出唯物主義。總之，不能把『以太』和『仁』完全等同，不能認爲譚氏的『以太』是一個純粹精神性的概念，『以太』具有十分矛盾、複雜的內容和性質，儘管譚氏本人對他作了某些明顯的唯心主義的規定，帶有相當濃厚的精神性的色彩，但是，『以太』的主要特徵卻仍然是：它是中國近代哲學史上一個物質性或接近物質性的概念。」〔註32〕他更強調說：「『以太』與『仁』是兩個不能完全等同的概念。『以太』有與『仁』可以等同的一面，也有非『仁』所能完全概括包含的一面。……但另一方面，譚嗣同又的確經常把『以太』與『仁』完全等同起來，甚至認爲『仁』比『以太』更根本更重要。」〔註33〕

　　對於李澤厚所指出譚氏哲學的基本矛盾，或許也同時是李氏觀點前後不一致的問題所致。李氏所堅持「以太」的性質以及他所理解的譚氏思想，也許在某些部分是錯解的。這個錯解，就在於對「以太」與「仁」的關係無法

〔註31〕見李澤厚：〈論譚嗣同的哲學思想和社會政治觀點〉，頁 217。
〔註32〕見李澤厚：〈譚嗣同研究〉，《中國近代思想史論》，頁 210；該文原載於《新建設》1955 年第 7 期，但大有增補，而觀點似乎也有極大的轉變。
〔註33〕同前註，頁 223～224。

釐清而產生的。而如何釐清「以太」與「仁」的關係，最重要的即是區分兩者的體用關係。

根據李澤厚對「以太」與「仁」的體用分別的理解，可知李氏認爲：「『仁』是在觀察探討自然、社會各種現象後，爲譚氏提昇和抽象化了的宇宙總規律。『以太』是它的物質根據和基礎，是它的『所以通之具』。……『仁』的實現必須藉『以太』的存在才有可能。『以太』是『仁』的『體』，『仁』是『以太』的『用』。」〔註34〕基本上李氏對「以太」與「仁」的體用分別，是依照譚氏的思想論述而來，但也產生了錯解，如他同時又認爲：「『反而觀之，可識仁體』，不再是『以太』爲體，而是以『仁』爲本體了，在這種情況下，也就可以說『以太』即『仁』，『仁』即『以太』。」〔註35〕因此，究竟是「以太」爲體而「仁」爲用？抑或是「以太」爲用而「仁」爲體？同樣的問題也發生在張立文的解讀上，他強調：「在譚嗣同表述『以太』時，即使說了一些注重客觀事物的話，也不妨礙他的『仁學』哲學的主觀精神的性質。……這是因爲，作爲他的哲學的最高本體是『仁』，而『以太』不過是『仁』的作用與工具而已。」〔註36〕

必須指出，這些錯解都源自於對譚嗣同本人的論述所致，因此有必要先澄清譚氏的說法。譚氏在《仁學·一》的開頭即說明：「偏法界、虛空界、眾生界，有至大、至精微、無所不膠粘、不貫洽、不筦絡、而充滿之一物焉，目不得而色，耳不得而聲，口鼻不得而臭味，無以名之，名之曰『以太』。其顯於用也，孔謂之『仁』」而在結尾又指出：「學者第一當認明以太之體與用，始可與言仁。」（《全集》頁 295）應該很明白，「以太」是體，而「仁」則是用。但關鍵問題應是在《仁學界說·一》：「仁以通爲第一義。以太也，電也，心力也，皆指出所以通之具。」（《全集》頁 291）以及《仁學·三》、《仁學·四》所說的「反而觀之，可識仁體。」（《全集》頁 296）「夫仁、以太之用，而天地萬物由之以生，由之以通。」（《全集》頁 297）譚氏在此所說的所以通之「具」，並非是一「工具」的意義，而是功能的來源，即使有「工具」的意涵，也是屬於「器」的。同樣，「反而觀之，可識仁體」的「體」，也絕非指本體，而是指出「仁」的內容性質，具有「本質」的意義。而「夫仁、以太

〔註34〕同前註，頁 210。

〔註35〕見李澤厚：〈譚嗣同研究〉，《中國近代思想史論》，頁 223。

〔註36〕見張立文：〈中國近代仁學體系〉，《中國近代新學的展開》（台北市：東大圖書公司，1991 年），頁 178。

之用」一語，也可能是因爲句讀問題，而將「以太」與「仁」的關係導致複雜。就譚氏思想所指陳的，「以太」是「仁」所以能通的「體」，藉由此「體」以展現「仁」的能通天地萬物的「用」。因此，孫長江認爲：「所謂『以太』，乃是一種功能，實質上就是抽象的『愛』的一種哲學的概括。在譚嗣同看來，統一的世界，正是依靠這種『仁』，『慈悲』，『愛力』而『粘砌成』『不使散去』的。」〔註37〕實際上，「以太」並非只是一種功能，而更是功能的來源。至於高柏園所認爲的「以太是體，而以太所依循、所用之理則爲仁。由於以太乃是遍在於一切的，因此以太之理——仁也是感通於一切的。」〔註38〕正可說明此體用關係。

此外徐義君也認爲：「譚嗣同把『以太』作爲唯心主義的精神本體，並由此構造了形而上學的宇宙觀。他把『以太』作爲『體』，把『仁』作爲『用』。」〔註39〕而馮契在編著的《中國近代哲學史》一書中較詳細發揮了徐義君的看法，認爲譚嗣同「他明確肯定，精神性的『仁』、『兼愛』、『性海』、『靈魂』和物質性的『吸力』等，都是『以太』之用，而且他特別突出地強調要認明『以太』與『仁』的體用關係——『以太』是『仁』之體，『仁』是『以太』之用。就是說，物質性的『以太』是本體，精神性的『仁』是『以太』表現出來的作用、功能。譚嗣同的這種『以太』——『仁』的觀點，顯然是他過去的『器體道用』觀的進一步的發展，在哲學路線上無疑是仍然傾向於唯物主義的。」〔註40〕誠如前文所指出的，「以太」做爲「所以通之具」，是可以含有「器」的屬性。李澤厚在早年即認爲：「『以太』作爲構成世界的『至精微』的物質單位，它是『仁』的基礎，而『仁』卻只是規律。『以太』與『仁』的關係就正如『器』與『道』的關係。」〔註41〕他更具體指出：「正由於要肯定任何『道』（規律）都必須有它的客觀物質基礎（『器』），那麼，作爲宇宙

〔註37〕見孫長江：〈論譚嗣同〉，《中國近三百年學術思想論集二編》，頁200。
〔註38〕見高柏園：〈譚嗣同《仁學》的理論內容與思想性格〉，《鵝湖月刊》第 21 卷第 5 期，頁 17。
〔註39〕見徐義君：《譚嗣同思想研究》，頁 99。
〔註40〕見馮契主編：《中國近代哲學史》，頁 253。
〔註41〕見李澤厚：〈關於譚嗣同哲學思想的研究——對孫長江先生兩篇文章的一些意見〉，頁 72。李澤厚據此而批評張玉田先生〈論譚嗣同哲學思想的唯心主義性質〉（《光明日報》哲學副刊第 56 期）一文，認爲譚氏早年的『器』決定『道』的唯物主義觀點是與其他後來的哲學思想完全無關的「偶然」的思想，這是沒有看到「以太——仁」與「器——道」的邏輯聯繫和發展痕跡。

萬物的根本規律的『仁』──『通』的基礎，作爲體現『仁』──『通』的
工具和實體，又是什麼呢？譚氏苦心探求『所以通之故』，『究其所以相通之
神之故』的結果，就在附會當時自然科學知識下，朦朧地找到和確定了這個
基礎，這就是『以太』。」〔註42〕爲了解釋「仁」做爲宇宙萬物的根本規律，
而尋找它的規律的實體工具的基礎，從而體認出這個基礎即是「以太」，這是
李澤厚的論點，但是究竟這種客觀的物質基礎，或者說忽略其是否爲物質性
的問題，做爲規律性的「仁」的基礎是什麼？宇宙萬物發展的根本規律只是
顯現在事物表象的面貌，「仁」充其量也只是這種規律性的秩序維持者，而不
是決定這一規律性發展背後所可能的法則或推動者，那麼這一法則或推動
者，應即是「以太」。因此，譚嗣同「以太」爲「器」爲「體」，「仁」爲「道」
爲「用」的「以太」說的最終理論基礎至此而形成了。至於譚氏如何發展出
這樣的理論思維？李澤厚曾指出：「譚氏關於『以太──仁』的思想是其早年
關於『器』決定『道』的樸素唯物論觀點的發展和深化。譚氏從早年起就繼
承和遵循著王船山關於『器』（客觀事物）與『道』（規律）的唯物論的學說。」
〔註43〕今論較譚嗣同對王船山道器論的理解，可知譚氏曾認爲：「竊疑今人所
謂道，不依於器，特遁於空虛而已矣。故衡陽王子有『道不離器』之說，曰：
『無其器則無其道，無弓矢則無射之道，無車馬則無御之道，洪荒無揖讓之
道，唐、虞無弔伐之道，漢、唐無今日之道，則今日無他年之道者多矣。』
又曰：『道之可有而且無者多矣，故無其器則無其道。』誠然之言也，信如此
言，則道必依於器而後有實用，果非空漠無物之中有所謂道矣。今天下亦一
器也，所以馭是器之道安在耶？」（《全集》頁160～161）譚氏又說：「故道，
用也；器，體也。體立而用行，器存而道不亡。自學者不審，誤以道爲體，
道始迷離徜恍，若一幻物，虛懸於空漠無朕之際，而果何物也耶？……夫苟
辨道之不離乎器，則天下之爲器亦大矣。器既變，道安得獨不變？變而仍爲
器，亦仍不離乎道。」（《全集》頁197）「器」既然是馭「道」之「器」，因此
「道」之所以能行能用，必依「器」的規範法則而然；但「器」之所以有變，
是對此法則的重新發現或重新了解，而加以改變。王船山的道器論特點，戴
師景賢曾發明深義認爲：「船山既以道器之爲形上形下，皆爲既形之後所有，
則此所謂『道』自不指成器之所以然，而止爲器之能然與應然。能然與應然

〔註42〕見李澤厚：〈譚嗣同研究〉，頁211～212。
〔註43〕見李澤厚：〈論譚嗣同的哲學思想和社會政治觀點〉，頁214。

非必然。……以其爲器之能然與應然，故必待有形器而後有之；以其爲器之不必然，故不得謂此形器之存在乃爲充實此能然與應然而始有。」〔註44〕「道」既然不是「成器之所以然」，而只是「器」的「能然與應然」，因此這即是前文所指出的，做爲「道」的「仁」就是這種規律性的秩序維持者，而「成器之所以然」即是由「器」本身所自爲的。譚嗣同對王船山道器論的理解，似乎也是從這方面予以思考的，不過譚氏本人並未對這樣的認識提出直接的論證，也未將「以太」爲「器」爲「體」，「仁」爲「道」爲「用」行諸文字而加以關聯。

依照這樣的推論，馮友蘭所指出的「譚嗣同認爲仁的主要內容是『通』，而通之所以能通是因爲以電和以太爲工具。這和康有爲的見解基本是相同的。……康有爲認爲人之所以爲人，因爲有『不忍之心』，而人之所以有不忍之心，因爲人與人和物之間有電相通。譚嗣同於電之外又加上以太。」〔註45〕如此將「以太」視爲「仁」所以能通的工具，實屬未當；而康有爲對於「以太」與「仁」與「不忍之心」，只說明是人人所具有的，並未加以仔細分別其間的不同，但也未承認它們是相同的。美國學者 Ronald Robel 則強調：「仁與以太的正確關係從未被譚氏加以清晰一致地研究出。在仁學界說中的一個論點，譚氏暗示了仁是以太的作用。……譚氏一再重複天地間只此一仁，另外，譚氏也說明『學者第一當認名以太之體與用，始可與言仁。』因此，不像康有爲似乎把仁與以太視爲同一事物，譚氏認爲這兩者是分別而特殊的。」〔註46〕雖然譚嗣同確實未將「以太」與「仁」的關係明確界定，如究竟「以太」是「體」還是「用」，但是譚氏的確是將「以太」與「仁」作一區別，而這一區別，應該是可以依照前文從「體」「用」「道」「器」的關係上予以釐清的，這一關係的特點，即成爲譚氏所建構的「以太」說的理論基礎。

四、從以太到心力的轉化

譚嗣同在近代思想史的貢獻，正是在於藉由「以太」等概念重新思考及尋求一些根源性問題的解答。但是，在尋求解答的過程中，或許面臨了些立論不周嚴的問題，然而，高柏園先生對這問題卻有嚴屬的批判，他認爲：「譚

〔註44〕見戴師景賢：《王船山之道器論》（臺北市：廣學社印書館，1982 年），頁 13。
〔註45〕見馮友蘭：《中國哲學史新編・第六冊》，頁 130～131。
〔註46〕Robel R. Ronald, *The Life and Thought of T'an Ssu-t'ung*, p. 240.

氏在《仁學》一書中頗多洞見，只是這些洞見完全可以獨立於以太說之外而成立，且更能避免因以太的引進而導致實然與應然範疇的混淆。由此也可以看出，《仁學》思想性格的特徵之一，便是對傳統的了解缺乏深入與完整，而又要用完全不相干的西方科學、宗教等觀念做為其理論的基礎，如此不但對中國的了解大有問題，對西方的理解也相對地扭曲了。」〔註 47〕同樣的，李澤厚也指出譚嗣同思想的缺失，認為「他之所以要提出一個『以太』的概念，所以認為『下學』（指西學）為『上達』（『教務』，指宗教）的『始基』，之所以堅持一大堆自然科學的知識觀念，他的佛學之所以並未能完全消化或取消西學，『仁』與『心力』之所以並未能完全取代『以太』，都表明了這一點。這也說明譚嗣同《仁學》是一個未成熟、未完成的體系，還處在構造的過程中，所以充滿了矛盾和混亂。」〔註 48〕儘管譚嗣同以卅四歲的年輕生命為其理想而獻身，儘管《仁學》完成的時間極短，其中或不免有許多支離和缺失，但是若因他引用了西方科學知識而認為他對於傳統思想了解不深，是否失於允當？單說譚嗣同的思想特質而言，高柏園先生即認為「以太」之意義「譚氏顯然是依其個人之理解而加以借用。」〔註 49〕而這也就是馮友蘭所認為的「格義」〔註 50〕。的確，譚氏是企圖透過「以太」概念所具有的性質而加以借用來闡發他的世界觀，不過譚氏真正的目的，卻不是在以此來確定「以太」概念的真正涵義，而是通過對「以太」的了解，而尋找世界和諧規律性的法則及根源，從而實現其關懷國家世事的抱負。就這點而言，王國維是了解譚氏思想的，他曾指出「譚氏之說則出於上海教會中所譯之《治心免病法》。其形而上學之以太說半唯物論半神秘論也，人之讀此書者，其興味不在此等幼穉之形而上學，而在其政治之意見，譚氏此書之目的亦在此。」〔註 51〕同樣的，日本學者坂元弘子也深信：「譚嗣同不是專門研究科學，也不是專門研究『心』的問題，而仍然是關心像天下、國家這樣的社會問題。」〔註 52〕因為

〔註47〕見高柏園：〈譚嗣同《仁學》的理論內容與思想性格〉，頁 17。
〔註48〕見李澤厚：〈譚嗣同研究〉，頁 219～220。
〔註49〕見高柏園：〈譚嗣同《仁學》的理論內容與思想性格〉，頁 17。
〔註50〕馮友蘭認為譚嗣同企圖把西方文化的全貌用中國傳統哲學的範疇加以說明，就是「格義」，見《中國哲學史新編‧第六冊》，頁 148。
〔註51〕見王國維：〈論近年之學術界〉，《王觀堂先生全集》第五冊（台北市：文華出版社，民國 57 年），頁 1737。該文於譚嗣同的姓字上以□掩去，今補上。
〔註52〕見坂元弘子：〈譚嗣同的《仁學》和亨利烏特的《治心免病法》〉，《中國哲學》（北京市：人民出版社，1985 年 4 月），頁 274。

從《治心免病法》書中所言：「空氣傳聲，以太傳思念，同一理。不問路之遠近，與五官能否知覺之事物。凡此人發一思念，則感動以太傳於別人之心，令亦有此思念。一遇同心，則彼此思念和合，如遇相反，則厭之而退。人雖不覺思念形聲，然實能感通人心。此理常人皆知，而不明夫思念不可作爲空虛，須視如金石之寶。」〔註53〕而啓發了譚氏「以太」可以傳「人心」，「若能了得心之本原，當下即可做出萬萬年後之神奇」（《全集》頁460），譚氏也據此批評傅蘭雅，認爲「傅蘭雅精於格致者也，近於格致亦少有微詞，以其不能直見心之本原也。嗣同既悟心源，便欲以心度一切苦惱眾生，以心挽劫者，不惟發願救本國，並彼極強盛之西國與夫含生之類，一切皆度之。」（《全集》頁460）董增剛解釋譚氏這種心境抱負，認爲：「『以太』不僅能傳遞光和熱，而且還能傳遞思念，恰恰溝通了自然界與人類社會，成爲『通』的載體和紐帶。通過『以太』將自己憂國憂民之情和救國教民之志傳給他人，喚醒沉睡的民眾，不就可以達到『新民』、『新心』的目的了嗎？」〔註54〕譚氏這番目的與抱負，在當時恐怕也只有康有爲可以與之並駕。康氏曾自述說：「吾之談天也，欲爲吾同胞天人發聾振聵，俾人人自知爲天上人，知諸天之無量。人可乘爲以太而天遊，則天人之電道，與天上之極樂，自有在矣。」〔註55〕而譚氏在給他老師歐陽中鵠的信中，更明確地表示：「因思人爲萬物之靈，其靈亦自不可思議，不可以形氣求，乃並不可以理求；無理之中，必有至理存焉。故西人格致，依理以求，能行而不能言其所以然，是於無理之理晉焉。西人之學，殆不止於此。且其政事如此之明且理，人心風俗如此之齊一，其中亦必有故焉，而未得察也。徧訪天主、耶穌之教士與教書，伏讀明辨，終無所得，益滋疑惑。殆後得《治心免病法》一書，始窺見其本原。今之教士與教書，悉失其眞意焉。」（《全集》頁459）至少，在譚氏的觀念中，萬事萬物皆在於理中，西方的政事人心風俗亦是屬於萬事萬物，而何以西人的一切皆能明理齊一，而中國反不能？中國不能的原因究竟爲何，或許不是譚氏所關心的，但他絕對關心是否有一永恆不變的本原存在，可以適用於全世界，

〔註53〕見《治心免病法》（光緒二十二年，上海格致書室）上卷第三章，頁13。《治心免病法》複印本現存於 Library of the University of California 和湖南省圖書館，以及中央研究院中國文哲研究所圖書館。

〔註54〕見董增剛：〈論譚嗣同《仁學》「以太」說〉，《首都師範大學學報（社會科學版）》1994年第5期，頁98。

〔註55〕見康有爲：《諸天講·自序》（北京市：中華書局，1990年），頁3。

故今日中國之不強，並非本質問題，只是暫時的現象而已。而這一本原究竟何在？譚氏認為即是「以太」。通過本原的「以太」而將「心力」發揮至極致，正是譚氏目的所在，而這事實上是關係到「以心挽劫」的可能與否。

譚嗣同注意到「人心」的問題，可溯自《石菊影廬筆識·思篇》第八所說的「元氣絪縕，以運為化生者也，而地球又運於元氣之中，舟車又運於地球之中，人又運於舟車之中，心又運於人身之中。元氣一運無不運者，人心一不運，則視不見，聽不聞，運者皆廢矣。是知天地萬物果為一體，心正莫不正，心乖莫不乖，而決無頑空斷滅之一會，此君子所以貴乎和也。」（《全集》，頁 127）這似乎已注意到「人心」的能動性與所具有的主宰力量。此一力量有「正」、「乖」兩極端，而「乖」也即是「機心」。譚氏在〈上歐陽中鵠·十〉（即〈北遊訪學記〉）曾指出：

> 大劫將至矣，亦人心製造而成也。西人以在外之機器製造貨物，中國以在心之機器製造大劫。今之人莫不尚機心，其根皆由於疑忌。乍見一人，其目灼灼然，其口緘，其舌矯矯欲鼓，其體能極卑屈，而其臂將欲翔而搏擊，伺人之間隙而時發焉。吁！可畏也。談人之惡則大樂，聞人之善則厭而怒，以罵人為高節，為奇士，其始漸失其好惡，終則胥天下而無是非。故今之論人者，鮮不失真焉。京朝官日以攻擊為事，初尚分君子小人之黨，旋並君子小人而兩攻之。黨之中又有黨，黨之黨又自相攻。苟非勢力絕大，亦卒不能有黨。如釜中蝦蟹，囂然以鬨，火益烈、水益熱而鬨益甚，故知大劫不遠矣。此風尤以湘人為劇，立誓不與外省人相親厚，外省人亦至恥惡之，其劫殆將加慘。此皆由數十年湘人強盛所使然。湘軍名震天下，通盤打算，其利甚少，而人心風俗之受害殆不可勝言。無術以救之，亦惟以心救之。緣劫既由心造，亦可以心解之也。見一用機之人，先平去自己機心，重發一慈悲之念，自能不覺人之有機，而人之機為我所忘，亦必能自忘。無召之者自不來也。此可試之一人數人而立效。使道力驟增萬萬倍，則天下之機皆可泯也。道力不能驟增，則莫如開一學派，合同志以講明心學。心之用莫良於慈悲；慈悲者，尤化機心之妙藥。今夫向人涕泣訴苦，惻怛沈痛，則人莫不暫去其機心而哀憐之。（《全集》，頁 466～467）

譚氏此時對「機心」的產生與消解之道，在之後的《仁學·四十三》中又有

更進一步的發揮：

> 夫心力最大者，無不可爲。惟其大也，又適以召阻險：格致盛而愈
> 多難窮之理，化電盛而愈多難分之質，醫學盛而愈多難治之症，算
> 學盛而愈多難取之題，治理盛而愈多難防之弊。道高一尺，魔高一
> 丈，愈進愈阻，永無止息。然反而觀之，向使不進，乃并此阻而不
> 可得。是阻者進之驗，弊者治之效也。同消同長，道通爲一，惟在
> 不以此自阻焉耳。苟畏難而偷安，防害而不敢興利，動援西國民黨
> 之不靖，而謂不當學西法，不知正其治化日進之憑據也。即有小亂，
> 當統千萬年之全局觀之，徒童闚於一孔，謂頭痛當醫頭，腹痛當醫
> 腹，遂棄置全局於不顧，此其心力，誠不足道矣！然而知心力之不
> 可恃，不審心力之所由發，直情徑遂，壯跖橫行，則持以平機心之
> 心力，轉而化爲機心。以機愈機，軸輪雙轉，助劫而已，焉能挽劫
> 哉？然則如之何？曰：盡於一人試之。見一用機之人，先去乎自己
> 機心，重發一慈悲之念，自能不覺人之有機。人之機爲我忘，亦必
> 能自忘；無召之者，自不來也。此可試之一二人而立效，使心力驟
> 增萬萬倍，天下之機心不難泯也。（《全集》，頁357）

依據譚嗣同的「心力」說，「心力」乃體現「仁」的精神力量，因此它的真正
來源是作爲善良意志的「慈悲」，《仁學‧四十三》即指出：「心力不能驟增，
則莫若開一講求心之學派，專治佛家所謂願力，英士烏特亨立所謂治心免病
法。合眾人之心力爲之，亦勿慮學派之難開也。各教教主，皆自匹夫一意孤
行而創之者也。蓋心力之實體，莫大於慈悲。慈悲則我視人平等，而我以無
畏；人視我平等，而人亦以無畏。無畏則無所用機矣。……故慈悲爲心力之
實體。」（《全集》頁357）這就是說，只要個人固守自己的善良「心力」，就
能向外建立人與人之間的平等關係；而人們之間的平等關係一旦確立，就用
不著害怕（無畏）彼此之間的相互謀害，因而也就用不著採取相互算計的「機
心」（用機）了。〔註56〕而此「慈悲之念」，不僅僅是在求人我之平等，更重
要的是藉由心之力量以挽劫運。譚氏在《仁學‧四十三》特意強調的「動援
西國民黨之不靖，而謂不當學西法，不知正其治化日進之憑據也。」即意有
所指地指出藉助「心力」做爲變法革新的最終目的。《仁學‧四十四》就充分

〔註56〕見胡建：〈譚嗣同「心力說」的原創性價值〉，《浙江學刊》2005年第3期，頁
42。

發揮了這層意義：

> 以心挽劫者，不惟發願救本國，并彼極強盛之西國，與夫含生之類，一切皆度之。心不公，則道力不進也。故凡教主教徒，不可自言是某國人，當加耶穌之立天國，平視萬國皆其國，皆其民，質言之，曰無國可也。立一法，不惟利於本國，必無損於各國，使皆有利；創一教，不惟可行於本國，必合萬國之公理，使智愚皆可授法。以此為心，始可言仁，言恕，言誠，言絜矩，言參天地、贊化育。以感一二人而一二化；則以感天下而劫運可挽也。……故夫人與己，本非二致；而人心者，又可固不可攖者也。攖之以信義，在有道者觀之，猶以為其效必極於不信不義，況攖之以不信不義，其禍胡可言哉！今將挽救之，而病夫者，非是則莫肯率從。甚矣病夫之累人，而各國遭遇之苦，誠有不幸也！然為各國計，莫若明目張膽，代其革政，廢其所謂葛主，而擇其國之賢明者，為之民主，如墨子所謂「選天下之賢者，立為天子」，俾人人自主，有以固存，斯信義可復也。（《全集》，頁 358〜359）

與此同時，譚氏還注意到《時務報》曾刊載一篇〈心力說〉，因此致函當時報館的主編汪康年說：「二十四冊報〈心力說〉，洞見本原，自署心月樓主，竟不能揣為何人也，并望示悉。」（〈致汪康年‧六〉，《全集》頁 499）譚氏在此又強調「本原」一詞，所指又是什麼？首先就該篇文中重要的內容加以觀察：

> 心之光熱，其性質與日電同其分而寄之也，熒熒然一點微光耳。合而聚之，磨而發之，湛而明之，天府靈臺，炯然朗照。光熱愈足，則吸力愈增，抵力亦愈大。所謂光力者智也，識周萬彙，明燭先幾，條貫古今，權量中外。光力之所照映，雖天下之至明者，不能與爭。能使昧者明，幽者顯，隱者彰，昏蒙者改而昭晰。在晝為日馭，在夜為電光。蓋人心之光力，有如是之通天徹地者。所謂熱力者仁也，兼愛博施，興養立教，一夫不獲，時予之辜。熱力之所煦嘘，雖天地之至寒者，頓有生意，能使骨者肉，枯者生，夭者壽，疾苦者變而康樂。其暖如日輪，其速如電報。蓋人心之熱力，有如是之旋乾轉坤者。……至於彼此之抵力，則必緣熱力而生。有熱力則有生機，有生機則有抵力。地心奇熱，皆係流質，與日電相等，猶人心也。使流質漸冷，則禽獸不殖，草木不蕃，水泉不流，風雨不降，久而枯瘠，成死地球，

毫無抵力，將併作日輪之燒料矣。夫人亦猶是耳。心血既枯，則肢體
不靈，毛髮乾燥，外風四入，大命旋傾，無抵力故也。夫國亦猶是耳。
上不愛民，民離其上，敵兵一至，拉朽摧枯，無抵力故也。是故好生
之心，天心也；愛民之道，天道也。此人心之熱力也，即人身之抵力
也。人心不死，萬古安存，熱力一消，立時漸滅。人心之光力熱力，
其大乃至上同於日，下同於電。盈天下無物可以比之，生死如轉圜，
興亡如反手。吾願君相之秉鈞持運者，增茲光力，養資熱力，以自存
其吸力，毋使抵力淨盡，見併於他球也。吾尤願天下之有心人，窮而
在下，達而在上，拓充光力，培補熱力，以吸力聚同志，以抵力禦外
邪，以保我大清滿漢周回七萬里之疆陲；自黃帝以來，繼繼繩繩，四
萬萬眾神明之冑也。作心力說。〔註57〕

其中所論及的「吸力」、「抵力」等，恰可以和《仁學·四十五》的「凹凸力」
做一對比：

心力可見否？曰：人之所賴以辦事者是也。吾無以狀之，以力學家
凹凸力之狀狀之。愈能辦事者，其凹凸力愈大；無是力，即不能辦
事，凹凸方一奮動，有挽強持滿，不得不發之勢，雖千萬人，未或
能遏之而改其方向者也。今略舉之，約十有八，……此諸力者，皆
能挽劫乎？不能也。此佛所謂生滅心也，不定聚也。自攖攖人，奇
幻萬變，流衍無窮，愈以造劫。吾哀夫世之所以有機械也，無一不
緣此諸力而起。天賦人以美質，人假之以相鬥，故才智愈大者，爭
亦愈大。此凹凸力之為害也。然苟無是力，即又不能辦事。宜如之
何？曰：何莫併凹凸力而用之於仁？（《全集》頁363～364）

「凹凸力」的十八種力，並非「心力」可知，而且適足以害此「心力」而成
「機心」。這十八種力，也並無「吸力」、「抵力」。而譚氏在《仁學·一》談
論「以太」時，曾指出：「（以太）其顯於用也，孔謂之『仁』，……格致家謂
之『愛力』、『吸力』」（《全集》頁293～294）不正是以「以太」而「併凹凸力
而用之於仁」？因此，「心力」的本原也可以說即是「以太」，透過「以太」
將「心力」轉化為顯用的「仁」，正是〈心力說〉所強調的「以吸力聚同志，
以抵力禦外邪」終極目標，而這也是譚氏思考「以心力挽劫運」的如何可能。

〔註57〕見《時務報》（永和市：文海出版社，1987年）第二十四冊，近代中國史料叢
刊三編第三十三輯，頁1643～1645。

畢竟「心力」的發揮而能挽劫，不光是靠一己之力，還需要「聚同志」來完成，《仁學·二》也提示了這一需求與能力：「人知腦氣筋通五官百骸為一身，即當如電氣通天地萬物人我為一身也。是故發一念，誠不誠，十手十目嚴之；出一言，善不善，千里之外應之。莫顯乎微，容包可徵意思；莫見乎隱，幽獨即是大廷。我之心力，能感人使與我同念，故自觀念之所由始，即知所對者品詣之高卑。彼己本來不隔，肺肝所以如見。」（《全集》頁295）因而「心力能感人使與我同念」，也就成為譚氏「以心挽劫」的理論依據。

賈維認為，「心力」概念是在〈北遊訪學記〉的核心範疇。在〈北遊訪學記〉的全部思想都是圍繞「心力」概念展開的，從心力的發現到心力的作用，從心力的本質到心力的傳遞，最後歸結為心學的建立。〔註58〕唐才常也曾指出：「後復生讀傅蘭雅所譯之《治心免病法》，復從楊文會游，究心佛法，遂以此二者而與《易》理融會，於是其學益臻恢宏，不執一於船山矣。」〔註59〕因此，譚氏在〈北遊訪學記〉即說：

> 京居既久，始知所願皆虛，一無可冀。慨念橫目，徒具深悲，平日所學，至此竟茫無可倚。夫道不行而怨人者，道之不至者也；道必倚人而行者，亦自必窮之勢也。因自省悟，所願皆虛者，實所學皆虛也。或言：「聖人處今日，苟無尺寸柄，仍然無濟。」是大不然！聖人作用，豈平常人能測？人為至靈，豈有人所做不到之事？何況其為聖人？因念人所以靈者，以心也。人力或做不到，心當無有做不到者。即如函丈辦賑之時，天時人事，一無可恃，性急之人，無有不焦思極慮以為萬無一成者，卒之竟平平澹澹，度此奇阨，雖天亦報之以豐熟之歲，豈有他哉？特函丈當初仁恕和平之一念為之也。當函丈焚香告天時，一心之力量早已傳於空氣，使質點大震盪，而入乎眾人之腦氣筋，雖多端阻撓，而終不能不皈依於座下，此即鬼神之情狀與誠之實際也。……自此猛悟，所學皆虛，了無實際，惟一心是實。心之力量雖天地不能比擬，雖天地之大可以由心成之、毀之、改造之，無不如意。（《全集》頁459～460）

此一「心之力量」在《仁學》中不僅成為「以太」與「仁」之間體用關係轉化的一種能動性力量，同時也成為譚氏在《仁學》中論述政治、經世及變法

〔註58〕見賈維：《譚嗣同與晚清士人交往研究》，頁208～209。
〔註59〕見唐才質：《戊戌聞見錄》，轉引自《譚嗣同研究資料匯編》，頁269。

思想的理論基礎。〔註60〕近藤邦康似乎就注意到「心力」這個作用，認為「譚
嗣同並不是獨自展開其變法理論的，這只不過是用來攻擊反對變法運動的頑
固派的『道』的觀念，所以，其論述雖然具體，但思索得卻不充分。當此純
粹的思索不能順暢之時，他提出了『心力』的概念。……這種『心力』的概
念很不明確，……他感到，維持君權的倫常才是中國一切苦難的原因，因此，
設想否定倫常之教或許是他提出『心力』之說的動機。」〔註61〕

五、政治思想

譚氏在《仁學・二十九》曾倡言其對君主制的批判思想，認為：

> 孔學衍爲兩大支，一爲曾子傳子思而至孟子，孟故暢宣民主之理，
> 以竟孔之志；一由子夏傳田子方而至莊子，莊故痛詆君主，自堯、
> 舜以上，莫或免焉。不幸此兩支皆絕不傳，荀乃乘間冒孔之名，以
> 敗孔之道。曰：「法後王，尊君統。」以傾孔學也。曰：「有治人，
> 無治法。」陰防後人之變其法也。又喜言禮樂政刑之居，惟恐箝制
> 束縛之具之不繁也。一傳而爲李斯，而其爲禍亦暴著於世矣。然而
> 其爲學也，在下者術之，又疾遂其苟富貴取容悦之心，公然爲卑諂
> 側媚奴顏婢膝而無傷於臣節，反以其助紂爲虐者名之曰「忠義」；在
> 上者術之，尤利取以尊君卑臣愚黔首，自放縱橫暴而塗錮天下之人
> 心。……故常以爲二千年來之政，秦政也，皆大盜也；二千年來之
> 學，荀學也，皆鄉愿也。惟大盜利用鄉愿；惟鄉愿工媚大盜。二者
> 交相資，而罔不託之於孔。（《全集》頁335～336）

堀川哲男對此曾解釋說：「眾所周知，在中國自古代像孟子的民本主義那樣，
存在著近似於民主主義的思想。但是，在孟子民本主義那裡『天』的觀念介
乎其間，以及認爲君主制應爲『民之父母』和王者施仁政於民，即來自君主
方面的愛民等觀點，都是和譚嗣同的思想相左的。黃宗羲的君主觀儘管也批
判了後世君主的應有狀態，但根據他在古代帝王中發現其理想的形象來看，
他並不認爲君主制本身是壞的，而應當看作是提倡君主『修身』。然而，對譚

〔註60〕張灝也認爲譚氏的「心力」不但是個人解脫得救的本源，也是治國救世的要
　　　　律。見氏著《思想與時代》（上海市：上海文藝出版社，2002年），頁249。
〔註61〕見近藤邦康：《救亡與傳統——五四思想形成之內在邏輯》（太原市：山西人民
　　　　出版社，1988年），頁17～18。

嗣同來說，即使容許君主的存在，也已經只是爲了人民的方便而已，不但君主自身的尊嚴完全被否定了，而且也不能從太古的帝王之中，尋找出其理想的形象。無論如何，他的君主觀大大地突破中國傳統觀念框框的極其獨特的表現是個事實，應當說這一事實本身就具有啟蒙的意義。」〔註 62〕譚氏爲了在《仁學》中徹底將君主存在的正當性予以否定，直指君主制其實只是如同秦朝的暴政，其目的有二：一是藉由民權的復興以削弱甚至取消君權；二是藉此批評滿清統治中國的不正當性，並以夷夏之辨來立論。

（一）君權、民權論

譚氏在寫作《仁學》之前的北遊訪學之後，已逐漸形成對君權和民權問題的重新省思，並曾在給歐陽中鵠的信函中提到：「三代以上，人與天親。自君權日盛，民權日衰，遂乃絕地天通，惟天子始得祀天，天下人望天子儼然一天，而天子亦遂挾一天以制天下。天下俱卑，天子孤立，當時之強侯因起而持其柄，然民之受制則仍如故也。」（〈上歐陽中鵠・十〉，《全集》頁 463）俟後撰寫《仁學》時更明目張膽以孔子爲借鑑，鼓吹廢除君權：「方孔之初立教也，黜古學，改今制，廢君統，倡民主，變不平等爲平等，亦汲汲然動矣。豈謂爲荀學者，乃盡亡其精意，而泥其粗跡，反授君主以莫大無限之權，使得挾持一孔教以制天下！」（《仁學・三十》，《全集》頁 337）又在《仁學・三十一》進一步闡發民權之旨：

> 生民之初，本無所謂君臣，則皆民也。民不能相治，亦不暇治，於是共舉一民爲君。夫曰共舉之，則非君擇民，而民擇君也。夫曰共舉之，則其分際又非甚遠於民，而不下儕於民也。夫曰共舉之，則因有民而後有君；君末也，民本也。天下無有因末而累及本者，亦豈可因君而累及民哉？夫曰共舉之，則且必可共廢之。君也者，爲民辦事者也；臣也者，助辦民事者也。賦稅之取於民，所以爲辦民事之資也。如此而事猶不辦，事不辦而易其人，亦天下之通義也。觀夫鄉社賽會，必擇舉一長，使治會事，用人理財之權咸隸焉。長不足以長則易之，雖愚夫愿農，猶知其然矣；何獨於君而不然？（《全集》頁 339）

《仁學・三十四》則又直言藉革命手段以去君主、改民主：

> 法人之改民主也，其言曰：「誓殺盡天下君主，使流血滿地球，以洗

〔註 62〕見堀川哲男：〈譚嗣同的政治思想〉，《河北師院學報（哲學社會科學版）》，1983年第 4 期，頁 51。

萬民之恨。」朝鮮人亦有言曰：「地球上不論何國，但讀宋、明腐儒之書，而自命爲禮義之邦者，即是人間地獄。」夫法人之學問，冠絕地球，故能唱民主之義，未爲奇也。朝鮮乃地球上最愚闇之國，而亦爲是言，豈非君主之禍，至於無可復加，非生人所能任受耶？……《易》明言：「湯、武革命，順乎天而應乎人。」而蘇軾猶曰「孔子不稱湯、武」，眞誣說也。至於謂湯、武未盡善者，自指家天下者言之，非謂其不當誅獨夫也。以時考之，華人固可以奮矣。且舉一事而必其事之有大利，非能利其事者也。故華人愼毋言華盛頓、拿破侖矣，志士仁人求爲陳涉、楊玄感，以供聖人之驅除，死無憾焉。若其機無可乘，則莫若爲任俠，亦足以伸民氣，倡勇敢之風，是亦撥亂之具也。（《全集》頁 342～344）

究竟譚氏是否贊成以革命手段推翻滿清君權？學者間爭議頗多，不過，近藤邦康特別指出：「譚嗣同認爲，使現在中國陷於苦境的是靜、儉政策，是君權，他所關心的不是提出一個具體的政策，而是從根本上揭露其政策的虛僞性。在這點上可以說他要求徹底的改革，但不見得要求對王朝體制的現實的否定——革命。即是說，他關心的是把靜儉政策這種相對之物絕對化的固執——『對待』——和把君權統治與君權絕對化的迷惑還原，以此來否定王朝體制。所以，他沒有全體地否定現存的體制並積極而又有體系地提出理想的制度。」〔註63〕是否如此？這又需從下文譚氏對夷夏觀的認知加以深入探討。

（二）夷夏觀

　　譚嗣同的「夷夏觀」曾經歷一番極大轉變，早年在〈治言〉談到的「夷狄之國」曾經指出：「夫以天之所變，而市不蘄乎法，法不蘄乎道而天窮。地之所區，而夷狄率禽獸以憑陵乎華夏而地亂，不先不後，薈萃盤結於一朝。」（《全集》頁 232）因而華夷之辨的界線仍不脫傳統思維，甚至對於夷狄侵略華夏的行爲感到憤恨：「夷狄之生人生物，晚於華夏不知幾千萬年之期。其草創簡略，亦尙與古之噩闉相近，而人心之樸，於以不漓。故夷狄之富，不足以我虜；夷狄之強，不足以我孤；夷狄之憤盈而暴興，不足以我徂；夷狄之陰狡而甌肆，不足以我圖。」（《全集》頁 233）譚氏此時並非對西方毫無認識，也認識到西方的富強，卻仍然固執地認爲西方武力、文明無法勝過華夏，而

〔註63〕見近藤邦康：《救亡與傳統——五四思想形成之內在邏輯》，頁 32。

依舊以夷狄之名看待，甚至還地以一套「文質遞禪」的理論，推斷西方文明終究會徹底瓦解：

> 其出而爲治，罰必而賞信，刻覈而寡恩，暴斂而橫征，苛法而斷刑，君臣以形名相責，而父子不相親，奮屬桓撥以空其國於佳兵。是昔之夷狄，墨家之夷狄也；今之夷狄，法家之夷狄也。墨家之學出於夏，忠也；法家之學出於商，質也，而又繼之以靡麗。故曰：由忠而質，且向乎文也。且向乎文，則亦且向乎文勝而質不存。文勝而質不存，則其衰也。孽不必自天隕，禍不必自地出，物產不必其不供，鹽鐵之大利不必其或紬，而世降則俗澆，俗澆，則人自爲心而民解裂，則令不行而上下相厄。上下相厄，則所舉皆廢而國以不國，雖欲如華夏之質不存而猶可以存者，又烏可得耶？何者？其文固非文也。故其敝亦且一敝而終敝。」（《全集》頁 233～234）

譚氏即根據這套理論質疑變法自強的必要性，認爲：「故夫戰，不可不夙講也，以戰之具，若測算，若製造，亦志士所有事，而詆之者拘也。不獲己而和，以紓吾力焉。以和之具，若立約，若交聘，亦當官所宜愼，而待之者愚也。要之華夏之以自治者，則皆不在乎此。華夏之於夷狄，夫既有相反之形矣。夷狄且以文敝者，華夏固可反之於忠。忠者，中心而盡乎己也。以言乎彼己之己，則華夏之自治爲盡己。先王之典孔彰也，祖宗之澤方長也，舉而措之，人存政不亡也。」（《全集》頁235）並引述一段其師劉人熙的「夷夏觀」爲佐證：「且世之自命通人而大惑不解者，見外洋舟車之利，火器之精，劌心鉥目，震悼失圖，謂今之天下，雖孔子不治。噫！是何言歟？……今之中國，猶昔之中國也；今之夷狄之情，猶昔之夷狄之情也。立中國之道，得夷狄之情，而駕馭柔服之，方因事會以爲變通，而道之不可變者，雖百世而如操左券。……夫英、法、羅馬之政教，比於中國聖王，其相去不知幾千萬億也！……上觀千古之興亡，下卜萬年之離合，大約中國之政教，卓絕於夷狄四裔，則足以制夷狄，而遠其害；夷狄之政教略殊於禽獸，則足以制夷狄之近於禽獸者，而賴其利。聖人復起，不易吾言矣！」（《全集》頁 235～236）譚嗣同早年的夷夏觀受劉人熙的影響頗深。《石菊影廬筆識·思篇》第三十九也充分顯示了這一觀念對他的影響：

> 若夫外夷雖多，不足患也。李大亮氏曰：「中國如本根，外夷如枝葉。
> 夫有本根之撥，而枝葉從之矣；未見枝葉之害及其本根者。自古以

來，中國未有亡於外夷者也。皆先有以自亡而外夷因之，故以爲天下之患，不在外夷，在中國也。」今之談者，以爲患莫大乎外夷，而荒中國之大計以殉之。強者主戰，而不問所以戰；弱者主和，而不察所以和。幸敵兵一旦不至，即謂長治久安，可以高枕無慮。偶有徵兆，又力以掩飾，深諱不言。耕者患蟊之禍苗也，於是舍苗不事，鏨土剔草，務盡去天下之蟊，蟊未必去，而苗蕪久矣。夫蟊誠足惡，至於知有蟊不知有苗，未見其能知患也。」（《全集》頁 145）

當時中國官紳對待「夷夏」的態度，可謂極開明者極開明，而保守者依然極保守。如魏源對「夷夏之辨」的態度則是：「夫蠻狄羌夷之名，專指殘虐性情之民，未知王化者言之。故曰先王之待夷狄，如禽獸然，以不治治之，非謂本國而外，凡有教化之國，皆謂之夷狄也。……誠知夫遠客之中，有明禮行義，上通天象，下察地理，旁徹物情，貫串今古者，是瀛寰之奇士，域外之良友，尚可稱之曰夷狄乎？」〔註 64〕而曾經親身遊歷西方社會的王韜，可以說早已無夷夏之別的觀念：「自世有內華外夷之說，人遂謂中國爲華，而中國以外統謂之夷，此大謬不然者也。〈禹貢〉畫九州，而九州之中諸夷錯處；周制設九服，而夷居其半。《春秋》之法，諸侯用夷禮則夷之，夷狄之進於中國者則中國之。……然則華夷之辨，其不在內外，而繫於禮之有無也明矣。苟有禮也，夷可進爲華；苟無禮也，華則變爲夷，豈可沾沾自喜，厚己薄人哉？」〔註 65〕黃遵憲在致函王韜時也指出：「嗟夫，通商以來無事之日，失每在柔，有事之時，失每在剛，此又其一。士大夫其下者，爲制義爲試帖，其上者動稱則古，稱先王，苟未嘗一披地圖，不知天下之大幾何，輒詆人以蠻夷，視之若禽獸。前車之覆既屢屢矣，猶不知懲戒。」〔註 66〕雖然王韜還是以《春秋》傳統的觀念來理解，這和郭嵩燾的理解方式相差不遠。〔註 67〕郭嵩燾曾

〔註 64〕見魏源：《海國圖志》（長沙市：嶽麓書社，1998 年）卷 76，頁 1866。

〔註 65〕見王韜：〈華夷辨〉，《弢園文錄外編》（上海市：上海書店出版社，2002 年），頁 245。

〔註 66〕見《黃公度觀察尺素》，未刊稿，藏浙江圖書館。

〔註 67〕易鼐在光緒二十四年閏三月十一日《湘學報》發表的〈五洲風俗異同考〉一文中，也同樣是從《春秋》記載中「夷夏之辨」的本義出發，批駁了後人的「夷夏之辨」：「中土之談風俗者，於同洲各國，率鄙之曰四夷，或曰裔，或曰異域，侈然以華夏自居。小者以藩屬待之，大者以夷狄視之。懵然不知《春秋》之義，夷狄不以地而以人。風俗不善，無禮無義，迺曰夷狄。是故中國而類乎夷狄，則降而夷狄之；夷狄而合乎中國，則進而中國之。」見《湘學

在與友人的通信中指出：「來書謂常郡人聞西洋好處則大怒，一聞垢訶則喜，謂夷狄應爾。引此為喻，是將使天下之人民此終古，一無省悟。試即今時事局思之，果有益乎?果無益乎?三代盛時，聖人政教所及，中土一隅而已，湖南、江浙，皆蠻夷也。……是所謂戎狄者，但據禮樂政教所及言之。其不服中國禮樂政教而以寇抄為事，謂之夷狄，為其倏盛倏衰，環起以立國者，宜以中國為宗也，非謂盡地球縱橫九萬里即為夷狄，獨中土一隅，不問政教風俗何若，可以凌駕而出其上也。」〔註68〕和王韜、魏源一樣，郭嵩燾等人幾乎都從認同西方的禮儀教化進而修正了傳統的夷夏觀。

至於晚清參與變法運動的人士，如並未親身遊歷過西方的康有為，因曾分別在光緒五年與光緒八年「薄游香港」、「道經上海」，「覽西人宮室之瑰麗，道路之整潔，巡捕之嚴密，乃始知西人治國有法度，不得以古舊之夷狄視之」〔註69〕而有觀念上的轉變。譚嗣同光緒十九年「夏，上京師，流江逕九江、安徽、江蘇至上海。……秋，返湖北，取道天津，浮海逕煙臺至上海」（《全集》頁 57）時，似乎也經歷了和康有為同樣的感受。譚氏在《興算學議·上歐陽中鵠書》時的言論態度已有所不同：

> 獨怪博學工文、平日自命不凡之士，猶復不知此時為何時，所當為者為何事。溺於考據詞章而怙以虛驕，初不辨為某洲某國，概目之曰洋人。動輒夜郎自大，而欲恃其一時之意氣，盡驅彼於海外，而閉關絕市，竟若經數十年賢士大夫無術以處之者，彼一出而旦夕可定。及見有識者講求實學，力挽時局，又惡其形己虛而乘己短也，從而媚之疾之，詆之為異端，訾之為用夷變夏，然則便當高坐拱手以待誅戮耶？（《全集》頁 156）

不僅如此，譚氏甚至不客氣地指責：「中國今日之人心風俗，政治法度，無一可比數於夷狄，何嘗有一毫所謂夏者，即求並列於夷狄猶不可得，乃云變夏乎？」（《全集》頁 156；又見〈報貝元徵〉，頁 225）但面對如貝元徵等依然抱持保守態度，對變法一事橫以「用夷變夏」之說妄加責詈，譚氏更沉痛地反駁道：

報》第 35 冊，1898 年 5 月 1 日。
〔註68〕見〈復姚彥嘉〉，《郭嵩燾詩文集》（長沙市：嶽麓書社，1984 年），頁 200。
〔註69〕見《康南海自編年譜》，載於《中國近代史資料叢刊·戊戌變法四》（上海市：上海書店出版社，2000 年），頁 115。

會見中國所謂道德文章，學問經濟，聖賢名士，一齊化爲洋奴而已
矣。豈不痛哉！豈不痛哉！而猶妄援「攘夷」之說，妄援「距楊、
墨」之說，妄援「用夷變夏」之說，妄援「不貴異物賤用異物」之
說，妄援「舞干羽於兩階，七旬必有苗格」之說，如死已至眉睫，
猶曰我初無病，凡謂我病而進藥者，皆異端也。大愚不靈，豈復有
加於此者耶？（《全集》頁157；又見〈報貝元徵〉，頁224）

譚氏的反駁論點，也和上述王韜等人一樣，以三代、《春秋》之辭對夷夏觀做
了重新定義。《興算學議・上歐陽中鵠書》：「今日所行之法，三代之法耶？周、
孔之法耶？抑亦暴秦所變之弊法，又經二千年之喪亂，爲夷狄盜賊所羼雜者
耳。於此猶自命爲夏，詆人爲禽，亦眞不能自反者矣。」（《全集》頁161）又
說：「夫華夏夷狄者，內外之詞也，居乎內，即不得不謂外此者之爲夷。苟平
心論之，實我夷而彼猶不失爲夏。」（《全集》，頁165）譚氏這一新觀念一直
持續到戊戌時期，在南學會第五次講義〈論學者不當驕人〉中更有「破中外
之見」：「我既處於此國，即不得不以此國爲中，而外此國者即爲外。然則在
美、法、英、德、日、俄各國之人，亦必以其國爲中，非其國即爲外。是中
外亦通共之詞，不得援此以驕人也。而我國不惟好以中國驕人，且又好以夷
狄詆人，《春秋》之所謂夷狄中國，初非以地言，故進於中國則中國之，流於
夷狄則夷狄之。惟視教化文明之進退何如耳。若以地言，則我湘、楚固《春
秋》之夷狄，而今何如也？」（《全集》，頁401）《《湘報》後敘（上）》仍然秉
持此見：

《春秋傳》曰：「中國亦新夷狄。」孟子曰：「亦以新子之國。」新
之爲言也，盛美無憾之言也。而夷狄中國同此號者，何也？……是
夷狄中國，初不以地言。故〈文王〉之詩曰：「周雖舊邦，其命維新。」
舊者夷狄之謂也，新者中國之謂也。守舊則夷狄之，開新則中國之。
新者忽舊，時曰新夷狄；舊者忽新，亦曰新中國。新同而所新者不
同，危矣哉！己方悻悻然自鳴曰守舊，而人固以新夷狄新之矣。是
夷狄中國，果不以地言，辨於新，辨於所新者而已矣。（《全集》，頁
416～417）

譚氏在此時期不斷強調這一觀點，顯然是意有所指。此文刊登不久，葉德輝
在一封致皮錫瑞的信函，即針對譚氏的觀點大加駁斥：

近世時務之士，必欲破除夷夏之防，合中外之教，此則鄙見斷斷不

能苟同者。……至謂地球列國環峙，並無夷夏之防，又謂春秋時之吳、楚即今日之江蘇、兩湖，是當日之夷狄即今日之中國。此論似是而實非，久欲一辨，而苦無暇晷。……地球圓物，不能指一地以爲中，但合東西南北考之，南北極不相通，則論中外，當視東西矣。亞洲居地球之東南，中國適居東南之中，無中外獨無東西乎？四時之序先春秋，無形之位首東南，此中西人士所共明，非中國以人爲外也。……堯、舜、禹、湯、文、武之教，周公成之，孔子大之，三代以下，異教之爲聖教漸滅者，不可殫述。……潛移默運、掃蕩異教於不覺，何論旁行詰屈之書乎？故借保護聖教爲名，以合外教者，巧言也。〔註70〕

譚嗣同的夷夏觀既已有所轉變，而不再以夷狄指稱西方國家，但弔詭的是，譚氏在《仁學》裡卻又將夷狄指向滿清，甚至指其爲賤類異種。《仁學・十》即稱：「彼北狄之紀綱文物，何足與華人比並者，顧自趙宋以後，奇渥溫、愛新覺羅之族，迭主華人之中國，彼其不纏足一事，已足承天眷佑，而非天之誤有偏私也。又況西人治化之美，萬萬過於北狄者乎？華人若猶不自省其亡國之由，以畏懼而亟變纏足之大惡，則愈淫愈殺，永無底止，將不惟亡其國，又以亡其種類，不得歸怨於天之不仁矣。」（《全集》頁303）《仁學・三十》又說：「竊之而同爲中國之人，同爲孔教之人，不可言而猶可言也；奈何使素不知中國，素不識孔教之奇渥溫、愛新覺羅諸賤類異種，亦得憑陵乎蠻野凶殺之性氣以竊中國。」（《全集》頁337～338）如此似不可解，何以譚氏對待西人遠較滿人寬大？果眞如此，譚氏思想中的夷夏觀不是更加傳統保守？梁啓超曾指出：「晚清思想界有一彗星，曰瀏陽譚嗣同。……其所謂『新學』之著作，則有《仁學》，亦題曰《台灣人所著書》；蓋中多譏切清廷，假臺人抒憤也。」〔註71〕若從此一角度思考，《仁學》中許多議論實是針對甲午戰敗後滿清種種舉措失當而產生的憤懣之情，因而有痛斥滿清的言論，並非譚氏的夷夏觀有彼此矛盾。然而《仁學》中這種反滿言論仍然引起學者懷疑譚氏有革命思想。堀川哲男對此，有不同的看法，他認爲：「雖然激烈的反滿感情的存在作爲頑強的事實而不能否認，可是論其性質，與其說是種族的偏見，莫如說是從對滿族統治下的

〔註70〕見〈葉吏部與南學會皮鹿門孝廉書〉，《翼教叢編》（上海市：上海書店出版社，2002年），頁167。
〔註71〕見梁啓超：〈譚嗣同之思想〉，《譚嗣同研究資料匯編》，頁101。

狀況不滿出發所作的考慮更爲多見。……他的『反滿』，常和廣義的『政府批判』結合在一起，因而他的主張並沒有尋求血緣的區分，而是當批評現存的政府時，因爲正好政府掌握在異種族的征服王朝手中，所以就強調了種族的側面，以致形成了他的政治論中急進論調的一半。」〔註72〕堀川氏的看法無疑較爲客觀，這種看法也才可以合理解釋爲何譚氏後來願意北上奉詔，輔佐光緒進行變法運動。同樣的，近藤邦康也認爲譚氏「他不僅原則上一般地否定了王朝體制，而且說清王朝是異民族竊中國，甚至鼓吹要推翻它。這種反清思想是其變法論的特色。從這點上看，似乎這樣的評價是成立的：譚嗣同的思想是越超了改良思想精華的革命思想。但是，在 1898 年百日變法中作爲光緒帝的智囊而活躍著，而且在西太后一派政變之際說『以死酬聖主』，而從容就刑，從他的這些政治行動上看，在其激烈的反清思想中不能不感到他的矛盾狀況。與其說這是思想和行動的矛盾，毋寧說，其思想看上去是革命的，本質上卻仍然是改良主義的，這種見解更符合實際些」。〔註73〕

（三）復古論

譚嗣同夷夏觀的轉變，可以說正是其變法觀形成的重要基礎，也是走向全變思想的開端。當面對守舊派的責難，譚氏等人又不得不通過重新闡釋「夷夏之辨」，來論證學習西方的合理性。「西學中源」說即是洋務派及維新派重新闡釋「夷夏之辨」之後的產物。1865 年李鴻章在奏設江南製造總局時，對學習西方的「合理性」曾解釋說：

> 無論中國制度文章，事事非海外所能望見，即彼機器一事，亦以算術爲主，而西術之借根方，本於中術之天元，彼西土目爲東來法，亦不能昧其所自來。尤異者，中術四元之學，闡明於道光十年前後，而西人代數之新法，近日譯出於上海，顯然脫胎四元，竭其智慧不能出中國之範圍，已可概見特其製造之巧，得於西方金行之性，又專精推算，發爲新奇，遂幾於不可及。中國亦務求實用，焉往不學？學成而彼將何所用其驕？是故求遺珠不得不游赤水，尋濫觴不得不度崑崙。〔註74〕

〔註72〕 見堀川哲男：〈譚嗣同的政治思想〉，頁 52。

〔註73〕 見近藤邦康：《救亡與傳統——五四思想形成之內在邏輯》，頁 31～32。

〔註74〕 見中央研究院近代史研究所編：《海防檔（丙）機器局（一）》（臺北市：中央研究院近代史研究所，1957 年），頁 14。

薛福成在《出使日記》中談及西學源自中國時，也說：「上古之世，制作萃於中華，自神聖迭興，造卦畫、造市易、造耒耜、造舟車、造弧矢、造網罟、造衣裳、造書契，當鴻荒草昧而忽有此文明，豈不較今日西人制作尤爲神奇？特人皆習慣而不察耳。即如〈堯典〉之定四時，《周髀》之傳算術，西人星算之學，未始不權輿於此。其他有益國事民事者，安知其非取法於中華也！」〔註75〕薛福成還將西學與中國典籍《墨子》、《管子》、《莊子》等大加比附，得出西學與《墨子》等書「頗合」的結論。他曾在日記中寫道：「《墨子》一書，導西學之先者甚多。……如第九卷〈經說下〉篇，光學、重學之所自出也。第十三卷〈魯問〉、〈公輸〉數篇，機器、船械之所自出也。」〔註76〕甚至連黃遵憲也相信「泰西之學，其源流皆生於墨子」。〔註77〕而譚嗣同在〈報貝元徵〉也有「考西學近墨」（《全集》頁221）的論調。這種現象的產生，丸山松幸認爲：「消除『中學』和『西學』所具有的價值矛盾是不可能的。面對滔滔流入的『西學』，如想要保住『中學』的優越性，不是把二者並列，而必需求得在『中學』之下結合『西學』的理論。這種結合的嘗試，就是『西學之本自中國之學出』的附會說。」〔註78〕丸山松幸進一步指出，進入了光緒時代，在改革論者之間，「西學中源」一下子變爲被廣泛主張之說。比如曾紀澤《出使英法日記》、張自牧《瀛海論》、《蠡測危言》、湯震《危言》、鄭觀應《盛世危言》、陳熾《庸書》等，而他們的論據千篇一律都是相同的。也就是說，今日被稱爲「西學」者，實際上就是「中學」。機器始於三皇之世，其他的各種科學也都可以在文王、周公、諸子的書中見其端緒。老聃消失於西面的流沙，或幽厲之際疇人的子弟與其技術一起流徙西域，傳到了西洋。此後，雖同承聖人之教，然「中國所守者，形上之道，西人所專者，形下之器。中國自以爲道，而漸失其所謂器，西人畢力於器，有時暗合於道者」（《危言‧中學》），因此，今日學「西學」，無非是「以中國本有之學還於中國」（《盛世危言‧西學》），只有這樣本末兼備，方可全聖人之學。在此未曾有過的危機之際，只有「求形下之器，以衛形上之道」才是所以救中國之法。〔註79〕

〔註75〕見鍾叔河主編：《出使英法義比四國日記》（長沙市：嶽麓書社，1985年），頁133。
〔註76〕同前註，頁252。
〔註77〕見《日本國志》卷三十二，〈學術志序〉。
〔註78〕見小野澤精一等編：《氣的思想：中國自然觀與人的觀念的發展》（上海市：上海人民出版社，1990年），頁508。
〔註79〕同前註，頁509。

這種「西學中源」的論調，最終成為了「變法亦復古」之說的有力證據。首先，在《興算學議・上歐陽中鵠書》譚氏是如此說法：「且凡所謂西法，要皆我之固有，我不能有而西人有之，我是以弱焉。則變法者亦復古焉耳，何異之有？」（《全集》頁157）接著又說：「然中國言治於今日，又實易於前人，則以格致諸理，西人均已發明，吾第取而用之，其大經大法，吾又得親炙目驗於西人而效法之也。……而變法又適所以復古。」（《全集》頁 165～168）同時，譚氏在〈報貝元徵〉也一再重複這種「復古觀」：「學術可變乎？亦曰復古而已矣。」（《全集》頁216）又說：「詳考數十年之世變，而切究其事理，遠徵之故籍，近訪之深識之士。不敢專己而非人，不敢諱短而疾長，不敢徇一孔之見而封於舊說，不敢不舍己從人，取於人以為善。設身處境，機牙百出。因有見於大化之所趨，風氣之所積，非守文因舊所能挽回，而必變法始能復古，不恤首發大難，畫此盡變西法之策。」（《全集》頁 226～227）這種一再強調變法的用意或目的正在於「復古」的說法，到了譚氏的《仁學》，卻有完全相反的轉變。《仁學・十八》首先表明：

> 乃彼方訥於人曰「好古」者，是又大惑也已。古而可好，又何必為今之人哉？所貴乎讀書者，在得其精意以充其所未逮焉耳；苟以其跡而已，則不問理之是非，而但援事之有無，梟獍四凶，何代蔑有，殆將一一則之效之乎？鄭玄箋《詩》「言從之邁」，謂當自殺以從古人，則嘗笑其愚。今之自矜好古者，奚不自殺以從古人，而漫鼓其輔煩舌以爭乎今也？夫孔子則不然，刪《書》則斷自唐、虞，存《詩》則止乎三百，然猶早歲從周之制作也。晚而道不行，掩涕於獲麟，默知非變法不可，於是發憤作《春秋》，悉廢古學而改今制，復何嘗有好古之云云也。（《全集》頁319）

《仁學・四十七》更進一步批評：「自秦以來，封建久湮，宗法蕩盡，國與家渺不相涉。家雖至齊，而國仍不治；家雖不齊，而國未嘗不可治；而國之不治，則反能牽制其家，使不得齊。於是言治國者，轉欲先平天下；言齊家者，亦必先治國矣。大抵經傳所有，皆封建世之治，與今日事勢，往往相反，明者決知其必不可行。而迂陋之僻儒，輒喜引經據典，侈談古制，妄欲見諸施行，而不悟其不合，良足悼焉。」（《全集》頁368）反對復古之說，已經極其明顯。譚氏這樣的轉變，毋寧說即是對變法思想的一種激進反應。正因為「西學中源」或者「變法亦復古」的觀點，策略意義恐怕要大過於實質意義，亦

即當守舊派反對變法時可以「變法亦復古」做爲反駁利器。至於相不相信「變法亦可復古」，並無關緊要。即使將「復古」的面具卸下，也絲毫無損於「變法」的內容與目的。譚氏在《仁學》裡似乎已經很清楚這一點。

（四）變法論及道器觀

譚嗣同的「變法論」和前述「夷夏觀」的思想發展，有極爲類似的劇烈轉變的軌跡。無可置疑的，這種劇烈轉變是因爲外在局勢的逼迫使然。「變法論」的理論依據「道器觀」的體用地位反置，正是因此而來。

晚清時期「道器觀」的發展，往往與「中體西用」的理論彼此糾葛限囿，因而「道本器末」或「道體器用」說仍然流行於當時士人的言談中。王韜在爲鄭觀應《易言（36卷本）》作的跋中論及「道」與「器」的概念時，就認爲：「夫形而上者道也，形而下者器也。杞憂生之所欲變者器也，而非道也。」〔註80〕而鄭觀應本人則在〈《盛世危言》增訂新編凡例〉一文中明確呼應王韜的觀點，再次強調，「道爲本，器爲末，器可變，道不可變，庶知所變者富強之權術，非孔、孟之常經也。」〔註81〕當薛福成用「道器」觀念來論述中西學的關係時也說：

> 嘗謂自有天地以來，所以彌綸於不敝者，道與器二者而已。……其風氣所趨，不能不然者，道也。而道之所寓者，器也。……蓋中國所尚者，道爲重；而西人所精者，器爲多。然道之中未嘗無器，器之至者，亦通乎道。設令炎帝、軒轅復生乎今世，其不能不從事於舟車、槍炮、機器者，自然之勢也。今之議者，動引古聖，啜糟粕而去精華，務空談而忘實踐，失之彌遠。欲求馭外之術，惟有力圖自治，修明前聖制度，勿使有名無實；而於外人所長，亦勿設藩籬以自隘。斯乃道器兼備，不難合四海爲一家。〔註82〕

基本上薛福成似在調和道器體用問題，但不免還是受限於「中體西用」的理論。丸山松幸對這此有一套解釋說法，認爲：「應當怎樣理解作爲原則而不可否認的中國固有的『道』與作爲現實必須的西洋的『器』之間的關係呢？怎樣提出使這二者沒有矛盾的觀點呢？這作爲『西學』導入的根據，是必不可少的。『道器

〔註80〕 見夏東元編：《鄭觀應集》（上海市：上海人民出版社，1982年）上冊，頁166。
〔註81〕 同前註，頁240。
〔註82〕 見《庸庵文編》，收於薛福成著《庸庵全集》（光緒丁酉春三月，上海醉六堂石印本）卷2，頁39。

論』首先就是作爲探求調和『中學』與『西學』理論根據的論調而提出的。」
〔註83〕丸山氏又說：「具體而言，如果把西方人的『器』即『一切汽學、光學、
化學、數學、重學、天學、地學、電學』作爲『博』的話，那麼『道』就是『約』，
也就是貫通這一切的集約的原理。『中學』的眞正意義正在於此，因此與『西學』
相結合，方始『本未兼賅』。換一句話來說，所謂『道』可以說是從作爲『器』
的客體中抽象出來的主體的原理。」〔註84〕因此，「道本器末」或「道體器用」
的思想，便直接導致了「道」無可變的論調。

　　無論譚嗣同早年接受劉人熙的「立中國之道，得夷狄之情，而駕馭柔服
之，方因事會以爲變通，而道之不可變者，雖百世而如操左券。」（《全集》
頁235～236）的觀念，甚至到了《石菊影廬筆識・思篇》第十五所指的：「故
中國聖人之道，無可云變也。」（《全集》，頁 131）都可以看出以道爲體的觀
念是深植於譚氏的心中，這和前述如鄭觀應等人的言論幾乎是毫無差別。但
是甲午戰後譚氏在〈報貝元徵〉的論述內容，卻產生了變化：

　　來語「將講洋務之術尚未精，必變法以圖治歟？抑中國聖人之道固
　　有未可盡棄者歟？」嗣同以爲聖人之道，無可疑也。方欲少棄之而
　　不能，何況於盡。特所謂道，非空言而已，必有所麗而後見。《易》
　　曰：「形而上者謂之道，形而下者謂之器。」曰上曰下，明道器之相
　　爲一也。衡陽王子申其義曰：「道者器之道，器者不可謂之道之器也。
　　無其道則無其器，人類能言之。雖然，茍有其器矣，豈患無其道
　　哉？」……聖人之道，果非空言而已，必有所麗而後見。麗於耳目，
　　有視聽之道；麗於心思，有仁義智信之道；麗於倫紀，有忠孝友恭
　　之道；麗於禮樂征伐，有治國平天下之道。故道，用也；器，體也。
　　體立而用行，器存而道不亡。自學者不審，誤以道爲體，道始迷離
　　徜恍，若一幻物，虛懸於空漠無朕之際，而果何物也耶？於人何補，
　　於世何濟，得之何益，失之何損耶？將非所謂惑世誣民異端者耶？
　　夫茍辨道之不離乎器，則天下之爲器亦大矣。器既變，道安得獨不
　　變？變而仍爲器，亦仍不離乎道，人自不能棄器，又何以棄道哉？
　　（《全集》，頁 196～197）

根據近藤邦康的解釋，認爲「譚嗣同的這種『道器』論的體用關係，恰恰與

〔註83〕見小野澤精一等編：《氣的思想：中國自然觀與人的觀念的發展》，頁 500。
〔註84〕同前註，頁 510。

張之洞的中體西用論相反。張之洞認爲中學爲『聖人之道』、西學爲技術，兩者毫無關係；說『聖人之所以爲聖人，中國之所以爲中國』，強調『聖人之道』的特殊的中國性。而譚嗣同則反對此種觀點，認爲這是狹隘的聖人觀念，說『聖人之道』無所不包，豈僅行於中國而已哉。」〔註85〕而這不僅只是反對「狹隘的聖人觀念」而已，恐怕還是針對守舊派堅持「道體」而阻礙變法的推行，企圖從根本將「道體」觀念打破，「變法論」才有存在的空間。近藤氏也注意到「譚嗣同否定離開了『器』的抽象的『道』，他認爲『聖人之道』關乎『小民之一利一害』，是『計利害』之物。因此，他要求尊重農工商等實學，反對空談其『道』的士大夫。」〔註86〕譚氏在《興算學議・上歐陽中鵠書》即已明顯將「道器觀」轉向「變法論」：

> 陳伯嚴之言曰：「國亡久矣，士大夫猶冥然無知，動即引八股家之言，天不變道亦不變，不知道尚安在，遑言變不變耶？」竊疑今人所謂道，不依於器，特遁於空虛而已矣。故衡陽王子有「道不離器」之說，曰：「無其器則無其道，無弓矢則無射之道，無車馬則無御之道，洪荒無揖讓之道，唐、虞無弔伐之道，漢、唐無今日之道，則今日無他年之道者多矣。」又曰：「道之可有而且無者多矣，故無其器則無其道。誠然之言也。」信如此言，則道必依於器而後有實用，果非空漠無物之中有所謂道矣。今天下亦一器也，所以馭是器之道安在耶？……故變法者，器既變矣，道之且無者不能終無。（《全集》，頁160～161）

近藤邦康因而也認爲：「天下即一大『器』。『器』變則『道』不可能不變。所以，離開了變革現在的中國、以安定民生這樣的現實運動就沒有抽象的『聖人之道』。此種虛幻之物於人於世都無用，是得之無益、失之無害的惑世欺民的異端主張。變法圖治才是眞正捍衛「聖人之道」。不變法則日益貧困，『聖人之道』也將滅之。」〔註87〕正是由於這樣的轉向，譚氏的「變法論」即轉趨激烈。《興算學議・上歐陽中鵠書》譚氏說道：

> 平日於中外事雖稍稍究心，終不能得其要領。經此創鉅痛深，乃始屏棄一切，專精致思。當饋而忘食，既寢而累興，繞屋徬徨，未知所出。既憂性分中之民物，復念災患來於切膚。雖躁心久定，而幽

〔註85〕見近藤邦康：《救亡與傳統──五四思想形成之內在邏輯》，頁16。
〔註86〕同前註，頁17。
〔註87〕見近藤邦康：《救亡與傳統──五四思想形成之內在邏輯》，頁16。

懷轉結。詳考數十年之世變，而切究其事理，遠驗之故籍，近咨之
深識之士。不敢專己而非人，不敢諱短而疾長，不敢徇一孔之見而
封於舊說，不敢不舍己從人取於人以爲善。設身處境，機牙百出。
因有見於大化之所趨，風氣之所溺，非守文因舊所能挽回者。不恤
首發大難，畫此盡變西法之策。（《全集》頁 167～168）

在〈乙未代龍芝生侍郎奏請變通科舉先從歲科試起折〉也強調：「臣愚以爲無百
年不變之法，有一旦可行之事，語變法於今日，雖馳驟猶恐不及，而何可以少
遲？」（《全集》，頁 237）近藤邦康對譚氏轉趨激烈的變法思想有一深刻的論述：
「譚嗣同的道器論，則思索『道』與『器』的關係，闡明『聖人之道』的本來
意義，其目的是對以『聖人之道』爲借口反對洋務、變法的一切頑固派進行理
論批判。當時使譚嗣同忧目驚心的是日清戰爭的失敗及其所產生的危機感。他
所關心的並不是提出各種各樣打破危機的改革方案，而是從理論上揭破反對變
法運動、妨礙改革的頑固勢力的主張，以推動變法的進行。他認爲，這是目前
唯一有效的改革方案。此思想貫串於《仁學》之中。」〔註88〕譬如，《仁學‧十
八》譚氏就有如此的議論：「德之宜新也，世容知之，獨何以居今之世，猶有守
舊之鄙生，斷斷然曰不當變法，何哉？是將挾其薾敝惰怯之私，而窒天之生，
而尼地之運行，而蔽日月之光明，而亂四時之迭更。」（《全集》，頁 318）

　　似乎可以得出這樣的一條線索，從復古說和道器論轉而變法，正是譚氏
對變法思想已逐漸趨向激烈，「必變法始能復古，不恤首發大難，畫此盡變西
法之策。」復古只是一塊擋箭牌，最終的目的還在於「盡變西法」，譚氏因此
主張全變西法。

　　在譚氏主張全變西法的過程，其中變衣冠、服制便是一個開端。〈報貝元
徵〉即指出：「日本、暹羅之變法也，先變衣冠，所以神其鼓舞之妙用，而昭
其大信。一新士民觀聽，俾曉然共喻於法之決於一變，漸摩濡染，久久自將
合爲同心同德，以舍舊而新是圖，進變他法。始自易於聽從，樂於效用，民
志於以定，謗議於以平也，日本遂以勃興。……故夫變衣冠，亦洋務根本之
一端焉。」（《全集》頁 206）《仁學‧四十四》也說：「故中國士民之不欲變法，
良以繁重之習，漸漬於骨髓；不變其至切近之衣冠，終無由聳其聽聞，決其
志慮，而咸與新也。日本之強，則自變衣冠始，可謂知所先務矣。乃若中國，
尤有不可不亟變者，薙髮而垂髮辮是也。姑無論其出於北狄鄙俗之制，爲生

<hr />

〔註88〕同前註，頁 15～16。

人之大不便。」（《全集》，頁 362）畢竟這些變衣冠、服制、薙髮的觀點也只是停留在理論層次，譚氏在入值軍機之後，對「變衣冠服制」反而採取不贊同的態度，可見在當時的政治環境下，有其困難度。說詳下文。

　　大致而言，譚氏的政治思想即是藉由反對滿清君主統治中國的種種舉措失當，造成當時艱困的局勢，因而強調應盡變西法，以去除君主制的弊病。蕭公權即認為：「二千年之政治既為鄉愿之亡國政治，則圖存自救之方端在根本廢棄舊章，而別采西洋之制度。譚氏認定西洋之所長不僅在其物質文明，而其船堅炮利之成就，實有政治以為之基礎。此種見解，大致與郭嵩燾相合，而與張之洞、康有為異趣。在戊戌維新諸子中可謂獨具卓識。」〔註89〕

六、倫理思想

（一）死節說

　　「死節」一事，大體而言，是在譚氏對「君權」正當性的批判後，所必須面對的倫理價值的選擇。譚氏在〈北遊訪學記〉中早就提出了「無死君」之說：

> 而今日君臣一倫，實黑暗否塞，無復人理。要皆秦始皇尊君卑臣，愚黔首之故智，後世帝王喜其利己，遂因循而加厲，行之千餘年，至宋末，不料有入而代之者，即以其法還制其人，且以倫常字樣制其身，並制其心。……王鐵珊之祖，死節者也，嘗與論死節之理曰：「君臣以義合者也，人合者也。君亦一民也，苟非事與有連，民之與民，無相為死之理，則敢為一大言以斷之曰：『止有死事的道理，斷無死君的道理。』死君者，是以宦官、宮妾自待也，所謂匹夫匹婦之諒也。況後世之君，皆以兵力強取之，非自然共戴者乎？又況有彼此種類之見，奴役天下者乎？（《全集》頁 462～463）

在《仁學·三十一》也有類似的議論：

> 民之俯首帖耳，恬然坐受其鼎鑊刀鋸，不以為怪，固已大可怪矣，而君之亡猶欲為之死節。故夫死節之說，未有如是之大悖者矣。君亦一民也，且較之尋常之民而更為末也。民之於民，無相為死之理；本之與末，更無相為死之理。然則古之死節者，乃皆不然乎？請為一大言所之曰：「止有死事的道理，決無死君的道理。」死君者，宦

────────────

〔註89〕見蕭公權：《中國政治思想史》（台北市：聯經出版事業公司，1982 年），頁764。

官宮妾之爲愛，匹夫匹婦之爲諒也。人之甘爲宦官官妾，而不免於
匹夫匹婦，又何誅焉？夫曰共舉之，猶得曰吾死吾所共舉，非死君
也；獨何以解於後世之君，皆以兵強馬大力征經營而奪取之，本非
自然共戴者乎！況又有滿、漢種類之見，奴役天下者乎！夫彼奴役
天下者，固甚樂民之爲其死節矣。（《全集》頁339～340）

《仁學‧三十二》譚氏更就「忠」字的意義加以駁斥「死節」的觀念：

古之所謂忠，中心之謂忠也。撫我則后，虐我則讎，應物平施，心
無偏袒，可謂中矣，亦可謂忠矣。君爲獨夫民賊，而猶以忠事之，
是輔桀也，是助紂也。其心中乎，不中乎？嗚呼，三代以下之忠臣，
其不爲輔桀助紂者幾希！況又爲之掊克聚斂，竭澤而漁，自命爲理
財，爲報國，如今之言節流者，至分爲國爲民爲二事乎？國與民已
分爲二，吾不知除民之外，國果何有？無惑乎君主視天下爲其囊橐
中之私產，而犬馬土芥乎天下之民也。民既擯斥於國外，又安得少
有愛國之忱。何也？於我無與也。繼自今，即微吾說，吾知其必無
死節者矣。（《全集》頁340～341）

譚氏如此激烈地批判君主而反對「死節說」，堀川哲男曾指出：「在某種意義
上說，譚嗣同稱得上是『傳統的破壞者』。所謂『傳統的破壞者』，係指當歷
史將要發生急劇變化的時期，常常被時勢要求登場的人物。譚嗣同對既成的
政治、經濟、社會制度以及風俗、道德等的批判，都是極爲激烈的。其中對
『君主制批判』顯得更加痛快淋漓。譚嗣同在現代中國，被看作是比康有爲、
梁啓超等更急進的思想家的理由之一，恐怕就是基於這一點。」〔註90〕是否
可以如堀川氏所認爲，這種激烈言辭只需視爲是一種批判意識，並不與譚氏
本人的君臣觀相矛盾？因爲，戊戌政變後譚氏赴死的言行，總不禁對此「死
節說」產生疑惑。這又該如何解釋？說詳後文。

（二）倫常與網羅

譚嗣同的「倫常觀」有一類似「夷夏觀」的轉變過程，但是這一轉變卻
和「夷夏觀」面對外在局勢的衝擊所致有極大不同。先觀察譚氏早先在《興
算學議‧上歐陽中鵠書》的說法：「昧者輒詆西人無倫常，無倫常則不相愛不
相育，彼吞此噬，人類滅久矣，安能至今日轉富強乎？夫倫常不自天降，不

〔註90〕見堀川哲男：〈譚嗣同的政治思想〉，頁50。

自地出，人人性分中所自有者也。使無倫常而猶有今日之富強，則聖人之設教爲由外鑠，我如駢拇枝指矣，而彼此有見爲異者，特風俗所囿節文之有詳略耳。」（《全集》頁 161）

〈報貝元徵〉又言：「使彼無倫常，則不相愛，不相育，彼吞此噬，攻鬭渙散，族類漸滅久矣。尚安能舉國一心，孜孜圖治，一旦遠出中國上，如今日乎？使無倫常而猶有今日，則倫常者初無關於治亂得喪，爲可有可無之贅旒，而吾聖人以倫常設教，反虛而多事矣。」（《全集》頁 199）又〈報貝元徵〉也似乎指貝元徵對西人「獨於倫常，竊竊然疑其偏絕。」譚氏認爲：「夫倫常者，天道之所以生生，人道之所以存存，上下四旁親疏遠邇之所以相維相繫，俾不至瓦解而土崩。無一息之或離，無一人之不然，其有節文之小異，或立法之相去甚遠，要皆不妨各因其風俗，使捷於知而便於行，未有一舉倫常而無之者。」（《全集》頁 197）貝元徵的態度其實並不難理解，若「倫常」做爲「道」甚至是「道體」的一部份，則循著「中西體用」的觀念而言，西人自然是無「倫常」可言。譚氏所反對的，也正是在此。譚氏因而舉一親身經驗爲例：「嗣同所識西人，有英醫士某，能孝其母，言及其母，則肫肫然有孺慕之色，三數日一寄書，言瑣屑事甚備，下至日所食之蔬果，無不奉告惟謹，又不時電問安否。」（《全集》頁 198）並由此觀察西方社會的倫常關係，指出：

> 至其俗左男而右女，自爲風氣所囿，亦猶中國燒拜香之陋俗，謂止可爲母燒之，父則當不起也。夫婦則自君至民，無置妾之例，又皆出於兩情相願，故伉儷篤重，無妬爭之患，其子孫亦遂無嫡庶相猜忌之患。朋友則崇尚風義，講信修睦，通財忘勢而相赴難。其學堂書院之規模，一堂師弟，恩誼分明，迥非中國書院之攘詬及近日師弟相待之薄。……中國之五倫，詳於文而略於法。彼不尚文，而其法能使家庭之間不即不離，就令不無流弊，而長短適足相抵，何至如中國前跋後疐，貌合神離，強過自然之天樂，盡失自主之權利，使古今賢聖君子於父子兄弟之間，動輒有難處之事。尊爲天子，德爲聖人，徒抱幽恨於無窮，而無術補不周之已缺，毋亦強密其文，而法未有以節宣之歟？（《全集》頁 198）

兩相比較之下，更可見西人的倫常更勝於中國。中國的五倫，其失即在於「文」，而此「文」恐怕也只是徒具形式的「名」而已。譚氏因而在《仁學·八》加以申述此意：「又況名者，由人創造，上以制其下，而不能不奉之，則

數千年來，三綱五倫之慘禍烈毒，由是酷焉矣。」（《全集》頁 299）《仁學・
十四》更指出了這一虛名：

> 分別親疏，則有禮之名。自禮明親疏，而親疏於是乎大亂。心所不
> 樂而強之，身所不便而縛之。縛則升降拜跪之文繁，強則至誠惻怛
> 之意泊。親者反緣此而疏，疏者亦可冒此而親。日糜其有用之精力，
> 有限之光陰，以從事無謂之虛禮。即彼自命爲守禮，亦豈不知其無
> 謂，特以習俗所尚，聊偽以將之云耳。故曰：「禮者，忠信之薄，而
> 亂之首也。」夫禮，依仁而著，仁則自然有禮，不待別爲標識而刻
> 繩之，亦猶倫常親疏，自然而有，不必假立等威而苛持之也。禮與
> 倫常皆原於仁，而其究也，可以至於大不仁，則泥於體魄之爲害大
> 矣哉。（《全集》頁 312）

可見中國講求倫常，即因太重親疏關係，而致有「名」的產生。因而譚氏不
免感嘆：「孔之時，君子之法度，既已甚密而且繁，所謂倫常禮義，一切束縛
箝制之名，既已浸漬於人人之心，而猝不可與革，既已爲據亂之世，孔無如
之何也。」（《仁學・二十八》，《全集》頁 334）

由此「倫常」之名所產生的束縛箝制，最難堪的莫過於「三綱之名」。《仁
學・三十》即批評道：

> 彼爲荀學者，必以倫常二字，誣爲孔教之精詣，不悟其爲據亂世之
> 法也。且即以據亂之世而論，言倫常而不臨之以天，已爲偏而不全，
> 其積重之弊，將不可計矣；況又妄益之以三綱，明創不平等之法，
> 軒輊鑿枘，以苦父天母地之人。無惑乎西人輒詆中國君權太重，父
> 權太重，而亟勸其稱天以挽救之，至目孔教爲偏畸不行之教也。由
> 是二千年來君臣一倫，尤爲黑暗否塞，無復人理，沿及今茲，方愈
> 劇矣。夫彼君主猶是耳目手足，非有兩頭四目，而智力出於人人也，
> 亦果何所恃以虐四萬萬之眾哉？則賴乎早有三綱五倫字樣，能制人
> 之身者，兼能制人之心，如莊所謂「竊鉤者誅，竊國者侯」，田成子
> 竊齊國，舉仁義禮智之法而並竊之也。（《全集》頁 337）

《仁學・三十七》又說：「君臣之禍亟，而父子、夫婦之倫遂各以名勢相制爲
當然矣。此皆三綱之名之爲害也。……中國動以倫常自矜異，而疾視外人；
而爲之君者，乃眞無復倫常，天下轉相習不知怪，獨何歟？」（《全集》頁348
～349）因而譚氏最終對「倫常」觀提出了如此的意見：「今中外皆侈談變法，

而五倫不變，則舉凡至理要道，悉無從起點，又況於三綱哉！」（《仁學‧三十八》，《全集》頁351）這也就是譚氏何以在《仁學‧自敘》首先就必須強調要「衝決倫常之網羅」（《全集》頁290）的主要目的了。

對於譚嗣同「倫常」觀念的前後不一，應可以如此理解：譚氏所批評的是中國的「倫常」，而非西人的「倫常」。西人的「倫常」因沒有「名」的束縛，反而是社會文明的安定力量，這點，譚嗣同是非常清楚的。因此，「衝決倫常之網羅」，其實是「衝決中國倫常之網羅」。

張灝曾指出，譚嗣同「像嚴復一樣攻擊傳統的君主制，將它描述為一種最黑暗的專制主義，壓抑人類的能力和感情。但和嚴復對傳統制度的攻擊範圍僅限於政治秩序不同，譚氏的抨擊還擴大到傳統中國的主要社會制度——家庭。這從他對傳統的道德和社會秩序的核心（儒家的三綱教義）的毫無保留的詰責中可以看得很清楚。人類全部關係中最神聖的是君臣、父子和夫妻。三者都是以一方絕對統治的權威原則為基礎的。譚嗣同認為，父子、夫妻這兩種家庭關係和君臣這種政治關係一樣，都是腐敗的和壓制性的。在譚嗣同看來，這三者構成了單一的乖張和壓迫的秩序，在它的下面，傳統的世界只能日就枯萎和墮落」。〔註91〕因此，譚氏藉由對西方倫常關係的觀察，進行對中國倫常的省思，而得到如何對治的方法，即是藉「朋友」平等之說以消解「名」的限制。這種觀點，無疑是中國倫理思想史上極特別的一頁。

七、經濟思想

譚氏經濟思想有一極大特色，乃與傳統觀點絕異的，即「黜儉崇奢」。〔註92〕

〔註91〕見《劍橋中國晚清史（下）》（北京市：中國社會科學出版社，1993 年），頁350～351。

〔註92〕譚嗣同的「黜儉崇奢」論極可能是從《申報》報首評論文章中所擷取的觀念而形成。《申報》在同治壬申四月初三日刊登過一篇〈奢儉論〉：「知崇儉能久，此特唯一身一家之計耳，非長民者因俗為治之道也。」（《申報》，頁49）此後，在同治壬申七月十八日署名萬里歸來客的〈一字治天下論〉與署名諾生的撰述者有一番筆戰。《申報》同治壬申八月十八日署名雲間杞人做〈崇儉說〉提到：「讀萬里歸來客與諾生崇儉之說，而有感焉。」（《申報》，頁969）而《申報》同治癸酉十月廿一日的〈奢儉論〉則強調奢的價值：「吾嘗謂儉雖美德，但之儉於待人，雖儉亦至多怨；奢雖敗基，若能奢於濟世，雖奢亦可為仁。又況天道惡盈，人心嫉客，可不戒哉？因作此論，以為世之知儉而不知奢者勸。其見雖偏，其理則至。」（《申報》，頁3977）此後，《申報》光緒丙子四月念九日有〈書《循環日報》崇儉黜華論後〉曾說：「故欲世人共安於儉樸，

《仁學・二十》首先批判「儉」的定義，認爲：

> 夫儉之與奢也，吾又不知果何所據而得其比較，差其等第，以定厥
> 名，曰某爲奢、某爲儉也。今使日用千金，俗所謂奢矣，然而有倍
> 蓰者焉，有什伯千萬者焉。奢至於極，莫如佛。金剛以爲地，摩尼
> 以爲坐，種種纓絡帝網，種種寶幢寶蓋，種種香花衣雲，種種飲食
> 勝味。以視世人，誰能奢者？則奢之名不得而定也。今使日用百錢，
> 俗所謂儉矣，然而流氓乞丐，有日用數錢者焉，有掘草根、屑樹皮、
> 苟食以待盡，而不名一錢者焉。儉至於極，莫如禽獸。穴土樓木以
> 爲居，而無宮室；毛羽蒙茸以爲煖，而無衣裳；恃爪牙以求食，而
> 無耕作販運之勞。以視世人，誰能儉者？則儉之名不得而定也。（《全
> 集》頁 321）

以譚氏所反對的「名」而論，奢與儉其實只是一名，既是相對，也就無從定
義何者爲儉，何者爲奢，「本無所謂奢儉，而妄生分別以爲之名」。譚氏據此
則批判了傳統的「黜奢崇儉」論：

> 且所謂崇儉，抑又矛盾之說也。衣布枲足矣，而遣使勸蠶桑胡爲者？
> 豈非導之奢乎？則蠶桑宜禁矣。通有無足矣，而開礦取金銀胡爲者？
> 豈非示之汰乎？則金銀宜禁矣。推此，雖日膠離朱之目，攦工倕之
> 指，猶患不給。凡開物成務，利用前民，勵材奬能，通商惠工，一
> 切制度文爲，經營區畫，皆當廢絕。（《全集》頁 322）

更有甚者，「崇儉」之說只是在上位者箝制生民大命的手段：

> 嗟乎！金玉貨幣與夫六府百產之饒，誠何足攖豪傑之心胸，然而歷
> 代聖君賢相貴之重之，何哉？以其爲生民之大命也。持籌握算，銖
> 積寸累，力過生民之大命而不使之流通。今日節一食，天下必有受

而不趨於奢華也。吁！果何日而始得見此古風哉？」又可見許多撰述者彼此
意見相執不下。（《申報》，頁 9865）到了《申報》光緒丁丑正月十六日有一篇
〈論治世不必偏重節儉〉，觀點則和《仁學》所述極爲接近：「故繁華之事，
皆衰多益寡，以有濟無之道也。行之何害？禁之何爲？方今所當最急之先務，
莫如荒廢之在地上者，盡開墾之；貨物之藏地下者，盡開采之；重工商之業，
來遠近之財，使各省皆能家給人足，倉充庫實。有百姓足，君孰與不足之慶
也。請以泰西著名各國觀之，彼仕商工賈之在中國者，何嘗皆尚節儉？……
於以知裕國足民之道，不在於斤斤講求崇尚節儉，蓋自有其道也。此道若得，
則上下皆富矣，何至有患貧之時哉？區區節儉，又何足道哉？」（《申報》，頁
11753）

其飢者；明日縮一衣，天下必有受其寒者。家累巨萬，無異窮人。
坐視羸瘠盈溝壑，餓殍蔽道路，一無所動於中，而獨室家子孫之爲
計。天下且翕然歸之曰：儉者美德也。是以奸猾桀黠之資，憑藉高
位，尊齒重望，陰行豪強兼并之術，以之欺世盜名焉。（《全集》頁
322）

如此堅持「崇儉」之說，對國計民生不僅無利，反而只會陷入極貧的困境：

愈儉則愈陋，民智不興，物產凋窳，所與皆寠人也，己亦不能更有
所取，且暗受其銷鑠。一傳而後，產析而薄，食指加繁，又將轉而
被他人之剝削併吞，與所加乎人者無或異也。轉輾相苦，轉輾相累，
馴至人人儉而人人貧。天下大勢，遂乃不可以支。〈葛屨〉、〈園桃〉
之刺，詩人有遠憂焉。蓋坐此寂寂然一鄉，而一縣，而一省，而逋
毒於四海，而二萬里之地，而四萬萬之人，而二十六萬種之物，遂
成爲至貧極窘之中國。不惟中國，彼非洲、澳洲及中亞之回族，美
洲之土番，印度、巫來由之雜色人，越南、緬甸、高麗、琉球之藩
邦，其敗亡之由，咸此而已矣。言靜者，惰歸之暮氣，鬼道也；言
儉者，齷齪之昏心禽道也。率天下而爲鬼爲禽，且猶美之曰「靜德
儉德」，夫果何取也？（《全集》頁 323）

譚氏因此極力反對「崇儉」之說，而主張「黜儉崇奢」。雖然譚氏了解此說必
然引起許多責難，他也了解崇奢所會帶來的問題。但是譚氏還是極力主張崇
奢，並認爲其利遠大於其害。《仁學・二十一》即說：

夫豈不知奢之爲害烈也，然害止於一身家，而利十百矣。……有礦
焉，建學興機器以開之，凡闢山、通道、濬川、鑿險咸視此。有田
焉，建學興機器以耕之，凡材木、水利、畜牧、蠶織咸視此。有工
焉，建學興機器以代之，凡攻金、攻木、造紙、造糠咸視此。大富
則爲大廠，中富附焉，或別爲分廠。富而能設機器廠，窮民賴以養，
物產賴以盈，錢幣賴以流通，己之富亦賴以擴充而愈厚。不惟無所
用儉也，亦無所用其施濟：第就天地自有之利，假吾力焉以發其覆，
遂至充溢溥遍而收博施濟眾之功。（《全集》頁 323～324）

譚氏甚至有此經濟學理論：「故理財者慎毋言節流也，開源而已。源日開而日
亨，流日節而日困。始之以因人，終必困乎己。」（《全集》頁 324）而如何能
開源？即是大量使用機器製造：

然則機器固不容緩矣。用貨之生齒，遠繁於昔，而出貨之疆土，無闢
於今。其差數無異百之於二也。假而有貨焉，百人爲之不足，用機器
則一人爲之有餘，是貨百饒於人也。一人百日爲之不足，用機器則一
人一日爲之有餘，是貨百饒於日也。日愈益省，貨愈益饒，民愈益富。
饒十則富十倍，饒百則富百倍。雖不識九九之人，不待布算之勞，可
定其比例矣。人特患不能多造貨物以廣民利耳。或造矣而力未逮，或
逮矣而時不給。今用機器，則舉無慮焉，其爲功於民何如哉！稱天之
德，不過曰造物而已，而曰奪民利，何耶？且所省之人工日工，又將
他有所興造，利源必推行日廣，豈有失業坐廢之虞。(《全集》頁324)

機器的使用不僅能倍增財貨，更重要的是「惜時」。《仁學》二十二即說：

機器之製與運也，豈有他哉？惜時而已。惜時與不惜時，其利害相
去，或百倍，或千倍，此又機器之不容緩者也。時積而成物，物積
而值必落，於是變去舊法，別創新物，以新而救積，童子入市，知
所決擇焉。而值自上，又有新者，值又上。人巧奮，地力盡，程度
謹於國，苦窳絕於市，游惰知所警，精良偏於用。西人售物於中國，
則以其脆敝者，云中國喜賤值也。喜賤值由於國貧，國貧由於不得
惜時之道，不得惜時之道由於無機器；然則機器興而物價貴，斯乃
治平之一效矣。(《全集》，頁326)

除了大興機器以增產富國富民之外，譚氏也指出通商的重要性，不僅貨物可
以暢運，金錢亦可以流通。《仁學》二十三更以「仁——通」之義來說明「通
商」的必要：

爲今之策，上焉者，獎工藝，惠商賈，速製造，蕃貨物，而尤拖重
於開礦。庶彼仁我，而我亦有以仁彼。能仁人，斯財均，而己亦不
困矣。次之，力即不足仁彼，而先求自仁，亦省彼之仁我。不甘受
人仁者，始能仁人。既省彼之仁我，即以舒彼仁我之力，而以舒之
者仁之矣。不然，日受人之仁，安坐不一報，游惰困窮，至於爲人
翦滅屠割，揆之上天報施之理，亦有宜然焉耳。夫仁者，通人我之
謂也；通商僅通之一端，其得失已較然明白若此。故莫仁於通，莫
不仁於不通。(《全集》，頁326)

此外，興建鐵路也是促進工商發展的重要條件。《仁學》四十四即以修「歐、
亞兩洲東西大鐵路」有二十利而詳盡論述，其利又不止於促進工商發展：

且夫弭將發之兵端，保五洲之太平，仁政也；拯垂亡之弱國，植極困之遺黎，義舉也；籠總匯之商務，收溢散之利源，智謀也；爭棋劫之先著，杜橫流之後患，勇功也。以言乎其實，則詳於二十；以言乎其名，則略舉有四。此蓋轟天絕地之勳德，夫何憚而久不爲也？英、法、德、意、奧、和、比、日、葡、瑞、挪、丹、日本皆以商爲國，即皆宜肩此責。而英之商務尤大，尤宜倡首。⋯⋯日本《國民雜誌》稱：由中部亞洲而出揚子江畔爲第一好路，不獨中國之利，天下亦將享受其便。英倫《泰晤士報》稱：俄路既通之後，當通第二條華路，中國一切商務，可由波斯、土耳其而達歐洲，與俄路平行。亦各粗著其端，惜乎未究厥旨。（《全集》，頁 360～361）

譚氏這時期正好參與籌劃興建湘粵鐵路之事，因而對興建鐵路的益處十分了解。在〈論湘粵鐵路之益〉一文中也說：「今日之世界，鐵路之世界也。有鐵路則存，無則亡；多鐵路則強，寡則弱。西人爲統計之學者，校稽環球各國鐵路之長短，列爲圖表，惟美國最長，惟中國最短，而各國安危盛衰之數，率以是爲差。問國富，亦輒舉鐵路以對，其效莫銖髮爽也。俄人注全力於亞洲，於是經營西伯利亞大鐵路，自森彼得羅堡以達海參崴，綿亙三萬餘里。美人將從而拓之，復由海參崴而東至於卑令海峽，渡海以達於美洲。」（《全集》頁 422）

綜觀譚嗣同《仁學》中的思想，如上所述，乃是有一個過渡期，即從甲午戰後與歐陽中鵠痛論時事，而產生積極變法的言論，形諸文字的有《興算學議》和〈報貝元徵〉兩書，並由此而逐漸建立了《仁學》的主要思想結構。這一思想演變過程，賈維曾經指出：「從譚氏思想學術演變的角度來看，對『西人格致之學』的微詞，促使譚嗣同傾心於《治心免病法》的『感應之理』；而對船山哲學的不滿足，又使他陶醉於『精微者極精微，誕謬者極誕謬』的佛學。正是在上述二者的交互影響下，譚嗣同的思想學術終於跨越船山哲學，進入其第四個發展階段。唐才常曾說：『後復生讀傅蘭雅所譯之《治心免病法》，復從楊文會游，究心佛法，遂以此二者而與《易》理融會，於是其學益臻恢宏，不執一於船山矣。』證之於譚嗣同思想演變過程，這一說法是符合實際的。」〔註93〕

〔註93〕見賈維：《譚嗣同與晚清士人交往研究》，頁 207。

第五章 金陵棄官與湖南新政的開展

　　譚嗣同自從北遊京師返回鄂署，隨即奉父命到浙江候補道任上，因後來浙江停止分發，而改補金陵，於是開始了寓居金陵、往來湘鄂，協助襄辦湖南新政事務的一段歷程。這段歷程直到戊戌北上奉詔入軍機章京行走才結束，過程中經歷了協辦湘粵鐵路、湖南小花石礦務、湘報主筆、時務學堂紳董、南學會議事會友以及合議保衛局等工作。可以說湖南新政，譚氏幾乎無役不與，極盡辛勞。本章將分別對譚氏參與過的新政，逐一說明他在其中所做的貢獻與提出的意見，以了解這段歷程，譚氏的思想如何落實於具體事務的施行。

一、往來於湖南湖北及江蘇等地

　　從丙申年六月廿九日，譚嗣同以候補知府分發江蘇，抵達南京，借寓盧妃巷劉公祠楊鴻度公館起，為期長達一年半的時間，譚氏不斷往來於湖南、湖北及江蘇等地，仍然積極地籌劃一些維新活動。然而他一到南京，「就有『六朝名勝地，乃而俗陋耶』之歎，內心頗感『孤寂無侶』。他說：『固知官場黑暗，而不意金陵為尤甚。……尤奇者，本地知名士，曾往拜之，以求學問中之益，而人聞其候補官也，輒屏之不見，並不答拜。』這與京、滬等地維新群體熱烈交往的情形適成鮮明對照。」〔註1〕從九月廿一日（1896年10月27日）譚氏〈上歐陽中鵠·十一〉信中，也可以看出他此時的心境：「嗣同踽踽獨遊，於家鄉事雖時時在懷，而道遠書遲，如在煙霧，幸賴訓誨常頒，得悉梗概。」（《全集》頁468）藉著和家鄉師友書信往來，譚氏因而得以略知家鄉

〔註1〕見賈維：《譚嗣同與晚清士人交往研究》，頁197。

所發生的事情：

> 算學事竟生意外之虞，礦事唐、劉又生疑貳，抑何事機之不順如此！
> 人材之難，自昔所慨，矧在今日天地晦盲否塞之秋，宜乎一有舉便
> 多阻滯，然而皆不足慮也。氣象將興，其初必有無數委曲艱難，將
> 成而復敗，大為世詬，引為鑑戒，而當事者乃得因其失而疾易其法，
> 衡度精審，用底於善。不如此，其善不善遂無由以知也。又凡人之
> 思振作也，其爭必多，苟非甚私甚貪，爭固無害，疑貳亦無害。久
> 之利明害出，是非判然，論將自定。諸事有函丈鎮撫彈壓，何患無
> 功？且見為弊者亦將轉而為功；就令終不一效，亦曰天也，非人也。
> 世事更無可為，似辦礦較有實濟，緣隨在可濟貧民也。綏丞書來，
> 亦萌退避意，昨移書勉之。(《全集》頁 468～469)

但譚氏始終放心不下湖南礦務之事，因而在九月下旬，偕吳雁舟從金陵返回
武漢。湖南礦務事，詳下文說明。譚氏回到湖北不久，熊希齡、王先謙、蔣
德鈞等士紳即積極商議興辦湖南內河行輪。此外，「湖南京卿龍湛霖、張百熙
等人，『皆屬書敦勸』湘人，當以『創興小輪為第一義』。當然熊希齡等人此
時提出湘省內河行輪，還不單是感受外洋刺激和與外商爭利，也包括與國內
他省爭利的因素。當時長江下游的蘇、揚、浙、淮、江西五處，都相繼辦起
了小火輪，而且江西的江泰號輪船還駛入了湘潭，拖帶萍煤至鄂，其『以鐵
路局為名，實則載貨載客，藉圖私利』，使得『湘中士民，駭然大嘩，以為小
輪不行，則我之利益，盡為人奪，一旦外人接踵而來，其禍不可勝言。然而，
要開辦湘省內河行輪，必需求得湖廣總督的批准，且通航及於鄂省，又須徵
得湖北巡撫的同意。籌議諸紳決定請湘撫陳寶箴出面主持，具體事情由熊希
齡及蔣德鈞二人操辦。其時湘省開辦行輪的風聲早已傳到湖北，不待熊希齡
等人代陳寶箴草擬咨文達於湖北函商，鄂撫譚繼洵先給陳寶箴發來一函，認
為湘省行輪不可，謂若此舉一開，一是給洋商造成借口，萬一將洋輪開到湘
江，後果不堪設想；二是使湘河中從事運載生計的民船因之失利；三是造成
湘省的釐金徵收隨之減色。陳寶箴收到譚的來函，一時無措，忙召熊希齡與
蔣德鈞商議。熊希齡細閱來函後，遂向陳寶箴詳陳了自己對這三個問題的解
決辦法。……熊希齡陳述完，陳寶箴深以為然，並托熊希齡寫信給譚繼洵，
加以詳細的解釋。熊希齡不僅說服了譚，還爭得他對湘省行輪的支持』」。〔註

〔註 2〕見周秋光：〈熊希齡與湖南維新運動〉，《近代史研究》1996 年第 2 期，頁 80

2）周秋光認爲熊希齡說服了譚繼洵的說法，不知根據爲何，抑或是周氏想當然爾的臆測？譚嗣同對此則有較客觀的論述，譚氏於丙申年十一月六日（1896年 12 月 10 日）〈上歐陽中鵠・十二〉信中提到：

> 湘輪事家嚴雖不以爲然，而自願不管，行否均任湘人，但香帥阻之甚堅耳。中俄新約已刊入第十一冊《時務報》，大約直隸、東三省以及黃海、山東海面及險要，乃不割之割，而中分中國矣。而任大仔肩者，尚欲拘文牽義，瞻前顧後，徒以防弊爲務者，不亦怪乎！香帥之文網漸密，私意更多，大率類此。（《全集》頁 469～470）

信中提及《時務報》刊載的〈中俄專約〉，於條約後有報館按語：「按中俄立約，西國各報，久已徧載，而中國則並未見明文，茲據《字林西報》譯出，以供眾覽。」〔註3〕此等大事，似乎清廷刻意隱瞞，而西方各國報紙已徧載，自然對俄國與清廷訂約內容大有意見。譚嗣同所擔憂的，應是各國恐怕起而傚尤，則瓜分之患立起。此時雖然譚繼洵對湘輪開辦與否仍持反對意見，只是不願再管，其實也不必管，因爲最終的決定權還需來自張之洞。而張之洞開始的瞻前顧後，才引起譚氏的不滿。熊希齡最後還是說服了張之洞，卻是在有條件的附加但書之後，才准允開辦。

　　湖南礦務事尚未了結，譚嗣同又趕赴南京爲吳樵積極籌辦報刊事宜。丙申年十一月，吳樵原打算在武漢創辦《民聽報》，以便濟上海《時務報》之不足。他在給汪康年的信裡，陳述了構想和籌辦情形：「思另闢一報館，與《時務》表裡。《時務》，士夫之報；此報，商賈之報也。凡《時務》所及者，皆不復，而又用英商字樣，有《時務報》所不能言者，此報能言之。此間與商者，王芑承、張伯純、譚復生、劉淞芙諸君。此諸君惟有小助力，不能得其全力也。」〔註4〕在另一封信裡又說到：「樵擬在此創一報，名曰《民聽報》，用美商招牌，其議論一切，面貌專不與滬、澳兩館相符，暗中聲氣必須相通。……三館以神合貌離爲主，若是則鼎足之勢成矣。」〔註5〕

　　「吳鐵樵創辦《民聽報》，得到了湘鄂維新人士的大力支持，齊心合力『志

～81。

〔註3〕見《時務報》第十一冊，沈雲龍主編：《近代中國史料叢刊三編第三十三輯・時務報・二》，頁 715。

〔註4〕見〈吳樵致汪康年・十二〉，《汪康年師友書札》（上海市：上海古籍出版社，1986～1989 年），頁 493。

〔註5〕同前註，頁 494。

在助成』。葉瀚爲之草擬了《民聽報》章程，張通典亦爲報事積極奔走。創辦報紙以籌款爲急務，據估計《民聽報》『約有八千元方可支柱』。譚嗣同分擔了在南京集資籌款、設計報式和爲報紙撰文等任務。返回南京後，譚即爲此大事張羅，但在籌款問題上卻遇到了極大困難。」〔註6〕譚嗣同在十一月六日（1896年12月10日）〈上歐陽中鵠・十二〉信中提到：「前言欲赴上海，緣辦報須購鉛子，旋以股份難招，竟作罷論，亦無他往之意。」（《全集》頁 470）其中所說「緣辦報須購鉛子」，可能就是指辦《民聽報》事。到了丁酉年一月十八日（1897年2月19日），譚氏〈致汪康年・三〉信裡對籌款一事，語多無奈：

> 嗣同前與伯純、鐵樵商量，於漢口設一《民聽報》，每日一張，但籌款大難。頃來金陵，四處多方誘惑，竟不能招一人，集一錢，或反從而笑之。六朝名勝地，乃爾俗陋耶！此事全仗鄂中籌款矣。嗣同謬擬一張報式寄上，希酌之。……居今之世，吾輩力量所能爲者，要無能過撰文登報之善矣。而遇鄉黨拘墟之士，輒謂報章體裁，古所無有，時時以文例繩之。嗣同辨不勝辨，因爲一〈報章總宇宙之文說〉以示人，在湘中諸捷給口辨之士，而竟無以難也。今檢以寄呈，可登諸貴報否？……劉淞芙同到此間共學，良不寂寞，渠二三月間必來上海奉謁也。渠又言〈瀏陽算學社章程〉一通，曾經寄上，不識收到否？此章程亦嗣同違眾硬做者。去年尚係私結之社，極有效驗；今年風氣愈開，竟動本縣公款，特設一書院，名算學館，千回百折，始做到如此地步。任事之人，如歐陽節吾師，可謂難矣，然居此時，能成一事，亦是大奇。湘鄉東山書院，亦援瀏陽之例而興，瀏陽可云爲天下先。擬撰〈瀏陽興算始末記〉一首，殆欲《民聽報》中見之。（《全集》頁 439～440）

丁酉年四月廿一日吳樵突然於武漢病逝，辦《民聽報》一事，遂因而耽擱。但譚嗣同不願就此放棄，仍積極聯絡汪康年和梁啓超，打算從《時務報》盈餘款項中，提撥金額辦報。丁酉年五月十九日，譚氏〈致汪康年・十〉記載：

> 〈吳鐵樵傳〉，甚囂塵上，登報恐人窺破密謀，請卓如改之乃可，然易傷文氣，不登報爲是。若與鐵樵之狀、志、哀輓等彙而別刻則可，因不似報之張揚也。《民聽報》事，前答卓如意主緩辦。今重思之，漢口他日爲鐵路之發端，且當展至廣東，則上海之生意皆將奪歸漢

〔註6〕見賈維：《譚嗣同與晚清士人交往研究》，頁229。

口，即時務報館亦幾有遷都之勢矣。擬請俟今年年底，報館出入賬目結清，如果贏餘甚多，可專提一款往漢口辦《民聽日報》。每年歸息，視同放債一般。其名當各辦各報，渺不相涉，即借款亦當密之，而其實乃貴報之分館，陰爲他日推廣生意之地也。爲貴報計，實無有工於此者，但當早物色辦報之人。積之能去則大佳，請商之卓如。

（伯純可任主筆，兼聯絡賓客。）（《全集》頁 503～504）

信中可注意一事，即「〈吳鐵樵傳〉，甚囂塵上，登報恐人窺破密謀」，究竟有何密謀？查譚氏〈吳鐵樵傳〉有一段文字：

嗣同……歸遇吳鐵樵於武昌。鐵樵乃復大言農學。洞庭之南，有新洲焉，鐵樵謀悉墾而闢之，以棲吾屬同志之士。梁啓超曰：「巴西亦美洲大國也，土滿而不治，召我中國之農農焉。苟羣而往，將以中國之農塞其國。」而朱琪聞之笑曰：「奚其遠適爲也？邇吾粵海，有茶山焉。不惟茶山，南洋之如茶山者，不可勝計，是皆可以巴西之也。」嗣同内計吾將奚適也？俄羅斯既訂約假道滿、蒙，凡農礦畜牧林藪虞衡之利，彼皆將專之，固無所措吾足。巴西、茶山，遠者數萬里，近亦萬里，非吾所得而農也。洞庭之濱，吾家在焉。鐵樵能農，吾其終依鐵樵，而鐵樵竟死。（《全集》頁 258）

其中的「鐵樵謀悉墾而闢之」，大概算得上「密謀」，其餘文字皆稀鬆平常。但是開墾新地算什麼「密謀」？實不可解！勉強臆度，可能譚氏和吳樵、梁啓超諸人曾密謀藉購買新地而行畫地自立之事，以自求保護，類似如譚氏在〈致汪康年・二〉信中所言：

傳聞英、俄領事在上海開捐「貢」、「監」，捐者可得保護，藉免華官妄辱冤殺，不識確實否？保護到如何地步？價值若干？有辦捐章程否？嗣同甚願自捐，兼爲勸捐，此可救人不少。湖北近有一大冤獄，因有人謀姦實缺官之妾，遂誣此實缺官爲會匪，派勇挈獲，而先刺瞎其目，斷其手若足，淫其妾，擄其財物，到案後復被以非刑，賄買劇盜使誣證之，職則革矣，命亦將盡矣，恐終不免於一殺。横天地，縱古今，豈有如此之不平事耶？嗣同求去湖北，如鳥獸之求出檻繫；求去中國，如敗舟之求出風濤；但有一隙可乘，無所不至。若英、俄之捐可恃，則我輩皆可免被人橫誣爲會匪而冤殺之矣。（《全集》頁 492～493）

但是否如此，因缺乏直接文獻證據可以證明，只能付之闕如。

丁酉六月，譚嗣同接到張伯純從武漢來信，信中提到張之洞與盛宣懷「銳意欲修漢口至長沙鐵路」，於是譚氏於十一日立即寫信給梁啓超和汪康年：

> 頃復有一大事，試與兩公商之。張伯純來信曰：張香帥與盛京卿銳意欲修漢口至長沙鐵路，伯純謂何不由長沙走郴州達廣東海口，開通一路，尤爲遠圖？廣東多富商，聞蘆漢鐵路不肯入股，即鄂湘鐵路亦未必肯入股，若漢粵鐵路，則股款千萬亦不難籌。西人估計粵漢鐵路不過二千萬可辦成，一年之後即可歸還本銀，本銀不爲多，而利厚如此，信不可不早圖之也。但此公司宜別立於蘆漢公司之外，得數千金賂朝貴，并煩一御史論奏，即可行矣（以上皆伯純語）。嗣同意謂何不繞道廣西？廣西既開通，西江又開通，龍州轉瞬即繁盛矣，不可視為冷淡之地也。若安軌經此，可陰奪英、法西江輪船、龍州鐵路之利，似無有便於此者。且尤有要者，近日廣東、廣西、湖南三省學派極相同，此亦天地間一大奇。若將三省一綫連串，以湖南、廣西為農礦之場，以廣東為商務馬頭，志同道合，復何為而不成？公度到滬，請切託之，試與張香帥、陳右帥商定，會銜具奏，即可招股開辦，不必俟蘆漢鐵路之成，并不必請一御史論奏也。盛京卿既與卓公有介然之知，卓公何不甘言誘之，令與香帥、右帥同奏，豈不更妙乎？廣東招股，卓公宜任之；廣西則請積之畫策；湖南籌款固難，而煤鐵甚便；若慮愚民梗阻，則嗣同能設法開導而彈壓之，敢具保結者也。似此大舉，時乎！時乎！機不可失，望熟籌之。（《全集》頁 516～517）

梁啓超對譚氏的見解頗爲贊同，他在〈致陳三立、熊希齡〉信中即表明：「今日救中國，下手工夫在通湘、粵爲一氣；欲通湘、粵爲一氣，在以湘之才，用粵之財，鐵路其第一義也。」〔註7〕「丁酉十月二十日，德國以山東巨野教案爲借口，出兵強佔了膠州灣。此後各國爭先恐後，競相強佔港灣，劃分勢力範圍，民族危機空前嚴重。二十八日，德使派人到鄂與張之洞商議修築鐵路，並詢問何處鐵路華商尚未議造，有窺探粵漢鐵路之意。張之洞於是緊急召見當時正在武漢的盛宣懷、譚嗣同，磋商對策，決定立即發動鄂、湘、粵三省紳商聯名奏請修築粵漢鐵路，先行呈報鐵路總公司立案。……丁酉十月底，譚嗣同由鄂啓程。十一月六日抵達長沙，即以『職道嗣同』的名義電告

〔註7〕見《梁啓超全集》，頁5911。

盛宣懷，暫『寓小東街相府蔣公館』。譚嗣同在長沙逗留的將近一個月時間內，與熊希齡、蔣德鈞朝夕相處，共同磋商湖南維新大計。他與熊、蔣共同起草了〈湘鄂粵三省紳商請開鐵路察〉和〈呈請設立湘粵鐵路公司呈文〉。」〔註8〕

皮錫瑞《師伏堂未刊日記》丁酉十一月初七日（1897 年 11 月 30 日）曾記載該日情形：「聞頌年歸，往見。頌年頗發牢騷。一略坐，即到右帥處。蕭希魯、譚樸吾、譚復生已先到。復生乃香帥遣來促辦鐵路、輪船者。席間右帥出示電報，德人已佔秦島，設關稅，以六事要中國：一、李秉衡永不敘用，二、恢復濟寧教堂上匾額，三、嚴辦兇手，並撫恤銀，四、以後中國永不得有此事，五、山東鐵路礦務歸彼承辦，六、議賠償。香帥恐德人更窺南邊鐵路，復生云：德人已向香帥開口，法人亦有由龍州開鐵路過湘到漢之議，故宜趕急自辦。倭有十輪到內江開行之說，小輪亦宜趕辦。今小輪初九借官輪先行，鐵路亦即掛牌開局，徐議章程籌款，請黃公度總辦。未終席，電報又至，復生即起身，到公度、少穆、秉三諸人處議，時事之急如此，豈吾輩宴飲時乎？而長信又做壽，二百萬修圓明園，宜為外人玩視，並非洲黑人不如也！」〔註9〕顯見辦路之事頗為急切。

原本粵漢鐵路並不打算經由湖南，但此議一出，湖南士紳立刻極力爭取。盛宣懷於光緒廿三年端午日〈上湘撫陳右帥書〉曾詢問過陳寶箴意見：「粵路原擬庾嶺而至廬峰，近有人條陳，若改走湖南，出產較多，練兵尤易，但未知民情地勢，難易如何。一屬棠治，一屬珂鄉，情勢必瞭如指掌，用敢先以密商。」〔註10〕陳寶箴的回覆，可以從光緒二十三年十二月，王文韶、張之洞、盛宣懷三人聯名的〈會奏議辦粵漢鐵路摺〉看出：「原議由粵至鄂擬繞道江西，道里較湖南為迂遠，而形勢、利益亦迥殊。臣等與湖南撫臣陳寶箴函電互商，該撫臣電稱：『國家創興大政，以立自強之基，蘆漢已行，鄂粵繼舉，江湘莫非王土，豈能有所阻撓？況湘人素懷忠義，近來士紳尤多通曉時務，不泥故見。』並據湖南在籍紳士翰林院庶吉士熊希齡、江蘇候補道蔣德鈞，來鄂與臣之洞、宣懷面商：如取道郴、永、衡、長，由武昌以達漢口，則路較直捷。湘中風氣剛健，他日練兵，可供徵調；礦產尤豐厚，地利亦可蔚興。

〔註 8〕見賈維：《譚嗣同與晚清士人交往研究》，頁 235。
〔註 9〕引自鄭逸梅、陳左高主編：《中國近代文學大系·書信日記集·二》（上海市：上海書店，1993 年），頁 416。
〔註10〕見《盛宣懷未刊信稿》（北京市：中華書局，1960 年），頁 11。

此粤漢鐵路之宜折而人湘者又一也。」〔註11〕

　　盛宣懷等人向朝廷表達粤漢鐵路取道湖南的益處，多出自湖南士紳意見，在鄂、湘、粤三省紳商〈請辦粤漢鐵路稟稿〉中有詳細說明：

> 初議由漢至粤，本擬繞道江西，然准其地望，如行於弧之上，較湖南爲迂遠。今廣西鐵路已在龍州發端，設有人欲求由此接展入湖南境內，直抵漢口，以拊我之背，則我所造江西至粤之鐵路，利權盡爲彼所分奪矣。況西貢較香港尤近西南，洋公司船之貨物，群趨便捷，必不肯捨近而泊遠，其理至明。如定計道出湖南，則廣西鐵路即成，亦只能爲我路之支路也。此鐵路之所宜道出湖南也。近者湘人講求時務，風氣漸新，電線之設毫無阻礙，又恐他人先我而辦鐵路，切膚之痛，患在腹心，皆願合群興辦，以通爲塞，絕其覬覦。尤可幸者，湘中礦產富饒，運道一通，銷場極暢。而由鄂、湘達粤中，無大河之隔，自郴州逾騎田嶺，復有前廣東布政使王藩司之春所修山路，甚爲平坦，因而用之，工程較省，比之蘆漢，利益更厚。從前議辦鐵路時，粤商自謂能多集股分，然皆願人南幹而不願人北幹者，以其重利所在也。茲有此舉，巨貲可籌，二省人士往返函商，意見均合，亟欲和眾豐財，克期並舉。擬呈請俯賜電奏，並咨明總署，先行立案。倘蒙俞允，再由紳等妥議勘路、招股、購地、用人，其一切辦法章程，另摺稟請察核興辦，以觀厥成。〔註12〕

譚嗣同後來在戊戌年三月初七日《湘報》第十九號發表的〈論湘粤鐵路之益〉，曾將這些意見加以彙整，並發揮己見。其中也指出：「今首築蘆漢鐵路，所以拱衛神京，縮轂諸夏，名『北幹路』。次築漢粤鐵路，所以長驅嶺嶠，吞納滄溟，名『南幹路』。而南幹路由漢達粤，取徑有二：一道江西，一道湖南，孰爲便利，議反覆不決。吾請爲借箸而前籌之曰：道江西，有不利者六；道湖南，則利鐵路者九，而利湖南者十。」（《全集》頁 422～423）

　　但比較弔詭的是，從上文盛宣懷致函陳寶箴以及陳寶箴的回覆內容來看，義寧自己是江西人，對原來粤漢鐵路取道江西的構想，不但沒有支持，反而傾向於湖南士紳。義寧這一作法是公是私，很難評斷。而根據義寧〈遵

〔註11〕 見汪叔子、張求會編：《陳寶箴集（中）》（北京市：中華書局，2003～2005年），頁 1210。
〔註12〕 同前註，頁 1206～1207。

旨興築粵漢鐵路湘境段告示〉所言：「爾等須知，現在興築鐵路，爲中國富強要務。火車在鐵路中，日行千餘里，不獨調兵運糧、救荒備販至便至速，爲所必需；即各處粗重土產貨物，俱可運至遠方，售得厚價。火車往來鐵路，節節停頓，必須裝卸貨物、換載人客，沿途商賈，因可開設行棧，貧民亦可挑抬客貨、販賣食物，藉便謀生。冷僻之區，頓成鎮市，地方立見繁盛。且湘粵蘆漢鐵路，係中國紳商設立公司承辦，僅止選擇外洋工匠修造，造成之後，各府州縣紳商士民，俱可入股分利，是此舉利國利民，而於經過地方尤有無窮大益。查由粵至漢口鐵路，應由湘境宜章、郴州、永興、安仁、茶陵、攸縣、醴陵、長沙、善化、湘陰、巴陵、臨湘等處地方接入湖北境地。爾等讀書明理紳耆，務當仰體朝廷爲民興利德意，一體贊助，以期速成而保利權。並開導鄉里居人：修造鐵路公司，只有時價買地畝，並不傷礙民間墳墓。或需購買糧食、蔬菜，僱用土石工人，皆當彼此公平交易，切勿抬價居奇及輾轉克減，致相爭競。庶幾利人即以利己，兩有裨益。倘有地棍造謠生事，煽惑鄉愚，及有把持阻撓情事，立由委員等會同地方官嚴拿重辦，決不姑寬。」〔註13〕話語中雖不免恩威並濟，但實在也都以利誘之。既然築鐵路對地方繁榮有無窮大益，義寧不積極爲江西同鄉爭取，難道不怕得罪江西百姓？義寧不如此，看似大公無私，但是仔細一想，此利益未必江西人就願領情。依盛宣懷等人的了解，粵漢鐵路取徑湖南，乃因湖南「士紳尤多通曉時務，不泥故見」，相對而言，是否即是說江西士紳百姓較不開明，若築鐵路則民間阻力必大過湖南？義寧若有此顧慮，而強爭取道江西，不是反而得罪鄉里？又可見義寧對湖南的告示，儘以利誘，也可想見當時築鐵路一事，對保守的鄉里百姓而言，仍然難以接受，不獨湖南如此，江西亦然。

　　譚嗣同寓居金陵期間，最常與上海《時務報》館聯繫。譚氏後來也列名報館董事，並且幫忙報館尋找可以登報的材料。如丙申年七月廿六日〈致汪康年・十八〉提到：「洋員克馳馬上兩江稟，頃從舊案中鈔出，亦可見機局礙臺之毛病；惟尚有整頓章程，已無從尋覓矣。此件可入文編否？抑散列報前，統希裁奪，惟千萬勿說是某寄來者，至要！至要！公事場中，動輒有關礙也。」（《全集》頁508）又八月十日〈致汪康年・十九〉也說：「金陵凡三學堂：曰水師，曰陸師，曰儲材。經嗣同費許久之力，皆覓得其章程，今以寄上，絕好之報料也。雖是刊本，卻甚難得。（中國習氣如此。）若暫不及登報，請珍

〔註13〕見《陳寶箴集（中）》，頁1205～1206。

重視之，嗣同亦再無第二本也。但勿說是某人所寄爲要。」(《全集》頁 509）

但候補官生活常令譚嗣同感到極爲無聊憂憤，譚氏因屢屢致書歐陽中鵠，大吐苦水。丙申年五月廿四日歐陽中鵠給譚嗣同的信，則安慰他說：「淞芙歸，詢悉近況。候補官無能爲，藉差事餬口，與就館無異，而嘔氣則尤甚於就館。此是天下同一印板，不獨一省爲然。且居今之世，即儼然得實缺，無能爲仍同候補。」〔註 14〕譚氏則在八月十八日〈上歐陽中鵠·十五〉的信中回應：「前奉五月廿四日賜書，并壽詩一卷，適値事冗，加之五中鬱弗，意興頹唐，雖欲上書，苦於無所可言而罷。縣中公事好到極處，久即知之，被斯遐福，何止萬家，捨身救人，必無慼焉。恭覽詩篇，而歎起化之有本也。惜嗣同乞食千里，未親叩賀，此爲歉耳。至於不知者之詆議，則終無不詆議之時，亦誠不足道矣。」(《全集》頁 471～472）一句「縣中公事好到極處」，又道出許多無奈。譚氏在〈報涂儒翯書〉甚至將候補官比做「流官」：

> 古者，政散民流時，則有流民，今不惟流民，又有流兵，又有流士，又有流官。所謂候補官者，流官、流士兼焉者也；甚則流民、流兵雜焉者也。朝廷不問其來去，疆吏或忘其姓名，循例參謁，不知何所爲而烏合俯首唯諾？不知何所爲而蛙鳴？已無與於民，民亦無所於賴，徒統名之曰：官爾官爾！又況今日有不謀而合之大宗旨，曰專以挫抑人才爲務。他省或得其三，此間必居其七。就令小有驅使，不過奉守程期，以掩飾無過爲稱職，以云有爲，此故難矣。(《全集》頁 273～274）

譚氏不願隨俗浮沉，又常想至上海幫忙報務，卻始終不得自由。丁酉年五月十四日譚氏在給汪康年的信中，表達這一苦衷：「嗣同實有至難之處，萬不能自由者：恐湖北知之，責其游蕩，此又斷乎瞞不住，因時有函電往來，無人作答，即露馬腳，一也。假期太多，恐本局總辦說話，而六月當送舍姪女往揚州出嫁，躭延多端，於公事上不好看，二也。尤有難者，□用不足，一動足即要拉債，三也。嗣同到此間，如仙人降謫，困辱泥塗，此類是也。」(〈致汪康年·九〉，《全集》頁 502）此時譚氏應是在被委以籌防局提調的任上，即便不願意，也推委不得。而日常開銷又大，「嗣同在此，用度一切亦全恃彥槐接濟也」(《全集》頁 470)。九月二十日（1896 年 10 月 26 日）在〈報唐才常書〉中，譚氏又流露出思念家鄉友人的心情：「夢寐常與足下及諸同志痛談不

〔註 14〕見《譚嗣同書簡》，頁 114。

可休，海內可與談人，時復遇之。七月朔到金陵，頗孤寂無俚。」（《全集》頁 248）最後終因得到協助盛宣懷辦礦的機會，暫時離開了南京。譚氏於十月廿三日（1897 年 11 月 17 日）〈上歐陽中鵠‧十六〉說到：「江南乞食，困乏無聊，不能不別圖生食之計，遂於廿一日暫一還鄂。」（《全集》頁 472）

二、湖南辦礦

湖南礦務逐步進入高峰期，應始於光緒二十二年丙申正月二十八日，陳寶箴上〈開辦湘省礦務疏〉。唐才常在〈上歐陽中鵠書‧四〉曾詳述了陳寶箴開辦礦務後，瀏陽開採銻礦的經過：

> 湖南礦產之富，可敵全歐，尤爲英、法覬覦。今中丞毅然開辦，未必不中所忌；而急以精心果力任之，爲中國富強之基，所謂「未到曉鐘猶是春」者，千載一時，須臾難緩，可喜亦復可懼。瀏東安的摩尼礦，歷經西人化驗，均云佳質，且用處甚多，爲五洲不可多得之礦。叩其價值，則未化之質，每噸約值洋銀四十元；已化之純安的摩尼，每噸約值三百餘元。似此絕大利源，得之吾瀏，眞是奇事！頃已與馬醫師尚德議定，售與英領事賈君，每噸在四十元內外。決計四、五月間回瀏舉辦。而湘渠來言，鄒沅帆先生云此礦暫勿與洋人議妥，伊局已委曾君昭吉專司化安的摩尼事，將來收買礦沙，自有公當價值。又復生七丈飛函告知常等，云此礦歐洲已挖盡，急在中國覓取。（傅蘭雅先生云云）英國製造局均托傅蘭雅先生於上海廣收此種未化者，每年可銷五千噸，已化者每年可銷千餘噸。七丈已與之面定辦法，命淞芙急往上海訂立合同，以爲信據。原函存湘渠處，夫子密函往取，可知其詳。才常以謂總局既有此舉，則定計與總局交易，實爲楚弓楚得；然漢口、上海兩處，銷路未可錯過，故且虛與委蛇，約於秋間帶礦議立合同。默計俟礦山衰旺若何，及總局能銷多少，再行定奪。總之，此礦奇貨可居，勢在必辦；惟此時暫宜十分秘密，恐風聲所播，山主抬價不肯就勒，而妬忮者又從而齮齕之。伏乞密令少谷先生速將該山買出；如不肯買，則妥速批定，俟才常與淞芙四月旋瀏，酌定章程，即行開辦。〔註15〕

〔註15〕見《唐才常集》（北京市：中華書局，1980 年），頁 231。安得（的）馬（摩）尼就是銻礦（Antimong）的音譯。

也因為唐才常這封長信的內容，讓歐陽中鵠對譚嗣同急切的做法感到不安。丙申年四月十八日歐陽中鵠給譚嗣同的信說到：「陳右帥……又提及礦務當須借重長才，不能私之一鄉一邑。……意似羅鄘人入省局者。……礦務則本係外行，擬竟置身事外。……安得馬尼一礦，香渠信到後，少穀丈即馳往東鄉批定。黼丞、淞芙到省晤沅颿、伯純，言右帥甚重此礦，意在五金上，必須官辦，後乃改官商合辦之局，防賤價售與外洋。從前談次，詫曰復生何緣與傅蘭雅私立合同？沅颿解之，意即釋。以詢莊觀督，云並未語，不知右帥何從得此消息？」〔註16〕可見義寧道聽塗說得來的消息，應非常氣憤。五月初九日歐陽中鵠再給譚嗣同致信，再次提起這件事：「安得馬尼礦已經少穀批定開挖，淞芙想當函陳，但恐相左。中丞獨重此礦，必欲歸官。後乃許官四商六合辦。初謂吾弟與傅蘭雅立合同，甚駭怪。後知為考校，意乃釋。」〔註17〕歐陽中鵠也試圖幫譚氏向義寧解釋，誤會才稍解。而瀏陽礦務也不如想像中順利，這可從丙申年五月廿四日歐陽中鵠致譚嗣同的信中，一窺其中消息：「縣中礦務無可辦，僅開北鄉曾家洞銅礦，礦師視之遂廢。煤則省局不辦白煤，專煉焦炭，產既不佳，間有運道又遠，利薄不能容局。其餘若安得摩尼五金之屬，茫乎未有間矣。礦務非鄘人所長，尤非所願。」〔註18〕

從光緒二十二年丙申正月二十八日，陳寶箴上〈開辦湘省礦務疏〉後，於三月十二日接回原摺，奉硃批：「所奏甚是。該撫其悉心妥辦，以觀厥成。欽此。」隨即頒布〈湖南礦務章程摘要〉，提出了官辦、官商合辦和官督商辦三種辦法。「由官督辦，不招商股者曰官辦；招商入股者曰官商合辦；由商請辦，官不入股者曰官督商辦。官辦、官商合辦者，由總局委員經理；官督商辦者，由商人自行經理，惟分別給收砂護照，或派員抽收砂稅、爐稅。」〔註19〕但實際上卻是「專主官辦，不招商股，紳商舊開者改以歸官，集貲請開者悉為封閉。有兩巨紳共集股七十萬，不許。盛杏蓀請以煤礦歸商辦，願先入股三十萬，又不受。唇焦舌敝，無可如何」。〔註20〕瀏陽銻礦的開採，似乎也設限在這框架中，無法施展。而湖南礦物最大的問題，還不僅在章程與實際施行上的矛盾，最大的問題，似乎是出在人事傾軋。陳寶箴的公子陳三立雖

〔註16〕 見《譚嗣同書簡》，頁108～109。
〔註17〕 同前註，頁123。
〔註18〕 同前註，頁113。
〔註19〕 見《陳寶箴集（上）》，頁97～98。
〔註20〕 見〈張通典致汪康年‧十一〉，《汪康年師友書札（二）》，頁1776。

不在礦務總局中任職，但「礦務一切爲其主持，而迂緩多疑，未做事先杜弊。（復生在湘時言及礦務辦理不善，應行改章，考功怒曰：『君必是爲伯純所惑，切勿信其謠言。』復生亦廢然而返。）與去年在鄂時議論明通相反，復生亦謂其判若兩人，尤不可解」。〔註 21〕受聘辦局的張通典，與陳三立相交二十年，不滿於以「杜弊」爲宗旨的辦礦方式，力爭宜商辦，卻被懷疑收受了商人賄賂。張通典因言而得咎，同局辦事的鄒代鈞也因此「不敢復言矣」。〔註 22〕

　　陳、張之爭尚未平息，譚嗣同也捲入了這場官辦商辦的紛爭之中。八月，正在南京的譚嗣同從劉善涵的來信中，得知湘中礦務盡歸官辦，並在九月二十日（10 月 26 日）〈報唐才常書〉中，憤慨指出：「安的馬尼礦事，八月曾接淞芙書，稱歸官辦，嗣同極不謂然。中國所以不可爲者，由上權太重，民權盡失。官權雖有所壓，卻能伸其脅民之權，昏暗殘酷，胥本於是，故一聞官字，即蹙額厭惡之。然所謂官辦者，如何辦法，足下淞芙皆未詳言，無從臆度，則亦不能徑斷其是非。」（《全集》頁 248）顯見陳寶箴頒布的〈湖南礦務章程摘要〉，譚嗣同並未知悉，但譚氏還是提出他自己對官辦或商辦的見解：

蓋官辦有數種法，權與利皆歸省局，不惟商民不准過問，即縣中應辦之一切有益公事，皆不得分其利，縣局出力承奉指揮，月酬以薪俸而已，此最不善之辦法也。嗣同極不謂然者，疑是此種。或權歸省局，而利與縣局分之；或售礦之權歸省局，辦礦之權歸縣局，而利兩分之；或權歸省局，利歸縣局；或售礦之權歸省局，辦礦之權與利歸縣局；或權利皆歸縣局；或准入商股，商股多寡及商股應得之利，或有限制，或無限制：凡此皆謂之官辦，其得失乃至倍蓰百十千萬。不知今欲用何種法，用其善者未始不善也。至若商辦亦不一法，茲不暇一二數，請以數語括之曰：歸商辦，亦須於本地應辦之公事有益，如學堂、團練、備荒、水利之屬，決不使一二家龍斷其利，此必然矣。總之或商或官，有種種辦法。嗣同更請括以二類：一收利於官，一散利於民。無論官商認定一途行去，皆有此二類道理，則於官辦、商辦皆無關繫輕重。緣商辦一有抑勒壓累，仍然收利於官，與官辦等；官辦苟使本地有他項利益，仍然散利於民，與商辦等也。今既歸官辦，嗣同之愚，以爲應專趨散利於民一類，其

〔註 21〕同前註，頁 1778。
〔註 22〕同前註，頁 1776。

道有六：一、所獲之利，除納稅外，舉歸本縣興辦一切有益公事。二、辦礦之權歸縣局。三、售礦之權可由省局發端，終須攬歸縣局，此可免出省局代運之費。且省局辦事者及官中人，日久不知更易何許人，與縣局能融洽否，欲袪將來之膠葛罣礙，不能不予縣局以自主之全權也，所謂權利皆歸縣局也。……四、准入商股，以聯商民而鼓勵礦務。五、商股應立限制，約居十之三，餘七或假官款，或另撥籌本縣公款，或出息借貸。六、商股應得之利應立限制，每年照本得二分或三分。（《全集》頁 248～249）

最後的辦法是義寧決定「官四商六合辦」，即「准入商股」的一種官督商辦形式。而商股限額大大超過譚氏所認可的範圍。譚氏復又於信中辨白曾與傅蘭雅立合同之事：

來書言「自家私與洋人交涉，而省局及縣局皆成贅疣」云云，此則不免過慮。今日正當使民徧與洋人交涉，庶可藉洋人以伸自主之權，而免壓制豪傑挺起，始得乘隙以有爲。況通商本非國家之所謂交涉，又何私之可言？贅疣之說，縣局則可云爾，省局不過爲全省礦務之總匯，存案牘、任保護而已。何可事事遙制？直不必代爲顧慮也。（《全集》頁 249）

究竟譚氏有否和傅蘭雅立合同？譚氏於信中並未直接說明，只用「交涉」字眼，而這一交涉過程，進展到何種程度，則不得而知。譚氏似乎也不想明說。

鄺兆江曾根據現藏美國加州大學柏克萊分校賓哥羅夫圖書館（Bancroft Library）的《傅蘭雅檔案》，指出：「甲午戰爭後，譚和同鄉友好唐才常、劉善涵力主發展瀏陽礦務，……瀏陽各礦中，他們特別看重銻礦（安的馬尼）。譚和傅蘭雅的談話，除涉及科學性、思想性的課題外，還提到瀏陽銻礦的開採和銷售。《傅檔》中傅蘭雅寫的一封信，是最好的說明：致艾力斯上尉（Captain G. W. Ellis），1896 年 4 月 25 日，由上海美國領事館轉交。敬愛的先生：『（前略）前幾天，一名來自一處銻礦產地的中國官員到訪，談論別的事情。話題偶然轉到湖南的礦藏上。這位先生對各礦的情況，都知道得很清楚。整座出產（銻）礦石的小山，屬於他的一個朋友所有。這朋友要他到上海時打聽市場的消息，看看若將礦石開採運來上海銷售，是否值得。他說不久以前，有外國人對礦石進行過化驗，並且願出價每噸 8 兩收購，在上海交貨。這個僅屬優質白煤的價錢被認爲偏低，很難歸本。你所提出普通質量礦石每噸 25 元

5 角的收購價，對他們來說，無疑是有利可圖的了。可惜的是，這位先生當晚便要離開上海，前往北京覲見皇帝。但他答應寫信給礦山主人，要他提由同意販運普通質量礦石前來的最低價。當收到他的答覆時，我們也許可以有點作為。』這封信沒有提到這名到訪官員的姓名，但從傅氏父子隨後寄發的信件，可知這名官員譚姓，當指譚嗣同無疑。譚跟傅見面後，曾將消息『飛函』告知唐才常、劉善涵，稱已與傅『面定辦法，命淞芙（劉）急往上海訂立合同，以為信據』。可是，一個月後，湖南方面依然沒有動靜，而傅蘭雅則仍然滯留上海，並且再給艾力斯上尉寫信（5 月 27 日），答覆有關瀏礦的查詢：『本月 22 日來信謹復如下：抱歉得很，有關這樁銻礦的事，仍然有待收到進一步消息。我已盡力和有關人士取得聯繫。但那位去了北京而快將回來的先生，是唯一可以推動這事和跟礦山主人交涉的人。我原定星期五那天啟程赴美（取道回國）。可是，由於身體不適，不能成行。但我必須隨下班郵輪出發。譚先生回來後，會直接跟我的兒子聯絡。我的兒子在這裡代理我的事務。一有消息，他便會給你寫信。目前我能夠做到的，就只有這樣而已。中國人就是這樣難以相與。』〔註23〕鄺氏的論述應該可以證明譚嗣同與傅蘭雅對銻礦的採購和銷售已到議價階段，絕非如歐陽中鵠向義寧緩頰的「考校」而已。

其實無論官辦商辦，譚嗣同最在意的還是利權能否溥及於民：

> 以一縣之公利辦一縣之公事，溥其利於一縣，是不啻勻攤其利於一縣之人，即不啻人人皆入股分，人人皆為有股分之商民。名為官辦，其實至大至公之商辦也。是故當知嗣同所謂商辦，專主散利於民，絕非龍斷於一二家之私辦可比。然而又當知主私辦者，未始非明於天下之大計也。西人於礦務、鐵路及諸製造，不問官民，止要我有山、有地、有錢，即可由我隨意開辦，官即予以自主之權，絕不來相禁阻。一人獲利，踵者紛出，率作興事，爭先恐後。不防民之貪，轉因而鼓舞其氣，使皆思出而任事，是以趨利若鷙禽猛獸之發，其民日富，其國勢亦勃興焉。此歐洲各國政府倚為奇策者也。夾乎各大國之間，欲與之爭富強，舍此無以求速效也。此殆淞芙之所志也。

（《全集》頁 249）

但如果皆放任人民自主私辦之權，其弊端則將導致貧富不均，此現象已出現

〔註23〕見鄺兆江：〈譚嗣同和傅蘭雅的一次會見〉，《近代史研究》1994 年第 6 期，頁 195～197。

在西方各國，這也是譚氏所擔心的：

> 其弊也，惟富有財者始能創事，富者日盈，往往埒於其國，甚乃過之；貧者惟倚富室，聊為生活，終無自致於大富之一術。其富而奸者，又復居積以待奇贏，相率把持行市，百貨能令頓空，無可購買；金鎊則能令陡漲至倍，其力量能令地球所有之國普受其損，而小民之隱受其害自不待言，於事理最為失平。於是工與商積為深讎，而均貧富之黨起矣，其執政深厭苦此黨而無如何，此黨亦日與執政為難。環地球各國之經濟家，朝夕皇皇然，孜孜然，講求處置此事之法，而卒莫得其要領。以目前而論，貧富萬無可均之理。不惟做不到，兼恐貧富均，無復大有力者，出而與外國爭商務，亦無復貧者肯效死力，國勢頓弱矣。然無論百年千年，地球教化極盛之時，終須到均貧富地步，始足為地球之一法。故嗣同於此礦不欲令一二家龍斷其利，亦不欲分入於官，而歸諸一縣之公事，亦隱寓均貧富意矣。（《全集》頁249～250）

譚氏「均貧富」的用意，似乎太過理想。「歸諸一縣之公事」是否就等於「入於官」？還是入於士紳？又不令一二家商人壟斷專利，則事情究竟歸誰專辦？又有誰肯出力專辦？[註24] 張通典其實深知〈湖南礦務章程摘要〉其中奧妙，因而特別指出：「近刻章程，亦有商辦一條，而曰股銀必繳入礦局，又派委員監之，令商人月出經費百金，於是諸商皆望風退避矣，此不禁之禁也。」[註25] 陳三立打算據此收回辦礦利權，讓諸商知難而退，事實上是希望間接阻止礦務的開發。「譚嗣同北遊訪學後，瀏陽礦務由歐陽中鵠主持，唐才常、劉善涵協助辦理。此時湘省礦務官辦政策愈演愈烈。新頒布的〈湖南礦務簡明章程〉規定：硝、安的摩尼（錦）、別斯末斯（鉍）、梟客爾（梟）等礦，均歸官獨辦；金、銀、銅、鉛等礦，所出礦砂由官局收買，『商民不得偷運私買』，一律官運官銷。瀏陽錦礦也無法避免『官辦』的命運，一些私人礦山被查封，此事在瀏陽維新人

[註24] 賈維認為：「譚嗣同關注的核心問題是『以一縣之公利辦一縣之公事』，以此推進維新變法活動。這一辦礦方案的最大特色，在於重視和發揮地方開明士紳的作用，他所主張的實際上是一種『紳辦』（縣局即以士紳為主）。譚嗣同的思想帶有某種理想色彩，它反映了當時瀏陽的特點，即存在一個相當活躍的維新人士和開明士紳的精英群體，併力圖成為地方維新活動的主導力量。」見氏著《譚嗣同與晚清士人交往研究》，頁225。賈維此說似乎推得過遠。依上文譚氏所言，用意只是在求均貧富問題上而已。

[註25] 見〈張通典致汪康年·十一〉，《汪康年師友書札（二）》，頁1776。

士中間引起了很大爭議。唐才常一度贊成官辦，認爲『硝礦銻礦概歸官辦，名正言順，不得議其操切』。劉善涵則主張商辦，反對官辦。兩人相持不下，劉氏因此而辭職，轉赴武昌入兩湖書院肄業。唐氏亦『欲引嫌退避』。到丁酉夏季，曾經興盛一時的瀏陽礦務呈現出一派蕭條景象。」〔註26〕

譚嗣同九月二十日〈報唐才常書〉信尾曾感慨：「嗣同深愧不能與諸君共事以成盛業，而緬想故鄉礦事不能去懷。」（《全集》頁251）九月廿一日（1896年10月27日）譚氏〈上歐陽中鵠・十一〉又說：「礦事唐、劉又生疑貳，抑何事機之不順如此！……世事更無可爲，似辦礦較有實濟，緣隨在可濟貧民也。綬丞書來，亦萌退避意，昨移書勉之。」（《全集》頁469）可以看出在陳三立阻止礦務的壓力下，瀏陽礦務幾乎陷入停頓狀態，礦山亦無人看管，致歐陽中鵠於十月廿四日的晚上，寄給譚嗣同信，末尾附載了一段礦夫私運銻礦的事情〔註27〕：「密查盤斗山銻礦質，上中兩等，業已私運淨盡。用蔑簍盛貯，每擔八十斤，用礦夫等於夜間潛挑出江西袁州府連界屬縣。局中不過失察，初無所損於我，所惜放言高論，自命雋才者，行事居心，竟至如此。……吾弟至漢時，到亨達利馬洋人等處一查，便知所爲底蘊矣。」〔註28〕言下之意，頗責怪劉淞芙批評其辦事不力。譚氏於十一月初六日（1896年12月10日）覆信歐陽中鵠，將查訪私運經過告知，也替劉善涵辯解：「安得馬尼曾經密訪，確未到漢，如繞江西，自必出九江徑赴上海矣。然折閱亦必甚矣。惟淞芙尙在兩湖書院肄業，訪查實未他往。……與論安得馬尼，亦深知自己從前見左，此刻毫無繫戀之意。許久不復與聞，則此次之私運，淞芙實不知情，自屬可信而無可疑。」（〈上歐陽中鵠・十二〉，《全集》頁470）

安得馬尼礦至此已無開辦機會，但由於之前盛宣懷與譚嗣同及三省士紳等倡議興建粵漢鐵路一事，正緊鑼密鼓地進行踏勘路線工作。而建鐵路所需鋼軌，又急需煤礦鑄煉鋼鐵，「局廠之求煤如求水火」〔註29〕，因此盛宣懷打算就近開採湖南煤礦，用小輪運送過江，至漢陽鐵政局廠冶煉。這個想法，即促成譚嗣同返湘協助盛宣懷辦礦的機會。

丁酉九月底，譚嗣同偕張通典由南京抵達上海。在此期間，透過梁啓超

〔註26〕見賈維：《譚嗣同與晚清士人交往研究》，頁221～224。

〔註27〕此信書寫日期，是根據陳光崇《譚嗣同書簡》考釋（續）考證所得，見《遼寧大學學報》1985年第6期，頁60。

〔註28〕見《譚嗣同書簡》，頁130～131。

〔註29〕見《盛宣懷未刊信稿》，頁39。

與盛宣懷的聯繫，確定由盛宣懷聘譚嗣同返湘辦礦。梁啓超在〈致陳三立、熊希齡〉的信中透露這一消息：「復生將歸湘，緣爲盛杏蓀聘請辦礦，可爲一喜。」〔註30〕回到湖北之後，譚嗣同於十月廿三日（1897 年 11 月 17 日）給正在瀏陽的歐陽中鵠一信，說：「江南乞食，困乏無聊，不能不別圖生食之計，遂於廿一日暫一還鄂。且將爲盛杏蓀太常赴湘與義寧公論說礦事，日內即行，惟恐匆匆不及還縣，故爲此書以叩起居。」（〈上歐陽中鵠・十六〉，《全集》頁 472）五天之後，盛宣懷分別去信給陳三立和黃遵憲，希望兩人能幫忙勸說義寧辦礦事宜。

盛氏於十月廿八日〈致陳伯嚴書〉說到：「鑄鐵日盼湘煤，而煤礦不用機器難得深處佳煤，欲用機器必須設法准令礦師勘度。小花石距湘潭咫尺，小輪一水可駛到，此間有礦師能華服略解華語，特屬譚復翁赴湘稟商帥座，可否准往一勘以定大局。將來果欲造路，亦須用洋匠。且小花石有定所，不必聽其亂走。乞趨庭時一言及之。餘由復生面述。」〔註31〕同日盛宣懷又有〈致署湖南臬台鹽法長寶道黃〉一信，內容和給陳三立的大致相同：「小花石聞有肯招投之說，各國媒窰本無官辦者，但集股必遣礦師勘估，方有把握，與蔣少穆兄面商，先派譚復生太守赴湘請示右帥與尊處。此礦能否大舉，總以礦師能否往勘爲斷。如礦師不能去則鐵路亦何能爲。湘中自強，遲速之機，似可於此卜之，餘屬復生面告，想卓如亦已略言矣。」〔註 32〕譚嗣同於是帶著盛宣懷辦礦的想法，回到長沙請示，並說服陳寶箴及黃遵憲。隔日，盛宣懷聽說陳寶箴同意「清溪官辦，小花石商辦」，因此於丁酉年十月廿九日〈上陳右銘中丞書〉，表達自己對小花石礦廠的勘辦意見：

> 鄙見小花石可集公司，先儘湘中官紳籌款集股（即公款即可併入一律取利），不足再令外省湊股，以便迅速開成大煤礦，惟必須先派一洋礦師到彼測勘數日，方有把握。湘潭一水可達，若由鄂廣派一熟悉中國情形之礦師改裝易服，坐小輪船至小花石，駐勘數日，鄂派一員，湘派一員，並知會湘潭縣暗中派人照料，不必大強旗鼓，似可無虞。湘中風氣已開，礦務尤於民間有益，公威惠並行，湘潭距省較近，宜無窒礙。總之，煤礦若不用眞正礦師開其始，斷難收

〔註30〕見《梁啓超全集》，頁 5911。
〔註31〕見《盛宣懷未刊信稿》，頁 45。
〔註32〕同前註，頁 45。

效。……敬帥之世兄譚復生太守，年壯才明，在公賞鑑之中，願任
小花石之役，特屬馳詣台端，面商一切。除咨呈外，伏乞俯賜妥籌
示復。如屬可行，或請復生兄折回鄂中，率同鑛師往勘，較爲妥協。
尊處如能請少穆觀察赴湘潭一行，必可妥貼。此事關繫至鉅，少穆
兄已心喻之。鐵路漢端甫經開工，明年當可趕辦，長沙至武昌能否
先舉行，公與香帥當籌之熟矣。然亦不能不用洋工程司。〔註33〕

譚嗣同到長沙後，反覆勸說陳寶箴改礦務官辦爲商辦，批准成立商辦礦務公
司，並允許洋礦師赴湘勘探。據唐才常所述：「復生數請於義寧，允商民招股
開礦，設廠製造，並准其專利若干年。義寧有猶豫意，復生曰：『湖南通商，
乃旦夕間事，苟不先謀乎此，則外人將盡得之矣。』義寧然之。後數日，復
生謁義寧，謂帑藏不給，煤、鐵、硝、礦，宜任商民自行開採；至金、銻之
類，則宜商采官收。義寧深韙其言。」〔註34〕在〈上陳右銘撫部書〉中，譚
嗣同不斷以設立商辦礦務公司相勸：「獨已開之礦，其設分局者，無慮十數處，
乃尚不名公司，則他人入室，必以公產視之而據爲己有，亦殊可慮也。以公
之綜核精密，具有條流，嗣同非敢議公之辦法，而特欲改易其名目，請概改
分局之名爲公司，辦法一切仍舊。惟須略附商股，以符公司之實。」（《全集》
頁 278）

　　十一月十三日，歐陽中鵠由瀏陽抵長沙，譚嗣同即與之商議礦事，決定
趁此機會開發瀏陽煤礦。據唐才常稱：「盛杏蓀接辦漢陽鐵廠，亟需焦炭，欲
於毗鄰之地開礦供之，以省運輸之費，乃命礦師外出探尋。渠聞吾湘產礦豐
衍，遂托復生回湘，與義寧籌畫。適瓣薑師至省垣，復生往謁謀之，擬憑杏
蓀之力，運進機器，物色礦師（杏蓀雖允遣礦師至湘，然恐於瀏礦不能專於
意而一於心），以期事半而功倍。二人談至深宵，孽畫周詳，咸以事之可成，
若操勝券。」〔註35〕同時決定由唐才常接辦瀏陽礦務，並請瀏紳劉善浤將煤
礦運至漢陽鐵政局，試驗是否合用。丁酉十二月上旬，譚嗣同與熊希齡、蔣
德鈞一起由湘抵鄂，與張之洞、盛宣懷面商湘粵鐵路事宜，並準備帶洋礦師
赴湘勘探。然而此時盛宣懷卻說洋礦師已外出勘探，尚無回音，要譚等候。
譚氏在武昌又等了幾天，於十二月十四日〈致盛宣懷‧二〉信裡詢問：「礦師

〔註33〕見《盛宣懷未刊信稿》，頁 47～48。
〔註34〕見唐才質：《戊戌聞見錄》，引自《譚嗣同研究資料匯編》，頁 271。
〔註35〕見唐才質：《戊戌聞見錄》，引自《譚嗣同研究資料匯編》，頁 269。

有回信否？念念！此間摺差，須二十日後方能啓行。瀏陽近得大煤礦，雖用土法開採，而辦事之人，尚極認眞，唐紱丞拔貢才常，即其一也。頃接唐信，已將該處之煤，運來二百二十石，欲交鐵政局試驗，是否合用，其信一併呈閱。煤船現在此間，其煤應交至何處何人領收，應有何等憑據方能照收，統希詳示。」（《全集》頁 540）盛宣懷立刻回信，並飭令煤船開往鐵廠卸載。隔日，譚氏再度致函盛宣懷：「劉湘藥名善浤，瀏陽附生，亦即此煤礦之股東也。煤如合用，盡可札委其專辦轉運。」（《全集》頁 540）但是第三天之後，譚氏再次和盛宣懷見面時，盛氏居然以「天寒水淺」爲理由，拒絕派礦師赴湘。到十二月十九日（1898 年 1 月 1 日）譚氏乃向唐才常表達對盛氏作法的不解和不滿：「煤船到，俟試驗兌價後，再上詳函達聽。嗣同與礦師已將同行矣，乃盛杏蓀忽然變卦，言天寒水淺，且到明年再議，嗣同亦遂決意捨去矣。悵悵無所之，止好到南京去過年，明春再作歸計。盛狡詐纖巧，不可捉摸類如此。」（〈致唐才常・一〉，《全集》頁 527）同日，譚氏也寫信給歐陽中鵠告知盛氏反悔一事：「到鄂後原定即旋湘，忽因礦師事，盛大理反復不決，嗣同亦決意捨去之。明後日即赴南京，且到明年再議。時事日棘，不識如何變證。」（〈上歐陽中鵠・十七〉，《全集》頁 472）唐才常後來也追記此事說：「迨復生赴鄂，將偕礦師速回湘，詎意杏蓀變卦，尼其行。復生憤然曰：『事垂成而公舉棋不定，嗣同庸劣，不能復爲公效驅馳矣！』復生每言及此事，常爲之扼腕。」〔註36〕

究竟爲什麼盛宣懷會「舉棋不定」、「反復不決」，又爲什麼盛氏要拒絕洋礦師赴湘？又是否因小花石煤礦不佳？

據酈榮光於丙申年十月上旬〈勘查湘礦稟帖〉所載：「所勘煤礦，如寧鄉、湘潭、清泉三屬，權衡高下，究以湘潭之小花石（在湘潭縣城之南一百五十里，沿江）爲上。一則濱臨大江，轉輪便捷；二則煤線現露，綿長約有十餘里；三則能煉焦炭；四則礦少，每百分未及一分——此其所以爲上也。然美中不足者，亦有三端。即如九月十七在小花石，將煤樣托湘潭轉運局化學房勻化，驗得每百分有灰十八分五厘、礦九厘；合八月十九日自行帶回小花石上層皮煤，經總局化學房傾化，驗得每百分有灰九分、礦一分；以兩處所化扯算，每百分有灰十四分、礦九厘左右。照開平煤成色論之，則小花石上皮煤統計仍算三等之上礦質。若再開採下去，但求其灰質拉扯得十分之內，便

〔註36〕同前註，頁 269。

是二等煤，可供湖北漢廠之用也。就西人勘礦之理測之，並參以管見，則小花石上層皮煤既在三等以上，其下層煤自可漸人佳境，應亦比上層者更高一籌矣。小花石煤線平鋪而生，恐將來或有煤氣。且又湘江逼近，江身在煤層之上，江水易於滲入。如開井深至百丈以外，苟工程不善辦理，地一浮鬆，必有縫裂，則江水因之乘隙沖蕩，勢必貽誤事機，於局實受其害矣。小花石煤質，已詳晰言之。唯其煤平，如欲考驗煤層厚薄及相隔深淺，似宜用鑽地探驗機器以試之，方知煤質之高下。然後可定井位，置機器，庶可斟酌開辦矣。」〔註37〕可知並非小花石煤礦不佳，但是開採也不容易，需費一番功夫。而這應不至於令盛氏反悔開採。

　　盛氏之所以變卦，「舉棋不定」，而是自從德國藉教案佔據膠澳後，盛氏一連致書數通，分別有〈致陳伯嚴書〉、〈上陳右銘中丞書〉、〈致蔣道台熊太史函〉、〈上張香帥書〉、〈致山東張中丞書〉等，〔註38〕對教案事及後來發展憂心不已。並直指教案事不了，恐影響粵漢鐵路事，盛氏甚至因心憂致病。臘月十四日盛氏〈致張香帥函〉說：「惟宣懷病後心思枯窘，……此時各國動兵，無論何國未必肯借。……粵漢借款自以美國為正宗，然亦必候各國兵船退後方能著議也。」〔註39〕臘月二十日〈致翁中堂函〉信中也指出：「至於鐵路鐵廠及身所肩之事，但須國步坦平，毫無掣肘，竭愚殫慮，不累知明。若勢變日乘，則成敗非所敢料。」〔註40〕教案事牽動頗大，甚至有威脅鐵路、鐵廠等可能。盛宣懷此時不欲有所作為，只能觀望，「舉棋不定」其實是有原因的。若鐵路事不成，則湘礦也可不必勘探。至於盛宣懷「反復不決」，恐怕是和派「洋礦師赴湘勘探」有關。盛宣懷於丙申六月中旬〈上陳寶箴書〉即提到：「土法開採，用力多而出貨少，未足以應鐵廠之需，惟機器必用洋人，又恐與湘民驟難融洽。」〔註41〕又前文曾屢次提及盛氏與陳義寧父子書信往來商詢時，總不忘提醒洋礦師在湘礦勘探中的重要性，但湘人能否准許洋礦師（洋人）入湘，若讓洋礦師入湘，又會否發生盛氏所極在意，才剛發生在

〔註37〕見《陳寶箴集（下）》，頁1711～1712。
〔註38〕分見《盛宣懷未刊信稿》，頁44、46、48、49、55。譚嗣同也了解「德兵艦窺奪山東之膠州灣，勢甚凶猛，兵釁已開，恐不易了。政府擬請俄國調停，然舍此亦不得言有他策也。」（〈上歐陽中鵠‧十六〉，《全集》頁472）卻沒想到盛宣懷對此事態發展，極為看重。
〔註39〕同前註，頁57。
〔註40〕見《盛宣懷未刊信稿》，頁59。
〔註41〕見《陳寶箴集（下）》，頁1710。

山東教案這類事情？盛宣懷其實也不太有把握，因而「反復不決」，也不是沒有道理的。只是盛氏並沒有將這些顧慮告訴其他人，甚至是譚嗣同。即便譚氏對其甚不諒解，盛氏似乎也只是默然以對。

三、《湘學報》與《湘報》

《湘學報》創刊於光緒二十三年三月二十一日（1897 年 4 月 22 日），起初名《湘學新報》，二十期起改名《湘學報》，用長沙校經書院名義發行。每10 日出版一次，木板印刷，每期約 30 頁，將近兩萬字。《湘學報》由學政江標擔任督辦，唐才常、陳為鎰任主編。江標任滿時，出到二十三期，曾彙編一冊，前有題名錄。徐仁鑄繼任學政後，《湘學報》照舊出版。由徐與黃遵憲擔任督辦。出到四十期時，又彙編為一本。題名錄上撰稿人由 10 人增加到 24人，其中有楊毓麟、易鼐、鄒代鈞等。《湘學報》實際上是一份以介紹新學、鼓吹變法為宗旨的綜合性刊物，新聞只是附帶的內容。《湘學報》的內容固定為六欄：史學、掌故（後改名時務）、輿地、算學、商學、交涉，每一欄都有專人負責撰述，系統地「講求中西有用諸學」和維新派的政治主張。每篇都先有概述，後列問答，大部分是問答體。此外也選刊一些有關變法的奏疏、文牘、章程、消息，並轉載其他維新派報刊的重要文章。為了減少社會阻力，《湘學報》「例言」中曾表明：「本報不列經學專門者，以近來經解諸書，汗牛充棟，家法師法，聚訟紛如，或主素王改制，立說以明孔教真派，似於時事有裨，然言之未免過激，故暫缺如」。《湘學報》每冊售價一百文，曾由陳寶箴、徐仁鑄分別以巡撫和學政的名義，命令各州縣的地方官與學官訂閱多份，分送各書院及各鄉，供士子閱讀，並向富紳推銷。張之洞也曾命令湖北各州縣訂閱一份至三份，但不久即停訂。《湘學報》還在上海、漢口、宜昌等地設立分銷處，與《時務報》在發行方面合作。〔註 42〕譚嗣同於三月二十四日告訴汪康年：「唐紱丞應江建霞之聘，辦《湘學報》，即當出報矣，可喜可喜！」（〈致汪康年書・六〉，《全集》頁 499）

到了五月初一日（1897 年 5 月 31 日）以後，譚氏在金陵收齊報費後，寄給唐才常的信裡，對湘人喜好《湘學報》的反應感到欣慰：

> 前售《湘學報》貲，交熊秉三帶上矣。聞湘中長沙一城，銷千數百

〔註42〕引自辛文思：〈《湘報》和《湘學報》〉，《新聞與傳播研究》1982 年第 3 期，頁164～170。

分；銷《時務報》又千餘分。盛矣！士之好學也。金陵銷《時務報》僅及二百分，蓋風氣之通塞，文化之啓閉，其差數亦如此矣。嗣同以各新聞紙爲絕精之測量儀器，可合測其國，兼可分測其人。國愈盛者，出報必愈多，美利堅是也。人至極闇陋，必不閱報，中國之守舊黨是也。合數國數人相較，以得其比例，若一之與二、三之與四，不難傳指數，而報之美惡亦因之。《湘學報》愈出愈奇，妙諦環生，辯才無礙，幾欲囊古今中外羣學而一之，同人交推爲中國第一等報，信不誣也。（〈與唐紱丞書〉，《全集》頁 262）

雖然江標早在《湘學報》〈例言〉已公開宣示不講素王改制等言論過激的變法主張，但是「唐才常等人利用這一新式媒體，大力宣傳維新變法，倡言民權，傳播啓蒙思想，打破了湖南前期新政在思想文化上的沉寂狀態，有力地推動了湖南的維新運動，也對全國維新運動產生了積極影響」。〔註43〕丁酉七月，因唐才常在《湘學報》多次稱引素王改制學說，引起張之洞的不滿，特別致電糾正江標：「素王改制乃近日公羊新說，倡於井研廖平，盛於南海康有爲，恐有流弊，以後宜勿陳此義。」〔註44〕江標復電表示：「《湘學報》本旨力求平實，此語由編纂者一時違誤，詞不達意，現已更正。」〔註45〕《湘學新報》也被迫刊登〈學報補正〉說明。譚嗣同在收到唐才常的來信後，即於九月初六日寫信給汪康年：「又湘信言，南皮強令湘學報館改正素王改制之說，自己認錯，而學使不敢不從，（南皮詞甚嚴厲，有揭參之意，何其苛虐湘人也！）湘人士頗爲忿怒。甚矣，達官之壓力，眞可惡也！」（〈致汪康年書・二十一〉，《全集》頁 512）

然而張之洞的彈壓，此時絲毫產生不了大作用，譚嗣同早在八月十八日（1897 年 9 月 14 日）便告訴歐陽中鵠說：「湘人風氣果開，自《湘學》出報，讀者咸仰湘才若在天上矣。瀏陽自必有日新之象。」（〈上歐陽中鵠・十五〉，《全集》頁 472）可見維新人士刻意藉此報開新風氣的意圖極其明顯。據《湘報》第八號〈學院奏牘〉記載，光緒廿三年十一月廿五日徐仁鑄接任湖南學政。不久之後，譚氏在上書徐學台時表明：「諸新政中，又推《湘學報》之權力爲最大。蓋方今急務在興民權，欲興民權在開民智。《湘學報》實鉅聲宏，既足以智其民矣，而立論處處注射民權，尤覺難能而可貴。主筆者爲同縣唐

〔註43〕見賈維：《譚嗣同與晚清士人交往研究》，頁 230～231。
〔註44〕見張之洞：〈學報補正〉，《湘學報》第十四冊。
〔註45〕見《湘學報》第十五冊。

緩丞拔貢才常，嗣同同學，刎頸交也。其品學才氣，一時無兩，使節抵湘，行自知之，要皆江學政主持風會之效也。」（〈與徐仁鑄書〉，《全集》頁 270）張灝也認爲《湘學報》「後來發展成爲宣傳維新運動和傳播新知識的主要的地區性工具」。〔註 46〕

丁酉年冬，譚嗣同自南京回到湖南，譚、唐等鑒於《湘學報》刊期較長，文字過於艱深，不能滿足日益高漲的維新運動的需要，決定再創辦一份比較通俗的日報，《湘報》便於 1898 年 3 月 7 日創刊。

《湘學報》純屬官辦性質，由學政出面負責。《湘報》則不同，起初是半官方性質，由譚嗣同等私人集資籌辦，巡撫按月津貼。同年八月，津貼停發，改爲商辦。報館有董事會，由蔣德鈞、王銘忠、梁啓超、李維格、譚嗣同、鄒代鈞、唐才常、熊希齡八人任董事，撰述則有戴德誠、梁啓超、樊錐、何來保、譚嗣同、唐才常六人，李維格負責西文翻譯。《湘報》還聘請「報友」十二人，相當於後來的特約撰述，其中有易鼐、畢永年等。〔註 47〕

〈湘報館章程〉第九條規定：「本報與學堂、學會聯爲一氣。」報館以一部分報紙，通過各州縣學會的會友張貼到窮鄉僻壤，〈南學會章程〉第十三條也規定：「本會聘請學長主講學質疑，每期講義及各會友札記函問之新藝新理，均隨時擇優付報館刊布。」這些規定體現了報館與學會、學堂的密切關係。在《湘報》上刊登的南學會的講義，前後達二十多篇，其中南學會的學長、湖南著名學者皮錫瑞十二篇，譚嗣同四篇，陳寶箴、黃遵憲各兩篇。《湘報》還經常刊登有關時務學堂、不纏足會、延年會、學戰會及各府、州、縣以至外省的學堂、學會的文章、消息、題名錄等等，尤其是不纏足會，曾連續多次刊登文章、題名錄以及政府關於纏足的禁令與各地紳士的呈文等等。由於《湘報》與南學會、時務學堂互相配合，湖南在戊戌年春夏之間，確實呈現一種生氣蓬勃的景象。〔註 48〕《湘報》第五十七號載張翼雲〈論湖南風氣尚未進於文明〉描述了此一盛況：「今南學會開矣，湘報館設矣，時務學堂尤大有規模矣，省垣及各府州縣書院亦漸講變通矣。製造則有公司，礦產亦將開採，舉積不能行之電線而行之弗阻，創屢不可通之輪船而通之弗違，鐵路已露機牙，方言特營館舍。保衛初議，稟請速行者紛如；興算求精，專門

〔註 46〕見《劍橋中國晚清史（下）》，頁 355。
〔註 47〕見《湘報》第四十八號。
〔註 48〕見辛文思：〈《湘報》和《湘學報》〉，頁 164～170。

為會者林立。推而至於一不纏足會，入其籍者，新聞紙日日題名。苟非風氣之大開，文明之成化，其雷動風馳，雲蒸霞蔚，能如是乎，能如是乎？」

　　光緒戊戌年三月初三日，《湘報》第十六號刊載〈南海康工部有為條陳膠事摺〉，並於題下附有譚嗣同所撰按語。譚在文中盛讚「其心為支那四萬萬人請命，其疏為國朝二百六十年所無」，稱呼康為南海先生，自儕於康門弟子之列。岳麓書院院長王先謙見報後，斥為「黨援推奉」。當時已入陳寶箴幕府的歐陽中鵠致函譚嗣同與唐才常，言陳三立亦不以譚此舉為然。據唐才質說：「復生七丈將南海先生〈條陳膠事摺〉登於報首，且在跋語中讚美南海，而於昏驕悍陋邪曲畏死者則貶之。聞伯嚴吏部閱而捐忿，疑為譬己，乃慫惥瓣薑先生責讓七丈與伯兄。」〔註49〕

　　為此，譚氏特別致函歐陽中鵠，語氣稍顯憤怒：

> 既不許罵，又不許美，世間何必有報館？第相率緘口為鄉愿足矣。
> 揆其命意，不過因南海先生傳孔門不傳之正學，闡五洲大同之公理，
> 三代以還一人，孔子之外無偶，逆知教派將宏，垂澤必遠，自揣學
> 不能勝而又不勝其忌妒之私，於是謗之訕之，妄冀阻其教力，及終
> 不能阻，則禁人之贊美，而斥之以為過，其用心何其艱深而迂苦也？
> 然向之所贊，不過只就其一疏而言，於其微言大義，一字不曾贊及，
> 既以為非，此後只好專贊其大處耳。猶有持不通之說者，謂嗣同等
> 非其門人，何為稱先生？不知一佛出世，曠劫難逢，既克見聖，豈
> 甘自棄，不以師禮事之，復以何禮事之？且普觀世間，誰能禁嗣同
> 等之不為其門人者，忌妒者又將奈之何哉！請轉語伯嚴吏部，遠毋
> 為梁星海所壓，近毋為鄒沅帆所惑，然後是非可出，忌妒之心亦自
> 化。即從此偶有異同，亦可彼此詳商，不致遽借師權以相壓。（〈上
> 歐陽中鵠‧二十二〉，《全集》頁475）

但似乎陳三立並未收手，反而一再前往歐陽中鵠處，指責譚嗣同等人的不是，因此，唐才常與譚嗣同兩人遂聯名於閏三月十日（1898年4月30日）再次致函其師，並表達心中不滿的情緒：

> 前奉賜函讀悉。仁人之言，委曲引喻，若忘嗣同等之狼嘷豕突，而
> 一以慈心視之，自不覺默然而俱化。當擬作復陳謝，又有深於自得
> 而忘言之妙。今試言此事之由來，乃不止一端，雖累牘不能盡，亦

<hr>

〔註49〕見唐才質：《戊戌聞見錄》，引自《譚嗣同研究資料匯編》，頁271。

自不欲言矣。言其近者，是日上午已有人來告某之醜詆，並謂先生之稱謂，爲嗣同等鑽營康名士，自儕於門人之列；又謂湖南不應有此，意在設法阻壓。及下午到尊處，見某在座，神色頗異，方欲與言，旋即避去，固疑所謂設法者，必於函丈處設法，而已進有言語矣。歸途內念，報中小引，不過就奏摺論奏摺，並未譽及其人品學問一字。惟「其疏爲二百六十年所無」一語說得太闊，然亦止就奏摺論奏摺，於其人品學問亦無與。且「長安布衣」、「煤山」等語，實在未經人道過，謂爲「二百六十年所無」，亦非過譽。康某果何罪於天下，乃不許人著一好語耶！至於末數語似是罵人，然實無意指定某人，不過詞章家詠嘆之習氣（詞章家遇被謗最多之人，照例爲之發牢騷），即梁星海之流，亦尚未想到，何況時常相見之人乎？乃彼則自出承當，謂爲詈彼，證以平日詆卓如、詆綬丞（及力阻不許聘康南海來湘），則其人亦太不測矣。而又往函丈處陳訴，豈欲出死力鈐束嗣同等而後快耶！（〈上歐陽中鵠・二十六〉，《全集》頁477～478）

戊戌三月八日，《湘報》刊登了易鼐〈中國宜以弱爲強說〉一文，頓時引起震動，陳寶箴、黃遵憲均認爲過於驚世駭俗。黃遵憲「談易鼐事，亦以爲駭俗，謂日本有漸進、頓進二黨，今即頓進，亦難求速效，不若用漸進法，報文勿太激烈」。陳寶箴反應更爲強烈，「義寧見睿無誦言通教合種，以爲害道」，指責其「過於偏激，驚世駭俗，非處士所宜言」，並「命瓣薑師致書報館以責之」。陳寶箴公開出面干預《湘報》言論，這還是第一次。據唐才常自述，接信後「予與復生憤甚，乃復書爲睿無道其丹府，使其免受構陷。書爲予主稿，而復生潤色之」。該信以〈復歐陽節吾舍人論報書〉爲題，刊登於三月十一日的《湘報》第廿三號上，它雖然承認「易君偏激之言誠不能爲之曲護」，但又爲之辯護說：「而其衷哀長鳴，冀我朝毅然變更，以力持於存亡呼吸之間，實有忠君愛國之忱而不容泯者。」並強調指出：「康工部之上此疏，易秀才之爲此說，寧不知斯言一出，必致物議嘩然不容於世，甚且有殺身之禍即在目前。而康、易不懼者，冀其盡言而死，雖死猶生也。則視之畏死不言，漠視君國而不言者，固有間矣。」言下不願屈服之意十分明顯。覆信最後說：「此事已往，以後當勸其和平可也。」但此事並未如譚、唐所意料的那樣輕易過去。〔註

<hr>

〔註50〕見賈維：《譚嗣同與晚清士人交往研究》，頁296～297。

50〕張之洞閱讀該報後，大為震怒，於閏三月二十一日致電陳寶箴、黃遵憲，稱：「《湘學報》中可議處，已時有之。至近日新出《湘報》，其偏尤甚。近見刊有易鼐議論一篇，直是十分悖謬，見者人人駭怒。」要求陳寶箴「此等文字，遠近煽播，必致匪人邪士，倡為亂階。且海內譁然，有識之士，必將起而指摘彈擊，極宜諭導阻止，設法更正」，並特別要求陳寶箴「切囑公度，隨時留心救正」。〔註 51〕同一日，張之洞還致電徐仁鑄，指責說：「去歲驌從過鄂時，鄙人力言《湘學報》多有不妥，恐於學術人心有妨。……乃近日由長沙寄來《湘學報》兩次，其中奇怪議論，較去年更甚。或推尊摩西，或主張民權，或以公法比《春秋》。鄙人愚陋，竊所未解，或係閣下未經寓目耶？此間士林，見者嘖有煩言，以後實不敢代為傳播矣。所有以前報資，已飭善後局發給，以後請飭即日截止，毋庸續寄，另將《湘學報》不妥之處，簽出寄呈察閱。學術既不敢苟同，士論亦不敢強拂。」〔註 52〕張之洞的幕僚梁鼎芬也致電黃遵憲，指責其「挾湘人以行康學」，警告黃「勿從邪說」。

　　在張之洞出面干預以後，陳寶箴迫於形勢，當即復電：「前覯易鼐所刻論，駭愕汗下！亟告秉三收回，復囑其著論救正，此外所刻亦常有矯激，迭經切實勸誡，近來始無大謬。……此後刪去報首議論，但采錄古今有關世道名言，效陳詩諷諫之旨。」〔註 53〕在此電文發出後，從第六十六號起，《湘報》再沒發表譚嗣同、唐才常等人的文章。報首的論說還是有的，但大多屬於枝節問題。《湘報》遭到打擊後，不像初期那樣鋒芒畢露了，但是變法的基本立場並未改變，還是繼續發表有關變法的論文和消息、文件，如刊登梁啓超的〈公車上書請變通科舉折〉和〈保國會演說〉，對於光緒駁斥御史潘慶瀾劾康有為，標題為「大王聖明」，對於光緒駁斥某御史奏請限制報紙言論，標題為「大哉王言」，都表示了鮮明的立場。《湘報》第一百十一號和一百十二號先後發表由熊希齡、黃膺、戴展誠等維新人士上呈的〈湘紳公懇撫院整頓通省書院稟稿〉和熊希齡的〈上陳中丞書〉二篇，激怒了葉德輝等人。兩文發表後三天，即 1898 年 7 月 19 日，《湘報》出到第一百一十五號，宣告暫時停刊。8 月 2 日復刊時，刊登〈本館告白〉說，陳寶箴從此停發每月二百兩的津貼，「茲已改訂章程，專歸商辦」。在張之洞的壓力下，《湘學報》也只得把《勸學篇》連續轉載。從第四十一冊起，

〔註 51〕　〈致長沙陳撫台黃臬台〉，《戊戌變法・二》，頁 609。
〔註 52〕　〈致長沙徐學台〉，《戊戌變法・二》，頁 610。
〔註 53〕　〈陳撫台來電〉，《戊戌變法・二》，頁 609。

題名錄即無唐才常的名字，撰述人僅存六人，內容也多爲以前的續稿，出到四十五冊爲止，比《湘報》的停刊還早兩個月。〔註54〕

四、時務學堂事

時務學堂的開辦，熊希齡可謂居功厥偉。開辦之初，過程極爲艱辛。熊氏在〈上陳中丞書〉中有一段詳細說明：

> 前年（1896）冬，王益吾師、張雨珊、蔣少穆與齡議立寶善成製造公司，本有請撥借公款三萬兩之稟，嗣因老伯批語有「公極則私存，義極則利存」二語，王益吾師、張雨珊大不滿意，以爲未辦事而先受申飭，復稟又改爲「少領公款」。嗣少穆嫌其跡近謀利，乃創爲「添設時務學堂」之議。適齡隨侍醴陵，少穆以函相告，齡復函謂「礦務局餘利不可恃，齡昨在省見督銷局李藝淵，勸其將所撥湘社倉之每年七千金爲學堂經費，何不於此中求之」等語。少穆得齡函，即與王益吾師、張雨珊商量，雨珊謂「不必撥此款，督銷局尚有未收之加價一項，可以設法」。……及齡於去年正月到省，諸公深恐此議一揚，則督銷局先爲之所，因議由齡與少穆赴鄂商辦輪船之便，順道金陵，具稟峴帥，懇求批准。議既定，少穆將稟稿擬就。臨行時，王益吾師、張雨珊且面囑不必用渠銜名，蓋恐峴帥批駁，有失體面也。所以少穆至金陵具稟時以齡領銜者，職是故耳。〔註55〕

其中關於籌款一事，因張祖同打聽到督銷局還有在甲午戰爭時未收的鹽釐，可以收取做爲經費。熊希齡因稟請陳寶箴，「擬請在此項加價二文內，每售鹽百斤，飭補繳銀二分，作爲時務學堂經費，仍於公款毫無所損，而以地方已出之數，爲地方作育人才，尤與另行籌捐不同」。〔註56〕陳寶箴也表示贊同。籌款事王先謙在〈與陳佩蘅〉信中也有記載：

> 開局之初，刊發關防，本以機器製造公司時務學堂爲名，欲令教授學徒，俾通製造。時先謙外尚有熊秉三、蔣少牧、張雨珊、陳程初一同受事，熊秉三始終未到，蔣少牧、陳程初到二三次，惟雨珊共事年餘。其先以商股難招，商之唐子明觀察，在部議東征籌餉鹽斤

〔註54〕引自辛文思：〈《湘報》和《湘學報》〉，頁184～186。
〔註55〕見熊希齡：〈上陳中丞書〉，《陳寶箴集（下）》，頁1765。
〔註56〕見《戊戌變法檔案史料》（北京市：中華書局，1958年），頁247。

加價二文鹽行餘釐項內，每百斤補收二分，歲可得數千金。稟已繕
就，適蔣少牧赴滬，自請帶往，不料與熊秉三改竄稟詞，專以時務
學堂爲言。劉忠誠批准之後，少牧杳無消息，飄然入都，熊秉三邀
梁啓超來湘開辦時務學堂，即用此款爲經費。迨先謙查詢得實，向
右帥理論，右帥總以皆係我事，必扶持到底，不令缺費，函胡排解。
先謙爲勢所壓，不便多言。厥後因學堂事與右帥迭相齟齬，右帥亦
不復注意製造，然尚委裕蓉坪接辦者，職此之故。惟先謙失所倚恃，
遂至無法支持。〔註57〕

和前文熊希齡的信兩相對照，經過情形雖有小別，但熊氏將整件事經過情形
詳述了前半段，王氏卻又添補了後半段。究竟熊氏改動稟詞的原因爲何？兩
人都並未說明。周秋光認爲，王先謙身爲寶善成製造公司總理，又是岳麓書
院山長，稟稿應由王先謙領銜，但他竟然愛惜羽毛，顧及臉面，不願爲公司
附設的學堂承擔責任，這使熊、蔣十分不快。熊希齡也由此產生了將學堂與
公司分離的想法，並得到陳寶箴的支持。於是熊希齡將稟稿詞意加以改動，
不再牽涉寶善成公司，「專以時務學堂爲言」。可是王先謙卻說熊「忽有別圖」，
說陳寶箴「不免偏向」，以致與熊希齡之間釀成過節。〔註58〕

　　丁酉年四月十五日，當熊希齡和蔣德鈞持稟文來勸說劉坤一時，譚嗣同
也第三次到上海，會晤由湘來滬的陳三立、蔣德鈞，商議湖南時務學堂有關
事宜。但籌款事並不順利。先是「因峴帥批中有『候查』之語，齡與少穆深
恐峴帥翻悔，故齡又於六月赴金陵面見峴帥，再三辯論，峴帥始允分一半爲
學堂經費。齡心猶未足，屢電少穆在京託張野秋前輩、馮星槎侍御，轉電峴
帥，照數全提，少穆代出電費，共四百餘字。張、馮允爲轉電，而峴帥堅持
一半之說，齡又電爭之，而不可得」。〔註59〕好不容易籌得半數鹽釐，沒想到
消息被易順鼎得知，想從其中扣留款項，爲此，熊希齡等商請譚嗣同協助，
譚氏即立刻致書龍紱瑞：「湘中紳友來函，言時務學堂經費，曾由熊秉三太史、
蔣少穆觀察面懇劉峴帥，允於湘岸鹽務中分款，每年七千金，而易實甫觀察
止撥五千金，峴帥將爲所搖，故特函商令速轉懇尊公大人致書峴帥，爭回此
款，以爲開辦學堂之用。嗣同念既係一省緊要之公事，非同尋常請託者比，

〔註57〕見王先謙：〈與陳佩蘅〉，《陳寶箴集（下）》，頁 1775。
〔註58〕見周秋光：〈熊希齡與湖南維新運動〉，《近代史研究》1996 年第 2 期，頁 89。
〔註59〕見熊希齡：〈上陳中丞書〉，《陳寶箴集（下）》，頁 1765。

應請轉稟尊公大人，略一援手何如？」（〈致龍紱瑞書‧三〉，《全集》頁 523
～524）懇請當時爲江蘇學政又兼刑部右侍郎的父親龍湛霖勸說劉坤一。五月
十七日（1897 年 6 月 16 日）譚氏在〈上歐陽中鵠‧十四〉寫到蔣氏等人已經
籌得經費，正草擬時務學堂辦法：「湖南紳士議創時務學堂，右帥既允助力，
又於兩淮鹽務中籌得鉅款，蔣少穆東來正爲此事，陳伯嚴旋亦來，嗣同均晤
之。議從方言、算學入手，暫招學生二三十人試辦，伏懇函託右帥及沅颿諸
君早爲瀏陽多占名額，並乞精選十五六歲聰穎而能通中文之子弟，以備送往
肄業，亦功德也。」（《全集》頁 471）

　　熊希齡和蔣德鈞回到長沙後，陳寶箴一面從省署提撥公款三千兩作開辦
費，一面又奏准從正款項下每年撥銀一萬二千兩，充時務學堂和武備學堂的常
年經費。這樣，時務學堂的開辦費用和常年經費即籌措完成。關於中外圖書儀
器設備，熊也已在上海購辦，正招人陸續帶回，而此人應該即是譚嗣同。據《譚
嗣同全集》中有許多封譚氏給汪康年的信中，提到譚氏在上海、南京各地蒐購
圖書文具和儀器。如丁酉年四月廿二日〈致汪康年‧七〉的長信即記載：

　　　今日返金陵，即往楊仁山先生處（穰公囑帶信件交訖），閱所存儀器，
　　　另紙詳錄，應用某件，祈速覆，因常有人來買也（此間西人所設之
　　　學堂，已買去不少，並稱其價廉）。前龍積之兄屬購儀器，嗣同應以
　　　嗣同湘人，於湘事不無私見，俟時務學堂擇購之餘，方能相讓。此
　　　單請酌定某宗應買，用筆圈出，餘乞轉交積之兄擇購，見示並乞致
　　　意，未另作函也（單中皆贅以鄙說，乞酌之）。機器木樣據稱無有，
　　　即在外國亦不易買（惟博物院中有之，亦不賣）。機器圖及各種格致
　　　之圖、各種貨物圖（兼有農學器具圖），約計不下千數百張，惟現在
　　　尚未清出，俟五六月渠之新屋造成，地方較寬，方能檢齊。嗣同念
　　　所費無多，已代訂全買之說，以免分賣與人。算學形體方圓尖斜等
　　　木塊樣式，可數百件，亦須五六月方能檢齊，嗣同亦允全買。以上
　　　二宗，所費不多，故能代決，如湖南不用，則請轉問積之要否（因
　　　二宗皆未取出，不肯言價，以愚意度之，當不過百數十元耳）。此外
　　　尚有甚精之小儀器數件，自己留用，堅不肯賣。嗣同商以託購於外
　　　洋，據云，現亦無熟人可託（不能用儀器者，即不能辨識也。擬俟
　　　楊將各圖檢齊後，看少若干，再行設法添購圖器）。尋常畫圖儀器，
　　　能有多分，然上海洋行家家有賣，每分至貴不過十數元，似不必於

此間買也。其餘應添買之件，似可商之鍾鶴笙、賈步偉諸人，應添購何件，即託上海洋行往外洋訂購。然以愚意計之，僅用以測天、測地而著之於圖，則所差亦自無幾，約須添購奪林儀（帶測向盤者價二三十元）、度時表（價必需三百金者方合用，測量家最不可少，且須兩具比較）、帶佛逆之寒暑表、水銀風雨表、空氣風雨表、測高空氣風雨表、燥濕表（以上均須兩具）、量風器、量雨器（每件精者數十元，或數元），測量家皆不可少者。嗣同於儀器亦頗考究，然不過知測天、測地、繪圖三種，楊所藏亦止此三種，若僅以測地繪圖，則所用不多（亦須測天，不過可少粗耳）。至於測天以及行海，則必須至精者。精者頗難辨識，嗣同亦不敢自信，惟知其價皆甚廉，較之買於外洋，可省十之三四不等（惟少舊，然無礙也）。如欲買，則須覓一精解儀器之人來此細看，兼令攜帶回湘，以便途中照料。否則函商沅帆（楊所有儀器，沅帆均見過，且用過），令其決擇亦可（收藏儀器，時常需人管理收拾，沅帆處當可得此等人也）。楊自製之天地球，要幾對？每對十數元（必應買）。天地球圖，嗣同昨帶交穰公一捲，可擇取。圖有廉者，上海買者除地圖外，尚有天文圖、地學圖、礦石圖、水學圖、火學圖、電學圖、化學圖、全體圖（醫院中頗多，皆極佳）、百鳥圖、百獸圖、百蟲圖、百魚圖、重學圖、植物圖等，皆華文。礦石圖嗣同亦要二分，乞穰公代買寄下爲叩。洋筆、洋墨等可多買，下但供學洋文之用，兼備畫圖也。嗣同自刻《測量日記》樣式寄上一紙（記得報館中尚存有一本，故得抽出，緣信太厚也），以備採擇。惜所撰〈測量會章程〉，於測量頗詳實，方取回又遺失矣。然有沅帆之專門名家在湘中，不患不得法也。（《全集》頁499～501）

又丁酉年五月十二日〈致汪康年·八〉也說：「前上二書：一言購儀器事；一言造天文臺事。……湖南儀器，月內必檢不齊，他日如何寄法，似應有人來取，我公當早與陳、蔣商之也。」（《全集》頁501）丁酉年五月十四日〈致汪康年·九〉則說：

頃楊葵園自鄂來，係沅帆令其來買儀器（即爲時務學堂買），出沅帆之單，與伯嚴兄圈出者大致相符，多測地經緯儀、測經緯小器、白金度紀限儀、圓□□玻璃借地平、大十字儀，凡五宗。而少水銀借

地平、大子午儀、測高酒準、大天文鏡、回光天文鏡、乾濕寒暑表，
凡六宗。嗣同令葵園將沅帆與嗣同前後兩單之器，一齊交帶湖北，
聽沅帆決擇。並作書與沅帆，詳商一切，好在即是葵園之物，有不
合式，仍交其退回，已與說明矣。嗣同正慮儀器難寄，寄到又難用，
間有沅帆亦不習者，擬同仁山先生逐件作一篇用法說，頭緒太多，
不勝繁苦。今喜沅帆自己在鄂兒收，又使葵園親手送去，兩下接頭，
千妥萬當，則用法說亦可不作。且沅帆專在鄂等候，亦來不及，葵
園十九即行，即影鐙片粘一紙條，書寫名目，亦趕辦不及，然葵園
當面與沅帆說知，亦可不必矣。葵園儀器之學極精，現在閒居覓事，
嗣同函商沅帆，即聘葵園同往湖南，作為學堂中管理儀器之人。此
人萬不可少，沅帆雖解儀器，亦不暇管理儀器，別處又難尋覓，何
不就便請葵園同去乎？他日亦可令其造天文臺，此亦千妥萬當之事
也。惟須伯嚴兄或少穆兄速作一信與沅帆，方能定計。至要至要！
刻不容緩（電致沅帆更好）。餘容續罄。明日銜參，百忙中作此，已
四鼓矣。（《全集》頁 502～503）

可見譚氏協助時務學堂添購設備，其實至為細心而辛勞，但他卻能竭盡心力，
毫無倦怠。學堂的經費和儀器次第完成後，最重要的工作還是在學堂教習的
聘任問題。

　　丁酉六月，黃遵憲被派任湖南長寶鹽法道，兼署湖南按察使。六月下旬，
黃離京南下。八月初，抵長沙就任。當時湖南時務學堂正在籌建，黃遵憲即
向陳寶箴力薦康有為，「請聘其主講時務學堂」。陳三立向乃父建議：「曾見新
會之文，其所論說，似勝於其師，不如捨康而聘梁。」當時任上海江南製造
局總辦的蔣德鈞（少穆）亦建議聘請梁啟超。蔣於八月間致書熊希齡等人，
稱「時報西文李（峰琴）主筆，中文梁卓如孝廉主筆，天下通儒也。我西教
習聘李，中教習遂聘梁，何如？雖程度過高，局面稍闊，必能開風氣，造人
才，有益於湘」。獲得陳寶箴的同意，其他諸人亦表贊成，聘梁之議遂定。〔註
60〕熊希齡在〈上陳中丞書〉也曾說到：「去年初立學堂，延聘梁卓如為教習，
發端於公度觀察，江建霞、鄒沅帆及齡與伯嚴皆贊成之，繼則張雨珊、王益
吾師亦稱美焉。」〔註 61〕但是當時梁啟超還是《時務報》主筆，此事必牽涉

〔註60〕見賈維：《譚嗣同與晚清士人交往研究》，頁 251。
〔註61〕見《陳寶箴集（下）》，頁 1763。

報館經理汪康年。爲此，熊希齡於 1897 年 8 月 23 日特意致函汪康年相商：

> 湘學堂中文教習無人，初各紳議只立分教而緩立總教。及公度到湘，
> 力言總教無逾於梁卓如者。齡等謂卓如乃報館大局所關，穰兄豈肯
> 輕放？公度云無妨也，卓如在報館作文每冊不過一篇，如來湘中，
> 當可按期寄文於報館，並無所損，而在湘則益受其益。齡等聞此言
> 無不大喜過望，咸云求之不可得也，遂決聘卓如矣。又恐香帥截留，
> 特將關書送呈卓如，乞兄勸駕。齡等非敢攘奪，實以湘中風氣初開，
> 各省皆無與比，亦出弟等意料之外，乘此機而入之，必有大獲之一
> 日。兄自謂辦報館非即以報終，迢別有深意也。然則湘其兄共事之
> 所乎！則卓如此來，兄當三思，而不致留難。弟等久知延請卓如將
> 爲天下之所側目，然欲辦成此志此局，又非大有氣魄之人不足以舉
> 重也。卓如到湘尚有無窮應辦之事，須待共商而共成之。〔註62〕

但《時務報》因梁氏妙筆而大賣，「辦理已到絕頂好處」，此時汪康年如何肯
放人？熊希齡苦苦等候多日，仍不見汪氏回音，只好懇請譚嗣同出面。丁酉
年九月六日譚氏在〈致汪康年‧二十一〉信中說到：

> 熊秉三來書，言湘中官紳決計聘請卓如、一琴兩君爲時務學堂總教
> 習，黃公度尤極力贊成。諸紳皆謂卓如雖在湘，仍可寄文稿至貴館，
> 而特慮公不肯兼放兩位俱去，因公懇嗣同親到上海哀籲，我公如更
> 不肯，將不恤與公迕而豪奪以去。嗣同竊計，遽用霸道，似乎使公
> 太難堪，今爲公計，不如自勸兩君往湘，則尚不失自主之權，而湘
> 人亦銘感公之大德矣。嗣同爲鄉人所迫，萬分無可如何；茲先與公
> 婉商，不遽作赴滬之舉，所以爲公地，使此事若出於公自己情願者，
> 可作一完全之人情也。公即不令卓如往湘，渠亦必往西湖，寧能終
> 絆之耶？一琴兄在館，公度久即不以爲然，謂屈抑其長才，僅得爲
> 繙譯也。公即不令一琴往湘，公度及與公度知好者，亦必別爲謀置
> 一地，又寧能終絆之耶？反復思之，終乞公勿強留之之爲愈也。一
> 琴兄前未及致信，望爲致意速駕。致卓如書乞轉交。嗣同非不時時
> 刻刻爲貴館計算，但事勢所迫，不得不如此，惟公當能諒我，必不
> 至使我往上海，又奔波一回也。翹首雲天高誼，感禱實深。案湘中

〔註62〕見〈請速催《湘報》館機器致汪康年函〉，《熊希齡集》（長沙市：湖南出版社，1996 年），頁 27。

> 時務學堂招考纔數日，已逾二千人，而後至者猶以未與考爲恨，此
> 其機亦誠不可失也。(《全集》頁 511～512)

譚氏很有技巧地在信尾暗示時務學堂報考情況熱烈，已有箭在弦上不得不發
之勢，聘梁啓超亦勢在必行，而婉轉勸說汪康年答應。汪氏似乎有回信譚氏，
但此信今已不可見，信中想必對譚氏轉述的「將不恤與公迕而豪奪以去」一
語，頗爲不滿。譚氏於是再於九月廿七日致函汪康年，語氣中也充滿無奈：

> 然此事始末，嗣同不忍辨，而又不敢不微辨者，實爲熊秉三所迫。
> 而熊書又未明言聘陳聘李之始末，第云公不放梁、李，令嗣同往上
> 海去蠻拉硬做耳。此信行即親攜呈覽，以見非嗣同之敢於生事。然
> 嗣同既不悉此中始末，遽信秉三一偏之言，以致身爲董事，全不知
> 爲報館計，無故移書備責我公，此則雖有萬口，不能爲嗣同曲解也。
> 終夜徬徨，又不知所以自贖之道，恰張伯純到此，因勸其往貴館辦
> 事，而可否備用之處，仍決之於公，庶幾爲公之助，而嗣同亦藉是
> 效其區區之愚也。日間即當偕伯純親到上海，在嗣同之意，則專爲
> 負荊請罪來也。惟公曲鑒之！然又有一語爲公進箴者，此後倘遇更
> 有如嗣同與諸湘人之無理取鬧者，願公毅然決然不允所請，如謂公
> 不放某人，即從此不放某人矣。(〈致汪康年・二十二〉,《全集》頁
> 512～513)

其實，汪康年與梁啓超之間，早在湘人欲聘梁任學堂教習之前，即因黃遵憲
欲舉董事以分汪康年之權而出現嫌隙，彼此終未能化解，梁啓超甚至說：「譚
復生及此間有許多人，謂外間紛傳《時務報》將盡逐浙人，而用粵人之說。
故弟與孺博、雲台等決意相率去之。雖不至以亂易整，故仍領館中文字，而
誓不在館中住，以避嫌疑。」﹝註 63﹞最後不等汪康年決定，梁啓超還是選擇
離開報館，前往時務學堂應聘。

　　梁啓超接受聘請後，堅持自己挑選分教習，從上海去湖南之前，就把分
教習聘定。梁氏在給陳三立及時務學堂總理熊希齡的信裡說：「本已定月之三
日啓行，惟穰兄勉留一琴數日，頃定初七日偕行，約十五前後必抵湘也。分

﹝註 63﹞　見梁啓超：〈致汪康年三十一〉,《汪康年師友書札》，頁 1855。有關汪、梁之
　　　　　間的矛盾衝突，可參見賈維：《譚嗣同與晚清士人交往研究》，頁 245～248；
　　　　　湯奇學：〈汪康年與梁啓超關係變化與《時務報》興衰〉,《安徽大學學報（哲
　　　　　學社會科學版）》2000 年第 24 卷第 5 期，頁 119～120。

教習必由自行聘定，乃易臂使。超所見廣雅書院、西湖書院，其分教與總教皆不相能，可爲殷鑒。故超初時欲在湘請分教，以便講授，頃深思之，似爲未可。已擬偕分教韓君孔廣名文舉、葉君湘南名覺邁同來矣。超之意，欲兼學堂、書院二者之長，兼學西文者爲內課，用學堂之法教之；專學中學不學西文者爲外課，用書院之法行之。既擬舉此一二年之日力心力專用於此間，則欲多成就些人材出來。教四五十人與教一二百人，其所用日力心力，相去不甚遠，故欲以多爲貴也。粗擬章程功課，到湘後當以請正。」〔註64〕在來湖南之前，梁氏也大致決定了時務學堂的教育宗旨。據狄葆賢回憶：「任公於丁酉冬月將往湖南任時務學堂，時與同仁等商進行之宗旨，一漸進法，二急進法，三以立憲爲本位，四以徹底改革、洞開民智，以種族革命爲本位。當時任公極力主張第二、第四兩種宗旨。其時南海聞任公之將往湘也，亦來滬商教育方針。南海沉吟數日，對於宗旨亦無異辭。所以同行之教員如韓樹園、葉湘南、歐榘甲皆一律本此宗旨。」〔註65〕

　　一切準備就緒，11月29日，時務學堂正式開學。陳寶箴委任熊希齡爲時務學堂總理，主持一切行政事務。另委紳董九人，即熊希齡、王先謙、蔣德鈞、李維翰、譚嗣同、黃自元、張祖同、陳海鵬、鄒代鈞，組成時務學堂董事會，參與學堂章程及各有關大事的討論與決定。教學諸務則由熊希齡全權委託中、西文總教習負責組織。〔註66〕抵湘後，梁啓超起草了〈湖南時務學堂學約〉，主張「以宗法孔子爲主義」，提出「今中學以經義掌故爲主，西學以憲法官制爲歸，遠法安定經義治事之規，近采西人政治學院之意」，在學生中大力灌輸維新變法、民權平等和素王改制思想。其主要教學方法爲課堂講授和討論，及批改學生札記。〔註67〕小野川秀美曾指出：「〈時務學堂學約〉是根據〈萬木草堂小學學記〉而來。〈學約〉的經世條云：『今中學以經義、掌故爲主，西學以憲法、官制爲歸。』此處所謂西學，已不再是洋務的技術性西學，而是西政的範疇。由於梁啓超任中文總教習，時務學堂的方向，不僅中學有變，西學亦不得不改變。加以中文分教習是依梁啓超之請而選任的

〔註64〕見《湘報》第一百十二號，〈附錄梁卓如啓超原函〉；又見《梁啓超全集・致陳三立、熊希齡》，頁5911。

〔註65〕見丁文江、趙豐田編：〈任公先生事略〉，《梁啓超年譜長編》（上海市：上海人民出版社，1983年），頁87～88。

〔註66〕見周秋光：〈熊希齡與湖南維新運動〉，《近代史研究》1996年第2期，頁91。

〔註67〕見賈維：《譚嗣同與晚清士人交往研究》，頁275。

韓文舉、葉覺邁，翌年（光緒二十四年，一八九八）一、二月，又加上歐榘甲、唐才常。韓文舉、葉覺邁、歐榘甲都是康有為的門生，唐才常亦為準門生，足見時務學堂全由康有為派所執掌。」〔註68〕因而梁氏批注札記，除「多述南海先生之學」外，亦「間有排滿及倡言革命之批語」。丁酉年底，學堂學生放假歸里，部分札記批語流入社會，頓時引起守舊人士的強烈不滿和非議。陳寶箴為避免觸怒王先謙、張祖同，一再叮囑熊希齡：「學堂必以中學為本，輔之以西學，西學有悖於中學者，必屏棄之。又素王改制及孔子紀年，亦不宜為學子誦。」〔註69〕

為了化解彼此的衝突和尷尬，丁酉十二月廿二日熊希齡曾就時務學堂事上書陳寶箴，謂：「時務學堂事細思之，無過於戴訓導者。……此外有公度、少穆、沅帆佈置學堂大局，戴只專管堂內條規，必能措置裕如。即或學生課程有不妥處，黃與戴可以規勸更定，婉為補救，操之太急即啓爭端，反貽笑柄，侄固深明老伯一片維持苦心、轉移深意。……但願老伯不動聲色，全其體面，有公度與卓如、宣翹三人商妥，未見有不能補救者也。」〔註70〕戊戌二月中旬，梁啓超因病離湘之後，時務學堂始聘唐才常與歐榘甲任教習。然而以王先謙、葉德輝為首的舊黨人士，仍一再出手攻擊學堂眾人，他們視梁啓超等教習為眼中釘，必欲取而代之，以便控制時務學堂。唐才質回憶譚嗣同與唐才常當時商議對策的情景：「復生七丈深夜訪伯兄，謂時務學堂宗旨迂謬，且王益吾、張雨珊以倡辦者自居，意欲操縱。秉三循義寧意，遇事多首鼠，故卓如勢孤，不能暢行其志，奈何！伯兄答以事不能緩，非改弦更張不可，七丈謂非伯兄任教習，殆不足有為。伯兄以茲事義不容辭，允之，七丈始有喜色。」〔註71〕

但是學堂學生的札記仍引起極大浮議，使得陳寶箴不得不下令調閱時務學堂札記。當時，即有流言說熊希齡及唐才長等人連夜將札記內容塗改刪削。譚嗣同事後曾予以辯解：

> 昨趨謁，有懷欲陳，適龍、沈諸君到，故默然而去。頃奉詳諭，謹悉。得此正好力為雪清此謗，惟學堂事則有傳聞不確者。姑無論功

〔註68〕見小野川秀美：《晚清政治思想研究》，頁206～207。
〔註69〕見賈維：《譚嗣同與晚清士人交往研究》，頁274。
〔註70〕見熊希齡：〈上陳中丞書〉，《陳寶箴集（下）》，頁1761～1762。
〔註71〕見《譚嗣同研究資料匯編》，頁268。

課中所言如何，至謂「分教皇遽無措，問計秉三，乃儘一夜之力統
加決擇，匿其極乖謬者，就正平之作臨時加批」云云等語。嗣同於
調閱記時雖未到省，然於秉三及分教諸君，深信其不致如此之膽小。
宗旨所在，亦無不可揭以示人者，何至皇遽至此？平日互相勸勉者，
全在「殺身滅族」四字，豈臨小小利害而變其初心乎？……秉三及
分教雖不勇猛，當不至此，此嗣同可代為抗辯者也。（〈上歐陽中鵠‧
二十一〉，《全集》頁 474）

唐才常在給歐陽中鵠的信中，同樣提及這件事：

昨讀賜七丈函，言及前日呈箚記一則，甚為駭異。外間攻學堂事，
三月即有所聞。或謂中丞已厭卓如，或謂日內將使祭酒公代秉三，
葉煥彬為總教習。種種譌言，皆云出自中峯。韓、歐、葉三君聞之，
即忿然欲去，經受業再三婉留，始安其位；然其憤懣之心，未嘗一
日釋也。至中丞調閱箚記，乃陳、楊二君自內學生收取，收齊後，
始彙交受業一閱。受業深恐三教習聞之，致滋不悅，且戒秉三勿與
三教習言，亦絕不料中丞已有疑心，果如外人所云也。來諭云：「分
教等皇遽無措，及儘一夜之力統加抉擇，匿其極乖謬而臨時加批」
等語。果誰見之，而誰聞之（其中塗改處，韓樹園極多，即卓如亦
常有之。豈受業能竭一夜之力通行塗改乎）？若中丞詰責奎垣，奎
垣何以不向秉三及受業說？而惟終日喫悶葫蘆耶？……夫為學宗
旨，各有不同，……二千年來有何定軌？受業於素王改制，講之有
年，初非附會康門。去年辦《湘學報》時，即極力昌明此恉，至六、
七月間，始與桂孫同往書肆購得《新學偽經考》閱之。今年三月，
始讀所謂《改制考》、《董氏學》兩書。其宗旨微有不合處，初不敢
苟同，……至其拜服南海五體投地，乃因歷次上書，言人所不能言，
足愧盡天下之尸居無氣而竊位欺君者，故不覺以當代一人推之。若
謂依附某學門牆，逐微名微利，則受業去年即與蔡劭安訂明達學堂
之約，又瞿子玖侍郎亦因張緝光函請受業入幕，並非無噉飯所者；
只以卓如勤懇付託，未忍背之。……義利公私之辨，天理人欲之微，
久聞師訓，自謂墻有把握，何敢以一日之微名微利，致負初心！若
夫地球全局，則非發明重民、惡戰、平等、平權之大義，斷斷不能
挽此浩劫！受業寧能殺身以成仁，不能曲學以阿世。……所懷萬端，

匪言能罄，懇並呈伯嚴先生，知受業非皇遽無措依草附木者。〔註72〕
儘管有譚、唐兩人的辯解，舊黨人士對學堂的攻擊仍不鬆手，並且於 1898 年 7
月 10 日向陳寶箴呈遞〈湘紳公呈〉，公開指責學堂諸人：「梁啓超及分教習廣東
韓、葉諸人，自命西學通人，實皆康門謬種，而譚嗣同、唐才常、樊錐、易鼎
輩，爲之乘風揚波，肆其簧鼓。……住堂年幼生徒，親承提命，朝夕濡染，受
害更不待言，是聚無數聰穎子弟，迫使斲其天性，效彼狂談，他日年長學成，
不復知忠孝節義爲何事，此湘人之不幸，抑非特湘人之不幸矣！」〔註73〕最後，
逼得熊希齡不得已，乃於《湘報》第 112 號刊登〈上陳中丞書〉，將聘請梁啓超
的來龍去脈與舊黨人士從中破壞的事情公開。熊希齡認爲：「近聞王、張、葉等
因學術不合，公稟請辭退學堂中文教習，雖不牽及於齡，然齡不以爲幸事。……
然齡所以不平者，請得而言之。梁卓如去年在湘，葉煥彬與之極洽，酒食往來，
齡所親睹。後又帶領石陶鈞、劉煥辰二人，率往謁見，並謂石陶鈞云：『梁先生
講《公羊》，你無妨從而學之。』何以卓如一去，遂變初心？此齡所不解也。……
推葉之心，不過乘鷸蚌相持之際，欲收漁翁之利耳。假托於維持風俗，其實大
謬不然。」〔註74〕熊希齡又說：「卓如初至之時，賓客盈門，款待優渥。學堂公
宴，王益吾師、張雨珊並謂『須特加熱鬧』，議於曾忠襄祠張宴唱戲，普請各紳
以陪之，其禮貌可謂周矣。何以今年冷暖若是？則因卓如今春抱病回滬時，未
及向各處辭行之恨也。使卓如久於湘中，必不有此變動矣。」〔註75〕熊氏認爲
舊黨人士度量狹小，意見不合者，則以爲敵：「王益吾師、張雨珊久住省垣，廣
通聲氣，凡同事者，無不仰其鼻息，供其指使，一有拂意，則必設法排去之而
後快。」〔註76〕但熊氏認爲舊黨之所以必欲致學堂於絕境，最大原因，還是出
於利益衝突：「雨珊復言『應將此七千金分出一半，在寶善成公司立一工藝學
堂』。齡復與少穆商酌，可選人赴上海製造局學習，少穆並願給川貨、薪水，以
此敷衍之，而不與深辯也。王、張種種設法，無非爲此七千金不歸私握之故。」
〔註77〕皮錫瑞於六月廿二日日記中也記載：「五月廿六日秉三與黃（膺）、戴（德
誠）稟中丞，言書院積弊、山長非人，意在沛公。廿七日秉三刊其上中丞書，

〔註72〕〈上歐陽中鵠書·九〉，《唐才常集》，頁 237～238。
〔註73〕見《戊戌變法·二》，頁 640。
〔註74〕見熊希齡：〈上陳中丞書〉，《陳寶箴集（下）》，頁 1767～1768。
〔註75〕同前註，頁 1763～1764。
〔註76〕同前註，頁 1767。
〔註77〕同前註，頁 1766。

自明心跡及王、張、葉三君之行爲。其餘我皆不知，而言梁卓如來，諸人傾服，自是實事，以後不知如何決裂。或因遷怒秉三，而其事起於書店之刊課文，授諸生以口實；或卓如去後，分教之才不及卓如，批改有未妥處。熊、黃毀板，以爲僞作，似未必是僞也。」〔註78〕

五、南學會

　　丁酉年十一月中旬，譚嗣同與梁啓超、熊希齡等在長沙發起成立南學會。皮錫瑞《師伏堂未刊日記》十一月廿一日記載：「譚復生等稟請開學會，黃公度即以爲議院，中丞已牌示，以孝廉堂爲公所，開化可謂勇矣。」〔註79〕南學會隨即於光緒二十四年二月初一日正式開會。隨後譚氏以議事會友的身分，參與了事務及章程的議定。〈南學會章程〉提出，該會「爲湘省開辦學會之起點」，「以本學會爲通省學會之總會」，其目的「在立一聯絡全體之學規，寓零於整，化渙爲萃，爲振興政學之權輿」，並規定「本會爲官紳公有之權」。〔註80〕南學會的含義，據梁啓超說：「湖南志士仁人作亡後之圖，思保湖南之獨立。……且將因此而推諸於南部各省，則他日雖遇分割，而南中國猶可以不亡，此會之所以名爲南學也。當時所辦各事，南學會實隱寓眾議院之規模。」〔註81〕

　　南學會成員分爲議事、講論、通信三種會友，會中實際事務由熊希齡負責，黃膺（鹿泉）、戴德誠（宣翹）任佐辦。南學會有一個重要職能是講學。學會規定，每月舉辦四次講演，分爲學術、政教、天文、輿地四門。其中皮錫瑞任學長並主講學術，由黃遵憲主講政教，譚嗣同主講天文，鄒代鈞主講輿地。譚嗣同先後在南學會發表了五次講演，題目分別爲〈論中國情形危急〉、〈論今日西學與中國古學〉、〈論學者不當驕人〉、〈論全體學〉和〈論治兵〉。譚氏在二月十七日的信中提及：「長沙開南學會，適逢其盛，抗顏而講，自省多慚，堅辭未獲，亦只得日作老生常談。」（〈致徐乃昌‧二〉，《全集》頁521）據唐才常回憶：「南學會每開講前數日，復生走訪公度、鹿門、沅帆，就所以宣講者切磋。鹿門、沅帆輒不懌，蓋持中和而畏以凌屬滋物議也。復生爭之益力。雖不盡納，然益稍徇其意。」〔註82〕

〔註78〕見《師伏堂未刊日記》，載自《湖南歷史資料》1959年第2期，頁134。
〔註79〕見《師伏堂未刊日記》，載自《湖南歷史資料》1958年第4期，頁77。
〔註80〕〈南學會總會章程二十八條〉，《湘報》第三十五號，頁139。
〔註81〕〈湖南廣東情形〉，《戊戌變法(一)》，頁301。
〔註82〕見《戊戌聞見錄》，引自《譚嗣同研究資料匯編》，頁270。

　　南學會開會的目的為何？從目前的文獻資料看來，似乎存在幾種說法。首先，譚氏在〈報涂儒翯書〉中曾說：「今之急務，端在學會。……上即不變法，而終不能禁下之不興學，鍥而不舍，金石為開。國存而學足以強種，國亡而學亦足以保教，有學斯有會，會大而天下之權力歸焉，復何為而不成乎？」（《全集》頁 274）又於丁酉五月初一日以後告訴唐才常說：「蓋學會之權力最大，可以保國、保教，勢焰所不能消爍，兵劫所不能摧殘。」（〈與唐紱丞書〉，《全集》頁 263）譚氏復於〈治事篇第十‧湘粵〉指出：「嗣同方以議修湘粵鐵路揭來湖湘間，會同志諸君子倡為南學會，益以締固湘粵之氣，而又得嘉應黃公度按察之碩學精誠，主持其事。雖茫茫禹甸，望遠生悲，但使鐵路及成，又申之以學會，則兩省瓜華之禍，吾知免矣。」（《全集》頁 445）看起來開學會的目的，即是為了保種、保教、保國。梁啟超在〈南學會敘〉裡似乎也有類似看法：「意與希不國也，時乃有保國會，保種會，卒克自立，光復舊物也。……兩歲以來，官與紳一氣，士與民一心，百廢具舉，異於他日，其可以強天下而保中國者，莫湘人若也。今諸君子既發大願，先合南部諸省而講之，庶幾官與官接，官與士接，士與民接，省與省接。為中國熱心之起點。而上下從茲其矩潔，學派從茲而溝通，而數千年之古國，或尚可以自立於天地也。」〔註83〕南中國數省得以「自立」，其實也是一種形式的「保國」。

　　開學會的另一種目的，即是將南學會辦成具有議會、國會的規模。這一種目的的說法較為熱門。譚嗣同於丁酉十二月〈上陳右銘撫部書〉時，就已經有此想法：「於不能決其不亡之中，而作一亡後之想，則一面練兵以救亡，仍當一面籌辦亡後之事。……善亡之策有二：曰國會，曰公司。國會者，羣其才力，以抗壓制也。湘省請立南學會，既蒙公優許矣，國會即於是植基，而議院亦且隱寓焉。」（《全集》頁 278）前述梁啟超在說明南學會含義時，也提到「南學會實隱寓眾議院之規模」。皮錫瑞認為南學會「其章程甚繁，以此為議院規模，利權盡歸於紳，即右帥去，他人來，亦不能更動。似此舉動，未免太怪。中國君主國，紳權太重，必致官與紳爭權。……學會議院諸人，必受其咎」。〔註84〕

　　需特別注意的是，皮氏這裡講的是「紳權」而非「民權」。小野川秀美即注意到這點不同：

　　　　在時務學堂設外課，改各書院官課、師課，均以開民智，伸民權為

〔註83〕見《梁啟超全集》，頁 139。
〔註84〕見《師伏堂未刊日記》，載《湖南歷史資料》1958 年第 4 期，頁 80。

主。至於南學會則爲開紳智、興紳權之據點。南學會此時尚未設立，但梁啓超於前往湖南就任後不久，似已討論到這問題。在其致陳寶箴的信中說：「十一月九日爲學堂假期，即思造膝請見，嗣以諸公會商學會事，又不克矣。」十一月二十一日，譚嗣同等稟請開學會之事，即爲此。梁啓超之向陳寶箴提出南學會構想，亦係與此呼應者。南學會以兼有學會與議會規模爲其最大特色。……南學會本身具有議會的規模，且爲培養議員的機關。此一構想實由西洋議會制度而來。在西洋，「議事與行事分而爲二。議事之人有定章之權，而無辦理之權。行事之人有辦理之權，而無定章之權」。西洋的立法與行政是分開的。使南學會爲立法之府，必可開紳智，梁啓超乃思以南學會爲湖南革新的據點。〔註85〕

事實上，譚嗣同在丁酉年五月十七日（1897年6月16日）致函歐陽中鵠時，即提到他所要爭取的，就是紳權：「嗣同嘗私計，即不能興民權，亦當畀紳耆議事之權。辦其地之事，而不令其人與謀，此何理也？夫苟有紳權，即不必有議院之名已有議院之實矣。是以合十八行省日日談變法，而所事尚不逮吾瀏陽，固存乎其人，亦由有紳權無紳權之故也。」（〈上歐陽中鵠・十四〉，《全集》頁471）對於譚氏看重紳權的原因，賈維這樣解釋：「譚嗣同所提倡的紳民之權，是對封建官權的批判和限制。……他主張擺正官紳之間的關係，賦予紳民議事之權，以平官吏之權。……譚嗣同認爲紳民的議事之權應擴大到各個方面，包括官吏本身的培養和選拔。他提出『歲時會衆紳士而面課之，而公評之，其及格而才行爲衆紳士所稱者，擢用之，否則置之。使衆紳士預聞選官之典，以符國會之本義。』譚氏相信，只要廣泛賦予紳民權利，使之積極參與新政，即使在守舊勢力不允許變法的條件下，也可以在官制、科舉、法律、制度各方面，達到『無變法之名而有變法之實』的效果。」〔註86〕紳權如果擴大到連「官吏本身的培養和選拔」都可參予，「使衆紳士預聞選官之典，以符國會之本義」，姑不論譚氏這裡「國會」的意義爲何，如此的紳權就不僅限於立法權，反而會像皮錫瑞所說的「必致官與紳爭權」。

如果就〈南學會總會章程〉第二十二條來看：「各會友於地方風俗利病、兵馬、錢糧、釐金、礦務、法律、刑獄等事，如有考察確鑿，有裨治理者，

〔註85〕見《晚清政治思想研究》，頁202～203。
〔註86〕見賈維：《譚嗣同與晚清士人交往研究》，頁270。

許達本會，轉咨課吏館長衡定，稟請撫憲核奪施行。」王爾敏據此認為：「南學會的性質既為半官方的，則其會員所享受的權利常多於義務。……最大者可建議改良地方庶政。」〔註87〕張朋園則僅認可：「南學會是一個多元的組織，既有『開紳智』的教育宗旨，亦有集思廣益的『參與』性質。」〔註 88〕而張灝至少認為那算是一種特權：「南學會雖然有大量會員，但更重要的是該會的組織方法和它打算活動的廣泛範圍。理論上它是一種個人自願聯合的組織，但因為政府參與了它的建立和活動，所以它具有半官方的性質。其重要標誌是它的會員享有政治特權。例如，如果覺得某些地方公共事務是正當和有用的，他們可以通過該會向巡撫和其他省內高級官員建議施行。」〔註 89〕如果南學會的功能只有「建議政務」的權利，那麼和擔任官員的幕賓有何不同？就譚嗣同等人的想法，絕非僅止於此，南學會所強調的紳權，應該有其更大的制定章程或增刪法律條規的權利。張灝也有相近的想法：「根據這些激進的青年維新人士的設想，南學會在促進省內改革方面所起的作用應比時務學堂更為重要。他們之所以重視南學會，是因為他們認為，總的說來，學會的重要職能就是教育和組織紳士。簡言之，南學會被看作是在湖南和其他南方省分增進紳權的一個必需的工具。後一目的現在在激進維新派的政治綱領中，佔據了主要位置。因為第一，紳權被看成逐步達到民眾參政和取得主權的必不可少的踏腳石。第二，鑒於紳士在中國社會中的領導作用，增進紳權也被視為使中國國家強盛的第一步。由於激進的維新派有這樣一種政治綱領，所以南學會必然在他們的議事日程上佔有最優先的地位。」〔註90〕

　　南學會開會的目的，還有一種說法。皮錫瑞認為：「南學會之設，實以夷患方棘，不能開釁，而當求所以抵拒，不先講明聖教，徒逞意氣，見彼致詈，恐踏山東膠島之轍，故學會以開民智，惟期發明吾道之大，稍除中外畛域之見，不明與爭，而暗與之拒。」〔註91〕陳寶箴在南學會首次演講中也指出：「今湘見遊歷洋人，則群起噪逐之，拋擲瓦石毆辱之，甚欲戕其人而火其居，不

〔註87〕見王爾敏：《晚清政治思想史論》（臺北市：臺灣商務印書館，1995 年），頁 106。
〔註88〕見張朋園：《湖南現代化的早期進展（1860～1916）》（長沙市：湖南嶽麓出版社，2002 年），頁 139。
〔註89〕見《劍橋中國晚清史（下）》，頁 359。
〔註90〕同前註，頁 359。
〔註91〕見《師伏堂未刊日記》，載《湖南歷史資料》1959 年第 1 期，頁 112。

思我政教不如彼，人材不如彼，富強不如彼，令行禁止不如彼，不能與彼爭勝於疆場之間，而欺一二旅人於堂室之內，變故既起，徒以上貽君父之憂，下爲地方之禍，不更可恥之甚哉！」〔註92〕皮錫瑞認爲切合現實，極表欽服。當南學會第四次開講，「秉三說時世，洋人不可與之開釁。中丞曲爲譬喻，囑湖南莫打洋人，學會之設，原爲此事，至今日始點題」。〔註93〕原先皮錫瑞一直以爲：「予以爲諸公意，蓋不在講學，實是議院，而不便明言，姑以講堂爲名，以我不多事，借此坐鎮。」〔註94〕如今才恍然大悟。爲學會講論話題定於開導紳民「莫打洋人」而萬分高興的皮錫瑞，第二天即撰擬講義，引用經子和中外史事，對熊、陳之意再作闡發，其講義首句就是：「上次大中丞、歐陽先生、熊太史以時世講論，謂洋人不可以開釁，今以孟子、朱子之言，更爲闡發。」〔註95〕陳寶箴又於光緒二十四年八月二十三日〈致張之洞〉再次強調：「查湖南伏莽甚多，去冬膠澳事起，訛言繁興，匪徒愈以毀教攻洋藉圖煽亂，士民亦多爲所惑。除示諭外，令士紳廣爲開導，諸人因議設學會，冀相講明。箴即於講堂宣講爲倡，嗣因拿周漢，復講一次，皆申明此義，具登二月朔、三月廿一《湘報》，可以覆按。」〔註96〕可見以「莫打洋人」而開紳民之智的目的，這一說法應該較來得切實。事實上，南學會的目的絕不在成爲議會，從《湘報》上幾則〈南學會答問〉上即可看出。如友會友建議「廢此學而改議院」時，報館主筆則回答：「今必欲改學會爲議院，必國家先立上下議院而後可。今可行乎？」〔註97〕又有答問說：「學會者，開民智也；議院者，民智已開之後之事也。界限不可不清也。」〔註98〕周秋光因而認爲：

> 在湖南維新派看來，如何防範洋人入湘，如何防止湘人「籠統排外」是比設立議院更爲緊迫和更爲現實的事情。否則湖南一旦蹈膠州灣之後，還談得上設立議院，還談得上自立自保？那麼應當如何下手呢？熊希齡等維新派認爲只有趕緊「開民智」、「開紳智」，儘快地建成一個文明的湖南社會。不少維新派在南學會講論時，更多地都是強調這

〔註92〕見陳寶箴：〈陳右銘大中丞講義〉，《湘報》第 1 號，頁 2。
〔註93〕見《師伏堂未刊日記》，載《湖南歷史資料》1958 年第 4 期，頁 112。
〔註94〕見《師伏堂未刊日記》，載《湖南歷史資料》1958 年第 4 期，頁 92。
〔註95〕見吳仰湘：〈皮錫瑞南學會講學內容述論〉，《江西社會科學》2002 年第 5 期，頁 56。
〔註96〕見《陳寶箴集（下）》，頁 1616～1617。
〔註97〕見《湘報》第 11 號，頁 43。
〔註98〕見《湘報》第 15 號，頁 59。

一點。1898 年 4 月 25 日,熊希齡與譚嗣同、皮錫瑞等人商議保湖南之計時,就這樣指出:「此一二年內,西人未必即窺湖南,將來諸事辦成,民智開通,或可冀其不來,即來而我屬文明之國,不至受其魚肉。特不可鬧教,一鬧則彼必至,我事尚未辦好,大勢去矣。」……因此辦南學會,開講論會,包含著「文明排外」這個直接目的。……其實不止是南學會的創辦包含有這個目的,便是黃遵憲設立保衛局,熊希齡協助黃遵憲開辦湖南通省團練,以及熊希齡、譚嗣同等人創辦其他有關移風易俗的團體會社,都抱有這個目的。〔註99〕

六、湖南保衛局與團練

湖南保衛局係當時中國除各通商口岸之外,絕無僅有的警察機關。陳寶箴於光緒二十四年八月二十三日〈致張之洞〉電文中,曾略述保衛局創始經過:「與署臬司黃遵憲議,仿歐洲法設創巡捕。該司久歷外洋,參酌中外情勢,竭數月之力,議定章程數百條,至為精密。惟以臬司事繁,萬難兼顧逮辦,及交卸回任,乃令以長寶道專辦此事。且預為岳州自行通商,設立巡捕,挑選備用之地。惟當積重難返、人情極玩之時,非改易觀聽不能有功,乃盡汰易向辦員紳,改名『保衛局』。」〔註100〕黃遵憲在〈楊先達等稟請速辦保衛局批〉文中也提到:

> 本署司奉命來湘,……蒞任以來、迭奉撫憲面諭,以省城內外戶口繁盛,盜賊滋多,痞徒滋事。不免擾害。上年竊案多至百餘起,破獲無幾,而保甲團防局力不足以彈壓,事亦隨而廢弛,非掃除而更張之,不足以挽積習和衛民生。本署司以為欲衛民生,必當視民事如己事;欲視民事如己事,必當使吾民咸與聞官事。當即酌擬保衛局章程四十餘條,意在官民合辦,使諸紳議事而宜為行事,呈之撫憲,撫憲深以為然,飭令發刻先行佈告,一面籌辦。茲據各紳商等百餘戶,職員等二百餘名,聯名吁懇,從速舉辦。具徵眾情踴躍,咸以為便。本日初九日既奉撫憲札,將保甲團防局裁撤,改辦保衛局,本署司為總辦,回鹽道本任後仍責成經理此事。上奉憲諭,下

〔註99〕見周秋光:〈湖南維新運動期間南學會的創辦與文明排外〉,《湖南師範大學社會科學學報》1998 年第 5 期,頁 115。

〔註100〕見《陳寶箴集(下)》,頁 1617。

　　從輿情，自當刻日開辦。〔註101〕

保衛局可說幾乎是黃遵憲一手創辦。黃氏甚至將英國警察制度全盤移植。張
朋園即認為：「湖南新政時期的警察，稱保衛局，這是黃遵憲的創意。黃氏嘗
為駐英美使節，明悉西洋警察制度，因倣效上海、天津等處租界之巡捕，創
立保衛局。」〔註102〕開辦之初，由於〈保衛局章程〉極其繁細嚴謹，數度邀
請紳商會議，但是眾人意見紛雜，一直難以完成。皮錫瑞於戊戌三月十五日
日記中寫到：「到湘報館，見復生、秉三，適左子異在坐，言局事彼推官作主。
諸公言此事章程極嚴，恐亦非書生所能辦也。」〔註103〕而在向民間籌募款項
上，也遭遇許多阻礙。皮錫瑞戊戌二月初五日記載：「諸公多不以講學為然，
保衛局尤不肯籌款，王、張、葉均以予主講為可惜。」〔註104〕又在二月初十
日說：「今日議論，無所謂守舊、維新，皆是自私自利。城中紳士，欲得保衛
局事則贊成之，有房屋怕抽捐則阻撓之。鄉紳士論團練亦然。」〔註105〕但由
於商民不斷向署府進呈稟文〔註106〕，要求儘速開辦保衛局，終於該年六月初
九日刊開辦。

　　至於保衛局創辦的目的，也有兩種說法。一種是自保自立。黃遵憲在回
憶其勸說陳寶箴父子同意成立保衛局的經過時曾說：

　　僕懷此有年而未達，入湘以後，私以官紳合辦之說告之義寧，幸而獲
　　允，則大喜。……僕告義寧父子曰：「今者時勢，即將古今名臣傳、
　　循吏傳中之善政一一舉辦，亦無補於民，無補於國。」伯嚴愕然問故，
　　僕徐告之曰：「今之督撫易一人，則蓋取前政而廢之，三十年來，所
　　謂新法，比比然矣。必官民合辦，費籌之於民，權分之於民，民食其
　　利，任其責，不依賴於官局，乃可不撤，此內政也。萬一地割隸於人，

〔註101〕見光緒二十四年《湘報》第3號，頁21～22。
〔註102〕見張朋園：《湖南現代化的早期進展》，頁205。
〔註103〕見《師伏堂未刊日記》，載《湖南歷史資料》1959年第1期，頁82。左孝同，
　　　　　字子異，係左宗棠之子。當時署按察使黃遵憲，創辦保衛局，「初擬派紳會辦，
　　　　　在籍紳士，多以經費難籌，不肯與聞。左孝同經黃遵憲堅邀，入局會辦」、「委
　　　　　紳多由左孝同選用」。參見〈湖南巡撫俞廉三折〉，《戊戌變法檔案史料》，頁
　　　　　503。
〔註104〕見《師伏堂未刊日記》，載《湖南歷史資料》1958年第4期，頁100。
〔註105〕同前註，頁104。
〔註106〕如光緒二十四年《湘報》第3號〈商民馬仲林等稟請速辦保衛局〉、《湘報》
　　　　　第6號〈張瑞林等稟請速辦保衛局〉、《湘報》第8號〈商民請速辦保衛局稟〉
　　　　　以及《湘報》第21號〈州同柳正勛等稟催開辦保衛局〉等共有十六稟。

民氣團結，或猶可支持。即不幸，力不能拒，吾民之自治略有體制，擾攘之時，禍患較少，民亡奴隸於人者，或不至久困，重台階級，亦較易升。譬之爲家長者，令子孫衣食婚嫁之資，一一仰給於父兄，力又不能給，不如子若孫之能自成立明矣。」議遂定。〔註107〕

譚嗣同〈記官紳集議保衛局事〉一文也說：「保衛局特一切政事之起點，而治地方之大權也。自州縣官不事事，於是有保甲局之設。其治地方之權，反重於州縣官。今之所謂保衛，即昔之所謂保甲，特官權、紳權之異焉耳。夫治地方之大權，官之所以爲官者此而已。今不自惜若此，豈眞官之不智哉，亦誠自料不能終護翼我、扞衛我，又不忍人之蹴踏我、攣割我，而出此萬不得已之策。以使我合羣通力，萃離散，去壅蔽，先清內治，保固元氣。庶幾由此而自生抵力，以全其身家，此其用意之深而苦，亦至可感矣。」（《全集》頁 427）譚氏又在〈論全體學〉中提到：「爲今之計，惟有力保莫內亂，尚可爲河西遺種處耳。保之之法，無過於保衛局。」（《全集》頁 405）賈維據此宣稱：「此文所表現的紳民主體意識如此強烈，不啻一篇湖南自立宣言。……黃遵憲承認譚嗣同理解了設立保衛局的眞正用意，但認爲在當時不宜公之於眾。他後來說：『僕懷此意，未對人言，無端爲復生窺破，僕爲之一驚，恐此說明而擾阻之者多耳。』」〔註108〕小野川秀美也持相同的意見：「這些主要是表達其湖南自立的意念。其結論爲『各府州縣能徧設保衛局，鄉間又清查保甲』，以維持治安。並『改各府州縣之書院爲學堂學會，一面造就人才，一面聯合眾力』。講授生理學的目的，乃在保衛局與學堂、學會之設立。保衛局即警察局，改原來之保甲局爲保衛局，欲移植近代警察組織於湖南。唯保衛局並不僅依賴官權，其最大特色是推士紳爲保衛局董事，在官權上加進紳權，並將主體移至紳權。」〔註109〕

當然，小野川秀美所注意到「紳權」問題，的確是保衛局的一大特色。據光緒二十四年《湘報》第 7 號所刊載的〈湖南保衛局章程〉第三條，就說明：「本局設議事紳商十餘人，一切章程，由議員議定，稟請撫憲核准，交局中照行。其撫憲批駁不行者，應由議員再議，或撫憲擬辦之事，亦飭交議員議定稟行。」又〈章程〉第四十四條也說：「本局總辦，以司道大員兼充，以二年爲期，期滿應由議事紳士公舉，稟請撫憲札委。議事紳士，亦以二年爲

〔註107〕見黃遵憲：〈致梁啓超書〉，《中國哲學》第八輯，頁 384～385。

〔註108〕見賈維：《譚嗣同與晚清士人交往研究》，頁 267～268。

〔註109〕見小野川秀美：《晚清政治思想研究》，頁 228。

期，期滿再由本城各紳戶公舉，其有權舉人之紳士，俟後另定章程。」〔註110〕
唐才常在〈湖南設保衛局議〉文中，也說明陳寶箴和黃遵憲的用意：「泰西、
日本之有警察部也，長官主之，與凡議院章程不同。平心而論，此事本官權
可了。而中丞、廉訪必處處公之紳民者，蓋恐後來官長視爲具文，遂參以紳
權，立吾湘永遠不拔之基。此尤大公無我，至誠至信之心。」〔註111〕就是刻
意藉此來增加士紳的權力。張灝對黃遵憲的做法曾評論：「黃氏的法律和行政
改革的核心是建立保衛局，它模仿他在日本和西方國家看見過的警察局。附
屬於保衛局的是一所新感化院，其目的不僅是處罰罪犯，而且也對地方社會
的渣滓進行再教育。這兩種機構都被打算用來改進傳統的保甲制度，以便加
強地方社會最基層的組織和秩序。然而，按照黃遵憲的計劃，保衛局不完全
是一個政府組織，而又是一項共同事業，由政府官員和紳士名流雙方參加的
管理機構來監督它的工作。」〔註112〕然而，藉保衛局以增加紳權的做法，只
不過是一種制度上的設計而已。這種設計，在前文面對南學會和湘報等新政
時，都曾採取這種模式。和南學會一樣，這並非就是設立保衛局的目的。

　　設立保衛局的真正目的，恐怕也和南學會是一樣的，即避免教案的發生。
《師伏堂未刊日記》曾記載譚嗣同與熊希齡、陳寶箴商議「保湖南之計」的
情況：「秉三、復生云昨見右帥，談至四鼓，右帥痛哭，其所上條奏，皆爲人
所阻，不得上，電奏上又減易其字，幾不可通。旅順、大連灣，已樹俄旗，
英將占長江，法將佔兩廣，瓜分在即。……譚、熊二公請予等共議保湖南之計，
惟有先於各府州縣求訪人才，舉辦一切，計此一二年內，西人未必即窺湖南，
將來諸事辦成，民智開通，或可冀其不來，即來而我屬文明之國，不至受其
魚肉，特不可以鬧教，一鬧則彼必至，我事尚未辦好，大勢去矣。」〔註113〕
其中最重要的一項措施，自然該屬保衛局。皮錫瑞於戊戌正月三十日日記中
說得極明白：「予問鹿泉，開保衛局何意？答云：『恐洋人至滋事，托巡捕保
護，而不能明說，故章程不及。』予意亦以爲然。前日廉訪云開課吏堂，告
以交涉之學，即以明交涉者，委之住扎各處教堂前後，保護教事，計不過數
十處，雖每年費數千金，然較之賠款巨萬，相去遠矣。即此意也。」〔註114〕

〔註110〕章程文字另可參見《黃遵憲集》，頁570～571。
〔註111〕見《唐才常集》，頁140。
〔註112〕見《劍橋中國晚清史（下）》，頁355。
〔註113〕見《師伏堂未刊日記》，載《湖南歷史資料》1958年第4期，頁125。
〔註114〕同前註，頁96。

　　誠然，保衛局的設立有它基本功能，如唐才常在〈湖南設保衛局議〉文中即指出：

> 保衛局何爲而設也？所以去民害，衛民生，檢非進，索罪犯，而官紳士商種種利益，罄簡難書也。或者不體陳大中丞、黃廉訪慈祥愷悌之心，而依違其間，橫生異議，其未聞中西政治之本原，無責耳矣。豈吾湘地痞之充斥，會匪之潛滋，差役之訛詐，強丐之橫暴，夜竊之窩藏，道路之穢塞致疾，商店之謠風倒閉，俱一無聞見，而以掃蕩廓清之保衛局爲不然耶？夫天下之事，兩利相形取其重，兩害相形取其輕，猶爲得多失少；況明明有利無害，有得無失，菽麥能辨，黑白昭然，而訾之而慮之，誠不解其何心也。……保衛局不立，則戶口不清；戶口不清，則匪徒不靖。處藏垢納污之所，不獨兵不可練，無論如何新政，皆形窒礙，是此舉爲一切政法之根原也。〔註115〕

但更重要的是，湘人每見洋人的態度實令人擔心。熊希齡〈上陳中丞書〉即說：「去年正月，德人愕乃福遊歷來湘，藩台拒而不納，三書院生童幾欲擊之以死，齡與伯嚴等犯眾怒而爲之，幸而人城無事;否則，山東曹州之禍，不在膠灣而在長沙矣。」〔註116〕陳寶箴〈致張之洞〉電文也提起這件事說：

> 省城痞匪繁聚，動輒滋事，每遇西人過境，府縣輒多方求懇，勸勿入城。上年德人愕爾福堅欲入城，幾肇大釁；英人蘇理文亦然。因思上海、天津商埠肅然不擾，皆由設有巡捕，曾游歐、美各洲者，多言外國政治均以設巡捕爲根本，與《周禮》「司救」、「司市」同義。湘省向設保甲總局，委道府正佐各員，及大小城紳數十人，合同辦理，而統於臬司，歲縻金錢三萬餘串，久成虛設，痞匪、盜賊充斥市廛。現在西人往來絡繹，倘被激成巨釁，必致貽誤大局。〔註118〕

可見皮錫瑞等人對保衛局創立目的的想法，是合理的。這一隱微的目的，還可從〈湖南保衛局章程〉第十一條窺見：「所住人民，必須熟悉其身家品行，若無業人及異色人，常默察之。」這裡所指的「異色人」，應不至於如呂本中《官箴》中所說的「當官者，凡異色人，皆不宜與之相接」，似乎是指在中國少數的「洋人」而言。「默察之」對「無業人」自然是一種監視，以防其爲非

〔註115〕見《唐才常集》，頁 138。
〔註116〕見《陳寶箴集（下）》，頁 1769。
〔註118〕同前註，頁 1617～1618。

做歹，而對「異色人」而言，則暗中保護的意義應該是較大的。

至於團練，也只不過是將保衛局的功能和目的擴大到地方鄉里。譚嗣同在〈論全體學〉即明言：「保衛局即是團練之意。各府州縣能徧設保衛局，鄉間又清查保甲，則耳目靈通，匪類自無從竊發；即使鄉僻之區或有聚眾等事，而保衛局之巡查既經訓練，聚之即可為兵，息事安人，無過於此。如欲別為團練之舉，亦須變通舊法，整齊畫一，聘武備學堂中之粗諳武事者為之教習；又須就地籌有的款，方可舉辦。然鄉兵之額，亦自不能多。即以百人論，每年需錢三千數百串；而百人之用，仍與保衛局之巡查無異。故不如徑辦保衛局，而寓團練之意於其中，乃為經久之道。」（《全集》頁 405）

熊希齡在〈湖南通省開辦團練章程〉中的兩項條文也明確指出：「一、團練乃奉上諭准行之事，宜改保衛局為奏辦通省團練保衛總局，即以現設之保衛局為總局，凡各府、廳、州、縣城、鄉之保甲、團練、保衛均隸焉。」「一、省城既設保衛局，即勿庸另立團練等名目，以免兩歧。其長、善兩縣各鄉尚未能分設保衛局者，請選擇正紳先辦團練。如省城保衛局辦有成效，商民樂從，各鄉間即可就團練改為保衛。凡外府、廳，州、縣皆以此類推。」〔註119〕雖然瀏陽團練名稱仍照舊章，並未更改，但是保衛局的形式已包含其中。

戊戌三月廿五日（1898 年 4 月 15 日），歐陽中鵠致函譚嗣同的信中，曾經談到：「省中請行團練稟，於前日遞入。稟內列弟及熊太史名，細思欲防內匪，舍此別無他法。不過要提明此層為主，使人不疑為禦外侮之用耳。初時學會答問，有言團練決不可辦。曾文正所帶兵，並非出於團練一條，外間大譁，謂專信口搪塞，實則湘軍皆由團勇挑選。此事當時錯誤，以後卻須慎之，總不可一字不實也。」（《譚嗣同書簡》頁 125～126）此處有兩個問題。第一，歐陽中鵠所說「欲防內匪，不疑為禦外侮之用」的意思是什麼？意即「內匪」和「外侮」究竟指誰？似乎無法理解。瀏陽一地團勇，可以承擔如太平天國及馬江之役的責任和能力？還是指攻擊洋人的「內匪」以及四處傳教的「外侮」？殊不太了解。第二，南學會答問談到團練決不可辦，是指什麼？皮錫瑞戊戌三月二十日日記曾約略記載：「宣翹與秉三說保衛、團練事，非不欲辦團練，但須章程劃一，事權歸一，不欲如前日之舊章敷衍耳。……宣翹言龍芝老以秉三批駁團練為不然，意欲辦團，使右帥保彼為團練大臣，如曾文正公故事。復生言外出知單，芝老頭名，問願入否？伊等書願入，再議辦法。」

〔註119〕見《熊希齡集》，頁 38。

〔註120〕又三月廿一日皮氏又記：「談及團練一事，復生云芝老持之甚堅，且要官籌款，伊以晚親不便力爭，予云亦屬晚輩，可囑節吾往開悟之。」〔註121〕芝老大概是龍芝生湛霖。譚嗣同三月廿九日（1898 年 4 月 19 日）給歐陽中鵠的信，裡再度提到辦團練一事：

> 前商團練事，緩丞所擬之辦法正與尊意同，而師中吉所擬之辦法又與緩丞同。師說在緩丞前，唐說在夫子前，而彼此暗合如此，亦一奇也。緩丞及嗣同於前七八日已函商岳生，請由縣送百人至省，即令師中吉統之往澤生營中學習。面商澤生兩次，大以爲然，並極賞識。師中吉閏月即可率百人住其營中，渠必加意訓練云云。按前所商擬請劉崐山止可爲紳董，哨弁必須師中吉爲之，且崐山尚不知有暇來省否，其中又多犯忌之處。依愚見既得師爲哨弁，崐山可不至省矣。岳生來信呈上，難得大家兄以爲可辦，大約岳生巳辦有頭緒矣。或四鄉都來，或中立獨任，均聽岳生去辦。若四鄉願意分任，亦止可任餉，不宜由各鄉送人，恐選擇不精，強弱不齊，轉是費事。嗣同等及師中吉所知之勇力果敢之士不下數十人，即可由師中吉一手招募百餘人，而請各紳選試，可選得百人，師中吉帶至省城，再由澤生選試，必易精矣。不審尊意如何？擬日內即令師中吉還縣招募，閏月半間即可到省。」（〈上歐陽中鵠・二十〉《全集》頁 473～474）

可見，辦團練並非不辦，只是章程辦法需周詳改進而已。到了閏三月廿七日（1898 年 5 月 17 日）譚氏致函給上歐陽中鵠，提及以漕項做爲練團經費事：「頃奉家嚴電論云，聞湘以漕項減款練團，此舉甚善，令在縣勸官紳照辦。當復以『鄉紳多不以爲然，現擬在省進稟，前巳與中丞說通矣』云云。此事終望辦到方好，請力與中丞言之爲叩。」（〈上歐陽中鵠・十八〉，《全集》頁 472～473）閏三月廿九日譚氏再度向歐陽中鵠詢問漕項事：「漕項即改入團練一節何如，巳有函與南學會，商之質初，言涂師意亦願辦矣。且此項不取，不過糧差發財耳，民間何能沾實惠？」（〈上歐陽中鵠・十九〉，《全集》頁 473）可見瀏陽辦團練在經費上所面臨的困難。

　　至於譚嗣同爲何如此迫切於在瀏陽辦團練，甚至自己親赴瀏陽督導近半個月？原因可能是當時開築湘粵鐵路仍在進行，而勘路、採煤礦供漢陽鐵廠

〔註120〕見《師伏堂未刊日記》，載《湖南歷史資料》1959 年第 1 期，頁 88。
〔註121〕同前註，頁 89。

－198－

煉軌等事，都需要洋工程師前往瀏陽等地。如果瀏陽團練能及時組建，對湘粵鐵路建設是具有正面的意義。唐才常在〈湖南設保衛局議〉文中所說保衛局「爲一切政法之根原」，正好也可以用來說明瀏陽練團之事。

七、改時文事件

關於「改時文」一事，對譚嗣同、唐才常與其師歐陽中鵠之間的關係影響甚鉅。同時也藉由此一事件，可以看出湖南新政推展過程中，所產生種種矛盾的一些端倪。

首先，是皮錫瑞於戊戌閏三月十一日日記中，提到改科舉時文一事：「右帥來講學，云香帥約共奏改科舉。擬一場用史事及本朝掌故，二場西學、西政，三場四書、五經論，不作時文體。分三場去取，取額遞減，仿縣府試章程。此後取士，專用此科，不用現在時文三場，亦不必別立經濟名目。此法若行，可以去中國一大害，特恐閱卷難其人耳。」〔註122〕到了閏三月十九日，皮氏：「同鹿泉到節吾、伯嚴處遞米釐稟，囑明日勿出時文題，寧可以四書題作論。節吾云變科舉事，香帥未回電，恐因子中進士，又袒護時文，奈何？」〔註123〕閏三月二十日，結果卻令人大失所望：「撫憲官課，昨已與節吾、伯嚴說明，不知何以仍出時文？城南分六門，而岳麓、求忠無之，只有湖南水利、湖南險要策，此乃數百年陳腐之物，不知何以至此？觀詩題，似節吾所擬。此等題出自何人，令守舊者鼓舞歡欣，維新者扼腕太息！如此辦法，必無振起之望；時文八股既送崇禎，必再送我覺羅氏無疑矣。」〔註124〕皮氏因此懷疑歐陽中鵠執意出時文題，破壞新政。一時間，維新人士群起攻之。

皮錫瑞於閏三月二十五日記載：「與（畢）松甫言八股題事，相對扼腕。……宣翹云：節吾力阻新政，非但時文一事，彼入幕由公度、卓如推轂，使爲維新內應。彼到省並無異論，乃爲維新黨所援，復爲守舊黨所煽。紱丞本不願其入，以此歸咎復生。公度亦甚悔之，將趕卓如來一決此議，如不勝，則維新事成畫餅矣，可歎可歎！」〔註125〕翌日，皮氏又記：「到時務學堂，見唐紱丞，詢乃師事。彼云乃師辦事本無決見，好聽小話，瀏陽開化，並非其功。

〔註122〕見《師伏堂未刊日記》，載《湖南歷史資料》1959 年第 1 期，頁 101。
〔註123〕同前註，頁 106。
〔註124〕同前註，頁 106。
〔註125〕同前註，頁 107～108。

到此專聽污吏賴子佩之言，熒惑上聽。現在要駁減稅百文提歸公用之稟，彼已有書力爭，秉三有引狼入室之悔，不知此人何苦作中山狼也。此人無道理，我所深知，後見其有虛名，以爲能打起精神，做一正人君子，今行徑如此，眞是小人之尤，仍當時故態耳，可歎可歎！」〔註126〕

　　兩天之後，皮氏趁熊希齡有事相商而前去問明出時文題事，日記記載：「秉三來邀有事共商，遂到彼處。……時文出題亦問明，因未早出示，鹽道令報時文者卷三頁，策論八頁。彼上去，回云已報名，不便改正，下次出示再改。松甫當日即如此說，此非舍人托詞，然亦何不可更正也？」〔註127〕皮氏因而認爲這根本是歐陽中鵠出時文題的藉口，何況出題前一天已面囑歐陽氏不可出時文題，歐陽氏若有困難就應直說，卻推說張之洞並未回電，其實當時皮氏等人就該有心理準備，歐陽氏不過照章辦事，既然上憲並沒有明示，如何就能隨意出題？但皮氏痛詆歐陽氏「小人之尤」，卻引起歐陽氏極大不滿，因而於四月初六早（1898 年 5 月 25 日）向譚嗣同詢問：

> 鹿門爲二十七載同年至交，從前極知其專一讀書，稍不諳達世故。……經訓掌教九載，係兄舉爲替入。昨小宜謀江西學堂總教習，兄意尚欲推薦，俾收駕輕就熟之功。至誠相與，終始如一。乃聞銜兄甚深，至斥兄品行日卑一日，驚心動魄之言，使人芒刺在背。……兄於鹿門與人言，從未加貶詞，……自信彼此毫無嫌隙。今既爲此鄙夷之詞，……其必確有所指，非憑空臆撰可知（出題事甚小，其批何卷與其平等宗旨相違耶？渠是經生，知辨駁乃例有之事，何至遽爾負氣？生平不敢以小人之腹度君子之心，想來決不爲此）。吾弟從何得聞？望以實告。〔註128〕

當天早上譚氏接信後，即致函其師：「晨奉賜諭謹悉。外間浮言，何所蔑有？嗣同等一聞此等語，即爲力辯，然卻未究其爲何所指也（出題事極動公憤，其餘謠言雖多，殆不足道）。批何卷事，外間絕無所聞，可決其不爲此。總之，銜之深者不止一人，謗之叢者不止一事，此嗣同所以不能不欲有所陳也。然事既過往，亦不欲徧述，第言其大略而已。」（〈上歐陽中鵠·二十三〉，《全集》頁 475～476）不久，譚氏又接到歐陽師來信，隨即於當天傍晚回信：

〔註126〕見《師伏堂未刊日記》，載《湖南歷史資料》1959 年第 1 期，頁 108～109。
〔註127〕同前註，頁 109。
〔註128〕見《譚嗣同書簡》，頁 136～137。

項又接賜書，極論出題之事，此中別有曲折，今一併陳之，亦即前書
所謂中有極冤者也。當在南學會議此事時，適請諸友入會，到者數十
人，群屬耳目焉。及聞經鹿門諸公再三乞請，而後允許不出時文題，
即已有不悅者。又恰於後數日（在出題之前），中丞到會講學，極力
譏詆時文題，形容盡致，並自言我亦時文出身，所以無用云云。聽者
皆以爲中丞非不願廢去書院時文題矣，乃一出題又是時文，將置中丞
之言於何地？於是群然憤怒，以爲中丞之恩意非不周摯，特爲函丈把
持耳。故是次開會，博問甌中即有「瀏夢成顚，撫幕招搖」等語，可
知所憤者初非區區一題，蓋憤把持一切，新政不得展布，即由此一事
而類推者也。外間人安知其中之底細，而事會之巧有絕相類者，古來
冤案蓋皆如此。嗣同所以重言之者，所見所聞並非無根據之言，而指
出所以被冤之緣故耳。(〈上歐陽中鵠‧二十四〉，《全集》頁 476）

看起來譚氏基本上還是對歐陽師有所迴護，而認爲歐陽氏是受到冤枉。沒料
到譚氏此信一出，竟惹得歐陽氏大怒，當日深夜立即致書譚氏：

出題一事，極動公憤，毋乃太過。鹿門等請去時文，係未成之私議。
鹽道令分別報名，乃已出之官示。若官示不爲憑，則學堂學會諸告
示章程，皆不爲憑矣。天下事本不止一面，但畸重則未著想耳。城
南原稟，定六門分類猶是，不過多一時文題。若嶽麓則本未請改。
求忠雖具稟，而其旨不同，亦未批準。時文時務並出，聽其自爲，
亦不礙事。且此次係因鹽道出示在先，須顧住彼面，故爲此調停之
法。下次便可先行告知，使歸一律，亦易轉圜。事非干犯大不韙，
無可補救，諸君何必如此動憤，怒不可遏？〔註129〕

到了五月初六當天，譚氏似乎有將歐陽師連續寄書表達不滿的事告訴唐才
常，兩人因而聯名又寫了信給歐陽師。五月初七日歐陽中鵠則在〈復佛生佛
塵〉信裡說：

昨得兩弟書，始如發蒙。凡事總以直說爲好，若愈隱則愈誤矣。學
會聚集之日，記鹿門止說求忠改章，請即批準。以其事煩難，故加
審慎，似並未語及不出時文題。果爾，亦甚易事，豈兄性善忘，竟
不記及耶？把持之謠，不一而足，南學會請將漕減立學堂，即其一
端，同志中已有疑者，不知此係官紳皆不謂然。中丞亦自昭慎重。

〔註129〕見〈歐陽中鵠書‧十二〉，《譚嗣同書簡》，頁 134～135。

蓋今日一胥吏之天下，有例存便不能遽行其志。老於宦途者，自然多見一層。昨夕得電報，香帥所請漕減作學堂之疏，已奉部駁。湖北此事，將成畫餅。此間幸未先准，尚不至勞轉圜，鬧到不好縮腳。……依附康學，獵取微名微利，乃指課作而言。諸卷於時務諸題，千手雷同，已覺異常討厭，乃至時文亦復變易體裁，攝取附會，愈覺使人難受。姑匿改劄記之說，亦正與之相等。此等枝節，應概一筆刪除，以免徒增嫌隙。惟前此外侮實多，中丞與伯嚴為諸君子卻四方之敵，昕夕不遑，實勞且苦。至調取劄記，乃自加檢點，備豫不虞，有不得不急挾正者。此中委曲，兄尚不盡得所以然。即間露一二，亦志在〈揚水〉之卒章，不敢以告。……兩弟乃真新學，志趣力量，夙所深信，如何以此見疑？使兄以後轉難坦白耶！省中謠言如海，兄遇之過境輒忘。又平日簡出，所聞不過一二端。如祭酒代秉三，吏部當總教習，及兄批抹湘報，把持去時文題，不批南學會稟，既皆子虛，則增疑團。然則兄處此間，有如賈彪西行，方扶持調護之不暇，遑敢以無據之言，自騰口實，授人以攻擊之具，使吾黨鬩牆構釁，自立孤子無助之地乎？兄自信待人以誠，表裡如一，而謹言慎行，近尤從事斯語。今既渙然冰釋，故遂一揭其隱，望告秉三知之。至外間詆兄無所不至，悠悠之口，自問不能持兄短長，不屑校亦不屑辨。〔註130〕

四月廿五日之後，譚氏因被保薦入京，臨行前數日〔註131〕，又再致書歐陽師：

奉環諭謹悉一切，從此自可省得許多筆舌。但謂凡事總以直說為好，若愈隱則愈誤。嗣同自始至終，初無所謂隱，不過言有詳略，各函皆就已問及者言之，其餘自無暇多及。然此尚是小事。至於學術宗旨，則非面談不能盡；不然，則滿腔熱血不知灑向何地。擬即邀佛塵同詣尊處，作竟日談，嗣同亦即就此辭行，不識函丈有此閒暇否？伏乞見示為盼！但有數端不能不預先約定：一、以前所言一切謗議，彼此均已剖明，從此一筆勾銷，不必深論，免使近於爭論是非。二、係專講明學問宗旨。三、所言既長，頗消時刻，不識能不厭倦否？四、學問宗旨要從源頭說起，不免有寬泛之語。五、有應駁者，請

〔註130〕見《譚嗣同書簡》，頁126～129。
〔註131〕此信可能作於五月初七日或初八日。

暫用筆錄記，俟說完時一總指駁，使其講時得以一氣貫注，庶畢其
詞。六、來講之意，宗旨既明，志氣相通，以後即有異同，各不相
礙，其餘是非事亦不辨自明。七、來講係剖明自己之志願，並非強
人從己。所云如何，望示為荷。學會聚集日，實已請不出時文題，
當是函丈偶然忘卻。其時函丈頗以無人看卷為疑，同座皆願代任。
（〈上歐陽中鵠・二十五〉，《全集》頁 476～477）

歐陽氏前信已說改時文題是「調停之法」，後信卻又辯解當日皮錫瑞「似並未
語及不出時文題」，若皮氏當日沒說，自然出時文題就光明正大，何以反而要
做「調停之法」？顯然矛盾。譚氏此信才又點破「學會聚集日，實已請不出
時文題，當是函丈偶然忘卻」，歐陽氏豈是忘卻，應該是故意的。

　　五月九日譚氏向歐陽師叩別，並面談學術宗旨。後來歐陽中鵠回憶當時
談話的情景，稱：「譚生入京叩別時，語以應辦數事：一學堂以造就人才，須
以十年為期，由京而省而州縣；一農工商局及學堂，擇要而舉；一鐵路礦務，
須速舉辦，使利權皆歸之於我；一強兵尤為目前要務，海軍當復，陸軍當練。
語至此，譚生意頗不愜，曰：是誠大難。弟謂海軍不燖於倭，膠州何至遂踞
於德，且幾日蹙數千里。譚生終不謂然，蓋惑於康氏太平世之說，欲如虎哥
等以空文維世。不知公法惟強國可用，弱國並不能用，緩急失序，宜致顛蹶。」
〔註132〕看來師生之間的關係已經因為觀念上的差異而漸行漸遠。

　　五月十日，歐陽氏還致信譚嗣同說：「昨弟言『亡後之圖』四字，使人淒
然欲絕，不知所屆。兄衰矣，辦振務負重謗，毫無足校，惟此生已傷，恐不
足用於世。望弟善藏其用，留俟彼時為四萬萬黃種立命，千萬至禱。」〔註133〕

　　譚嗣同離開湖南當日，歐陽中鵠並未送行。事後在給譚氏的信中說明：「兄
從端陽前二日，因寒食角黍，滯氣腹泄，至今未愈，故彼日未走送也。卓如辦
理譯書局，南海想主持其間，弟赴引能得異數更好，否則暫與康、梁同事合群，
以大更新之力。……時文毅然廢去，是天下第一聳動事。吾輩乙未發議，不圖
果於今日見之。此殆非康、梁之力不至此。鼓舞奚似。但新政應急行不可須臾
緩者，尚難更僕。趁此一切改圖。刻期課績，或可合朝野奮發。……若其間又
生阻力，觀望遲迴，則名變而實未變。且夕禍機一發，而事無可為矣。」〔註134〕

〔註132〕見歐陽中鵠，〈復蔚堂〉，轉引自賈維：《譚嗣同與晚清士人交往研究》，頁303。
〔註133〕見《譚嗣同書簡》，頁128。
〔註134〕見《譚嗣同書簡》，頁114～115。

歐陽氏這封信裡所說的，與上文歐陽氏的回憶有極大矛盾。「新政應急行不可須臾緩」與「緩急失序，宜致顛蹶」如何相容？還是歐陽氏此時所說都只是客套的虛文？

　　從以上譚嗣同、唐才常與歐陽中鵠師生之間的關係發展來看，由於出時文題所導致的師生關係絕裂，也可以想見存在於維新人士之間觀念上的差異所導致對許多新政的施行上，彼此意見難以相容，而多生阻礙。問題的癥結點究竟何在？上文歐陽氏對譚嗣同的批評說到「緩急失序」四字，恐怕就是關鍵了。這個重要關鍵也可以說是湖南新政運動最終走向失敗的主因。說詳下文。

　　譚嗣同北上進京之後的幾天，唐才常在戊戌六月念二日回信給歐陽中鵠時說到：

> 連奉兩諭，敬知皇上神聖天縱，遠邁唐、虞，爲之距躍三百，曲踊三百！黃、譚奉旨敦促，新黨之氣益張，湘事雖小壞，不足爲憂。合地球全局觀之，變之自上者順而易，變之自下者逆而難。今適得順而易者，誠我四萬萬人無疆之幸也。康、梁爲海內所攻，其可危之狀，誠如鈞諭所云。然以皇上天亶聰明，暨我朝德澤之厚，卜之必無他慮。蓋中國至此時始頗有日本明治初年氣象，若再經鼓宕，則雖守舊如島津久光等，亦必洗新滌面，共贊新猷，似不得以畏難遠禍之心，稍懷遷就。工部毅然以天下爲己任，死生禍福，早已度外置之。卓如汪洋千頃，今之叔度，外似溫柔，內實剛勁，尤非人所易知。……若使天祚中國，之數人者，必不至爲舊黨所傾也。若夫專以蜚語中人，如彼王、葉之徒，則何地蔑有，亦復何所不至。來諭云：「刺取吾輩舉動，造爲謠言，用離間計。」誠爲洞若觀火之言。由今思之，不獨使鹿門年伯無地自容，並所以離間吾師弟使相水火者，亦不一而足。自非夫子大度淵涵，幾一一中其彀中，不知所適。然從前之事，似可等諸過眼浮雲，但求以後大家努力掙起世界，彼爲鬼爲蜮之流，想亦無顏立於光天化日之中矣。天下書院既一律改學堂，吾瀏不逞之徒，不知又有何說？……惟以愚見忖之，則此時確遵諭旨，挾四鄉以必改之勢，彼亦無詞可執，而甘蹈抗上無禮之誅。若此事辦不通，則將來朝旨及一切新政，更復何所措手？惟夫子一意堅持之。〔註135〕

唐氏信中透露了幾點訊息。唐氏依據歐陽氏連續兩封的信文所述，說明了前

〔註135〕見〈上歐陽中鵠書・十〉，《唐才常集》，頁 239～240。

述出時文題以及其他造成與譚、唐之間師生誤會的種種事件，其實都是出自於王先謙、葉德輝等人的挑撥離間，這還包括舊黨人士對皮錫瑞的攻擊，而迫使皮氏離開南學會，返回江西等。此外，唐氏認爲「變之自上者順而易，變之自下者逆而難」，此時正是順而易的局面，因此上文歐陽氏在給譚氏的信裡所說「但新政應急行不可須臾緩者，尙難更僕，趁此一切改圖」，正是在此種順而易的局面下，從前必須「緩行」，而如今卻可以「急行」了。

八、湖南新政失敗原因

關於湖南新政之所以失敗的原因，學者間存在許多不同的看法。張灝至少考慮到有兩大因素所造成。首先，他認爲：「湖南維新的失敗當歸因於運動後期的激進化表現。運動自始至終得到省署當局的充分支持。這種特殊順利的環境鼓舞了年青的激進分子，使他們產生了強烈的希望，即首先在某地區、然後在全國實現劇烈的變法。激進化的推動力是這種從省到中央的改革方式，……激進的維新派在沒有自治的地區政權的支持下，在地方上與強大的保守勢力發生了衝突，結果使運動陷於停頓。」〔註 136〕張氏這個說法可簡化成湖南新政失敗的原因是因爲激進派與保守派分子產生的衝突而導致的。之所以在湖南地區產生激進派分子，張氏認爲是當時的省署，也就是湖南巡撫陳寶箴、學政江標及徐仁鑄、按察使黃遵憲等人充分支持下所創造出的特殊環境。當然，這種環境在當時其他省份是絕無僅有的。即便連譚嗣同的父親譚繼洵所治理的湖北省也沒有如此的環境。而問題在於湖南省署官員是否絕對支持激進派所進行的新政改革，可能還須審愼考慮。因爲張求會就認爲「在湖南新政中，陳氏父子努力身體力行的則是一條意圖以穩健、漸變之法立富強根基的改革之法」。〔註 137〕賈維也有相同的看法。他認爲：「陳寶箴對維新派雷厲風行、無所顧忌的做法感到擔憂，他曾說『復生才氣可愛，意氣可憂』，並表示對譚『希望很大，憂慮也很多』。所以當熊希齡提出『請委復生當學堂總理』的建議時，沒有得到陳寶箴的同意，可見陳氏父子對譚、唐仍然存有戒心。維新陣營內部穩健與激進的爭執，官員與士紳之間的矛盾，是影響後來湖南事態演變的重要因素之一。」〔註 138〕究竟陳寶箴的態度爲何？據陳三

〔註 136〕見《劍橋中國晚清史（下）》，頁 368。
〔註 137〕見張求會：〈陳三立與譚嗣同〉，《近代史研究》1996 年第 3 期，頁 95。
〔註 138〕見賈維：《譚嗣同與晚清士人交往研究》，頁 281。

立自撰的〈先府君行狀〉說：「府君獨知時變所當為而已，不復較孰為新舊，尤無所謂新黨舊黨之見。」〔註139〕但唐才常卻又說：「王益吾、葉麻攻學堂，而瓣薑師以復生與予讚美南海先生而觖望，故於義寧前不無微詞。聞義寧欲將王益吾代秉三，以葉麻為總教習，則義寧已與之握手言歡矣。」〔註140〕唐氏是聽聞而來，但散原也可能為父隱，誰的話可信，不得而知，不過從前文述及陳寶箴在處理《湘報》和時務學堂時的態度來看，陳氏不僅面臨來自上憲的壓力，同時還要面對保守士紳的批評，對於激進派的做為，自然採取某種程度的限制，似乎也無可厚非。這種狀況就如張灝所說：「保守的紳士能夠制約地方官員的自治，他們也能削弱官員們的革新能力。這就是 1895 年以後三年中間湖南省發生的事情。」〔註141〕因而要說陳寶箴能「自始至終」都支持激進派，就不太符合事實。或許可以說陳寶箴對新政的某些部分採完全開放態度，如保衛局，但是對於像時務學堂以及《湘報》等，陳氏的作為就趨於保守。

陳寶箴的態度何以如此具有選擇性，來自兩派的壓力當然是主因。保守派對於陳氏如何處理激進派「平等」、「平權」等言論，自然成為壓力。如湖廣總督張之洞始終對維新派所主張的素王改制、民權平等學說深惡痛絕。他曾私下對幕僚門生說：「康長素輩主張素王改制，自謂尊孔，適足誣聖。平等、平權，一萬年做不到，一味囈語。」〔註142〕又說：「今日憤世嫉俗之士，恨外

〔註139〕引自吳宗慈：〈陳三立略傳〉，《散原精舍詩文集》（上海市：上海古籍出版社，2003 年），頁 1196。

〔註140〕見唐才質：《戊戌聞見錄》，引自《譚嗣同研究資料匯編》，頁 271。

〔註141〕見《劍橋中國晚清史（下）》，頁 369。

〔註142〕見陳慶年：《橫鄉山人日記選摘》，《近代史資料》1989 年總第 76 期，頁 201。不僅張之洞痛惡平等、平權，王先謙也極力批評平等、民權之說：「吾人捨名教綱常別無立足之地，除忠孝節義亦豈有教人之方？今康、梁所用以惑世者，民權耳，平等耳，試問權既下移，國誰與治，民可自主，君亦何為？是率天下而亂也！平等之說，蔑棄人倫，不能自行，而顧以立教，真悖謬之尤者。戴德誠、樊錐、唐才常、易鼐等，承其流風，肆行狂煽，直欲死中國之人心，翻互古之學案。上自衡永，下至岳常，邪說侵淫，觀聽迷惑，不解熊、譚、戴、樊、唐、易諸人，是何肺腑，必欲傾覆我邦家也！」見王先謙：《虛受堂書札》（臺北縣：文海出版社，1971 年）卷一。甚至連譚嗣同的老師歐陽中鵠都如此痛恨：「此即教以平等，斷不敢自平其父。今忽讀平等之說，使人毛骨驚然，芒刺在背，傍徨繞室，瞬息不寧。」見戊戌閏三月二十八日〈批甄別湖南校經書院超等第十名何來保卷《墨子尚同三篇》書後〉，《譚嗣同研究資料匯編》，頁 214～217。

人之欺凌也，將士之不能戰也，大臣之不變法也，官師之不興學也，百司之不講求工商也，於是倡為民權之議，以求合群而自振。嗟乎！安得此召亂之言哉？民權之說，無一益有百害。……使民權之說一倡，愚民必喜，亂民必作，紀綱不行，大亂四起。」〔註143〕當張之洞致電義寧處理《湘報》言論時，不能說不是壓力；當王先謙等人呈上〈湘紳公呈〉，要求義寧處理時務學堂中的「平等、平權之說」，更是一種莫大的壓力。陳寶箴最終被迫採取保守漸變的策略，抑或是他自己其實就不太贊成激進的做法，不得而知。

　　張灝對湖南維新失敗因素還有一個看法，即是：「大多數士大夫還具有自強運動提倡者所持有的變革概念的另一面，即認為變革應在中國傳統的主要價值和制度永遠不變而且神聖不可侵犯的基礎上進行。因此，當維新派從事於威脅這些主要價值和制度的變革活動時，湖南的紳士立即撤消合作，並對維新人士發起無情的攻擊。湖南維新派的失敗說明，雖然到十九世紀末變革已經開始，但變革的程度遠不足以像二十世紀頭十年進行的改革那樣改變紳士的基本社會政治傾向性。中國的政治秩序仍是由儒家的文化力量以及地方精英的社會力量在支撐著。各省占統治地位的社會和文化力量與國家的制度基礎的一致性，使得在地方上進行激進的改革非常困難。」〔註144〕這個看法，同樣說明了保守派具有的不可忽視的力量，但是當時的激進派卻加以漠視。張灝注意到這個現象：「引人注意的是，參加者名單中沒有那些迄今與維新運動中重大工藝革新有關的地方士大夫的名字，如王先謙和張祖同。因此，南學會不同於開明的地方官員與溫和的維新派紳士共同創辦的時務學堂，它從一開始就主要是維新派士大夫中的激進派在某些省級官員的支持下創立的。」〔註145〕鄺兆江也對這個現象所造成激進、保守兩派對峙的影響有詳細的描述：

> 南學會的籌組和成立後的歷次講演，都沒有邀請知名紳士如王先謙、張祖同、葉德輝參加。即或被邀，葉德輝不一定會接受。王、張卻不同，他們分別是湖南新辦實業的負責人，對成立時務學堂和聘用梁啓超為總教習均表示贊同，儼然是新政的領袖人物，他們參與南學會，原是順理成章的事。現在卻被排擠在外，頓失他們原在新政陣營中的領導地位，怨望之情，是不難想見的。王先謙礙於陳

〔註143〕見張之洞：《勸學篇》（鄭州市：中州古籍出版社，1998年），頁85。
〔註144〕見《劍橋中國晚清史（下）》，頁370。
〔註145〕同前註，頁358。

寶箴的情面，出席了南學會第一次聚會，以後便裹足不前。兩個月後，熊希齡、譚嗣同等才試圖拉攏他，邀他到學會講學，但他沒有答應，「辭以難」。顯然，雙方對峙的形勢已發展到不可調解的地步。
〔註146〕

和張、鄺的看法接近，同時又是在各種談論湖南新政失敗因素的篇章中，比較特別的一種論調，是何文輝所認爲的，1898年湖南新舊之爭主要是文化教育體制改革引起的。以今日的後見之明看，眞正的原因乃是維新高潮中的一系列文化新政冷落並冒犯了王先謙等文化權紳，進而觸犯了一大批舊文化體制下的既得利益者。何文輝引述了徐仁鑄的外甥許姬傳在其所著的《七十年見聞錄》中說：「研舅到任後，親自起草〈頒發湘士條誡〉，繼江建霞學使的軌轍，又邁進了一大步，以致引起守舊派的反撲，……新政遭到阻力。」並且進一步指出：這一說法不知爲何常被史家忽略，其實很值得推敲。〈頒發湘士條誡〉是徐仁鑄到任後的第一把火，事在1898年1月底2月初。〈條誡〉內容除勉勵士子研究實學以成爲通達時務的人才外，還特別要大家研習梁啓超編著的《讀西學書法》等書目，並寫讀書心得「呈送備閱，借知所見之當否，所學之淺深」。接著，徐仁鑄又仿張之洞《輶軒語》之例作《輶軒今語》，頒示學宮，其內容也多與康、梁說契合。於是士子聞風而動，皆投學政所好，卻大大地冒犯了那些山長尊師和八股先生。須知舊時書院制度，往往視山長好惡傳一家之言，又專習八股時文，且山長們論資格、分畛域，各有各的勢力範圍，徐仁鑄此舉無異於剝奪他們的安身立命之本。王先謙雖然思想開明，但作爲一代宗師和儒林領袖，其尷尬的處境可想而知。在一封致徐仁鑄的信中，王的惱怒之情溢於言表：「閣下主持康教，宗風所扇，使承學之士，望景知歸。此次敝郡歲試，弟之親友，以南海聖人獲雋者，不下十人，以南海先生入選者，則指不勝屈。……惟事必行之以漸，似不宜過於迫急。若以威勢強人服從，則與西國以兵力脅持行教何異？」在此情形下，王先謙等文化權紳爲維護往昔的尊嚴和地位而反戈一擊，便是情理之中的事了。何文輝因而斷言：「新學的備受推崇不僅威脅到昔日的文化權威，也威脅到所有從事儒業者的地位和生計。學堂、學會掌握新文化資源的同時，侵佔了此前一直與舊文化相聯繫的政治和社會權力資源，比如時務學堂的章程規定：『學生出路，……給予科名仕進之階，或作爲生監，一

〔註146〕見鄺兆江：〈湖南新舊黨爭淺論並簡介《明辨錄》〉，《歷史檔案》1997年第2期，頁107。

體鄉試，或咨送京師大學堂及出洋學習，或保薦爲使署翻譯隨員，與南北製造等局，差遣委用。』南學會及其分會被規定爲全省各類學會之首，其會員享有參預地方事務的政治特權，品學優秀者可經巡撫、學政考核後送總理衙門及大學堂並應特科歲舉之選。這樣，對新學舊學的取捨以及圍繞學堂和學會的紛爭就絕不只是爲蠅頭小利，而是在新舊交替的潮流中，搶佔先機，免遭淘汰，或至少是維護既得利益的鬥爭。因此，隨著各項文化新政自上而下波及全省，發端於省城權力中心的攻擊新政事件也引起廣泛共鳴，發展爲全省範圍內的反維新運動。」〔註147〕

　　何文輝這個論點其實不過是將羅志田的部分論述加以發揮。上文何文輝所指出「既得利益的鬥爭」，就是羅志田的「社會資源分配」說的延伸。羅志田認爲：「由於新政爲地方大吏推動，則伴隨新政的社會資源的分配，常與時人對新政的態度直接相關。原參與新政的一些士紳，後來成爲舊派，其一個重要的具體過結，確實與新政各項舉措之間的分工有關；特別是初期擬設的湖南機器製造公司和時務學堂的資金及管理權限等的分配，頗造成不少問題。當湖南新舊之爭後來表現爲皮錫瑞與葉德輝的筆戰時，皮即注意到『大抵不得志於近日官紳者多歸葉』。王、龍、張、湯都曾是初期新政的主要參與者，後來皆轉爲舊派，說明當道的『近日官紳』對不緊緊追隨新政者的重視不夠，是致彼有怨的一個重要原因。」〔註148〕

　　激進派刻意排擠保守派，不僅是在經濟和文化教育方面，同時在政治權力，即「紳權」上才引起保守派極大的反彈。而保守派的反彈卻刻意避開了新政表面的制度問題，即《湘報》、時務學堂等機關的設立，而直指其內在的實施目的。因此，凡是涉及具有興「紳權」的範圍內的新政，保守派幾乎一律反對，而反對的理由恰恰即是藉「紳權」而遂行「平等」、「平權」的目的。

　　事實上，譚嗣同、梁啓超和黃遵憲等人一再強調開設南學會的目的，就是藉由「紳權」的擴張，以達到成立「議院」、「國會」的終極目標，雖然他們對如何達成這個目標，甚至是對自己所爭取的究竟是什麼權力，往往混淆不清。可以說，湖南新政的失敗，最主要的因素，就是激進派的舉動太過「激

〔註147〕見何文輝：〈失勢的精英及其反抗——戊戌前後湖南新舊之爭的政治學分析〉，《北京行政學院學報》2004年第5期，頁83～85。
〔註148〕見羅志田：〈思想觀念與社會角色的錯位：戊戌前後湖南新舊之爭再思——側重王先謙與葉德輝〉，《歷史研究》1998年第5期，頁68。

進」了，很多事情其實都沒有經過深思熟慮而貿然行動。由「紳權」而進一步促成「議院」的設立，這個策略其實很好，況且陳寶箴願意將保衛局中的權力無條件釋出，就是一個絕佳的機會，可惜激進派並沒有好好把握。

如果譚嗣同等人能清楚地表達他們所要爭取的「紳權」，就是「立法」權、「議事」之權，至少一開始可以從爭取制定章程的權力來要求，而能和保守派合作，或許局面不至於如此下場，也未可知。

譚嗣同在〈治事篇第五・平權〉中已經說得如此明白：「平權，平其議事之權而已。辦事之權仍官操之，無官令，民不敢干也，官又無所於侵權之爲慮也（西國於議事辦事，分別最嚴。議院議事者也；官府辦事者也。各不相侵，亦無偏重。明示大公，陰互牽制。治法之最善而無弊者也）」。(《全集》頁 439）既然譚氏如此了解「議院議事者也；官府辦事者也」，卻何不大聲疾呼「紳權」即是「議事之權」？通篇〈平權〉讀來，還是給人與官爭權的印象，殊爲可惜！

同樣的情況也出現在梁啓超〈論湖南應辦之事〉中：

> 西人議事與行事分而爲二，議事之人，有定章之權，而無辦理之權；行事之人，有辦理之權，而無定章之權。將辦一事，則議員集而議其可否：既可，乃議其章程；章程草定，付有司行之，有司不能擅易也。若行之而有窒礙者，則以告於議員，議而改之。西人之法度，所以無時不改，每改一次，則其法益密，而其於民益便，蓋以議事者爲民間所舉之人也。是故有一弊之當革，無不知也；有一利之當興，無不聞也。……故欲用紳士，必先教紳士。教之惟何？惟一歸之於學會而已。先由學會紳董，各舉所知品行端方、才識開敏之紳士，每州、縣各數人，咸集省中入南學會。會中廣集書籍、圖器，定有講期，定有功課，長官時時臨蒞以鼓勵之；多延通人，爲之會長，發明中國危亡之故，西方強盛之由，考政治之本原，講辦事之條理。或得有電報，奉有部文，非極秘密者，則交與會中，俾學習議事：一切新政，將舉辦者，悉交會中議其可辦與否，次議其辦法，次議其籌款之法，次議其用人之法。日日讀書，日日治事，一年之後，會中人可任爲議員者過半矣。此等會友，亦一年後，除酌留爲總會議員外，即可分別遣散，歸爲各州、縣分會之議員，復另選新班在總會學習。〔註149〕

〔註149〕見《湘報》第 27 號，頁 105。又梁氏曾撰有〈古議院考〉一文：「問：泰西

梁啓超和譚氏一樣，對西人議事與行事二分極其了解，但是同樣也沒有一針見血之論。和譚氏上文一樣，通篇讀來仍然缺乏直接將「紳權」與「議事之權」連結的語氣，甚至於缺乏論說「紳權」該具有哪些權力。

至於汪康年對議院的認識，曾說：「顧或患權之下移，不知君民共主之國，凡國有大事下諸議院，議院議之斷之，君而行之。官君有不同，可使復議，議不能定，可更置議員，是大權仍操之君。……議員但能議其事，而不能必其行。」〔註150〕而康有爲〈請定立憲開國會摺〉也說：「臣竊聞東西各國之強，皆以立憲法開國會之故。國會者，君與國民共議一國之政法也。蓋自三權鼎立之說出，以國會立法，以法官司法，以政府行政，而人主總之，立定憲法，同受治焉。人主尊爲神聖，不受責任，而政府代之。東西各國，皆行此政體。」〔註151〕則根本都只是抄襲西人說法，並無確切實施辦法，即如何選人，如何行事，也根本沒提到可先以「紳權」代「國會」之權。〔註152〕

各國何以強？曰：議院哉，議院哉！問：議院之立，其意何在？曰：君權與民權合，則情易通；議法與行法分，則事易就。二者斯強矣。……問：今日欲強中國，宜莫亟於復議院？曰：未也。凡國必風氣已開，文學已盛，民智已成，乃可設議院。今日而開議院，取亂之道也。故強國以議院爲本，議院以學校爲本。」（《時務報》第10冊，1896年11月5日）也還沒有形成以「紳權」代「民權」的想法。1897年5月，狄考文等在《萬國公報》撰文，看法竟然和梁氏相同：「東西兩洋，國勢勃興，推厥所由，實維議院與報館。目前中國情形，難遽倣傚。以議院言，非但少堪充議員之人，亦並少能舉議員之人。……識字之民日以多，辦事之才日益眾，於是創設議院，以通上下之情，廣開報館，以合遐邇之勢。」（狄考文等，〈擬清創設總學堂議呈譯署王大臣〉，《萬國公報》（臺北市：華文書局，1968年）第100冊）

〔註150〕見汪康年：〈論中國參用民權之利益〉，《戊戌變法・三》，頁147。

〔註151〕見《戊戌變法・二》，頁236。

〔註152〕如《萬國公報》曾刊登〈譯民主國與各國章程及會議堂解〉一文，詳細介紹西方國家的三權分立制度，文中說民主國章程，「最要言之，不過分行權柄而已」，權分爲三：「一曰行權，二曰掌律，三曰議法。」行權者的職能是「皆照章程中已定之法及會議堂議定之事辦理也，其所辦理者凡錢糧出入、國用開銷以及簡派督兵官職、提調水陸兵」、「與鄰國往來立約等事而已」。掌律者的職能是「凡清厘案牘、分給家產、判斷債務，不爲朝廷所拘，不受公議堂所制，且可解說律法於國皇之前也」。議法者的職能是「總理國中一切律例，聽其酌議，凡增減錢糧、籌畫國用是也。」（《萬國公報》第340卷，1875年6月12日第2本，頁1065）之後，林樂知也把美國1787年的聯邦憲法完整地介紹到中國來，憲法全文共七條：一、凡立法權柄總由國會中元老紳董兩院司掌，即上下兩院之大臣也，外職不得逾分辦理。二、凡行法權柄總歸民主主持，位分正副，率任四年。三、凡國中審判總權歸國會之司審總院及所屬各官。四、凡邦會所辦政務，無論何事，系我同聯之邦皆當信以爲實，不可是此非彼。五、我國政

尹飛舟在論述南學會時，曾這樣評論：「南學會實際上未成爲『國會』的基礎，也沒成爲『地方議會的雛型』。原因很簡單，雖然在 19 世紀 80 年代，

體既立之後，國會及各邦會之中若有三分之二欲修改政體者，許即會同商政。六、凡我同聯之十三邦與英戰之時，無論軍需公務所欠銀兩，或借自別款以及居民，或貸從他國，總歸新國按數償還。七、我同聯邦內見此政體，若有九邦意屬可行，其餘數邦縱有意見不合者，我民概行從眾，不問其餘。(《環遊地球略述》,《萬國公報》第 642 卷,1881 年 6 月 4 日,第 13 本,頁 8144) 1889 年《萬國公報》復刊後，從第 9 冊開始連載《海外聞見略述》，對美國的民主制度進行了詳細的介紹。在談到美國國制時，它寫道：「美利堅，民主之國也。凡法制政令均由公議而出，故不特京都省會有公議院，即各縣各鄉亦必有之。議事之人亦由民間選舉，縣之議事由各鄉而來，省之議事由各縣而來，又每省二人，赴京都上議院，又隨省份大小，人數多寡，舉三四人或五六人赴下議院。議會即集，公舉一人爲會正，主理期會。每議事件必詳細辯論，反覆審度，以期盡善盡美而後已，極少須得過半人言是則爲定議。凡事下議院定呈於上議院，復由上議院議定呈於國主畫押爲據，然後頒發民間一體遵照。」(《萬國公報》第 15 冊,1890 年 4 月,第 17 本,頁 11112) 這些都足以提供包括康、梁、譚氏等人對西方國會、議院的基本認識。然而，這畢竟是西方的制度，要當時的中國全盤接納，不僅民智未開而難以成立，保守派也根本反對到底。最好的策略，不妨從清朝的祖宗成法中，去尋找可以爲君臣所共同接受的制度，豈不更好！趙雲田曾在〈臺北故宮博物院查檔記〉中提及：「我在看光緒朝朱批奏折的時候，遇到了『何貝』一詞，不理解是什麼意思，問有關專家學者，也不清楚，於是這個問題就擱置下來。在台北故宮博物院，由於莊先生幾乎天天來看檔案，在此之前，我們又已經是很熟悉的朋友了，所以，休息的時候，談一些學術問題，我順便就把『何貝』問題提了出來，請莊先生賜教。我還把有關檔案展示給莊先生。檔案中寫道：『……同治十二年間，准理藩院奏定新章內開：嗣後喀爾喀四部落盟長、副將軍、副盟長、何貝及有無派差之各汗、王、貝勒、貝子、公、扎薩克等，如遇患病請假，由該將軍、大臣及盟長等分別查驗屬實，均由該將軍、大臣奏明，給假兩個月。俟限滿病仍未癒，再由該將軍、大臣奏請續假四個月，先後統計六個月，以符定制。如再限滿未癒，即由該將軍、大臣等奏明開缺等語。查三盟盟長呈報，何貝輔國公扎薩克達爾瑪巴扎爾前因患病，……今假限已滿，……照例奏請開缺。仍戴原品頂帶，不食俸，其所出何貝輔國公扎薩克各缺，應由該盟長照例報部，另行揀放承襲，以符定制。……光緒九年十二月二十九日(光緒朝朱批奏折一一四輯112 號)』莊先生看過這段檔案之後說：『何貝』可能是指『將軍』等職銜吧？可檔案中已經有『將軍』的詞了。我說。莊先生表示讓他再考慮一下，便回到自己的工作室去了。只一會兒，他就回來了，還帶來一本詞典。莊先生指著詞典某一處的解釋對我說：『何貝』，有『議會』、『議政處』、『協商』等意思，作爲官名，還有『議政大臣』、『參贊大臣』等意思。看來，『何貝』就是指參政官。」(中華文史網：http://www.historychina.net/cns/QSYJ/WXWD/DALY/11/27/2007/21793.html) 如果激進派能從這個角度去思考運用這樣的策略，保守派又該如何回應呢？

薛福成等維新思想先驅就曾論述過議院，但究竟還只是些新鮮概念，並沒有
這方面的實踐。正如梁啓超等維新派對於學堂如何辦並無主意一樣，對於議
院應如何辦，也說不清楚。」〔註153〕或許，激進派如果能再深思熟慮一番，
掌握住擴張「紳權」的機會，並且能勸說保守派合作，而不是逐保守派，使
之趨向於反維新新政的對立面，則湖南新政也不至於最終全盤傾覆。

〔註153〕見氏著《湖南維新運動研究》（長沙市：湖南教育出版社，1999 年），頁 106。

第六章　從奉旨入京到菜市口就義

一、戊戌北上

　　譚嗣同在戊戌年五月得以北上入京，雖然是由於侍讀學士徐致靖的奏保，但得力於時任湖南學政徐仁鑄的推薦，應是不爭的事實。據許姬傳描述徐仁鑄幕僚周善培的回憶，說徐仁鑄「與譚嗣同、梁任公、黃公度最爲投契」。〔註1〕但是否眞是出自徐致靖的奏保，似乎還有可議之處。

　　徐致靖於光緒二十四年四月廿五日所上〈國是既定，用人宜先，謹保維新救時之才，請特旨委任摺〉說：「江蘇候補知府譚嗣同，天才卓犖，學識絕倫，忠於愛國，勇於任事，不避艱難，不畏謗疑，內可以爲論思之官，外可以備折衝之選。……黃遵憲、譚嗣同二員，可否特論該省督撫送部引見，聽候簡任之處，出自聖裁，非臣所敢擅請。」〔註2〕

　　黃彰健先生曾對徐致靖這份奏摺進行了一番考證，認爲此摺係康有爲代擬。黃先生依據梁鼎芬所撰的〈康有爲事實〉，附加按語：「楊深秀、徐致靖〈定國是摺〉既係康代草，則在四月二十三日光緒頒定國是詔後，徐氏上摺保薦施行新政人才，徐摺係康、梁代草，應可信。在戊戌年，康欲依託日歷史來改革中國內政，故在戊戌五六月所進呈之《日本變政考》中，改竄日本歷史。……與日本眞實歷史不符，與康氏之作風相合。此亦徐氏保薦人才摺爲康所草最佳之證據。康弟子張伯楨所編康有爲《萬木草堂叢書目錄》著錄

〔註1〕　見許姬傳：《許姬傳七十年見聞錄》（北京市：中華書局，1985年），頁40。
〔註2〕　見光緒二十四年七月十一日《知新報》，轉引自《戊戌變法・二》，頁336～337。

有〈徐致靖奏疏〉，此亦戊戌年徐所上摺爲康代撰之一證。」〔註3〕

孔祥吉頗贊成黃先生的論點，還認爲徐氏此摺薦舉譚嗣同等人，很可能受徐氏之子仁鑄的影響。戊戌政變後，徐致靖被羈押刑部獄中，仁鑄致總理衙門有〈請代父囚摺〉，其中「臣父一生忠厚篤實，與康有爲素不相知。……稟懇臣父保薦，……茲康有爲獲罪，臣父以牽連逮問，推其原故，皆臣妄聽輕舉之所致也」等語，孔祥吉最後結論認爲：「徐致靖此摺，似應由多種因素，促而成之，然應以康氏授意爲主要因素也。」〔註4〕孔祥吉在早先的著作中也有一段文字與上述論述相似，「康有爲授意別人奏薦自己，還有一最好例證，即光緒二十四年七月二十九日徐致靖所上〈遵保康有爲等以備顧問摺〉。王照在《關於戊戌政變之新史料》中謂係康有爲登門請托：「康來面有喜色，告徐與照曰：『譚復生請皇上開懋勤殿，用顧問官十人，業已商定，須由外廷推薦，請汝二人分薦此十人。』而康氏在自編年譜中卻對此情形矢口否認，反而說：『徐學士亦請開懋勤殿，又竟薦我。』康氏在國勢危迫之時，毛遂自薦，力圖施展自己的政治抱負，是可以理解的。又此摺與徐仁鑄函請其父徐致靖推薦康、梁、譚有關，這一點亦不宜忽視。」〔註5〕黃先生認爲徐氏該摺係康有爲「代撰」，孔祥吉則語氣稍緩認爲是康氏「授意」，這兩者之間程度卻有差別。若只是「授意」，則徐致靖還是會照自己的意見擬稿繕摺，可是徐氏對譚嗣同等人卻不熟悉，因此孔祥吉才會在兩段論述中都提到徐仁鑄的介入影響。如果徐仁鑄的確介入其中，是否也可以說這份奏摺是出自徐致靖親撰，甚至是徐仁鑄幫忙「代撰」，而不是出於康有爲所「代草」的？以徐仁鑄對康有爲的崇拜，和在湖南時對譚嗣同、黃遵憲、梁啓超的了解，這份奏摺可能出於徐仁鑄之手也未可知。

〔註3〕見黃彰健編：《康有爲戊戌眞奏議》（臺北市：臺灣商務印書館，1974年），中央研究院歷史語言研究所史料叢書，頁29～30。

〔註4〕見孔祥吉：《救亡圖存的藍圖——康有爲變法奏議輯證》（臺北市：聯合報系文化基金會，1998年），頁101～102。

〔註5〕見孔祥吉：〈康有爲戊戌年變法奏議考訂〉，《戊戌維新運動史論集》（長沙市：湖南人民出版社，1983年），頁335～336。孔氏引徐仁鑄〈請代父囚摺〉文中說康有爲與徐致靖「素不相知」，而是徐仁鑄「妄聽輕舉」，以致徐致靖「不及博訪，遽以上陳」。其實，徐致靖和康有爲並非「素不相知」，《康南海自編年譜》說得很清楚：「吾以開會，由金頂廟遷至上斜街，與徐宅相望，旦夕過從。徐君老而好學，乃至請吾說《春秋》，側座聽之，近古所無也。」見《戊戌變法·四》，頁144。

　　與上述黃先生的意見不同而持反對立場的，則是翟國璋發現此摺有不是
康氏代筆的證據，翟氏的論證茲分別引述如下：

一、康有為在《自編年譜》中，凡是為徐致靖代草奏摺，幾乎都有明確
　　記錄如「十八日乃草摺請定國是，而明賞罰，交楊漪川上之，……
　　又為一篇，交徐子靜學士上之」；「二十三日奉明定國是諭，舉國歡
　　欣。先是又草變科舉摺，亦為一篇，分交楊漪川、徐子靜上之」；「以
　　新定科舉事，……自草一摺，為徐學士草一摺」；「時正月所上制度
　　局一摺，……學士徐子靜，皆以制度局為然，我為之各草一摺」；「乃
　　請置三四五品散卿，三四五品散學士，草摺交徐子靖侍郎上之」；「先
　　是為徐學士草摺薦袁（世凱），……」。康有為惟獨沒有提及〈保薦
　　人才摺〉。

二、也是在《自編年譜》中，提到徐致靖向光緒帝推薦他，先後有三次。
　　一是〈保薦人才摺〉「上之用譚嗣同，以其與我同為徐學士及李芯園
　　尚書所薦」；一是「徐致靖學士請開編書局於京師，薦我編萬國強盛
　　弱亡之書」；三是「徐學士亦請開懋勤殿，又竟薦我」。字裡行間沒
　　有透露絲毫是假徐之手的意思，這絕非是避「毛遂自薦」之嫌。

三、胡思敬曾說，「有為見致靖疏，許為知己，一日三往叩謝」。四月，
　　徐上兩摺，一是〈請明定國是疏〉，二是〈保薦人才摺〉。前者由康
　　代筆，用不著向徐「叩謝」；引起康感激之情，「一日三往叩謝」，「許
　　為知己」的，只能是後者了。這也可以斷定，〈保薦人才摺〉是徐所
　　擬，而康事前並不知道。

四、四月二十三日〈明定國是詔〉下，康有為原定於第二天返粵，適在
　　此時接到家書，云：「粵中疫病甚盛，學者皆散歸，宜遲歸，即還，
　　亦當在上海少候。」康則覺得：「是日以國是既定，與其候於上海，
　　不如少留京師，或更有補，遂遲遲行。二十五日忽為徐學士薦備顧
　　問，奉旨著於二十八日預備召見。」這證明，關於被薦事，他沒有
　　任何思想準備，此摺怎麼會是他自己寫的呢？

五、與康有為同時被薦的還有張元濟。這位當事人毫不含胡地說：「戊戌年
　　四月二十八日光緒召見康有為和我，那時我還在總理衙門供職，為什
　　麼召見呢？因為當時翰林院侍讀學士徐致靖上一個摺子給光緒，保舉
　　康有為和我。」張元濟這段話寫於 1949 年 2 月，如果此摺是康代筆，

五十年後定然眞相大白，當事人張元濟不會不知道。〔註6〕

翟氏的論證除第五點似較牽強，其他則頗言之有理。再者，據孔祥吉所引徐仁鑄〈請代父囚摺〉來看，如果徐致靖的〈保薦人才摺〉確是由康有爲代筆，則徐仁鑄大可公開說明，將責任推給康有爲，又何必把罪過攬在自己身上，是自己「妄聽輕舉」？在沒有明確證據可資判斷下，〈保薦人才摺〉似可暫視爲徐致靖所親擬的。

在這份奏摺呈上之後，光緒立即於同一日上諭內閣：「翰林院侍讀學士徐致靖，奏保通達時務人才一摺，……江蘇候補知府譚嗣同，著該督撫送部引見。」〔註7〕

五月初二日譚嗣同在給妻子李閏的信中，提到被保薦的事：「正欲起程赴鄂，忽然記出一件至要之事：我既保舉進京，而功名保札、部照及一切公文，均未帶來，茲特專人來取。請詳細檢出來，并捐道員之實收，一一點清，封作一包，外加油紙，即交送信人帶下，萬不致誤。……我此行眞出人意外，絕處逢生，皆平日虔修之力，故得我佛慈悲也。夫人益當自勉，視榮華如夢幻，視死辱爲常事，無喜無悲，聽其自然。惟必須節儉，免得人說嫌話。」（〈致李閏·一〉，《全集》頁530）可以看出雖然譚氏當時的心情略顯矛盾，將榮華與死辱對舉，而一歸於「無喜無悲，聽其自然」，彷彿對北上進京的前景不太樂觀而刻意淡化，可是卻又表現出「絕處逢生」而大有可爲的期待。

與戊戌北上一事有關的一項爭議，出自於譚氏在〈戊戌北上留別內子〉詩前的小序：「戊戌四月初三日，余治裝將出遊，憶與內子李君爲婚在癸未四月初三日，恰一十五年。」（《全集》頁284）黃彰健先生斷定序文中的日期應爲「五月三日之誤」，賈維對此推斷不以爲然，認爲「難免武斷之嫌。如果譚氏將此時間弄錯，那麼只有兩種可能，或者是譚氏搞錯了自己的結婚時間；或者是譚氏搞錯了自己寫詩的時間，將五月三日當作四月三日，而且相差一個月之多！很顯然，這兩種解釋都非常牽強附會，難以令人信服。如果我們撇開各種不必要的假設，直接按照其字面意義來理解，那麼〈戊戌北上留別內子〉詩就向我們透露了如下信息：該詩作於戊戌四月初三日，是譚嗣同在瀏陽臨行前的告別之作。譚氏閏三月十八日返回瀏陽，逗留近半月，當於四月初四日或初五日返抵

〔註6〕 見翟國璋：〈徐氏父子與戊戌變法〉，《江蘇教育學院學報（社會科學版））》，1999年7月第15卷第3期，頁88。

〔註7〕 轉引自《戊戌變法·二》，頁20。

長沙。〈戊戌北上留別內子詩〉的重要價值之一，就在於它為我們提供了判斷譚氏何時自瀏返蓉確鑿無疑的證據。」〔註8〕賈維的推論可以由以下資料予以補充。皮錫瑞《師伏堂未刊日記》戊戌閏三月十八日記有：「復生亦歸瀏陽去矣。」〔註9〕而之後譚嗣同從瀏陽返回長沙原因，是譚繼洵來電報告知張之洞委任機器製茶事。譚氏在〈上歐陽中鵠・十八〉有所說明：「頃奉家嚴電諭云，聞湘以漕項減款練團，此舉甚善，令在縣勸官紳照辦（其電頃已寄熊秉三，因電中另有機器製茶事，須與一商也）。」（《全集》頁472～473）又《師伏堂未刊日記》戊戌閏三月二十八日也提到：「復生香帥委辦湖南焙茶公司。」〔註10〕因此譚氏決定北上返回長沙。〈戊戌北上留別內子〉所引起的爭議，其實很清楚。從譚訓聰贊成黃彰健的論證，並認為詩句中寓有「公蓋知此行之艱鉅，事不易辦，……細味此詩，實含有付家託孤之意」。〔註11〕可見得黃先生將〈戊戌北上留別內子〉一詩中的「北上」二字，誤解為是譚氏五月北上赴京一事，譚訓聰的說明也同樣是出於誤解。機器製茶事不至於艱鉅到要「付家託孤」吧！譚訓聰也應是指北上進京一事。而賈維的解說雖指出「北上」其實只是「自瀏返蓉」，卻沒有發現黃先生係誤解「北上」的意思。

　　五月初四日譚嗣同〈致鄒岳生・二〉信文交代了此後的行蹤：「到省後，頗為俗務所纏。機器製茶事，方弄得有頭緒；而忽被保薦，即須入京引見。橫生事端，無過於此。只好暫將諸事擱起，一意收拾行李，日內起程，過鄂小住數日，便往江南領取咨文，隨即北上。他事尚不要緊，但為此增出無數『背弓』，大為可惱！」（《全集》頁490）但是譚氏北上至武昌撫署後，卻因病耽擱了行程。到了六月十二日光緒再發一道上諭：「電寄劉坤一等，湖南鹽法長寶道黃遵憲、江蘇候補知府譚嗣同，前經諭令該督撫，送部引見，著劉坤一、張之洞、陳寶箴，即行飭令該二員迅速來京，毋稍遲延。」〔註12〕譚氏於六月十三日〈致李閏・二〉說：「總理衙門有文書（係奉旨，又有電報）來，催我入都引見，可見需人甚急。雖不值錢之候補官，亦珍貴如此！聖恩高厚，蓋可見矣。現定本月十六日乘輪赴南京領取咨文，趕速入都，途中別

〔註8〕　見賈維：〈關於譚嗣同戊戌北上的兩個問題─兼與黃彰健先生商榷〉，《船山學刊》2006年第1期，頁35。
〔註9〕　見《湖南歷史資料》1959年第1期，頁103。
〔註10〕　同前註，頁109。
〔註11〕　見《譚嗣同研究資料匯編》，頁27。
〔註12〕　見《德宗景皇帝實錄》卷421，頁14，轉引自《戊戌變法・二》，頁47。

無耽閣，亦甚忙碌。此後暫不寫家信，實因無暇，幸勿懸盼爲要。」（《全集》頁531）七月初五日譚氏抵達北京，住瀏陽會館。在七月十一日〈致李閏‧三〉信中又記：「在鄂連寄數信，嗣於六月十六日起程，本月初五日到京，事之忙迫，殆不勝述。朝廷毅然變法，國事大有可爲。我因此益加奮勉，不欲自暇自逸。幸體氣尚好，精神極健，一切可以放心。此後太忙，萬難常寫家信，請勿掛念。……我十七、八可引見。」（《全集》頁531～532）「無暇」、「太忙」等語，都顯示出譚氏對此次進京後的作爲抱有極大的熱忱和希望。

二、入值軍機處

七月二十日，光緒上諭內閣：「候補侍讀楊銳、刑部候補主事劉光第、內閣候補中書林旭、江蘇候補知府譚嗣同，均著賞給四品卿銜，在軍機章京上行走，參預新政事宜。」〔註13〕擢用四京卿。

康有爲在《康南海自編年譜》裡曾記載擢用四京卿的事說：

> 上以樞臣老耄守舊，而又無權去之，乃專用小臣，特加侍讀楊銳、主事劉光第、中書林旭、知府譚嗣同，以四品卿銜，爲軍機章京，參預新政。上以無權用人爲大臣，故名爲章京，特加「參預新政」四字，實宰相也。即以群僚所上之摺，令四人閱看擬旨，於是軍機大臣同於內閣，實伴食而已。有湖南舉人曾廉上書，請殺吾及卓如，上特發交譚嗣同擬旨駁之。又傳我密諭，令林旭帶出，蓋上之用林旭，以其奏摺稱師，知爲吾門生。上之用譚嗣同，以其與我同爲徐學士及李苾園尚書所薦，皆吾徒也，故拔入樞垣。楊、劉爲楚撫陳寶箴所薦，而陳寶箴曾薦我，楊漪川又曾保陳寶箴，上亦以爲皆吾徒也，而用之。時譚復生實館於吾，林暾谷亦日日來，上意有所欲傳，吾有所欲白，皆借譚、林通之，時李苾園尚書奏薦甚力，上以忌西后未敢顯然用，故用譚、林、楊、劉代之，上之意極苦矣。〔註14〕

梁啓超在其所著《戊戌政變記》裡也有兩段文字記述這件事，其中一段說：「至七月特擢楊銳、林旭、劉光第、譚嗣同四人爲四品卿，參預新政。蓋因楊銳、劉光第等皆保國會會員，且由陳寶箴奏薦，林旭則康之弟子，而譚嗣同爲康所最親信之人也。皇上因西后及大臣疑忌，不敢用康，而特擢此四人，其用

〔註13〕見《德宗景皇帝實錄》卷424，頁20，轉引自《戊戌變法‧二》，頁75。
〔註14〕見《康南海自編年譜》，轉引自《戊戌變法‧四》，頁157。

心之苦，有非外人所能知也。自此皇上有所詢問於康，則命四卿傳旨，康有所陳奏，亦由四卿密陳，不復由總署大臣矣。」〔註15〕又一段說：「皇上至是時，亦知守舊大臣與己不兩立，有不顧利害誓死以殉社稷之意，於是益放手辦事，乃特擢楊銳、林旭、劉光第、譚嗣同四人參預新政。參預新政者，猶唐之參知政事，實宰相之任也。命下之日，皇上密四人以一密諭，用黃匣親緘之，蓋命四人盡心輔翼新政，無得瞻顧也。自是凡有奏章皆經四人閱覽。凡有上諭，皆由四人擬稿。軍機大臣側目而視矣。」〔註16〕梁啓超前一段文字記述和康氏所言大致相同，而後一段文字似乎稍嫌誇大。

不過王夏剛在〈清代檔案中譚嗣同資料釋讀〉一文中有詳細的考證，可支持梁氏的說法：

> 七月十五日，譚嗣同到達北京，七月十九日，吏部帶領引見，同日奉旨，「江蘇候補知府譚嗣同奉旨著於二十日預備召見」。七月二十日，他受到光緒帝召見。目前保存的檔案裡有兩份安置意見。一份內容爲：「明保江蘇候補知府譚嗣同旨著以知府仍發江蘇，儘先即補，並交軍機處存記。」另一份內容則爲：「內閣候補侍讀楊銳、刑部候補主事劉光第、內閣候補中書林旭、江蘇候補道惲祖祁、江蘇候補知府譚嗣同。」並在楊、劉、林、譚名上有硃圈，當日上諭就確定了譚嗣同等人的任職，「候補侍讀楊銳、刑部候補主事劉光第、內閣候補中書林旭、江蘇候補知府譚嗣同，均著賞給四品卿銜，在軍機章京上行走，參預新政事宜」。是什麼原因促使光緒帝對譚嗣同的任用，發生了重大變動？由原本命令他「以知府仍發江蘇」，到後來決定任命他爲參預新政的四品軍機章京，決策背後的因緣曲折，值得思考。〔註17〕

王夏剛沒有進一步說明原因爲何，恐也是一時找不到相關證據。至於譚嗣同等人入值軍機處後的工作情況，則是：

> 譚嗣同等四位軍機章京被任命後，其職權範圍是多大，目前尚未見明確的記載，楊銳在給其弟的信裡，提及曾奉上諭：「爾等當思現在時務艱危，凡有所見及應行開辦等事，即行據實條列，由軍機大臣呈遞，

〔註15〕梁啓超：《戊戌政變記》（臺北縣：文海出版社，1964年）卷1，頁31。
〔註16〕同前註，卷3，頁7。
〔註17〕見《史學月刊》2006年第7期，頁119。

候朕裁奪。」並說：「每日發下條陳，恭加簽語，分別是否可行，進呈御覽。」劉光第在〈升軍機章京謝恩折〉裡的話值得玩味，他說：「軍機為絲綸重地，如臣樗昧，懼弗克勝，惟有吁求宸訓，敬謹遵循。於一切新政事宜，稟承軍機大臣，妥慎辦理，以冀仰答高厚鴻慈於萬一。」在與弟書裡，他對工作狀況作了進一步的解釋，即「不過分看條陳時務之章奏耳」。上述材料表明兩點：一、新任軍機章京的職責是分看時務條陳。二、新任軍機章京沒有直接上書皇帝的特權，他們如有上書，需要通過軍機大臣代遞。目前留下的關於他們在軍機處工作的材料，主要是他們對當時的條陳所批的「簽語」，這些「簽語」均未署名，但可以說明，楊銳、劉光第在其私信中所談到的他們實際工作的情形，即專門負責處理司員、士民的上書。〔註18〕

王夏剛更進一步指出，司員、士民的上書，先由新進四章京簽擬，有如「票擬」，雖然他們處理的文件在帝國的政治中不算最為重要，但他們的權力實際上要大於軍機大臣，這是因為軍機大臣是奉旨擬旨，是先有旨意後有諭旨；而新進四章京是先有意見，然後奏明，形成旨意，而一旦形成旨意，在帝國的政治結構中又難以更改。茅海建先生在第一歷史檔案館發現了 14 件「簽語」，其中一條最終成為上諭。〔註19〕至於上書，根據《諭折匯存》，軍機四章京任職期間，劉光第曾上謝恩折，楊銳等人曾為蜀學堂事上折，譚嗣同是否上書，尚無法確定。譚嗣同等人的工作權限及性質已如上述，但是除此之外，他們和光緒帝有無別的聯繫渠道或溝通方式，尚有不同的說法。目前記載譚嗣同與光緒帝對話的文獻裡，涉及了以下幾件事：1.建議開懋勤殿。2.詢問光緒帝病情。3.推薦唐才常。4.光緒帝曾口諭譚嗣同，講述變法的苦衷。光緒帝口諭譚嗣同的時間，尚無法判定，此件的真偽，亦有待甄別，但從內容來看，不會是七月二十日的召見，因為從現存檔案看，尚無讓譚嗣同留京的意圖。5.在光緒帝前多次保薦袁世凱。袁世凱在《戊戌日記》裡提到譚嗣同告知他自己曾經在光緒帝面前推薦過袁。而相同的說法亦見於康有為的記載。上述說法如要成立，其前提就是要確定這樣一個細節：光緒帝在「百日維新」期間，是否多次召見譚嗣同？儘管當時的《新聞報》、《字林西報》的報道以及蘇繼祖、胡思敬等人的記載，都提及光緒

〔註18〕見《史學月刊》2006 年第 7 期，頁 119。

〔註19〕可參閱茅海建，《戊戌變法史事考》（北京市：生活・讀書・新知三聯書店，2005 年），頁 70～82、頁 237～254。

帝與軍機四章京有另外的召見機會，但根據現存的檔案記載，在「百日維新」
期間，譚嗣同僅被光緒帝召見過一次。《諭折匯存》對軍機四章京在新政期間被
召見的記載，分別是楊銳兩次、林旭兩次、劉光第一次、譚嗣同一次。楊銳被
召見兩次，一次是在任命前，一次是在七月二十九日，光緒帝賜其密詔，讓其
出主意來緩和帝后矛盾，均可得到文獻佐證。至於其他人的召見次數，是否如
《諭折匯存》所記述的那樣，尚需進一步的佐證。目前尚無檔案材料來透露出
哪怕是一星半點的光緒帝曾經給予譚嗣同等人另外的召見機會的信息，因此上
述說法至今為止，還只是難以驗證的傳言。而目前能夠肯定的是，譚嗣同等人
在任職軍機章京期間，負責對司員士民上書的處理，其中他們的一些簽語最終
成了上諭，僅此而已。〔註20〕

　　王夏剛的考證和論述可謂極其詳盡，不過《譚嗣同全集》中還是收錄了
一篇譚氏代擬的上諭，七月二十七日：

　　戊寅，諭內閣：國家振興庶政，兼采西法，誠以為民立政，中西所
同，而西人考究較勤，故可補我所未及。今士大夫昧於域外之觀者，
幾若彼中全無調教，不知西國政治之學，千端萬緒，主於為民開其
智慧，裕其身家，其精乃能美人性質，延人壽命。凡生人應得之利
益，務令其推廣無遺。朕夙夜孜孜，改圖百度豈為崇尚新奇，乃眷
懷赤子，皆上天之所畀，祖宗之所遺，非悉令其康樂和親，朕躬未
為盡職。加以各國環處，陵迫為憂，非取人之所長，不能全我之所
有。朕用心至苦，而黎庶猶有未知，職由不肖官吏，與守舊之士大
夫，不能廣宣朕意，乃反胥動浮言。使小民搖惑驚恐；山谷扶杖之
民，有不獲聞新政者，朕實為歉恨。今將變法之意，布告天下，使
百姓咸喻朕心，共知其君之可恃，上下同心，以成新政，以強中國，
朕不勝厚望。著查照四月二十三日以後，所有關乎新政之諭旨，各
省督撫，均迅速照錄，刊刻謄黃，切實開導。著各省、州、縣教官，
詳切宣講，務令家喻戶曉。各省藩臬、道府，飭令上書言事，毋事
隱默顧忌。其州、縣官，應由督撫代遞者，即由督撫將原封呈遞，
不得稍有阻格，總期民隱盡能上達，督撫無從營私作弊為要。此次
諭旨，並著懸掛各省督撫衙門大堂，俾眾共觀，庶無壅隔。(《全集》

〔註20〕見王夏剛：〈清代檔案中譚嗣同資料釋讀〉，《史學月刊》2006 年第 7 期，頁
119～120。

頁 550～551） 〔註21〕

對於此次上諭頒發的背景以及意義，梁啓超在《戊戌政變記》一書的〈新政詔書恭跋〉裡有所評述。他說：

> 於時守舊諸臣，謠謗紛紜。不止攻擊康有爲，且多直詆聖上者，上更爲諄諄教戒，復下此諭。嗚呼，上愛民之心，救中國之勇，施行新政之決，通達西人政學之深如此，其所務乃在於開民智，裕民身，美性質，延壽命，試問士大夫閉關守舊者，能知此乎？即言西人軍兵炮械之精奇者，亦豈能知此乎？至於使百姓咸喻聖心，教誨愛養之意，古今詔書所未見，海外商民讀此詔莫不感泣，則人人當有同心矣。先是迭經割削，民有離心，至是四萬萬人皆知國有聖主，人人翹首企足，復望自強矣。請以新政刊刻謄黃，乃從康有爲之請，俾民人家喻戶曉，不致爲吏所抑遏也。上旁采人言，無所不至，先是藩臬官尊，例得上摺言事，然過於督撫，自嘉道後無敢上摺者，上乃命下及道府州縣，皆准上摺，所以旁求俊義，博知四海，通下情而達民隱者，國朝未之有也。此詔爲國朝第一詔書，惻怛愛民，饑溺自任，以變中國二千年之弊政，定開懋勤殿選通才入直之旨，爲譚嗣同所草，二十八日即詣頤和園，而旋下不保位之密詔，然則此詔亦爲新政之殿矣，嗚呼痛哉！ 〔註22〕

因此，《全集》的編者即根據梁啓超這段說明，將這篇上諭收入。至於是否眞出自譚嗣同之手，因缺乏明確證據，只能暫時存而不論。

三、圍園密謀與戊戌政變

譚嗣同在入值軍機處期間，是否參與了康有爲等人策動的「圍園密謀」？何以有此密謀產生？又此密謀是否與戊戌政變有關？晚近學者對此有許多的

〔註21〕 譚氏此篇代擬上諭又可見於《德宗景皇帝實錄》卷 425，頁 13～14，轉引自《戊戌變法・二》，頁 84～85。另外，七月庚辰上諭電寄陳寶箴：「有人奏湖南巡撫陳寶箴，被人脅制，聞已將學堂及諸要舉，全行停止，僅存保衛一局等語。新政關繫自強要圖，凡一切應辦事宜，該撫務當堅持定見，實力舉行，慎勿爲浮言所動，稍涉游移。」（見《清實錄・德宗景皇帝實錄》（北京市：中華書局，1986 年）卷 426，光緒二十四年七月下，頁 588）此處奏摺和上諭若非康有爲代擬，則極可能是出自譚嗣同之手。

〔註22〕 見梁啓超：《戊戌政變記》，轉引自《戊戌變法・二》，頁 85～86。

爭議。事件的發生，大致上應是從七月廿八日，光緒皇帝決心開懋勤殿，設顧問官，以議新政開始。《康南海自編年譜》裡曾記道：

> 於時復生、暾谷又欲開議院，吾以舊黨盈塞，力止之。而四卿亟亟
> 欲舉新政，吾以制度局不開，瑣碎拾遺，終無當也，故議請開懋勤
> 殿以議制度，草摺令宋芝棟上之，舉黃公度、卓如二人。王小航又
> 上之，舉幼博及孺博、二徐並宋芝棟。徐學士亦請開懋勤殿，又竟
> 薦我。復生、芝棟召對，亦面奏請開懋勤殿，上久與常熟議定開制
> 度局，至是得諸臣疏，決意開之。乃令復生擬旨，並云：康熙、乾
> 隆、咸豐三朝有故事，飭內監捧三朝聖訓出，令復生查檢，蓋上欲
> 有可據以請於西后也。先是語復生以上無權，榮祿不臣，復生不信，
> 至是乃悟。是日擬旨樞垣傳出，京師咸知開懋勤殿矣，是日七月二
> 十八日也。〔註23〕

梁啟超在《戊戌政變記》裡也記載：「上既廣采群議，圖治之心益切，至七月二十八日決意欲開懋勤殿，選集通國英才數十人，並延聘東西各國政治專家，共議制度，將一切應興應革之事全盤籌算，定一詳細規則，然後施行。猶恐西后不允茲議，乃命譚嗣同查考雍正、乾隆、嘉慶三朝開懋勤殿故事擬一上諭，將持至頤和園稟命西后，即見施行。乃越日而變局已顯，衣帶密詔旋下矣。」〔註24〕梁氏又在同書〈譚嗣同傳〉裡記述此事說：「及七月二十七日皇上欲開懋勤殿，設顧問官，命君擬旨，先遣內侍持歷朝聖訓授君，傳上言謂康熙、乾隆、咸豐三朝有開懋勤殿故事，令查出引入上諭中，蓋將以二十八日親往頤和園請命西后云。君退朝，乃告同人曰：『今而知皇上之真無權矣。』至二十八日，京朝人人咸知懋勤殿之事，以為今日諭旨將下，而卒不下，於是益知西后與帝之不相容矣。」〔註25〕

　　康有為早在開懋勤殿而被慈禧駁回之前，似乎已預料到後果，因此和譚嗣同等人即秘密籌劃拉攏袁世凱。光緒皇帝召見袁世凱，緣於七月廿六日署禮部右侍郎徐致靖所上的〈密保統兵大員摺〉。〔註26〕徐致靖的保袁摺事實上

〔註23〕見《康南海自編年譜》，轉引自《戊戌變法‧四》，頁159。
〔註24〕見梁啟超：《戊戌政變記》卷3，頁7。
〔註25〕同前註，卷5，頁20。此處對照前章湖南新政失敗之因，光緒出此策略，無非是希望藉祖宗成法的先例來緩和變法阻力，方向應是正確，但譚氏等人卻因此認定皇上無權，反而積極思考如何應變，不能說不是過於急躁之舉。
〔註26〕該摺文見於《戊戌變法檔案史料》（北京市：中華書局，1958年），頁164～

是經過康有爲代筆後奏上的，康有爲自編年譜稱：「先是，爲徐學士草摺薦袁，請召見加官優獎之。又交復生遞密摺，請撫袁以備不測。」〔註27〕因此，廿六日即有上諭：「電寄榮祿，著傳知袁世凱，即行來京陛見。」〔註28〕此前，四月二十七日，光緒皇帝曾下一道諭旨，定於本年秋間奉慈禧太后赴天津閱操。七月初八日，光緒皇帝又下一道諭旨，將奉慈禧赴天津閱兵的日期進一步確定爲九月初五日。人人都疑懼，到時將有廢立之事發生，所以康有爲早有佈置，在六月間便遣徐仁祿入袁幕，刺探袁世凱態度。到七月末旬，閱兵期近，康有爲和譚嗣同便秘密保薦袁世凱，所以才有七月二十六日命榮祿傳知袁世凱即行來京陛見的上諭和是日的召見。〔註29〕

　　戊戌政變隔年，王照亡命日本時，在與日人的一次筆談中，曾提到康有爲等人草摺薦袁一事：

> 至七月二十八日，忽聞徐致靖請召袁世凱入都，照大驚，往問徐，答曰：「我請召袁，爲御外侮也。」照曰：「雖如此，太后豈不驚？」於是照急繕摺，請皇上命袁駐河南歸德府以鎮土匪，意在掩飾召袁入京之計，以免太后驚疑。二十九日午後，照方與徐致靖參酌摺稿，而康來，面有喜色，告徐與照曰：「譚復生請皇上開懋勤殿，用顧問官十人，業已商定，須由外廷推薦，請汝二人分薦此十人。」照曰：「吾今欲上一要摺，不暇及也。」康曰：「皇上業已說定，欲今夜見薦摺，此摺最要緊，汝另摺再擱一日，明日再上何妨。」照不得已，乃與徐分繕薦摺。〔註30〕

王照當時對薦袁所可能產生的後果，頗感憂慮，難道康有爲等人沒有顧慮到這層嗎？但是引起政變的觸發點，並不在於召袁入京，而是在開懋勤殿所引發光緒與慈禧之間的衝突。「有爲又請開懋勤殿，置十友隱奪政權，於是人人怨恨而大禍作也。」〔註31〕七月三十日，光緒皇帝交由楊銳傳出密詔，諭以政變危機，令籌對策。密詔內容如下：

　　　165。
〔註27〕轉引自《戊戌變法‧四》，頁160。
〔註28〕見《德宗景皇帝實錄》卷425，轉引自《戊戌變法‧二》，頁84。
〔註29〕見戴逸主編，張耀南等著：《戊戌百日誌》（北京市：燕山出版社，1998年），頁543。
〔註30〕見王照：〈關於戊戌政變之新史料〉，轉引自《戊戌變法‧四》，頁332。
〔註31〕見劉體仁：《異辭錄》（上海市：上海書店，1984年）卷三，頁36。

近來朕仰窺皇太后聖意，不願將法盡變，並不欲將此輩荒謬昏庸之大臣罷黜，而用通達英勇之人，令其議政，以爲恐失人心。雖經朕屢次降旨整飭，而並且隨時有幾諫之事，但聖意堅定，終恐無濟於事。即如十九日之硃諭，皇太后已以爲過重，故不得不徐圖之，此近來之實在爲難之情形也。朕亦豈不知中國積弱不振，至於阽危，皆由此輩所誤；但必欲朕一旦痛切降旨，將舊法盡變，而盡黜此輩昏庸之人，則朕之權力實有未足。果使如此，則朕位且不能保，何況其他？今朕問汝：可有何良策，俾舊法可以全變，將老謬昏庸之大臣盡行罷黜，而登進通達英勇之人，令其議政，使中國轉危爲安，化弱爲強，而又不致有拂聖意。爾其與林旭、劉光第、譚嗣同及諸同志妥速籌商，密繕封奏，由軍機大臣代遞。候朕熟思，再行辦理。朕實不勝十分焦急翹盼之至。特諭。〔註32〕

曾於清宣統元年任德宗實錄館的詳校官，惲毓鼎之子惲寶惠，在 1960 年 8 月撰寫〈戊戌政變中的袁世凱〉一文，其中提到：「此詔光緒帝當時是面交楊銳袖出去的，亦即是譚所抄的原件，楊被殺後，即密藏他家，後於宣統元年，楊銳之子親賫原藏的硃筆密諭，赴都察院呈遞奏繳，監國攝政王遂交付德宗實錄館。實錄館的定例，只根據內閣發抄、軍機處存檔、懋勤殿內記注三種，此外不收另采錄隻字，就是明知是德宗（光緒帝）的親筆，亦無法纂入……我是實錄館詳校官，在提調裕隆、李經畬案上，親睹原件，曾匆匆抄錄下來，後來各種記載，僅據傳說摘寫數語（「朕位且不保」一語，則大抵相同），從無全錄原文者。」〔註33〕

〔註32〕見趙炳麟：《光緒大事匯鑒》（臺北縣：廣文書局，1978 年），頁 415～416。
〔註33〕見全國政協文史資料委員會編：《文史資料存稿選編精選：清末民初風雲》（北京市：中國文史出版社，2006 年），頁 56～57。惲寶惠抄錄的全文如下：「朕近來仰窺皇太后聖意，不願將法盡變，亦不欲將此輩老謬昏庸之大臣罷黜，而登用英勇通達之人，令其議政，以爲恐失人心。雖經朕屢次降旨整飭，而並且有隨時幾諫之事。但聖意堅定，終恐無濟於事。即如十九日之硃諭，皇太后已以爲過重，故不得不徐圖之，此近來實在爲難之情形也。朕亦豈不知中國積弱不振。至於阽危，皆由此輩所誤，但必欲朕一旦痛切降旨，將舊法盡變，而盡黜此輩昏庸之人，則朕之權力，實有不足，果使如此，則朕位且不能保，何況其他。今朕問汝等，有何良策，俾舊法可以全變，將老謬昏庸之大臣盡行罷黜，而登用英勇通達之人，令其議政，使中國轉危爲安，化弱爲強，而又不致有拂聖意。爾等與林旭、譚嗣同、劉光第及諸同志等要速籌商，密繕封奏，由軍機大臣代遞。候朕熟思審處，再行辦理。朕實不勝十分

八月初一日，光緒按照預定行程，召見袁世凱，之後立刻發一道上諭給內閣：「現在練兵緊要，直隸按察使袁世凱，辦事勤奮，校練認真，著開缺以侍郎候補，責成專辦練兵事務，所有應辦事宜，著隨時具奏。當此時局艱難，修明武備，實為第一要務，袁世凱惟當勉益加勉，切實講求訓練，俾成勁旅，擁護朝廷整頓戎行之至意。」〔註34〕究竟光緒召見袁世凱時，曾當面諭令他哪些事，外人無從得知，然而梁啟超卻在《戊戌政變記》的〈新政詔書恭跋〉裡，記載了這次召見的始末及榮祿等人的反應，說：「康有為草疏請仿日本例置參謀本部，請皇上親御戎衣，自統六軍。……譚嗣同又薦袁世凱之將才，上乃召袁世凱詢問兵事，欲以備參謀部之任，特加其官，令其將應辦事宜，專摺具奏，俾其獨將，無為榮祿所制。又於時宮廷已有廢立之意，雖事秘難知，而先一日密詔已下，言位幾不保，上撫慰將才，欲待天津閱兵時，資其保護也。」〔註35〕按梁啟超的意思，光緒似乎也有意拉攏袁世凱，而目的很明確，是為了於天津閱兵時，能受到保護。但「宮廷廢立」之說是否真實？梁啟超在《戊戌政變記》裡言之鑿鑿：「榮祿諷御史李盛鐸奏請閱兵，因與西后定巡幸天津之議，蓋欲脅皇上至天津，因以兵力廢立。此意滿洲人多知之，漢人中亦多為皇上危者，而莫敢進言。翁同龢知之，不敢明言，唯叩頭諫止天津之行，而榮祿等即借勢以去之。皇上之危險，至此已極矣。」〔註36〕蘇繼祖在《清廷戊戌朝變記》中的〈戊戌朝變紀聞〉則撇清：「或謂榮相請訓時，太后兩次密詔者，即天津閱兵將行廢立也。竊謂不然。……夫太后、榮相每以為此其時也，可以廢立矣，必在宮中調兵入衛，決不及出京到天津，行此大舉動也。……所以蓄意五年不敢遽行者，恐天下不服，外人干預也。……故知斷非來天津行廢立也。」〔註37〕蘇繼祖的解釋雖不無道理，但「天津廢立說」究竟只是傳聞？還是只是康有為等人為了轉移焦點，而拉攏袁世凱才是他們的最終目的？抑或真有其事？

孔祥吉曾指出：「對於頑固派如何反撲，康有為並不明確。維新派始終以慈禧會在戊戌九月天津閱兵時『即行廢立』，康有為的《自編年譜》與梁啟超的《戊戌政變記》，都持有這種觀點。然而，這實際上是一種錯覺，也是后黨

焦急翹盼之至。特諭。」仔細與趙炳麟所錄原文比對，其實大同小異，可能趙炳麟與惲寶惠所見，是同樣一份原件。
〔註34〕見《德宗景皇帝實錄》卷426，轉引自《戊戌變法‧二》，頁95。
〔註35〕見梁啟超：《戊戌政變記》，轉引自《戊戌變法‧二》，頁95。
〔註36〕轉引自《戊戌變法‧一》，頁261。
〔註37〕轉引自《戊戌變法‧一》，頁336。

製造的遮人耳目的煙幕。」八月初二日（9月18日）與維新派關係密切的兵部候補郎中李鍾豫曾遞摺謂：「竊維目今時事艱難，自強要圖，首在武備，皇上恭奉皇太后慈諭，由九月初五日啓蹕，由南苑以至天津，校閱各處操演。此誠整軍經武之隆規。……惟是今年多閏一月，節令較早，九月天氣，即與往年十月無殊，嚴寒道遠，加以校閱勤勞，晷短事繁，似與慈躬珍攝之道，未盡相宜，……若能緩至明年二、三月間，彼時天氣融和，沿途風景，蓋足豫悅慈懷，春色旌旗，發皇飛越，皇太后蹕路所經，必更顧而樂之也。」孔祥吉懷疑李鍾豫的奏摺不知是否與康有爲有關，但他反映的無疑是維新派的意見，希圖以天氣寒冷爲理由，要光緒帝延緩赴津巡閱日期，「以衛慈躬，以彰孝治」，從而達到推遲實行廢立的時間。李摺由剛毅於當日奏上，「奉旨留中」。初二日（9月17日）剛毅還親自遞上《巡幸天津調取駝馬摺》，略謂：「凡遇聖駕巡幸，所有恭備御營、尖營城以及隨扈官兵，需要駝馬繁多，向由臣部先期調取察哈爾牧群駝馬到京，奏請欽派大臣於啓蹕前七日監放，若不先期調取，誠恐貽誤要差。此次皇上於九月十五日南苑團河恭奉皇太后啓蹕，御輪車由鐵路詣天津行營駐蹕，所有隨扈各差，應否援案調取駝馬，抑或統由輪車赴津之處，臣等未敢擅擬，理合奏明請旨，恭候欽定。」當日即奉旨：「著兵部約計隨扈人數，應需駝馬若干，酌量取於南苑、天津兩處備用。」〔註38〕看來「天津閱兵」是勢在必行，但究竟存在於天津行「廢立」之事否？孔祥吉藉上述李鍾豫的〈請緩期巡閱天津摺〉，表達了贊同的立場，但是否還有任何端倪可以佐證？八月初三日戶部候補主事丁乃安條陳「請將天津閱操改在南苑進行」；八月初四日四川拔貢梁正麟條陳「天津閱操請輕車簡從、微行密查」；八月初六日山東巡撫張汝梅又上〈請暫緩赴津校閱各軍摺〉，這些奏摺、條陳又代表何種含義？吳心伯認爲：「天津閱兵兵變之說很大程度上是由於維新派、確切說來是康梁對形勢的錯誤判斷而杜撰出來的。」〔註39〕崔克實也贊同這種觀點，甚至認爲：「要搞軍事政變的是以康有爲爲首的維新派，而不是以慈禧太后爲首的守舊派。『天津閱兵風聞』是維新派用以製造軍事輿論而施放的煙幕彈。」〔註40〕但是否也可以說是守舊派故意放出的消息，目

〔註38〕見孔祥吉：《康有爲變法奏議研究》（瀋陽市：遼寧教育出版社，1988年），頁415～416

〔註39〕見吳心伯：〈戊戌年天津閱兵「兵變」說考辨〉，《學術月刊》1988年第10期，頁66。

〔註40〕見崔克實：〈從「天津閱兵風聞」看康有爲的變法思想〉，《中國近代史》1995

的即是爲了刺激維新派，使其採取激烈的手段而成爲反制的口實？這種策略
的確也讓許多局外人信以爲眞，因此才會有上述的反應。

八月初二日，光緒明諭康有爲迅速出京，前往上海督辦官報局。上諭稱：
「工部主事康有爲，前命其督辦官報局，此時聞尚未出京，實堪詫異，朕深
念時艱，思得通達時務之人，與商治法。聞康有爲素日講求，是以召見一次，
令其督辦官報。誠以報館爲開民智之本，職任不爲不重，現籌有的款，著康
有爲迅速前往上海，毋得遷延觀望。」〔註 41〕是日，光緒又賜康有爲密詔，
令其速往上海，以待他日再用。此詔係由林旭帶出，即康有爲後來所說的「衣
帶詔」。詔書說：「朕今命汝督辦官報，實有不得已之苦衷，非楮墨所能罄也。
汝可迅速出外，不可遲延。汝一片忠愛熱腸，朕所深悉。其愛惜身體，善自
調攝，將來更效馳驅，共建大業，朕有厚望焉。特諭。」〔註 42〕張耀南等人
認爲此次密詔的發出，反映了光緒皇帝的焦慮和震恐。大概他當時已經發現，
守舊派運動訓政之事已漸成事實，所以才在明發上諭之外，再賜密諭促康有
爲出京。據《康南海自編年譜》記，林旭是在八月初三日早持密詔來到康有
爲處的，康有爲接到密詔，「跪誦痛哭激昂，草密摺謝恩，並誓死救皇上」。
看來，他們也已確認情況緊迫，所以才有當晚譚嗣同的說袁勤王。〔註 43〕

八月初三日，掌廣西道監察御史楊崇伊上〈大同學會蠱惑士心紊亂朝局
引用東人，籲懇皇太后即日訓政以遏亂萌摺〉，應是促使康有爲、譚嗣同等人
「說袁勤王」的關鍵。摺文上有言：

> 臣維皇上入承大統，兢兢業業二十餘年，自東瀛發難，革員文廷式
> 等昌言用兵，遂致割地償款。兵禍甫息。文廷式假托忠憤，與工部
> 主事康有爲等，號召浮薄，創立南北強學會，幸先後奉旨封禁革逐，
> 未見其害。乃文廷式不思悔過，又創大同學會，外奉廣東叛民孫文
> 爲主，內奉康有爲爲主，得黃遵憲、陳三立標榜之力，先在湖南省
> 城開講，撫臣陳寶箴親信崇奉，專以訕謗朝廷爲事，湘民莫不痛恨。
> 今春會試，公車駢集，康有爲偕其弟康廣仁及梁啟超來京講學，將
> 以煽動天下之士心。幸士子讀書明理，會講一二次，即燭其奸詐，

年第 6 期，頁 109。

〔註41〕見《德宗景皇帝實錄》卷 426，轉引自《戊戌變法・二》，頁 97。

〔註42〕見羅惇曧：《賓退隨筆》，轉引自《戊戌變法・二》，頁 97。

〔註43〕引自《戊戌百日誌》，頁 556。

京官亦深知其妄，偶有貪鄙者依附之，而吐罵者十居八九。不知何
緣，引入內廷，兩月以來，變更成法，斥逐老成，借口言路之開，
以位置黨羽。風聞東洋故相依藤博文，即日到京，將專政柄。臣雖
得自傳聞，然近來傳聞之言，其應如響。依藤果用，則祖宗所傳之
天下，不啻拱手讓人。臣身受國恩，不忍緘默，再四思維，惟有仰
懇皇太后，追溯祖宗締造之艱，俯念臣庶呼籲之切，即日訓政，召
見大臣，同諮博訪，密拿大同會中人，分別嚴辦，以正人心。庶皇
上仰承懿訓，天下可以轉危為安。〔註44〕

關於是日康有為等人得密詔，商討對策，及派譚嗣同說袁勤王等情況，《康南
海自編年譜》裡有一段記述：

初三日早，暾谷持密詔來、跪誦痛哭激昂，草密摺謝恩，並誓死救
皇上，令暾谷持還繳命，並奏報於初四日起程出京，並開用官報關
防。二十九日交楊銳帶出之密詔，楊銳震恐，不知所為計，亦至是
日，由林暾谷交來，與復生跪讀痛哭，乃召卓如及二徐、幼博來，
籌劃救上之策。袁幕府徐菊人亦來，吾乃相與痛哭以感動之，徐菊
人亦哭，於是大眾痛哭不成聲，乃囑譚復生入袁世凱所寓，說袁勤
王，率死士數百扶上登午門而殺榮祿，除舊黨。袁曰：「殺榮祿乃一
狗耳。然吾營官皆舊人，槍彈火藥皆在榮祿處，且小站去京二百餘
里，隔於鐵路，慮不達事洩，若天津閱兵時，上馳入吾營，則可以
上命誅賊臣也。」幼博早已料之矣。〔註45〕

可見袁世凱和光緒一致認為「說袁勤王」的目的，只在於天津閱兵時，可保
護光緒，但是康有為等人卻在此時欲進一步「殺榮祿，除舊黨」。而據胡思敬
所說：「嗣同捧詔大哭，奔告有為，有為曰：『太后當國幾四十年，是更變多
而猜忌甚，未可口舌爭也。』嗣同曰：『是不難，當為主上了之。』引有為入
臥室，取盤灰作書，密謀招袁世凱入黨，用所部新建軍，圍頤和園，以兵劫
太后，遂錮之。有為執嗣同手，瞪視良久曰：『母后固若是其可劫耶？』嗣同
曰：『此兵諫也，事成請自拘於司敗，古人有行之者矣。』」〔註46〕畢永年在

〔註44〕見國家檔案局明清檔案館編：《戊戌變法檔案史料》（北京市：中華書局，1958
　　　　年），頁461。
〔註45〕見《康南海自編年譜》，轉引自《戊戌變法‧四》，頁161。
〔註46〕見胡思敬：《戊戌履霜錄》卷二，轉引自《戊戌變法‧一》，頁377。

《詭謀直記》裡也有類似的記載：

> 八月初一日，僕見譚（嗣同）君，與商此事（按指圍頤和園）。譚云：
> 「此事甚不可，而康先生必欲爲之，且使皇上面諭，我將奈之何？
> 我亦決矣，兄能在此助我，甚善。」……夜八時，忽傳上諭，袁以
> 侍郎候補，康與梁正在晚餐，乃拍案叫絕曰：「天子眞聖明，較我等
> 所獻之計尤覺隆重，袁必更喜而圖報矣。」康即起身命僕隨往其室，
> 詢僕如何辦法？僕曰：「事已至此，無可奈何，但當定計而行耳。然
> 僕終疑袁不可用也。」康曰：「袁極可用，吾已得其允據矣。」乃於
> 几間取袁所上康書示僕。其書中極謝康之薦引拔擢，並云赴湯蹈火，
> 亦所不辭。康謂僕云：「汝觀袁有如此語，尚不可用乎？」僕曰：「袁
> 可用矣，然先生欲令僕爲何事？」康曰：「吾欲令汝往袁幕中爲參謀，
> 以監督之，何如？」僕曰：「僕一人在袁幕中，何用？且袁如有異志，
> 非僕一人所能制也。」康曰：「或以百人交汝率之，何如？至袁統兵
> 圍頤和園時，汝則率百人奉詔往執西后而廢之，可也。」……正談
> 之時，而康廣仁、梁啓超並入座。梁曰：「此事兄勿疑，但當力任之
> 也。然兄敢爲此事乎？」僕曰：「何不敢乎？然僕當熟思而審處之，
> 且尚未見袁，僕終不知其爲何如人也。」梁曰：「袁大可者，只但允
> 此事否乎？」僕此時心中慎籌之，未敢遽應。〔註47〕

竟已經將目標指向慈禧，欲「圍頤和園」了。當晚譚嗣同即前往袁世凱下榻
的法華寺，說服袁氏兵諫。梁啓超在《戊戌政變記‧譚嗣同傳》對是日譚嗣
同夜訪袁世凱的經過，有詳盡的記載：

> 八月初一日，上召見袁世凱，特賞侍郎，初三日復召見。初三日夕，
> 君徑造袁所寓之法華寺，直詰袁曰：「君謂皇上何如人也？」袁曰：
> 「曠代之聖主也。」君曰：「天津閱兵之陰謀，君知之乎？」袁曰：
> 「然，固有所聞。」君乃直出密詔示之，曰：「今日可以救我聖主者，
> 惟在足下，足下欲救則救之。」又以手自撫其頸，曰：「苟不欲救，
> 請至頤和園首僕而殺僕，可以得富貴也。」袁正色厲聲，曰：「君以
> 袁某爲何如人哉？聖主乃吾輩所共事之主，僕與足下同受非常之

〔註47〕 見畢永年：《詭謀直記》，引自中國社會科學院近代史研究所近代史資料編輯
　　　　組編：《近代史資料》（北京市：中國社會科學出版社，1986年）總63號，頁
　　　　2。

遇，救護之責，非獨足下，若有所教，僕固願聞也。」君曰：「榮祿密謀，全在天津閱兵之舉，足下及董、聶三軍，皆受榮所節制，將挾兵力以行大事。雖然，董、聶不足道也，天下健者，惟有足下。若變起，足下以一軍敵彼二軍，保護聖主，復大權，清君側，肅宮廷，指揮若定，不世之業也。」袁曰：「若皇上於閱兵時，疾馳入僕營，傳號令以誅奸賊，則僕必能從諸君子之後，竭死力以補救。」君曰：「榮祿遇足下素厚，足下何以待之？」袁笑而不言。袁幕府某曰：「榮賊並非推心待慰帥者，昔某公欲增慰帥兵，榮曰：『漢人未可假大兵權。』蓋向來不過籠絡耳。……慰帥豈不知之。」君曰：「榮祿固草莽之才，絕世之雄，待之恐不易易。」袁怒目視曰：「若皇上在僕營，則誅殺榮祿如殺一狗耳。」因相與言救上之條理甚詳。袁曰：「今營中槍彈火藥皆在榮賊之手，而營哨各官亦多屬舊人，事急矣，既定策，則僕須急歸營，更選將官，而設法備貯彈藥，則可也。」乃叮嚀而去。時八月初三夜，漏三下矣。至初五日，袁復召見，聞亦奉有密詔云。至初六日，變遂發。〔註48〕

梁啟超此處所記，仍止於請袁氏誅殺榮祿，並未及於「圍園」。而袁世凱後來在發表的《戊戌日記》也有記述，其中便提到了圍頤和園的密謀：

次日初三晨，……將暮，得營中電信，謂有英兵船多隻游弋大沽海口。接榮相傳令，飭各營整備聽調，即回寓作復電。適有榮相專弁遺書，亦謂英船游弋，已調聶士成帶兵十營來津，駐扎陳家溝，盼即日回防。當以請訓奉旨有期，未便擅行，因囑幕友辦摺敘明緣由，擬先一日詣宮遞摺，請訓後，即回津。正在內室秉燭擬疏稿，忽聞外室有人聲，閽人持名片來，稱有譚軍機大人有要公來見，不候傳請，已下車至客堂，急索片視，乃譚嗣同也。余知其為新貴近臣，突如夜訪，或有應商事件，停筆出迎。渠便服稱賀，謂有密語，請入內室，屏去僕丁，心甚訝之，延入內室，敘寒暄，各伸久仰見晚周旋等語。譚以相法，謂予有大將格局，繼而忽言：「公初五請訓耶？」告以現有英船游弋海上，擬具摺明日請訓，即回津。譚云：「外侮不足憂，大可憂者，內患耳。」急詢其故，乃云：「公受此破格特恩，必將有以圖報。上

〔註48〕見梁啟超：《戊戌政變記》卷5，頁21；又據《梁啟超年譜長編》（上海市：上海人民出版社，1983年），頁141～142。

方有大難，非公莫能救。」予聞失色，謂：「予世受國恩，本應力圖報稱，況己身又受不次之賞，敢不肝腦塗地，圖報天恩，但不知難在何處？」譚云：「榮某近日獻策，將廢立弒君，公知之否？」予答以在津時常與榮相晤談，察其詞意，頗有忠義，毫無此項意思，必係謠言，斷不足信。譚云：「公磊落人物，不知此人極其狡詐，外面與公甚好，心內甚多猜忌。公辛苦多年，中外欽佩，去年僅升一階，實榮某抑之也。康先生曾先在上前保公，上曰『聞諸慈聖，榮某常謂公跋扈不可用』等語。此言甚確，知之者亦甚多，我亦在上前迭次力保，均為榮某所格，上常謂袁世凱甚明白，但有人說他不可用耳。此次超升，甚費大力，公如真心救上，我有一策，與公商之。」因出一草稿，如名片式，內開榮某謀廢立弒君，大逆不道，若不速除，上位不能保，即性命亦不能保。袁世凱初五請訓，請面付硃諭一道，令其帶本部兵赴津，見榮某，出硃諭宣讀，立即正法。即以袁某代為直督，傳諭僚屬，張掛告示，布告榮某大逆罪狀，即封禁電局鐵路，迅速載袁某部兵入京，派一半圍頤和園，一半守營，大事可定，如不聽臣策，即死在上前各等語。予聞之魂飛天外，因詰以：「圍頤和園欲何為？」譚云：「不除此老朽，國不能保，此事在我，公不必問。」予謂：「皇太后聽政三十餘年，迭平大難，深得人心。我之部下，常以忠義為訓戒，如令以作亂，必不可行。」譚云：「我僱有好漢數十人，並電湖南招集好將多人，不日可到，去此老朽，在我而已，無須用公。但要公以二事，誅榮某，圍頤和園耳。如不許我，即死在公前，公之性命在我手，我之性命，亦在公手，今晚必須定議，我即詣宮請旨辦理。」予謂：「此事關係太重，斷非草率所能定，今晚即殺我，亦決不能定，且你今夜請旨，上亦未必允准也。」譚云：「我有挾制之法，必不能不准，初五日定有硃諭一道，面交公。」予見其氣焰凶狠，類似瘋狂，然伊為天子近臣，又未知有何來歷，如顯拒變臉，恐激生他變，所損必多，只好設詞推宕。因謂：「天津為各國聚處之地，若忽殺總督，中外官民，必將大訌，國勢即將瓜分。且北洋有宋、董、聶各軍四五萬人，淮練各軍又有七十多營，京內旗兵亦不下數萬，本軍只七千人，出兵至多不過六千，如何能辦此事？恐在外一動兵，而京內必即設防，上已先危。譚云：「公可給以迅雷不及掩耳，俟動兵時，即分給

諸軍硃諭，並照會各國，誰敢亂動？」予又謂：「本軍糧械子彈，均在天津營內，存者極少，必須先將糧彈領運足用，方可用兵。」譚云：「可請皇上先將硃諭交給存收，俟佈置妥當，一面密告我日期，一面動手。」予謂：「我萬不敢惜死，恐或洩露，必將累及皇上，臣子死有餘辜，一經紙筆，便不慎密，切不可先交硃諭。你先回，容我熟思，佈置半月二十日方可復告你如何辦法。」譚云：「上意甚急，我有硃諭在手，必須即刻定准一個辦法，方可覆命。」及出示硃諭，乃墨筆所書，字甚工，亦彷彿上之口氣，大概謂「朕銳意變法，諸老臣均不順手，如操之太急，又恐慈聖不悦，飭楊鋭、劉光第、林旭、譚嗣同另議良法」等語。大概語意，一若四人請急變法，上設婉詞以卻之者。予因詰以：「此非硃諭，且無誅榮相圍頤和園之説。」譚云：「硃諭在林旭手，此爲楊鋭抄給我看的，確有此硃諭，在三日前所發交者。林旭等極可惡，不立即交我，幾誤大事。諭內另議良法者，即有二事在其內。」予更知其挾制捏造，不足與辯，因答以：「青天在上，袁世凱斷不敢辜負天恩，但恐累及皇上，必須妥籌詳商，以期萬全，我無此膽量，決不敢造次爲天下罪人。」譚再三催促，立即會議，以待入奏。幾至聲色俱厲，腰間衣襟高起，似有凶器，予知其必不空回，因告以：「九月即將巡幸天津，待至伊時，軍隊咸集，皇上下一寸紙條，誰敢不遵，又何事不成？」譚云：「等不到九月即將廢弑，勢甚迫急。」予謂：「既有上巡幸之命，必不至遽有意外，必須至下月方可萬全。」譚云：「如九月不出巡幸，將奈之何？」予謂：「現已預備妥當，計費數十萬金，我可請榮相力求慈聖，必將出巡，保可不至中止，此事在我，你可放心。」譚云：「報君恩，救君難，立奇功大業，天下事入公掌握，在於公；如貪圖富貴，告變封侯，害及天子，亦在公。惟公自裁。」予謂：「你以我爲何如人？我三世受國恩深重，斷不至喪心病狂，貽誤大局，但能有益於君國，必當死生以之。」譚似信，起爲揖，稱予爲奇男子。予又説：「以我二人素不相識，你黑夜突來，我隨帶員弁必生疑心，設或漏洩於外人，將謂我們有密謀。因你爲近臣，我有兵權，最易招疑，你可從此稱病多日，不可入內，亦不可再來。」譚甚以爲然。又詰以兩宮不和，究由何起？譚云：「因變法罷去禮部六卿，諸內臣環泣於慈聖之前，紛進讒言危詞，懷塔布、立山、楊崇

伊等，曾潛往天津，與榮相密謀，故意見更深。」予謂：「何不請上
將必須變法時勢，詳陳於慈聖之前，並事事請示；又不妨將六卿開復，
以釋意見；且變法宜順輿情，未可操切，緩辦亦可，停辦亦可，亦何
必如此亟亟，至激生他變？」譚云：「自古非流血不能變法，必須將
一群老朽，全行殺去，始可辦事。」予因其志在殺人作亂，無可再說，
且已夜深，托爲趕辦奏摺，請其去。反覆籌思，如癡如病，遂亦未及
遞摺請訓。細想如任若輩所爲，必至釀生大變，危及宗社，惟有在上
前稍露詞意，冀可補救。〔註49〕

康有爲等人在公開場合，從未承認過兵圍頤和園的密謀。據金梁說，他曾親
自問過康有爲關於「兵劫頤和園事」，康有爲「怫然曰：『烏得有此？我朝以
孝治天下，小臣面對，誰敢妄言？此皆榮、袁輩不學無術，藉危詞以邀權勢
耳！』」〔註50〕但袁世凱卻在日記公開康有爲等人「圍園殺后」的密謀，究竟
是不是事實，還是蓄意捏造？

　　梁啓超在《戊戌政變記‧譚嗣同傳》裡只承認殺榮祿，而無一語及謀「圍
園」，其眞相如何？戚學民在〈《戊戌政變記》的主題及其與時事的關係（之
二）〉文中，有詳細的辨析。戚學民發現梁啓超在撰寫〈譚嗣同傳〉時，曾參
考刊載於 1898 年 11 月 27 號日本《東京報》的〈清國殉難六士傳〉，而該文曾
更早刊登於《亞東時報》第 4 號，1898 年 11 月 15 日。〈清國殉難六士傳〉對
譚嗣同的描寫有一段說到：「京外貪虐之大臣，皆有不保富貴之懼，益協力攻
康，上終不稍爲動。乃密謀太后以奪上權，……康有爲聞此密謀，告變於上。
上密召有爲及嗣同等謀自保之策。嗣同獻策召袁世凱，……上，……遂決策召
袁進京，開缺以侍郎候補，密諭令誅榮祿，帥兵入京彈壓榮黨。而榮先嚴兵
自衛，以防止捕，袁恐不勝，遂拒上命而告知榮。榮遂電聞太后。太后立奪
上權。」又在〈林旭傳〉文中說：「及八旗變起，奉太后將奪上權。事急，上
手詔旭：新政爲太后所憎，屢次幾諫，不允反怒，今朕位即不保，卿其設法
護朕。旭乃與同志密謀移宮。不成。太后既奪政，捕旭下獄。八月十三日，
斬於市。」〈楊銳傳〉中說：「太后將奪政，銳憂憤，與同志白，密謀移宮。
政既奪，捕下獄，八月十三日斬於市。」這篇日本人所作的〈六士傳〉與當
時的其他文章一樣，認爲康、梁有移宮的計劃。〈譚嗣同傳〉的記述較之〈清

〔註49〕見袁世凱：《戊戌日記》，轉引自《戊戌變法‧一》，頁 549～553。
〔註50〕見金梁：《四朝佚聞‧德宗》，轉引自《戊戌變法‧四》，頁 222。

國殉難六士傳〉要詳細得多，尤其在有關政變的敘述上，梁增添了很多細節描寫，不厭其煩地介紹譚嗣同和袁世凱的談話。但是，兩文的內容有相當多的差異，最主要的一點是〈清國殉難六士傳〉數次提到袁世凱與「移宮」陰謀，而《戊戌政變記・譚嗣同傳》則力辯並無此事，譚嗣同夜訪袁世凱談論的，是應對「天津閱兵之變」。這一個差別正表明了梁啓超作譚嗣同等六烈士傳的用意，即是爲了否定「移宮」陰謀。〔註51〕究竟康有爲等人是否有「圍園」密謀，梁啓超曾在給康有爲的一封密札中，透漏了消息：「戊戌密謀，鄙意謂必當隱諱，蓋投鼠忌器，今兩宮皆殂，前事非復嗣統者所忍言。非傷德宗，傷孝欽，爲監國計，實無從理此曲直也。故弟子寫信入都，皆力辯戊戌絕無陰謀，一切悉由賊虛構，專歸罪於彼一人，則可以開脫孝欽，而事易辦，師謂何如？望此後發論，跟此一線，以免異同。」〔註52〕可以說「圍園殺后」密謀幾已確定，因此袁世凱《戊戌日記》中所記，應該就是事實。

八月初四日早膳後，嗣同返回南海會館寓所，畢永年即前往詢問消息。「譚君正梳髮，氣憒憒然曰：『袁尚未允也，然亦未決辭，欲從緩辦也。』僕曰：『袁究可用乎？』譚曰：『此事我與康爭過數次，而康必欲用此人，真無可奈何。』僕曰：『昨夜盡以密謀告袁乎？』譚曰：『康盡言之矣。』僕曰：『事今敗矣！事今敗矣！此何等事。而可出口中止乎？今見公等族滅耳。……然兄亦宜自謀，不可與之同盡，無益也。』」〔註53〕惲毓鼎在《崇陵傳信錄》裡記道：「八月初四日黎明，上詣宮門請安，太后已由間道入西直門，車駕倉皇而

〔註51〕參閱《近代史研究》2001年第6期。當前學者討論維新派是否有「殺榮祿、圍頤和園、殺慈禧」的圖謀，基本上傾向相信的，如湯志鈞根據畢永年的《詭謀直紀》首先揭示出維新派「殺榮祿、圍頤和園、殺慈禧」的陰謀，見湯志鈞：〈關於戊戌變法的一項重要史料——畢永年的《詭謀直紀》〉，《乘桴新獲——從戊戌到辛亥》（南京市：江蘇古籍出版社，1990年），頁25、29；楊天石考訂了袁世凱的《戊戌紀略》和梁啓超的《戊戌政變記》，認爲袁的記載大體真實，而梁則在關鍵問題上隱瞞失實，其中最主要的就是維新派有政變計劃，見楊天石：〈袁世凱《戊戌記略》的真實性及其相關問題〉，《近代史研究》1998年第5期；房德鄰對《詭謀直紀》的真實性表示一定的質疑，但是他根據康有爲《自編年譜》的紀載，證明康有爲等確有在北京舉行政變的圖謀，見房德鄰：〈維新派「圍園」密謀考——兼談《詭謀直紀》的史料價值〉，《近代史研究》2001年第3期。

〔註52〕蔣貴麟輯：《萬木草堂遺稿外編（下）》（臺北縣：成文出版社，1976年），頁860～861。

〔註53〕見畢永年：《詭謀直記》，頁3～4。

返。太后直抵上寢宮，盡括章疏攜之去，召上，怒詰曰：『我撫養汝二十餘年，乃聽小人之言謀我乎？』上戰慄不發一語，良久囁嚅曰：『我無此意。』太后唾之曰：『癡兒，今日無我，明日安有汝乎？』遂傳懿旨以上病不能理萬機爲辭，臨朝訓政，凡上所興革悉反之。」〔註 54〕從惲毓鼎的記載看來，慈禧似乎已經知悉康有爲等人的「圍園殺后」密謀，而唯一會將此密謀洩漏出去的，可能也非袁世凱莫屬。但還有疑點，詳情見下文。

八月初五日，光緒再次召見袁世凱。袁氏在《戊戌日記》中寫道：「初五日請訓，因奏曰：古今各國變法非易。非有內憂，即有外患。請忍耐待時，步步經理，如操之太急，必生流弊。且變法尤在得人，必須有真正明達時務、老成持重如張之洞者，贊襄主持，方可仰答聖意。至新進諸臣，固不乏明達勇猛之士，但閱歷太淺，辦事不能慎密，倘有疏誤，累及皇上，關係極重，總求十分留意，天下幸甚。臣受恩深重，不敢不冒死直陳等語。上爲動容，無答諭。」〔註 55〕是日凌晨，康有爲即匆匆離京南下，譚嗣同由南海館遷回瀏陽會館。次日晨，畢永年也急馳出京。離京前一日晚上，畢永年還曾「致一書與譚，勸其速自定計，無徒死也」。〔註 56〕譚嗣同則回信與之訣別：「誦來札，心痛，幾放聲大哭，然無可言，引頸而已，亦無濟也。此行足爲貴種覓一遺種之處乎？因病不及送，見面徒增傷感，不如其已。追及南海爲言，本初甚不可恃，且有懊悔之言，求不敗乃公事足矣，寧有他望乎？此作別，悲夫！」（〈致畢永年〉，《全集》頁 532）

八月初六日，慈禧迫光緒下詔訓政，並有懿旨拿康有爲。十時，畢永年即聽聞有圍南海館之事。蘇繼祖曾詳細記載此事的由來：

> 八月初六日，是日太后御便殿，召慶王、端王、軍機御前大臣，跪於案右，皇上跪於案左，設竹杖於座前，疾聲厲色，訊問皇上曰：「天下者，祖宗之天下也，汝何敢任意妄爲；諸臣者，皆我多年屬選，留以輔汝，汝何敢任意不用！乃竟敢聽信叛逆蠱惑，變亂典型。何物康有爲，能勝於我選用之人？康有爲之法，能勝於祖宗所立之法？汝何昏憒，不肖乃爾！」又顧諸臣曰：「皇帝無知，汝等何不力諫，以爲我真不管，聽他亡國敗家乎？我早已知他不足以承大業，不過

〔註 54〕見惲毓鼎：《崇陵傳信錄》，轉引自《戊戌變法‧一》，頁 476
〔註 55〕見袁世凱：《戊戌日記》，轉引自《戊戌變法‧一》，頁 553。
〔註 56〕見畢永年：《詭謀直記》，頁 4。

時事多艱，不宜輕舉妄動，只得留心稽察管束；我雖人在頤和園，而心時時在朝中也。我唯恐有奸人蠱惑，所以常囑汝等不可因他不肖，便不肯盡心國事；現幸我還康健，必不負汝等也。今春奕劻再四說，皇上既肯勵精圖治，謂我亦可省心，我因想外臣不知其詳，並有不學無術之人，反以為我把持，不許他放手辦事，今日可知其不行矣。他是我擁立者，他若亡國，其罪在我，我能不問乎？汝等不力諍，是汝等罪也。」剛先對曰：「屢次苦諫，每加譴斥，其餘眾臣，亦有言諫過者，亦有不語者。」復向皇上曰：「變亂祖法，臣下犯者，汝知何罪？試問汝祖宗重，康有為重，背祖宗而行康法，何昏憒至此？」皇上戰慄對曰：「是固自己糊塗，洋人逼迫太急，欲保存國脈，通融試用西法，並不敢聽信康有為之法也。」太后屬聲怒曰：「難道祖宗不如西法，鬼子反重於祖宗乎？康有為叛逆，圖謀於我，汝不知乎？尚敢回護也！」皇上本已魂飛齒震，竟不知所對。復屬聲問：「汝知之乎？抑同謀乎？」皇上戰慄對曰：「知道。」太后曰：「既知道還不正法，反要放走？」皇上即云：「拿殺。」此即密拿康有為抄南海館之旨。太后並謂諸臣言：「我常教你等小心，就怕如近年這些佞臣賊子煽惑也。」遂幽禁皇上，帶同太監搜查皇上書房，究查御前太監。此第一次訊問皇上大略情形，言語極多，傳者不勝記憶。〔註57〕

蘇繼祖既然說這是慈禧第一次訊問光緒的大略情形，那麼初四日惲毓鼎所記，豈不失真？究竟兩人所說，何者可信，極為重要，因為這關係到袁世凱究竟有無事先告密的疑問，也同時可證明袁世凱告密與慈禧訓政之間的關聯性。

　　是日，梁啓超訪譚嗣同，正和譚嗣同對於各事有所計劃的時候，忽聞政變和抄捕南海館的消息，當晚就避往日本公使館。據李提摩太回憶：「同一天，梁啓超及譚嗣同私自見我，對我說，已經有諭捉拿他們。我們商討辦法保護皇帝，他的性命是在極危險之中。我們決定了容閎去見美國公使，因為他是美國籍民。梁啓超去見日本公使，而我自己去見英國公使，使他們立刻設法保護皇帝。但是不幸得很，美國公使已去西山，而英國公使在北戴河。」〔註58〕梁啓超在〈譚嗣同傳〉裡也記載與譚嗣同分手前後的情形說：

〔註57〕見蘇繼祖：《清廷戊戌朝變記》，轉引自《戊戌變法・一》，頁346～347。
〔註58〕見李提摩太：《中國的維新運動》，轉引自《戊戌變法・三》，頁565。

時余方訪君寓，對坐榻上，有所擘劃，而抄捕南海館之報忽至，旋聞垂簾之諭。君從容語余曰：「昔欲救皇上，既無可救，今欲救先生，亦無可救，吾已無事可辦，惟待死期耳。雖然，天下事知其不可而爲之，足下試入日本使館謁伊藤氏，請致電上海領事而救先生焉。余是夕宿於日本使館。君竟日不出門，以待捕者，捕者既不至，則於其明日入日本使館與余相見，勸余東遊，且攜所著書及詩文辭稿本數冊，家書一筐託焉。曰：「不有行者，無以圖將來，不有死者，無以酬聖主，今南海之生死未可卜，程嬰、杵臼，月照、西鄉，吾與足下分任之。」遂相與一抱而別。〔註59〕

初八日，步軍統領衙門已在密拿譚嗣同等人。據當時一名京官魏允恭在初八日寫給汪康年的信中說：「南海係奉太后密旨拿問，密旨中有『結黨營私，荼亂朝政』八字。適隔晚赴津，聞有獲住之說。博（康廣仁）已交刑部審訊。今早五更又奉密旨拿楊銳、劉光第、譚嗣同、林旭等四人。弟親見步軍統領監送登車，想已發交刑部。惟林旭尚未尋著，聞避往他處。此新政中至新者，其餘外間傳說紛紛不一。……總之，昨日上諭有『門禁森嚴』等語，則幼博等人入內辦事之說，不爲無因。慈宮震怒，究不知何人傳遞消息？且近日嚴拿各人，旨意甚密，竟有先拿一人，餘人均未知悉者，是以新政諸人咸懷股慄。」〔註60〕鄭孝胥在初九日的日記中，也同樣記載此事：「晨起作字。聞街市傳言，有緹騎逮七人，即軍機四章京，其三人未詳。……怡書（即林怡書，林旭家人）來，言有官員至其宅，其禮王傳林旭面話，不及待車，步行而去。且云宮中終夜擾動，發三電促榮祿來京矣。……聞收張蔭桓、徐致靖、楊深秀等。」〔註61〕鄭孝胥早晨即聽到已逮補七人，可能初八日當天即已被捕，七人中恐怕就有譚嗣同。而清廷逮捕譚嗣同等人的旨意，則在隔日才發出。

初九日，上諭軍機大臣：「張蔭桓、徐致靖、楊深秀、楊銳、林旭、譚嗣同、劉光第，均著先行革職，交步軍統領衙門，拿解刑部治罪。」〔註62〕十一日，刑部奏覆也說，提督衙門初九日遵旨「將官犯張蔭桓等七名悉數拿獲」。

〔註59〕見梁啓超，《戊戌政變記事本末》，據《近代中國史料叢刊三編第十五輯，清議報全編》（臺北縣：文海出版社，1986年）卷二十一，頁56～57。

〔註60〕見《汪康年師友手札》第3冊，頁3116。

〔註61〕見中國歷史館編：《鄭孝胥日記》（北京市：中華書局，1993年）第3冊，頁682。

〔註62〕轉引自《戊戌變法．二》，頁100。

八月十一日，刑部上奏，因案情重大，請欽派大臣會同審訊。當日曾發下諭旨，派軍機大臣，會同刑部、都察院嚴行審訊。十二日，又發下諭旨，增派御前大臣參加審訊，並「限三日具奏」。到了十三日，清廷卻在未經任何審訊的情況下，以「糾約亂黨，謀圍頤和園，劫制皇太后，陷害朕躬」的罪名，諭令軍機大臣等：「康廣仁、楊深秀、楊銳、林旭、譚嗣同、劉光第等，大逆不道，著即處斬，派剛毅監視。」〔註63〕

　　八月十四日，有一道捕拿康有為和梁啟超的硃筆諭，談及政變的原委和殺戮六君子的經過：

　　　　近因時事多艱，朝廷孜孜求治，力求變法自強。凡所設施，無非為宗社生民之計，朕憂勤宵旰，每切兢兢，乃不意主事康有為，首倡邪說，惑世誣民，而宵小之徒，群相附和，乘變法之際，隱行其亂法之謀，包藏禍心，潛圖不軌。前日竟有糾約亂黨謀圍頤和園，劫制皇太后，陷害朕躬之事，幸經覺察，立破奸謀。又聞該亂黨私立保國會，言保中國不保大清，其悖逆情形，實堪髮指。朕恭奉慈闈，力崇孝治，此中外臣民之所共知。康有為學術乖僻，其平日著作，無非離經叛道，非聖無法之言。前因其講求時務，令在總理各國事務衙門章京上行走，旋令赴上海辦官報局，乃竟逗留輦下，構煽陰謀，若非仰賴祖宗默佑，洞燭幾先，其事何堪設想？康有為實為叛逆之首，現已在逃，著各直省督撫，一體嚴密查拿，極刑懲治。舉人梁啟超與康有為狼狽為奸，所著文字，語多狂謬，著一併嚴拿懲辦。康有為之弟康廣仁及御史楊深秀、軍機章京譚嗣同、林旭、楊銳、劉光第等，實係與康有為結黨，隱圖煽惑。楊銳等每於召見時，欺蒙狂悖，密保匪人，實屬同惡相濟，罪大惡極，前經將各該犯革職拿交刑部訊究。旋有人奏，稽延日久，恐有中變，朕熟思審處，該犯等情節較重，難逃法網，儻語多牽涉，恐致株連，是以未俟覆奏，於昨日諭令將該犯等即行正法。此事為非常之變，附和奸黨，均已明正典刑，康有為首創逆謀，惡貫滿盈，諒亦難逃顯戮，現在罪案已定，允宜宣示天下，俾眾咸知。我朝以禮教立國，如康有為之大逆不道，人神所共憤，即為覆載所不容，鷹鸇之逐，人有同心。至被其誘惑甘心附從者，黨類尚繁，朝廷亦皆查悉。朕心存寬大，

〔註63〕轉引自《戊戌變法‧二》，頁102。

> 業經明降諭旨，概不深究株連。嗣後大小臣工，務當以康有爲爲炯
> 戒，力扶名教，共濟時艱。所有一切自強新政，胥關國計民生，不
> 特已行者，即應實力奉行，即尚未興辦者，亦當次第推廣，於以挽
> 回積習，漸臻上理，朕實有厚望焉。將此通諭知之。〔註64〕

語氣全不像出自於光緒，明顯是后黨人所爲，但從此戊戌變法則正式走入歷
史。譚嗣同也結束他短短不過半個月的軍機章京維新之夢。

四、戊戌政變肇因

促成戊戌政變的因素，學者間的論辯頗多，理由也不少，但是歸納最重
要的兩點因素，不外乎伊藤博文的入覲以及袁世凱的告密。

蘇繼祖在《清廷戊戌朝變記》裡有一段話，說明榮祿：「八月之變，幽禁
皇上，株連新黨，翻改新政，蓄此心固非一日，而借口發難，實由於伊藤之
來也。自御史李岳瑞、洪汝沖等上書，請用客卿，朝臣斥爲漢奸，將引外人
從中取事；及至伊藤到津，皆云係康有爲勾引而來，將入軍機矣。王公、卿
相、士庶皆言之鑿鑿，竟有陛見之督撫大員，曾謂軍機章京曰：『公等好事新
堂官也。』伊藤在津日，又值皇上電詢，可否在津多留數日？伊藤答以兩禮
拜，守舊者皆惶悚不安。榮相接待，宴於北洋醫院，神色慘沮不歡，未遑終
席，借事辭去，蓋將借此發難，以惑太后聽耳。」〔註65〕據《國聞報》報導，
當時京朝大小官吏奏請「皇上留伊藤在北京用爲顧問官，優以禮貌，厚其餼
廩，持此議者甚多」。〔註66〕前文引述楊崇伊上〈大同學會蠱惑士心紊亂朝局
引用東人，籲懇皇太后即日訓政以遏亂萌摺〉即提到「風聞東洋故相依藤博
文，即日到京，將專政柄。臣雖得自傳聞，然近來傳聞之言，其應如響。依
藤果用，則祖宗所傳之天下，不啻拱手讓人」。奕劻等滿族權貴也告誡慈禧：
「伊藤已定於初五日覲見。俟見，中國事機一洩，恐不復爲太后有矣。」正
是由於上述原因，榮祿於楊摺遞上第二天，即由天津趕回北京，與慈禧密謀
磋商，制定了行動方案。於是，慈禧改變了原訂初六日還宮的計劃，匆匆回
宮，監視光緒的行動，對光緒實行了幽禁。可見伊藤博文的到來與覲見，是

〔註64〕見《德宗景皇帝實錄》卷427，轉引自《戊戌變法‧二》，頁102～103。
〔註65〕見蘇繼祖：《清廷戊戌朝變記》，轉引自《戊戌變法‧一》，頁342。
〔註66〕見《國聞報》（北京市：北京圖書館，1987年），光緒二十四年七月十四日至
　　　　八月二日。

戊戌政變發生的導火線。〔註67〕

至於另一個引發戊戌政變的肇因，則是在譚嗣同夜訪袁世凱，要求發動「圍園密謀」之後所引發的告密說。據袁世凱《戊戌日記》所載告密經過：

> 初五日請訓，……退下，即赴車站。……抵津，日已落，即詣院謁榮相，略述內情，並稱皇上聖孝，實無他意，但有群小結黨煽惑，謀危宗社，罪實在下，必須保全皇上以安天下。語未竟，葉祖珪入座。未幾，佑文亦來。久候至將二鼓，不得間，只好先退晚餐，約以明早再造詳談。次早，榮相枉顧，以詳細情形備述，榮相失色，大呼冤曰：「榮某若有絲毫犯上心，天必誅我。近來屢有人來津通告內情，但不及今談之詳。」予謂：「此事與皇上毫無干涉，如累及上位，我惟有仰藥而死耳。」籌商良久，迄無善策。榮相回署，復約佑文熟商。是晚，榮相折簡來招，楊莘伯在坐，出示訓政之電，業已自內先發矣。〔註68〕

袁氏告密說所產生的爭議點，在於袁氏究竟是在什麼時間，向誰告密？一種說法是袁氏告密直接引起了戊戌政變。此說要成立，則袁氏告密時間必須在初三晚和譚嗣同談話之後或是隔天，最遲不應晚於初六慈禧下詔訓政。

持此說法的，如郭衛東〈再論戊戌政變中袁世凱的「告密」問題〉一文，他認為，袁世凱是告密了，但不是在初五日返回天津之後，而是在見到譚嗣同後的初四日，袁告密是造成慈禧提前回宮發動政變的最直接原因。這也正是袁氏日記中隻字不提的「失卻」的那一天。假如袁在此前沒有告密，事態異常緊急，以榮、袁的地位和精明，辦事豈能如此怠慢？再者，若是袁此刻才告密，處在危境的是慈禧，而非光緒，榮、袁的操心豈不是南轅北轍？合

〔註67〕見孔祥吉：〈關於戊戌政變二三事之管見〉，《歷史檔案》1983 年第 3 期，頁 241。

〔註68〕見《戊戌變法·一》，頁 553。有關袁世凱與戊戌政變的關係，近年來學界的討論十分熱烈。相關論文可參見駱寶善：〈袁世凱自首真相辨析〉，《學術研究》1994 年第 2 期；趙立人：〈袁世凱與戊戌政變關係辨析〉，《廣東社會科學》1996 年第 2 期；戴逸：〈戊戌年袁世凱告密真相及袁和維新派的關係〉，《清史研究》1999 年第 1 期；駱寶善：〈再論戊戌政變不起於袁世凱告密——兼與趙立人先生商榷〉，《廣東社會科學》1999 年第 5 期；房德鄰：〈戊戌政變真相〉，《清史研究》2000 年第 2 期；郭衛東：〈再論戊戌政變中袁世凱的「告密」問題〉，《清史研究》2002 年第 1 期；劉路生：〈戊戌政變袁世凱初四告密說不能成立——兼與郭衛東先生商榷〉，《清史研究》2005 年第 2 期。

理的解釋只能是袁在京城已告密，回津後復將情況匯報榮祿，這時，處在危境的已不是慈禧而成了光緒，要維護光緒，又不招致慈禧的猜疑，才是需要反覆籌商也難有「善策」的事。〔註69〕但是這一說法有一極大疑點無法解釋，即袁氏既已告密，爲何初六日慈禧下密詔逮捕康有爲，而不是譚嗣同？

另一種說法是袁氏告密並未直接引起戊戌政變。此說要能成立，則戊戌政變須發自朝廷、宮闈，與袁氏告密與否無關。

孔祥吉在〈關於戊戌政變二三事之管見〉文中指出，《光緒朝起居注冊》表明，光緒自八月初四日之後，即已失去人身自由，既沒有頒布維新詔令，也沒有同維新派有任何接觸。《起居注冊》表明，八月初三日晚，光緒剛剛離開頤和園，而慈禧卻於次日即匆匆趕回皇宮。清代官文書《德宗景皇帝實錄》與朱壽朋《光緒朝東華錄》所記慈禧回宮日期均爲初四日。可見，所謂慈禧於八月初六日凌晨攜帶大批隨從還宮說，與史實不符。如果像通常所說那樣，戊戌政變是由於袁世凱八月初五日請訓後，回到天津，向榮祿告密，導致了初六日慈禧突然回宮，將光緒囚禁於瀛台，並於當天頒布訓政詔書，那麼，《知會簿》就不會早在八月初五日發出要軍機大臣「明日西苑門內入直」的預報。可見，政變發生日期應往前推，初六日宣佈訓政，是在一切準備停當之後，走的一個過場而已。上述清宮檔案說明，頑固派幽禁光緒，發動政變，發生在袁世凱回天津向榮祿報告之前，而不是在其後。〔註70〕

駱寶善對孔祥吉等人能充分利用清宮檔案，對政變詳情有較爲合理的推論，頗爲贊賞，認爲「初四日至初六日晨的兩天兩夜，政變是在宮闈內秘密進行的，外間不得其詳，故向無可靠詳確的記述。不過近年不少學者從清宮檔案中勾稽出一些關於光緒帝的行蹤，尚可隱約窺視西太后部署政變的某些側面。明顯者如初四日下午，西太后違反常態，突然由頤和園回住宮內，立即將光緒帝由大內移駐瀛台，採取某種限制或監視。而且顯然是出於某種需要，把《起居注冊》初記的申時回城，改定爲卯時等等。初六日早朝，卯初二刻，光緒帝到中和殿看祝版畢，到太后處請安，還涵元殿之後，就是人所共知的捉拿康有爲及請太后再次訓政上諭的頒布」。駱氏更進一步申述戊戌政變的發動，歷經了從初三日楊崇伊上密折、西太后允准回宮訓政、佈置謀劃，

〔註69〕見《清史研究》2002年第1期，頁31～40。

〔註70〕見孔祥吉：《戊戌維新運動新探》（長沙市：湖南人民出版社，1988年），頁343～357。

至初六日頒布捉拿康有爲和訓政上諭這樣一個過程。而不是西太后僅僅在初五日夜裡得到某一告密，便立即於初六日早上發動政變，這樣草率而倉促的政治舉動。袁世凱於初五日回到天津後當晚，向榮祿告密，是無須論證的。其日記所說到次早才「以詳細情形備述」，可謂欲蓋彌彰。告密的核心內容自然是譚嗣同說袁圍園劫後殺榮祿。初六日晨逮捕康有爲的上諭爲：「康有爲結黨營私，莠言亂政。」這是載諸實錄的「諭軍機大臣等」上諭。這個上諭，恰符楊崇伊密折爲康有爲羅織的罪名，而又恰沒有「圍園劫后」這個屬於謀逆作亂這一最爲嚴重的罪名。這可謂初六日政變是據楊密折而非袁告密最直接而又最有力的鐵證。袁世凱告密的作用是證明了維新黨人有「圍園劫后」之謀，從而坐實了他們「大逆不道」的「謀逆」地位，於是政變揭去了帶有某種「政爭」意義的面紗，轉而成爲屠殺鎮壓改革派人士的政治大獄。把康有爲及其爲首的維新黨人的罪名性質由「莠言亂政」上升爲「大逆不道」，正是袁世凱告密的作用與結果。〔註 71〕駱氏的論述頗爲合理，但其中還是有些疑點需要釐清。湯志鈞便質疑了袁世凱《戊戌日記》中的若干不合常理的問題，認爲袁氏既承認「請訓」後即赴天津，赴津後即往謁見榮祿，又是「語未竟」？偏偏把「重要情況」於次日「備述」？商談機密時，又怎會有葉祖珪等「入座」，使「告密」中斷？〔註72〕同樣的，戴逸也爲袁氏的言行感到不解：

> 據《戊戌日記》載：初一、初二日，袁世凱除覲見光緒外，還謁見了剛毅、王文韶、裕祿，又和慶王奕劻在宮門外見面，如果袁決心告密，他可以初四日在北京找到北京的大臣告密，何必一定要回天津向榮祿告密？初三夜譚嗣同找他密談，提出圍園殺太后之謀，初四日一天何以袁無所動作，沒有在北京告密？合理的推想是袁世凱最初並不想告密，或者在作思想鬥爭後未作告密的決定。第二，據袁世凱說：初五日返津見榮祿，即要告密，「略述內情」，忽有客人葉祖珪入坐，因此欲言又止，只好等明天再說。此是何等大事，譚嗣同已募勇士數十人在京，事態一觸即發，慈禧有旦夕之禍，卻因

〔註71〕見駱寶善：〈再論戊戌政變不起於袁世凱告密——兼與趙立人先生商榷〉，《廣東社會科學》1999 年第 5 期，頁 102～108。

〔註72〕湯志鈞該文詳見〈徐致靖與戊戌變法——讀《戊戌變法側記》〉，《學術月刊》1986 年第 5 期，頁 29～62。

為座上有客人，把此事延宕一天，難道袁世凱不能稟明榮祿有要事
相告，設法把客人支走？袁世凱是何等精明人，辦事何其拖沓、糊
塗？第三，第二天，即八月初六上午榮祿來訪，袁世凱和盤托出圍
園殺太后之謀，按理榮祿應立即行動，馳京報信，兩個人「籌商良
久，迄無善策」。商量的是什麼？聽袁世凱之言，似乎在商量如何保
全光緒，當時處在危險中的是慈禧而非光緒，他們不是為處在危險
境地的慈禧擔憂，卻在籌商保護光緒的辦法。榮祿同樣變成一個糊
塗蛋，聽到這樣緊急的消息，並不馬上向北京報告，卻在那裡瞎操
心光緒的安全，白白又耽擱了一整天，這豈不蹊蹺？〔註73〕

戴逸這裡提出的質疑和上文郭衛東的疑問是相同的，但都忽略了合理性。戴
逸所說「此是何等大事，譚嗣同已募勇士數十人在京，事態一觸即發，慈禧
有旦夕之禍」、「當時處在危險中的是慈禧而非光緒」，和郭衛東認為當時「事
態異常緊急」，因而袁氏有迫切的需要非立即告密不可，說法實悖於常理。難
道北京城內的侍衛處、步軍統領衙門、五城察院及五城兵馬司、京城巡防處、
京城善後協巡總局等警備機構，以及中央禁衛軍的親軍營等十幾個營，和新
近成立的神機營，竟然不敵譚嗣同所招募的勇士數十人，使得慈禧有旦夕之
禍？如果譚嗣同所招募的勇士就能夠讓慈禧有旦夕之禍，那就根本不需要袁
世凱的兵諫了，也不至於讓袁世凱有告密之事發生！更何況袁世凱既決定告
密，則譚嗣同等人的密謀只能成畫餅，慈禧半點危險也沒有！而當袁氏將密
謀告訴榮祿，何以榮祿的態度異常冷靜，並未積極處理？可見榮祿也了解慈
禧並無立即的危險。而慈禧此時也已經實質掌握了政權，光緒又再度成為傀
儡。鄭孝胥八月初五日《日記》對此情形有所說明：「返館，幼陵（嚴復）、
暾谷（林旭）皆來。暾谷言，上勢甚危，太后命新章京所簽諸件，自今日悉
呈太后覽之。又言，楊崇伊糾合數人請太后再親政，且以『清君側』說合肥，
又以說榮祿。余驚曰：『此事急矣。康有為已去，張蔭桓尚在，惟有逐之以息
眾謗，則或可免禍耳。』」〔註74〕其實慈禧太后早有訓政之意。政變之後，榮
祿曾告訴盛宣懷，在政變前，有一次隨侍太后看宮內扎花，太后問他「此花
我扎，你看好不好」，他答以「太后不獨扎花好」，太后即謂「我亦只可扎花」。

〔註73〕見戴逸：〈戊戌年袁世凱告密真相及袁和維新派的關係〉，《清史研究》1999
年第 1 期，頁 82～88。
〔註74〕見《鄭孝胥日記》第 2 冊，頁 681～682。

榮祿由此窺測太后的內心，對盛宣懷說：「此語已見不甘寂寞爲退院僧也。」
〔註75〕趙鳳昌也早就看出楊崇伊的密摺，不過是慈禧訓政的借口而已，說：「西
后藉一詞臣奏請，已臨朝訓政。」〔註76〕因此更可見袁氏的告密對政變影響，
當只在於陷光緒於不仁，害譚嗣同六君子於不義。

　　據當時人記載：「德宗……日書項城名以誌其憤。隆裕視疾，蓋常見之。
及大漸，聞書片紙，私與隆裕曰：『殺余者某人。』故隆裕親政，首逐項城云。」
〔註77〕吳永在《庚子西狩叢談》卷三也提到：

　　前清宮廷體制，外觀似甚嚴重，乃內容並不十分祇肅。宮監對於皇
　　上，殊不甚爲意，雖稱之爲萬歲爺，實際不膏爲被輩招弄傀儡。德
　　宗亦萎靡無儀表，暇中每與諸監坐地作玩耍，尤好於紙上畫成大頭
　　長身各式鬼形無數，仍拉雜扯碎之；有時或畫成一龜，於背上塡寫
　　項城姓名，粘之壁間，以小竹弓向之射擊，既復取下剪碎之，令片
　　片作蝴蝶飛，蓋其蓄恨於項城至深，兒以此爲常課。〔註78〕

劉路生對光緒何以如此仇恨袁世凱的心情曾加以解釋：「人們或問，何以索解
後來光緒帝對袁的那種死難瞑目的深仇大恨。我想，可以這樣解釋：維新黨
人策劃的『圍園劫后』，光緒帝的確不知情，而維新黨人卻聲稱受光緒帝指使。
袁世凱告密後，慈禧必然以此窮追嚴詰光緒帝。推理起來，不知情的光緒帝

〔註75〕見趙鳳昌：《戊庚辛紀述》，轉引自《戊戌變法・四》，頁319。
〔註76〕同前註，頁319。
〔註77〕見枝巢子：《舊京瑣記》，轉引自《戊戌變法・四》，頁309。
〔註78〕見吳永口述：《庚子西狩叢談》（長沙市：嶽麓書社，1985年），頁。不太確定
　　　　吳永是否可能因個人的政治立場而口述失實，那麼裕容齡記載：「光緒有一個
　　　　姓孫的太監，常在他旁邊服侍，我們大家一向叫他孫子。有一天孫子到我房
　　　　裡來，趁著沒有別人，他構出一隻表來給我看，表的玻璃蒙子用硃筆寫了一
　　　　個字，他告訴我說：『萬歲爺叫我問你這個人在哪裡，問你知道不知道。』我
　　　　拿著這個表看了半天，不認識這個字，我便說：『很對不住，我不認識這是個
　　　　什麼字。』他笑著輕輕地對我說：『五姑娘，你怎麼欠明白？這個字是一個「康」
　　　　字。』我想了半天，才明白指的是原有爲，把我嚇了一大跳。我便告訴他：『我
　　　　實在不知道他在哪裡。』我又說：『我年輕，不知道他的情況，我可以問問我
　　　　母親看。』孫子便說：『五姑娘，算了吧，你別去問格大大太啦，萬歲爺說，
　　　　這件事千萬不可讓任何人知道。』他便走了。」見裕容齡：《清宮瑣記》（北
　　　　京市：北京出版社，1957年），頁78。裕容齡這段記載可見光緒對康有爲的
　　　　懷念，對照吳永所述光緒對袁世凱的憎恨，似乎隱然可見光緒對戊戌政變的
　　　　無限感慨。如果光緒真不知道有戊戌密謀，又真是康有爲構陷光緒，則光緒
　　　　會對康、袁兩人有如此極端的情緒反應？裕容齡應該不太有主觀的政治立
　　　　場，這段記載的可信度應是可以接受的。

自然以為是袁世凱宿意構陷，捏造了這個給他帶來了奇禍的密謀。譚嗣同被
不審而誅，沒有留下口供。此後十年，直到辭世，光緒帝與社會實際是天人
之隔，沒有條件與可能瞭解真相，哪怕是其中一部分。」〔註79〕此一說法極
為不通，如果光緒真的不知情，袁世凱大可幫光緒作證，豈不是最佳人證嗎？
反而袁世凱卻處處擔心害怕牽連光緒？若不想光緒受連累，而卻又誣賴構陷
之，豈有此理？光緒何以如此痛恨袁世凱，是否就是因為袁世凱將密詔洩漏？
上文袁氏《戊戌日記》曾透露：「細想如任若輩所為，必至釀生大變，危及宗
社，惟有在上前稍露詞意，冀可補救。」袁氏所謂「稍露詞意」，恐是向光緒
詢問是否真有「圍園」的密謀？這就可以解釋為何袁氏日記中隻字不提的「失
卻」的初四日那一天究竟做了什麼？其實袁氏勢必要等到初五日光緒召見
時，才能斷定譚嗣同等人的密謀是否真確，也一定要親手拿到光緒的密詔之
後，才能對自己該如何進行下一步有所行動。否則，光憑可能被認為是空穴
來風的一句「康黨密謀圍園」而前去告密，慈禧就能相信嗎？結果當日袁氏
得到光緒肯定的答案。〔註80〕不僅如此，袁氏必定也獲得光緒的密詔。

　　袁世凱在〈與兄世勛書〉中即明白表示：「及抵京師，屯兵城外，予身入
宮，面見皇上，授余密詔，捕拿太后黨羽。榮相係慈禧內侄，故列首名。」〔註
81〕又涂培藩〈徐世昌破壞戊戌變法〉也透露袁、徐的秘辛，袁世凱的確領有
光緒密詔。〔註82〕

　　光緒密詔應該是慈禧決定將訓政轉為流血政變的唯一且重要證據，俟袁
世凱將之洩漏出來，才能有憑據發動政變。而袁世凱之所以等到初五日光緒
召見，是要確認光緒是否真有密謀，也是否有詔旨，否則憑空去向榮祿或慈

〔註79〕 見劉路生：〈戊戌政變袁世凱初四告密說不能成立——兼與郭衛東先生商
　　　　 榷〉，《清史研究》2005 年第 1 期。
〔註80〕 林文仁在《派系分合與晚清政治》一書中，曾解釋初五日光緒召見袁世凱時，
　　　　 在袁氏一番陳詞後，光緒卻「無答諭」的疑點：「因為德宗其時已失去自由，
　　　　 大勢已悟，遂無從說什麼具體話了。」見《派系分合與晚清政治》（北京市：
　　　　 中國社會科學出版社，2005 年），頁 489。此一解釋似又不通，除非光緒真的
　　　　 對「圍園」完全不知情，否則他會不願意趁此時機，要求袁氏共同做一反擊？
　　　　 之所以「無答諭」，是針對袁氏指責新進諸臣「閱歷太淺，辦事不能慎密，倘
　　　　 有疏誤，累及皇上」等語，令人覺得袁氏似乎無心協助密謀。袁氏告密後，
　　　　 直謂榮祿「皇上聖孝，實無他意」、「此事與皇上毫無干涉」，而榮祿之後也答
　　　　 應袁氏要保全光緒，不正表明光緒是知道「圍園」密謀的。
〔註81〕 引自《譚嗣同研究資料匯編》，頁 324。
〔註82〕 同前註，頁 325。

禧告密，誰能相信？也正是因此，袁世凱一定要譚嗣同出示光緒的硃筆密摺，因爲那才算是證據。需知告密總是要有證據，否則楊崇伊等人不也可以簡單地羅織康有爲等人一些罪名，而誰肯信？

最近有關袁世凱告密的研究，有孔祥吉〈蔡金台密札與袁世凱告密之眞相〉一文，該文根據蔡金台致李盛鐸密札，「會袁世凱來，而譚嗣同說以調兵，入見語亦云然。袁乃密白略園。電慶邸達之」，而認爲：「戊戌政變非由袁世凱告密而發生，或者稱袁世凱是在楊崇伊上書後怕受牽連而被動告密之觀點，都或多或少地忽視了袁世凱在政變中的關鍵作用。雖然從局部講，各有其理由，但是放在大的歷史環境中考察，則很難自圓其說。因爲這種觀點無法解釋，爲什麼政變之後，清廷重賞的不是發動政變的御史楊崇伊，而是袁世凱？顯然，袁氏告密在戊戌政變中所起的作用是非常關鍵的。」〔註83〕無論榮祿「電慶邸」是否眞的趕得上六日的訓政，袁世凱的告密對慈禧而言，只能算是態度上的輸誠，以及給予打擊「帝黨」的機會。至於是否如孔祥吉所認爲袁世凱在政變中應該具有關鍵作用，恐怕還是見仁見智。

大致而言，戊戌政變產生，主要還是來自伊藤博文入覲光緒所導致。慈禧迫於來自后黨官僚的壓力，而不得不採取行動。但此一行動卻又威脅到康有爲等人實施新政的機會。在權力相互傾軋之下，謠言與密謀之說不斷出現，最後竟導致政變眞的發生。而袁世凱告密，只是更增加后黨對康有爲等人的仇視，從而給了慈禧一個消除「帝黨」的合法性口實。袁世凱想要保全光緒，榮祿也答應了，慈禧也同意了，不過都是礙於英、日等國的干預，不得已而爲之。可以想見慈禧內心一定憤怒不平，也更加深了對外國勢力的仇恨。似乎也可從戊戌政變的發展過程中，看到其對後來庚子事變所產生某些影響的可能。

五、獄中絕筆及題壁詩

光緒二十四年十一月十一日出版的《知新報》第七十五冊，有兩篇據說是譚嗣同寫給康有爲和梁啓超的獄中絕筆。這兩封絕筆信後來都被收入《譚嗣同全集》。其中〈致康有爲〉寫道：「受衣帶詔者六人，我四人必受戮；彼首鼠兩端者不足與語；千鈞一髮，惟先生一人而已。天若未絕中國，先生必

〔註83〕孔祥吉：〈蔡金台密札與袁世凱告密之眞相〉，《廣東社會科學》2005 年第 5 期，頁 136～137。

不死。嗚呼！其無使死者徒死而生者徒生也！嗣同爲其易，先生爲其難。魂當爲厲，以助殺賊！裂襟嚙血，言盡於斯。南海先生。譚嗣同絕筆敬上。」（《全集》頁 532）另一封日期署名爲「八月十日嗣同獄中絕筆」的〈致梁啓超三〉則是：

> 八月六日之禍，天地反覆，嗚呼痛哉！我聖上之命，懸於太后、賊臣之手，嗣同死矣！嗣同之死畢矣！天下之大，臣民之眾，寧無一二忠臣義士，傷心君父，痛念神州，出爲平、勃、敬業之義舉乎？果爾，則中國人心眞已死盡，強鄰分割即在目前，嗣同不恨先眾人而死，而恨後嗣同而死者之虛生也。嚙血書此，告我中國臣民，同興義憤，翦除國賊，保全我聖上。嗣同生不能報國，死亦爲厲鬼，爲海內義師之助。卓如未死，以此書付之，卓如其必不負嗣同、皇上也。（《全集》頁 519）

據唐才質回憶：「復生七丈陷囹圄，其始二僕尚得近，後防範密，知不免，故題詩於壁以寄志，而無一字以貽親知，蓋搜查綦嚴，無由寄達，且恐親知受株連也。後報載其血書二。乃後報載其血書二，予讀之，疑不類，詢之伯兄，謂出卓如手，欲藉以圖勤王，誅奸賊耳。」〔註84〕又據王照 1929 年 4 月〈復江翊雲兼謝丁文江書〉說：「如製造譚復生血書一事，余所居僅與隔一紙槅扇，夜中梁與唐才常、畢永年三人謀之，余屬耳聞之甚悉。」〔註 85〕因而鄧潭洲即根據這兩條材料，確認所謂譚嗣同〈絕命書〉「是康有爲、梁啓超保皇黨所僞造」。〔註86〕譚恆輝和譚吟瑞於〈嗣同公生平事蹟補遺〉也同樣認爲兩書並非出自譚嗣同親筆：

> 戊戌變法失敗、嗣同公就義後，澳門出版的《新知報》第 75 期上門登了他在獄中寫給康有爲、梁啓超的兩封〈絕命書〉。此兩書內容反常，不能不使人疑猜。其實，關於〈絕命書〉的眞僞問題，前人已有定論。如王照在〈復江翊雲兼謝丁文江書〉中，說梁啓超、唐才常和畢永年於夜裡「製造復生血書」，他親自聽見他們商量此事。又唐才質在《戊戌聞見錄》中說：「復生七丈陷囹圄，其始二僕尚得近，後防範密，知不免，故題詩於壁以寄志，而無一字以貽親知，蓋搜

〔註84〕唐才質：《戊戌聞見錄》，引自《譚嗣同研究資料匯編》，頁 272。
〔註85〕見《小航文存》卷 3，轉引自《戊戌變法‧二》，頁 575。
〔註86〕見鄧潭洲：《譚嗣同傳論》，頁 82。

查蔡嚴，無由寄達，且恐親知受株連也。後報載其血書二。余讀之，疑不類，詢之伯兄，謂出卓如手，欲藉以圖勤王，誅奸賊耳。」由此可見，〈絕命書〉係僞造，而且僞造者的政治意圖是爲其保皇主張服務的。〔註87〕

不過湯志鈞先生則認爲，僅據這兩條材料「〈遺書〉尙難定爲贗品」。〔註88〕另連燕堂撰〈譚嗣同獄中絕命書當係僞作〉一文，針對湯志鈞所舉各疑點，一一予以辯駁，確認絕命書爲僞作。〔註89〕湯、連二位先生之疑點及駁難，劉振嵐於《戊戌維新運動專題研究》一書中，有詳細的整理、說明及評斷，可資參考。劉振嵐在該文末的評論曾說：「對這兩篇〈遺書〉的兩件否定材料與確認維新派『戊戌密謀』的兩件材料的性質是不同的，後者都是板上訂釘的無可辯駁的文字材料，一爲畢永年〈詭謀直紀〉，一是梁啓超致康有爲的親筆密函；而否定〈遺書〉的則均係口說，雖是參與者和親聞者，究差一層，尙有發生歧異的餘地，如湯志鈞先生對『作僞而三人合謀』的質疑便是。」〔註90〕劉振嵐的評論大抵中肯，也未便就能完全否定兩封〈遺書〉存在的可能。只是礙於到目前爲止，缺乏有力的文獻，可直接證明〈遺書〉的確出自譚氏之手，故而只能暫時存疑。

譚嗣同繫獄之後，最得留傳而有名的一事，即是他的〈獄中題壁〉：「望門投止思張儉，忍死須臾待杜根。我自橫刀向天笑，去留肝膽兩崑崙。」（《全集》頁287）

黃彰健在民國五十八年五月的《大陸雜誌》發表〈論今傳譚嗣同獄中題壁詩曾經梁啓超改易〉一文，首先對〈獄中題壁〉的眞實性提出質疑，該文隨後輯入台灣中央研究院歷史語言研究所專刊之五十四《戊戌變法史研究》。黃彰健斷言：「譚氏這首詩的眞實可靠性是有問題的。」黃彰健先生認爲小說《繡像康梁演義》中所錄詩，比梁啓超所記譚詩更接近歷史眞實：「《康梁演義》雖係小說，但其所記林旭第二首詩：『望門投趾憐張儉』，則顯與今傳譚〈獄中題壁〉詩詞句有雷同處。《康梁演義》所記此詩實值得注意。」黃氏並進一步推

〔註87〕見《譚嗣同研究資料匯編》，頁67～68。
〔註88〕見《戊戌變法人物傳稿（增訂本）上冊》（北京市：中華書局，1982年），頁114。
〔註89〕載《讀書》1985年第5期。
〔註90〕劉振嵐對此相關問題的研究，可見《戊戌維新運動專題研究》（北京市：首都師範大學出版社，1999年），頁262～268。

斷，由於維新派極力掩飾其戊戌政變時，曾有包圍頤和園之企圖，而譚詩則直接涉及此密謀，故梁非改不可。由於黃先生認爲，《康梁演義》所記，「望門投趾憐張儉」一詩，比梁啓超所傳譚嗣同之〈獄中題壁〉更眞實可靠，而前者最後一句是：「手擲歐刀仰天笑，留將公罪後人論。」黃先生對此句的解釋是：「新黨既不宜逃，又不宜諫，只有訴諸武力；今所謀既不成功，譚視死如歸，亦甘之如飴。」「光緒賜楊銳密詔，本囑咐新黨不可違太后意旨。新黨不順從光緒意旨，而擬調軍圍頤和園，譚氏認爲此係爲了保種保教而採取的非常措施。……譚詩用『公罪』二字與傳統用法不同。譚詩『公罪』二字，絕非『功罪』之訛。譚這句詩的意思是，謀圍頤和園係公罪，其是非得失，留待後人去討論。政變後，康、梁均否認圍頤和園，而譚此詩末句，已自承有罪，故此詩末句，梁非改不可。」故而黃彰健先生斷定，譚嗣同〈獄中題壁〉詩必是經過梁啓超「潤色改易，以與他們的保皇活動相配合」。〔註91〕

　　黃彰健先生只根據《繡像康梁演義》中的詩句，何況又是林旭的詩來質疑梁啓超有竄改譚嗣同〈獄中題壁〉之嫌，似乎理由稍嫌薄弱。孔祥吉因在近代史研究所找到了譚嗣同獄中題壁詩的戊戌年刑部傳抄本，而對黃彰健先生的質疑有了辯駁的依據。該傳抄本係在《留庵日鈔》中發現的，日鈔作者唐烜時爲刑部司員，他於光緒二十四年八月二十五日之日記中寫道：「廿五日，晴，入署。李左堂是日午刻到任。散值回寓，在潤田書室遇樊竹臣，小談。……在署聞同司朱君云：譚逆嗣同被逮後，詩云：望門投宿鄰張儉，忍死須臾待樹根，吾自橫刀仰天笑，去留肝膽兩崑崙。前二句，似有所指，蓋謂其同黨中有懼罪逃竄，或冀望外援者而言，末句當指其奴僕中，有與之同心者。然崛強鷙忍之慨，溢於廿八字中。相傳譚某與林旭最爲康逆所重，預謀爲亟，想非謬也。」〔註92〕孔祥吉還提到，戊戌政變發生後，唐烜感慨萬千，寫下了〈戊戌紀事八十韻〉，並輯入其《虞淵集》中。該詩不僅敘述六君子如何被不審而誅，而且還提到譚嗣同、楊深秀獄中均曾寫詩。其中有詩曰：「吏人訖事返，流涕對我說。役卒呈數紙，云是獄中筆（原注：楊、譚入獄均有詩）。」孔祥吉認爲據日鈔所記是「在署聞同司朱君云」，並曾仔細考察

〔註91〕見《戊戌變法史研究》（臺北市：中央研究院歷史語言研究所，1970 年），頁531～537。

〔註92〕見孔祥吉：〈譚嗣同《獄中題壁》詩刑部傳鈔本之發現及其意義〉，《晚清佚聞叢考——以戊戌維新爲中心》（成都市：巴蜀書社，1998 年），頁 200；該文實已於 1994 年發表在《漢學研究》第 12 卷第 1 期。

《留庵日鈔》，並沒有發現有關獄卒抄呈譚詩的記載，倒是御史楊深秀的〈獄中詩〉係由獄卒抄呈唐烜，唐氏很可能搞混了。日鈔記曰：「八月廿四日，……是日在署見有獄卒由獄內抄出楊御史深秀詩三首，……被逮在初九日，至十一日送部入獄後得詩一首，次日又成一首，十三日午刻後，使奉即行正法之旨，臨刑已日夕矣，蓋此日清晨，尚用香火劃壁成詩也。」〔註93〕又據黃濬在《花隨人聖庵摭憶》所記：「有老獄卒劉一鳴者，戊戌政變時曾看守譚嗣同等六人，其言曰：『譚在獄中，意氣自若，終日繞行室中，拾地上煤屑就粉牆作書，問何為？笑曰：「作詩耳。」』可惜劉不文，不然，可為之筆錄，必不止『望門投止思張儉』一絕而已也。」〔註94〕此處透露一種可能，若合理推估，獄卒確實有由獄內抄出詩句，則譚詩應該是有獄卒抄呈唐烜的同僚朱君，否則唐烜如何從朱君口中得知譚詩？因此唐烜的〈戊戌紀事八十韻〉所指「役卒呈數紙，云是獄中筆」，並非無據；甚至似乎也可以據此更推一步，役卒既然有呈數紙，恐怕其中還有唐烜所未見的「詩」，甚至是「文」，那麼上文所談論的譚嗣同兩封〈絕命書〉，是否就有存在的可能？

　　孔祥吉因找到證據可證明〈獄中題壁〉並非如黃彰健先生所說係梁啓超改易，因而於該文結語指出：「由於唐烜之《留庵日鈔》之發現，可證梁啓超於《戊戌政變記‧譚嗣同傳》及其《飲冰室詩話》中所刊布之〈獄中題壁〉是真實可信的。儘管梁氏在轉抄過程中，曾對譚詩個別文字，有所改動，但無傷大體，黃彰健先生相信小說《康梁演義》的記載，並進而懷疑梁啓超為配合他們的保皇活動而改易譚詩，顯然係沒有根據的主觀臆測，因而是不能成立的。」〔註95〕孔祥吉此文一出，隔年黃彰健又再撰文，並提出另外一種新的說法：「僅根據唐烜《留庵日鈔》所記，是不是就可以判斷《繡像康梁演義》所載為不可信呢？就詩論詩，我認為：『我自橫刀仰天笑，去留肝膽兩崑崙』一詩作於戊戌八月初七或初八，在初七日譚與梁『一抱而別』以後，係描述戊戌八月初七或初八譚氏的心情。而《繡像康梁演義》所載則係描述譚氏戊戌八月初九日黎明被捕以後的心情，這才真正是譚氏在獄中創作的詩。」但因為孔祥吉發現唐烜《留庵日鈔》中錄有譚氏的〈獄中題壁〉，黃彰健故而認為：「當時只想到：『去留肝膽兩崑崙』及『留將公罪後人論』這兩首詩其

〔註93〕同前註，頁 202～206。
〔註94〕引自《譚嗣同研究資料匯編》，頁 69。
〔註95〕見《晚清佚聞叢考——以戊戌維新為中心》，頁 208。

中只有一首是眞。現在由於唐烜《留庵日鈔》的發現，則使人想到：這兩首詩均眞。」如何兩首都眞？黃彰健解釋：「『我自橫刀向天笑，去留肝膽兩崑崙』及『手擲歐刀仰天笑，留將公罪後人論』這兩首詩，一首係詠被捕前的心情，一首係詠被捕以後的心情，都可以爲譚氏在獄中所手錄；不可因這兩首詩的頭兩句都是用的《後漢書》張儉、杜根傳的典故，而以『去留肝膽兩崑崙』一詩爲譚詩定稿。」〔註96〕看來黃彰健頗堅持己見，問題是《繡像康梁演義》最早版本已是在 1908 年，而梁啓超的〈譚嗣同傳〉刊佈於《清議報》第 4 冊，時間是 1899 年 1 月 21 日，其中就錄有「去留肝膽兩崑崙」一句〈獄中題壁〉，黃彰健又如何能證明不是《繡像康梁演義》的作者將〈譚嗣同傳〉裡的詩句改寫的呢？

　　〈獄中題壁〉最引起爭議的，還是最後「去留肝膽兩崑崙」一句。關於「兩崑崙」究竟所指何人？長期以來爭論不休。梁啓超認爲係指康有爲與大刀王五〔註97〕；譚訓聰先生認爲是指胡理臣及羅升〔註98〕；陶菊隱則認爲是指大刀王五與通臂猿胡七。〔註99〕而孔祥吉則根據《留庵日鈔》認爲：「崑崙者，乃崑崙奴之謂也，似不應含康有爲。《留庵日鈔》亦謂譚詩『末句當指其奴僕中有與之同心者』。此處之同心者，以筆者理解應包含兩方面內容，其一，

〔註96〕見黃彰健：〈論譚嗣同獄中詩——與孔祥吉先生商榷〉，《近代史研究》1995 年第 2 期，頁 59～62。

〔註97〕梁啓超《飲冰室詩話》曾記：「譚瀏陽獄中絕筆詩，各報多登之，日本人至譜爲樂歌，海宇傳誦，不待述矣。但其詩中所指之人，或未能知之。今錄原文，略加案語。詩曰：『望門投止思張儉，忍死須臾待杜根。我自橫刀向天笑，去留肝膽兩崑崙。』所謂兩崑崙者，其一指南海，其一乃俠客大刀王五。瀏陽作〈吳鐵樵傳〉中所稱王正誼者是也。王五爲幽燕大俠，以保鏢爲業，其勢力範圍，北及山海關，南及清江浦，生平專以鋤強扶弱爲事。瀏陽少年嘗從之受劍術，以道義相期許。戊戌之變，瀏陽與謀奪門迎辟，事未就而瀏陽被逮，王五懷此志不衰。庚子八月，有所布畫，忽爲義和團所戕賊，志以歿。嗚呼！王五眞男兒，不負瀏陽矣。」梁文引自《譚嗣同研究資料匯編》，頁 436～437。

〔註98〕譚訓聰於《年譜》記：「公在獄中從容不迫，常繞室閒步，如拾有地面更香餘爐，即於牆上題詩，公僅有題壁詩一首傳出，詩云：「望門投止思張儉，忍死須臾待杜根。我自橫刀向天笑，去留肝膽兩崑崙。」首句言逃亡，言不願效張儉行爲望門投止，二句言忍死受辱，但清廷有將亡之兆；第四句有人將去留二字分講，我認爲不必如此。時公獨居京師，僅二僕相從——羅升、胡理臣。（崑崙奴，唐宋時用馬來人爲奴，曰崑崙奴，體力強，能泅水，越高山如履平地。）」見《譚嗣同研究資料匯編》，頁 33～34。

〔註99〕陶菊隱的說法見其所著《袁世凱演義》（北京市：中華書局，1985 年），頁 33。

首先應是譚嗣同之奴僕；其二，與譚氏同心同德，且有能力承擔報仇雪恨，拯救皇上重任者。以此標準衡量，『兩崑崙』很可能是指師中吉與大刀王五。」〔註100〕黃彰健反對孔祥吉的推論，認為：「孔祥吉遂據袁《戊戌日記》引伸而釋兩崑崙為大刀王五及師中吉。今按：譚在八月初三日雖對袁這樣說，但其時交通不像現在這樣的便利，尚無證據證明在戊戌八月初七初八，師中吉已抵北京。而且釋『去留肝膽兩崑崙』指大刀王五及師中吉，亦忽略去的那一崑崙，與譚氏原詩不合，故孔君此一解說亦不足取。」〔註101〕但上文已表明孔祥吉並非據袁世凱《戊戌日記》而引申，而是從《留庵日鈔》中唐烜所言而加以推論。

　　此外，譚恆輝和譚吟瑞在〈嗣同公生平事蹟補遺〉一文中，整理了學界對「兩崑崙」的七種不同說法〔註102〕。賈亦斌於〈有關譚嗣同烈士的兩個問題——和台灣倪懷三先生商榷〉一文，也整理了包括自己的見解在內的七種看法〔註103〕。此後也陸續有學者撰文探討「兩崑崙」的意涵，如劉廣志〈譚嗣同〈獄中題壁〉「兩崑崙」非指二僕辨——與何澤翰同志商榷〉、鄧玉冰〈譚嗣同〈獄中題壁〉詩新解〉、盧健〈譚嗣同〈獄中題壁〉之「崑崙」別解〉、馬肇礎〈譚嗣同「絕命詩」一議〉等，也都是根據現有成說再詳細解說而已。今不妨再畫蛇添足一說：譚嗣同此詩名〈獄中題壁〉，恐非譚氏自己定的，但是有助於理解「兩崑崙」的涵義。既是身在獄中，則已不可「去」，而只能「留」，所以「留」者當是指譚氏自己，而「去」者指誰？又與「崑崙」何關？恐與譚氏內心所想的某事有關。譚氏於身繫囹圄之際，究竟還能思考何事？可能的推論應該是譚氏為自己在戊戌變法這段期間的作為做一總評。如果譚氏認為自己的作為可禁得起將來歷史的評斷，也就是足以留名青史，則「留」而犧牲自然值得，相對的「去」者將來的作為也能足以和譚氏匹配，也能留名青史，則此一「去」者，當屬梁啟超。至少在譚氏被捕之時，他只能確定梁啟超應該可以「去」，康有為則死生未卜。既然「去」與「留」的功業都足以留名青史，因此，人格精神自可以媲美「崑崙」。此詩若能從譚氏絕筆自評的角度思考，則此一說法也應該可以聊備一格。

〔註100〕見《晚清佚聞叢考——以戊戌維新為中心》，頁208。
〔註101〕見黃彰健：〈論譚嗣同獄中詩——與孔祥吉先生商榷〉，頁58。
〔註102〕可參閱《譚嗣同研究資料匯編》，頁70～73。
〔註103〕該文原載於1983年9月24日《團結報》，轉引自《譚嗣同研究資料匯編》，頁343～345。

六、戊戌變法失敗原因

汪榮祖在談論戊戌變法失敗的思想因素時，曾指出：「近代學者探究此事，莫不孜孜於其失敗之由，或謂帝后之衝突，或謂新黨操之過急，或謂袁世凱賣主求榮，或謂有國際之背景（聯俄派勝聯英派），都言之成理，有所依據。」〔註104〕

袁世凱賣主求榮的經過，已見上文，袁氏的作為是否足以構成戊戌變法失敗的原因，只要反問若袁氏不告密，戊戌變法就能成功？即可見其影響實無關全局。至於帝后之衝突，甚至演變到政變後，慈禧太后等另立大阿哥，謀廢光緒皇帝之事，惲毓鼎有詳細的記載可以說明：

> 八月以後，內外籍籍，謂將有桐宮之舉，每日造脈案藥方，傳示各衙門，人心恟懼，於是候選知府經元善在上海聯合海外僑民，公電西朝，請保護聖躬，雖奉嚴旨命捕元善，而非常之謀竟寢。次年己亥，上春秋二十有九矣。時承恩公崇綺久廢在私第，大學士徐桐覬政地慕切，尚書啓秀在樞廷與徐殊洽，咸思邀定策功，而大學士榮祿居次輔，雖在親王下，最為孝欽所親信，言無不從，大權實歸之。三公者，日夕密謀，相約造榮第，說以伊、霍之事，崇、徐密具疏草，要榮署名，同奏永寧宮。十一月二十八日，啓朝退，先詣榮，達二公意，榮大驚，佯依違其詞，迨啓去，戒閽者毋納客，二公至，閽者辭焉。次日朝罷，榮相請獨對，問太后曰：「傳聞將有廢立事，信乎？」太后曰：「無有也，事果可行乎？」榮曰：「太后行之，誰敢謂其不可者？顧上罪不明，外國公使將起而干涉，此不可不慎也。」太后曰：「事且露，奈何？」榮曰：「無妨也，上春秋已盛，無皇子，不如擇宗室近支子，建為大阿哥，為上嗣，兼祧穆宗，育之宮中，徐篡大統，則此舉為有名矣。」太后沉吟久之曰：「汝言是也。」遂於二十四日召集近支王公員勒、御前大臣、內務府大臣、南上兩書房、翰林部院尚書於儀鸞殿，上下驚傳將廢立，內廷蘇拉且昌言曰：「今日換皇上矣。」迨詔下，乃立溥俊為大阿哥也。〔註105〕

從這段記載可知，廢立之說其實一直有所謠傳，姑不論慈禧等人是否真有此

〔註104〕見汪榮祖：《晚清變法思想論叢》（臺北市：聯經出版事業公司，1983 年），頁 99。

〔註105〕見惲毓鼎：《崇陵傳信錄》，轉引自《戊戌變法・一》，頁 477～478

意，之所以無法眞正行廢立之事，最大原因還是在於顧忌外國干涉。趙鳳昌《戊庚辛紀述》曾記：「八月十三日朝旨，不讞即決新黨六人，……中外震驚，以爲將有廢立，十四日下午，上海各國領事會訪鐵路大臣盛宣懷探消息。盛答謠傳廢立，必不可信。英領即言：『常言「最毒婦人心」，英亦有此語。或竟有此舉，中國必紛亂，各國不能默爾，於一月內英可調印度兵三十萬來華。』各領去，盛即告予與梅生，予言應速電榮祿，俾知外人意見。……盛既亦以爲然，即電榮大意：『本日午後滬各領事約來探問北京情形，恐中國多事，英於一月內可調印度兵三十萬來云，望勿再有大舉。』次日得榮復電，決無大舉。……盛後到京晤榮，追述其時幸得汝電而止。」〔註106〕即可爲明證，如果盛宣懷沒有致電榮祿，告知英國態度，恐怕就會有廢立之事發生。葉昌熾《緣督廬日記》戊戌年九月初七日有段記載：「子靜（徐致靖）自津來（函）云：康、梁變法，意在聯英、日以自固。此次皇太后訓政，俄國實爲主謀，故倉猝變發，而英、日未敢出而干預。」〔註107〕也可見徐致靖昧於事實。

仔細審思戊戌變法失敗的最大原因，不能說不是「新黨操之過急」所致。汪榮祖也認爲促成戊戌變法的動力是昂揚的「情緒」而非成熟的思想。而乘此運會而崛起之思想領袖——南海康有爲——是一熱血的理想主義者，憑其博學強識、議論縱橫，頗能風靡群倫、傾動朝士，並得光緒皇帝的倚重，遂有變法運動的驟興。但其忽視時代思想水平，復於變法思想先天不足的情況下，持論過高，以爲「三年而規模成，十年本末舉，二十年而爲政於地球，卅年而道化成矣」。顯然不切實際。探康之意，無非要借帝王之力，以及少數人的堅強意志，扭轉乾坤。其志雖然可佩，但不免螳臂擋車，於事無補。六君子之一的有爲幼弟康廣仁實已洞悉先機，有云：「伯兄規模太廣，志氣太銳，包攬太多，同志太孤，舉行太大，當此排者、忌者、擠者、謗者盈衢塞巷。」〔註108〕而譚嗣同不也正像康有爲一樣？譚嗣同離開湖南當日，歐陽中鵠曾在信中鼓勵譚氏：「但新政應急行不可須臾緩者，尙難更僕。趁此一切改圖。刻期課績，或可合朝野奮發。……若其間又生阻力，觀望遲迴，則名變而實未變。且夕禍機一發，而事無可爲矣。」〔註109〕唐才常在戊戌六月廿二日回信

〔註106〕轉引自《戊戌變法・四》，頁318～319。
〔註107〕轉引自《戊戌變法・一》，頁534。
〔註108〕見汪榮祖：《晚清變法思想論叢》，頁103～104。
〔註109〕見《譚嗣同書簡》，頁114～115。

給歐陽中鵠時，也說：「變之自上者順而易，變之自下者逆而難。今適得順而易者，誠我四萬萬人無疆之幸也。……蓋中國至此時，始頗有日本明治初年氣象，若再經鼓宕，則雖守舊如島津久光等，亦必洗新滌面，共贊新猷。」〔註110〕師友既如此勸勉，譚氏又豈肯願意一切緩變？

汪榮祖最後總結說：「就戊戌變法言，康思想的負面影響似遠超過正面影響。原因是《僞經》與《改制》之理論太具『爭論性』，在風氣尙未大開的戊戌時代，太多的爭論引起太多的混淆、疑懼，甚至轉移了問題之中心──變法。……總之，康是戊戌變法的思想領袖，然當時變法思想所依據的二大著作，石破天驚之論引發多方責難，並屢遭禁毀，於變法的政治活動實害多而利少，對變法的失敗或亦不無因果關係。」〔註111〕然而這也非持平之論。孫寶瑄和宋恕的一段對話，可以看出康有爲改制思想在當時人論其功過時，究竟佔有多大份量：「晚，詣燕生，示以日記所駁長素語，燕生頗謂然。既而曰：子以考古貶長素，甚善，然長素非立言之人，乃立功之人。自中日戰後，能轉移天下之人心風俗者，賴有長素焉。何也？梁卓如以《時務報》震天下，使士夫議論一變，卓如之功，而親爲長素弟子，亦長素功也。八比廢，能令天下人多讀書，五百年積弊豁然祛除，而此詔降於長素召見後，亦長素功也。長素考古雖疏，然有大功於世，未可厚非也。余亦敬服其說。」〔註112〕

如果要指責康有爲的「志氣太銳」一點，可以他在「易服」一事上的激進予以批評。戊戌七月二十日，康有爲上〈請斷髮易服改元摺〉說：「夫五帝不沿禮，三王不襲樂，但在通時變以宜民耳。故俄彼得遊歷而歸，日明治變法伊始，皆先行斷髮易服之制，豈不畏矯舊易俗之難哉？蓋欲以改民視聽，導民尙武，與歐美同俗，而習忘之，以爲親好，故不憚專制強力以易之也。且夫立國之得失，在乎治法，在乎人心，誠不在乎服制也。……皇上身先斷髮易服，詔天下，同時斷髮，與民更始，令百官易服而朝，其小民一聽其便，則舉國尙武之風，躍躍欲振，更新之氣，光徹大新。雖守舊固蔽之夫，覽鏡顧影，亦不得不俯徇維新之令，而無復取爲公孫成等之阻撓矣。其於推行維新之政，猶順風而披偃草也。」〔註113〕很難想像康有爲如此過分自信，幾乎

〔註110〕引自〈上歐陽中鵠書・十〉，《唐才常集》，頁239。
〔註111〕見汪榮祖：《晚清變法思想論叢》，頁108～114。
〔註112〕見孫寶瑄：《忘山廬日記（上冊）》（上海市：上海古籍出版社，1983年），頁220。
〔註113〕轉引自《戊戌變法・二》，頁264。

已到了非理性地步，這和保守派官僚固閉自封的心態有何差別？譚嗣同早在丁酉年九月初六日寫給汪康年的信裡，就曾對「易服」的困難有所了解：「鄭蘇龕前有改衣服之議，細思實不可行，但可望諸異日，漸漸轉移，若此時遽入章程，必無益也。公以為何如？」（〈致汪康年‧二十一〉，《全集》頁511）然而康廣仁尚且勸阻不了其兄，譚嗣同若是力勸康有為，恐也無濟於事。

　　康有為認為變法刻不容緩：「一失於同治，經大亂之後，再失於光緒甲申之時。及今為之，僅可及。失此不圖，後雖欲為之，外夷之逼已極，豈能待十年教訓乎？恐無及也。故國運之興廢存亡，未有迫於此時者也。」〔註114〕正是在此外患交迫的壓力下，康有為才不免如此躁進。其實不止康氏如此，譚嗣同、梁啓超、唐才常，甚至連歐陽中鵠等人，危機意識已主導了他們面對變法的態度。甚至在當時局面岌岌可危之際，慈禧的心態多少也和維新派並不違悖。蘇繼祖曾說：「正月康初上之書，上呈於太后，太后亦為之動，命總署王大臣詳詢補救之方、變法條理，太后曾有懿旨焉。」又說：「恭邸薨逝，康復見用，太后亦為所上之書感動。」〔註115〕費行簡在《慈禧傳信錄》也記載：「后嘗告德宗，變法乃素志，同治初即納曾國藩議，派子弟出洋留學，造船制械，凡以圖富強也。……丁酉，奕訢、李鴻藻相繼歿，榮祿遂贊密勿，然事皆同龢主之。訢死，帝益發慮。適德人假細故，攘我膠澳，舉朝無一策，帝復泣告后，謂：『不欲為亡國之主。』后曰：『苟可致富強者，兒自為之，吾不內制也。』」〔註116〕外患的壓迫誠有之，但是也可能正因為瓜分亡國之機日迫，逼得慈禧等人不得不將權力下放，反而給予維新派錯覺，包括光緒本人，以為此時正好可以趁機大肆改革？

　　光緒皇帝在整個變法過程中是操之過急的，在許多方面比起康有為來是有過之而無不及的，遠不如康有為那樣老練。裁撤冗員一事表現得最為明顯。康有為深知，在任何政治改革中，對著髦冗員，不可輕易裁汰，否則，他們會對新政群起而攻之，所以應該以優厚的物質待遇，來妥善地安排他們，這的確是經驗之談。光緒帝的這些激烈的措施帶來的後果，是始料所未及的。裁撤冗官激起了守舊勢力的強烈不滿和堅決反對。〔註117〕據《康南海自編年

〔註114〕康有為：〈與潘文勤書〉，《康有為全集‧一》（上海市：上海古籍出版社，1987年），頁314。

〔註115〕見蘇繼祖：《清廷戊戌朝變記》，轉引自《戊戌變法‧一》，頁331。

〔註116〕轉引自《戊戌變法‧一》，頁464。

〔註117〕見孔祥吉：《戊戌維新運動新探》，頁371～376。

譜》記載：「時奏折繁多，無議不有。汰冗官、廢卿寺之說尤多。上決行之。樞臣力諫不獲聽。且曰：『康有爲並請廢藩臬道府，何爲不可。』而吾向來論改官制，但主增新，不主裁舊，用宋人官差並用之法。……軍機大臣廖仲山聞我論，托人來請我言之。吾乃草摺言官差並用之制，引唐、宋爲法，舉近事爲例，乃言方今官制，誠不可不改，然一改即當全改，統籌全局，如折漕之去漕運，抽灶之去鹽官，尤爲要義也。」〔註118〕

百日維新時尚在刑部任職的陳夔龍親眼目睹了當時的社會動盪，他說：「戊戌變政，首在裁官。京師閒散衙門被裁者，不下十餘處，連帶關係因之失職、失業者，將及萬人。朝野震動，頗有民不聊生之戚。」〔註119〕皮錫瑞《師伏堂未刊日記》戊戌八月十六日曾記：「康、梁、譚復生皆負經濟才，不知辦事何以大謬。朱子解〈敝笱〉詩云：『母不可制，當制其左右之人。』兩宮既不合，惟有查明擁戴『長信』之大臣及左右近習，嚴加懲辦。即以唐代處『金輪』之法，錮之於南苑，以免園居城外，啓奸人之心。如此則別無他虞，可以暢行新政，乃不先慮此，而今日裁官，明日改制，驅數千失業之人，使歸彼黨，不可謂智！」〔註120〕又八月十八日也記載：「此事大誤在裁官，用新進行新政，已爲守舊老臣所不願，如戶部清每年出入之數，吏部、刑部刪定例則，皆非大老所能辦，不能辦又不能退，勢必挺而走險；況且裁各衙門，而書差五千餘人失所，必將交煽蜚語，以危言惑『長信』，激成大變，以意度之，當是如此。」〔註121〕張灝對諸如此類的激烈改革措施，曾大力批評：

> 這種激進的傾向不但與大多數政府官員的意識形態立場背道而馳，而且也同幾乎整個官場的既得利益發生衝突。修改考試制度之舉使帝國廣大文人有失去晉身機會的危險。廢除許多衙門和改變官僚政治的現有管理則例之舉，威脅了許多在任官員的直接利益。軍事改革會涉及裁汰許多現存的軍隊。指派年青的維新派進入軍機處和總理衙門等重要政府機關擔任雖然低級但很關鍵的職務，再加上新條例規定士人和官員均可越過正規的官僚制度渠道而直接向皇帝上書：所有這些都趨向於破壞宮廷中高級官員的權力地位。變法方案

〔註118〕轉引自《戊戌變法‧四》，頁157～158。
〔註119〕見陳夔龍：《夢蕉亭雜記》（上海市：上海古籍書店，1983年），卷2。
〔註120〕見《湖南歷史資料》1959年第2期，頁155～156。
〔註121〕同前註，頁156。

的最厲害的一招莫過於蔑視皇太后的權威，直接威脅她的權力和她最寵信的太監的命運。最後，變法運動的驚人速度和它日益增長的激進傾向造成了普遍的憂慮和不安氣氛，致使變法維新運動很容易被看成要無區別地摧毀一切現成秩序。這樣，百日維新使整個朝廷分裂成勢不兩立的敵對雙方，一方是皇帝和少數激進的少壯維新派，另一方是太后和整個官場。〔註122〕

這種後果光緒並非不知道，因此在七月廿三日光緒曾諭命於鐵路礦務總局、農工商總局，酌插各衙門裁缺官員，希望能緩和守舊勢力的不滿情緒。該上諭內閣曰：「現在裁撤各衙門，業經分別歸併，所有各該衙門，裁缺各官未便聽其閒散，現當振興庶務，規劃久遠，應於鐵路礦務總局、農工商總局，酌設大小官員額缺，以備將來量能任使，著總理各國事務王大臣，會同吏部，妥速詳議具奏。」〔註123〕又光緒接受徐致靖的建議，企圖藉增設議政之官來容置遭裁撤的官員，只令其備官位而不支薪。但七月廿四日協辦大學士孫家鼐上〈遵議徐致靖請酌置散卿摺〉，就極力向光緒爭取薪俸：

> 本月二十日內閣奉上諭：翰林院侍讀學士徐致靖奏冗官既裁，酌置散卿，以廣登進一摺，著孫家鼐妥速議奏。欽此。查原奏內稱自古設官，有行政之官，有議政之官。行政之官不可冗，議政之官不厭多。歷引三代至唐、宋以來故事，欲仿其制，定立三四五品卿，翰林院衙門定立三四五六品學士，不限員，不支俸等語。臣竊謂國家積弊，惟在敷衍顢頇，事無大小，多以苟且塞責了之。如能詳細推尋，多方討論，必不致百為叢脞，遺誤至今。徐致靖謂議政之官不厭多，蓋欲皇上廣集眾思，即藉以留心賢俊，此求賢審官之至意也。苟能行之，必有裨益。擬請准如所奏辦理。……其原奏所稱定立三四五品卿，以備列大夫之職，翰林衙門定立三四五六品學士，以備散學士之職。此項卿員學士，遇有對品卿缺並翰林衙門對品缺出，由吏部一體開單，候旨錄用。至於不支俸一節，臣愚謂皇上裁汰冗員，乃實事求是之意，並非惜此俸銀。擬求皇上嘉惠各員，即按照所授品階，給予俸祿，則皇上體念群臣，該臣等當益思報稱矣。〔註124〕

〔註122〕見《劍橋中國晚清史（下）》，頁380。
〔註123〕見《德宗景皇帝實錄》卷425，轉引自《戊戌變法・二》，頁78。
〔註124〕見《戊戌變法檔案史料》，頁176。

此摺遞上，是日，光緒皇帝即准孫家鼐所議，頒發上諭：「仍著按品給予俸祿，應如何詳定條款，著爲定例，著該衙門妥議具奏。」〔註125〕無非都只爲求妥協。

在戊戌變法失敗後，費行簡就開門見山地指出，康有爲變法的失敗乃是「書生誤國」。他明確指出，戊戌變法派在改革戰略上就是根本錯誤的。他認爲康有爲「浮躁自矜，且襲講學家故智，附會經義。竟以粗疏僨事，致帝幽禁。蓋書生不足決大計」。費行簡十分感歎地認爲，如果光緒皇帝不是採取明火執仗的、大規模撤換舊官僚的措施，而是在變法的初期階段，以傳統的「綜核名實，整飭綱紀」的方式來加強皇帝的權威，其效果就會大不相同。費氏指出，通過「綜核名實，整飭綱紀」的方法，就可以進而「退貪庸代以俊義。徐以心腹分任駿寄，行之三年，主權既尊，兵權在己。然後更國是，改制立法。后雖阻撓，亦不可得矣。不此之圖，徒用三五少年，而欲俄頃盡廢二千年來相欺相蒙舊制。其覆敗亦宜矣」。〔註126〕蕭功秦同樣認爲：「在1898年光緒皇帝與太后分享皇權合法性的情況下，皇帝採取大刀闊斧而又激烈的改革方式，將會使反對變革的保守派與那些由於改革而喪失既得利益的官僚，有可能與充滿權力失落感的慈禧太后結合起來，從而形成皇帝難以招架的強大政治阻力。可以說，這是清末變法所面對的一個十分特殊的問題。」〔註127〕

尹彥鉌在光緒廿六年所著的〈劑變篇〉，曾分析戊戌變法失敗原因：「甲午以還，居民上下頗知變矣。乃一則敗於頑固，一則敗於操切。管子曰：『變法易教，不知化不可。』又曰：『漸也，順也，靡也，久也，服也，習也，謂之化。』改革當以漸。民自順教而風靡。久而服而習之矣。此言爲變法最精之義。異惜戊戌之間，不知此義，故始而維新，旋即復舊。敗於操切。」〔註128〕徐致靖在1916年6月聽到袁世凱死去的消息後，也說：「戊戌政變，屈指算來，已經十九年了。維新派在中國積弱的局面，想要變法圖強，可是沒有看清楚當時的局勢，操之過急，以致曇花一現，終於失敗。」〔註129〕戊戌變法失敗之後十八年，嚴復對康有爲的變法曾予以極嚴峻的批評，認爲：「康乃踵商君之故智，卒然得君，不察其所處之地位何如，所當之阻力爲何等，鹵

〔註125〕見《德宗景皇帝實錄》卷425，轉引自《戊戌變法・二》，頁80。
〔註126〕見費行簡：《慈禧傳信錄》，轉引自《戊戌變法・一》，頁467。
〔註127〕見蕭功秦：《危機中的變革——清末現代化進程中的激進與保守》（上海市：三聯書店，1999年），頁94。
〔註128〕轉引自《戊戌變法・四》，頁304。
〔註129〕見《許姬傳七十年見聞錄》，頁114～115。

莽滅裂，輕易猖狂，馴至於幽其君而殺其友，己則逍遙海外。……必謂其有意誤君，固爲太過，而狂謬妄發，自許太過，禍人家國而不自知非。則雖則百儀秦，不能爲南海作辯護也。」〔註130〕

Samuel Huntington 對光緒的評論，或許可以爲戊戌變法失敗的原因做一註腳：

> 對改革者來說，問題不在於用一大套無所不包的要求去壓垮一個單一的對手，而是以非常有限的一套要求將反對自己的人減少到最低限度。企圖一下子就完成一切的改革者，到頭來將一事無成，或者成就極少。約瑟夫二世和光緒皇帝就是非常好的例子。兩人都試圖在多條戰線上同時推行大量的改革，以求全面改變現存的傳統秩序。他們兩人都失敗了，因爲他們志向過高，樹敵太多。幾乎所有的與現存社會有利害關係的社會階層和政治力量都覺得自己受到了威脅；閃電戰或全面出擊，只起到使潛在對手警覺而活躍起來的作用。也正是因爲這個緣故，全面改革——意即劇烈而迅跳的「自上而下的革命」，從來也沒成功過。這種改革等於在不恰當的時間，就不恰當的問題，動員不恰當的階層參政。〔註131〕

究竟有什麼因素或刺激，迫使譚嗣同及康有爲等人非要採取如此劇烈的改革手段？具體的原因，應該是發生在丁酉、戊戌之際的膠澳事件。〔註132〕

膠澳事件對當時中國官紳的衝擊，可能還要勝過甲午一役。此事件不僅促使康有爲第五次上書光緒帝，又本文前章所述，盛宣懷對山東教案事及後來的發展憂心不已，甚至因心憂而致病。譚嗣同也格外關注此事件的發展和影響。譚氏於〈上歐陽中鵠‧十六〉即注意到：「德兵艦竄奪山東之膠州灣，勢甚凶猛，兵釁已開，恐不易了。政府擬請俄國調停，然舍此亦不得言有他

〔註130〕見嚴復：〈與熊純如書〉，《嚴復集‧三》（北京市：中華書局，1986 年），頁632。

〔註131〕Samuel Huntington:《變動社會的政治秩序》（上海市：上海譯文出版社，1989年），頁 376～377。

〔註132〕關於膠澳事件的原委以及影響，可參見戚其章：〈德占膠澳與瓜分危機問題〉，《河北學刊》1999 年第 1 期，頁 85～91；房德鄰：《瓜分狂潮》（北京市：中國華僑出版社，1992 年），頁 68～80；吳景平：《從膠澳被佔到科爾訪華》（福州市：福建人民出版社，1993 年），頁 43～57；A. J. 艾瑪，〈膠州灣的獲取（1894～1898）〉，《國外中國近代史研究》（北京市：中國社會科學出版社，1993～1994 年）第 23～24 輯，頁 17～42、24～65。

策也。」(《全集》,頁 472)〈讀南海康工部有爲條陳膠事摺書後〉則指出:「先
生前上四書,尰塞瞋置,以釀成今日之奇禍。象環行齲,犧紐垂絕,夢天壓
己,躓地橫摧。乃我三事大夫,邦人庶士,猶復處燕於焚幕之上,翼卵於覆
巢之下,甚乃甘鳩羽於不渴,噉漏脯而非飢。鑄鼎象饕餮,口未入而身已亡;
磨刀向牛羊,命尙懸而神先泣。……嗚呼!六張五角,事至今而更危;萬死
一生,氣薄天而彌厲。」(《全集》頁 421) 〔註 133〕又在〈改併瀏陽城鄉各書
院公啓〉說:「溯自遼海行成,膠灣繼釁,難既棘於生民,憂更貽於君父。揆
厥禍始,端在才難。人挾八股八韻之文,以之治內猶嫌不足,而何況於攘外。
家順不識不知之則,以之守經或尙無濟,而何況於達權。上有俊乂之求,下
無鐘球之應。疾視而莫救,掩卷而咨嗟。斯既雄志強立之士所引爲深恥者矣。
於是聖天子毅然改圖,渙其大號,首變科舉,抑置虛文。」(《全集》頁 419
~420)

　　膠澳事件對當時中國最大的衝擊,莫過於「瓜分」之說更加甚囂塵上。
林增平認爲:「甲午戰後所形成的中國民族的深重危機,到膠州事變發生時就
顯露出急轉直下之勢,因而掀起了帝國主義瓜分中國的險惡狂潮。」〔註 134〕
當時《申報》於 1897 年 12 月 27 日還轉譯了《循環報》的一篇〈譯論瓜分〉
文章:

　　　　夫中國分裂之機其兆早見於往歲,固非自今伊始。中華本堂堂大邦,
　　　　乃觀其數年來所行事故,竟無可令人堅信者,即此已見一斑。然斷不
　　　　圖大勢之變,乃有今日之速也。觀昨接之消息,其中詳細或者尚有參
　　　　差,而核其大要則斷非子虛之談,現德國已佔取膠州灣,觀其舉動,
　　　　大有久據不還之勢。至謂其欲吞併山東全省,恐不免言過其實,然要
　　　　不可謂其並無是意也。……統而論之,俄德法三國既謀分中國之地,
　　　　我英國又豈肯袖手旁觀,而不同沾利益。……至於中國或因被人瓜分
　　　　起而理論,此實無關緊要,只當置之弗恤。蓋中國頹弱之狀至今已極,
　　　　見此時局無可爲計,不得已欲調劉淵亭軍門永福復行出仕,以資捍
　　　　衛。蓋以劉軍門曩任東京邊境,曾抗擾法人,使之不安,遂以爲當今

<hr>

〔註 133〕《全集》於該頁下有注文:原刊《湘報》第十六號,清光緒二十四年三月初
　　　　　三日(一八九八年三月二十四日)出版。此文登在康有爲的奏摺前面,沒有
　　　　　署名。又刊《湘學報》第三十一冊,清光緒二十四年三月二十三日(一八九
　　　　　八年四月十三日)出版,題爲《跋康有爲條陳膠事摺》,署「瀏陽譚嗣同跋」。
〔註 134〕見林增平:《中國近代史》(長沙市:湖南人民出版社,1979 年)下冊,頁 442。

之最能員。曾不思劉軍門前在台握守，負固自雄，詎日軍一到，即行
逃遁，其所謂才能勇略，即此已見大概。〔註135〕

譚氏在〈上陳右銘撫部書〉即針對這種險惡局勢深感不安：

夫以各國之挺劍而起，爭先恐後，俄、法、德暗有合縱之約，明爲
瓜葦之舉。德據膠州、即墨，俄軍旅順、大連，法又以強占瓊州見
告矣。英、日恐三國之崛起出其上也，謀與中國連橫以抵御三國，
即以自衛其權利。而政府拒之，是激之使怒，以速其屠滅我也。今
已西正月矣，在西二月分割之期，直不瞬息耳，危更踰於累棊，勢
將不及旋踵，復安能寬我以舒徐閒暇之歲月，俾得從容布置，以至
於三五年之久哉？」（《全集》頁277）

此後，在〈治事篇第十・湘粵〉發出無可奈何的沉痛之詞：「時局之危，有危
於此時者乎？圖治之急，有急於此時者乎？屏藩之削奪，吾且弗暇論焉。舐
糠則既及米矣，剝床則既切膚矣。臺灣淪爲日之版圖，東三省又入俄之籠網，
廣西爲法所涎，雲南爲英所睨。邇者膠州海灣之強取，山東鐵路之包辦，德
又逐逐焉。吁！雖有計、蠡弗能爲策矣。」（《全集》頁444）又在南學會講義
第一次講義〈論中國情形危急〉不斷地說到：「尤可駭者，中國膠案既出之後，
六大國皆移師，而各欲因利乘便，冀得土地，土耳其亦攘臂於其間，明目張
膽而言曰：『我情願少索希臘賠款，速了此案，以便我亦往中國，分一塊土地
也。』夫以素爲中國所輕所恥之土耳其，轉而陵駕中國之上，至爲分中國之
謀，我中國之可恥可危，爲何如哉？」（《全集》，頁398）就是在這種迫切卻
又無奈的情緒逐漸升高之下，才導致譚氏等人不得不採取激烈急進的行動。

　　和前章論湖南維新運動失敗的原因相較，這裡看到的戊戌變法失敗因
素，更令人感受到在當時的時空環境下，維新派的危機意識驅使了改革方向
和策略，而造成同樣失敗的結果。如果要將失敗的責任歸咎於任何人，恐怕
也不太妥當。孫寶瑄光緒二十五年《日益齋日記》裡的一段記載，實可發人
深省：「十二月詣昌言報館，枚叔、浩吾咸在，問：『傅相作何語？』傅相自
云：『奉懿旨捕康梁。』且曰：『如獲此二人功甚大，過於平髮、捻矣，吾當
進爵。』語畢大笑。傅相詢余是否康黨。余答曰：『是康黨。』相曰：『不畏

〔註135〕引自青島市博物館、中國第一歷史檔案館、青島市社會科學研究所編：《德國
　　　　侵佔膠州灣史料選編（1897～1898）》（濟南市：山東人民出版社，1987年），
　　　　頁517～518。

捕否？』曰：『不畏，中堂擒康黨，先執余可也。』相曰：『吾安能執汝，吾亦康黨也。瀕陛辭時欲爲數十年而不能，彼竟能之，吾深愧焉。』故都人多目爲康黨，比召對，太后以彈章示之曰：『有人讒爾爲康黨。』合肥曰：『臣實是康黨，廢立之事，臣不與聞，六部誠可廢，若舊法能富強，中國之強久矣，何待今日？主張變法者即指爲康黨，臣無可逃，實是康黨。』太后默焉。」〔註136〕

〔註136〕轉引自《戊戌變法・一》，頁539～540。

第七章　一生的評價

一、譚氏性格

　　譚嗣同曾經和朋友談到自己性格上的特點，說：「往年羅穆倩謂嗣同：『子通眉，必多幽摯之思。』饒仙槎則亦謂：『慘澹精銳，吾惟見子。』故偶然造述，時復黯然深窅，而精光激射，亦頗不乏蒼鬱之概，峭蒨之致。其於哀樂，煎情鍛思，晝夜十反。一絲潛引，無首無尾，溶裔長懷，若彌萬仞而莫之竟。顧紆徐愈婉，斯激出彌勁，忽便任之，遽有慓疾廉悍恣睢不可控制之觀，孰使令之歟？由其性情與所遭遇在焉。」（〈與唐紱丞書〉，《全集》頁259）這樣的性格不僅造就了譚氏在文采上的表現，同時對其一生的作為，也有極深遠的影響。譚氏也不諱言指出，他的性格的確是本身的性情和外在環境遭遇相激盪所致。譚氏在〈致張蒯雲〉信中即說：「去歲匆匆復一書，殊不欲多談，世變如此，何事不堪流涕乎！……嗣同一生未作過一件快意事，不謂親友與有連者，亦皆抑塞如此。然而嗣同迂拙之罪，則無所逃也。……時事不欲更言，但看天命如何耳。」（《全集》頁489）固然時局艱難而令譚氏倍感挫折，但來自「親」、「友」之間對他的壓抑更令譚氏不樂。其中的「親」恐怕指的就是譚繼洵。歐陽中鵠曾經致書給譚嗣同的父親，請求其重用譚氏：「復生操守謹嚴，令名蔚起。論事極有見地，任事極有力量，實係達藝從政之才。如有機務，可令獻謀，以備采擇。方之古人，如祁奚之有祁午，非過譽也。」〔註1〕但看來結果並不理想，故而譚氏才發此慨歎。

─────────────

〔註1〕見歐陽中鵠：〈復敬甫制軍〉，轉引自《譚嗣同研究資料匯編》，頁243。

再看譚嗣同於〈《仁學》自敘〉中的一段告白：「吾自少至壯，偏遭綱倫之厄，涵泳其苦，殆非生人所能任受，瀕死累矣，而卒不死。由是益輕其生命，以為塊然軀殼，除利人之外，復何足惜。深念高望，私懷墨子摩頂放踵之志矣。」（《全集》頁 289～290）張灝曾解釋說：「譚嗣同的一生為死亡的陰影所籠罩，同時也深受由家庭和男女之間的情感糾紛所帶來的痛苦。他的思想中的一部分可以說是他在這些生命處境中掙扎時所流露的心聲。」〔註 2〕也就因此，譚氏格外看輕生死問題，如其在《仁學‧十三》所暢談的：「知身為不死之物，雖殺之亦不死，則成仁取義，必無怛怖於其衷。且此生未及竟者，來生固可以補之，復何所憚而不矗矗。此以殺為不死，然己又斷殺者，非哀其死也，哀其具有成佛之性，強夭閼之使死而又生也。是故學者當知身為不死之物，然後好生惡死之惑可祛也。」（《全集》頁 309）但這樣的生死觀是否能將之過分放大到譚氏殉難於戊戌政變所持的信念？熊希齡在〈上陳中丞書〉中的言詞，應該可解答此疑問，他說：「齡觀日本變法，新舊相攻，至於殺人流血，豈得已哉？不如是，則世界終無震動之一日也。齡本草人，生性最慧，不能以口舌與爭，惟有以性命從事，殺身成仁，何不可為？」〔註 3〕再有一例，畢永年曾問譚嗣同：「頃聞復生先生講義，聲情激越，洵足興頑起懦，但今日之局，根本一日不動，吾華不過受野番之虛名；鑾輿一旦西巡，則中原有塗炭之實禍。所謂保種保教，非保之於今日，蓋保之於將來也。此時若不將此層揭破，大聲疾呼，終屬隔膜，愈欲求雪恥，愈將畏首畏尾。或以西學為沽名之具，時務為特科之階，非互相剿襲，即僅竊皮毛矣。質之高明，當有良法。」譚氏的回答則是：「王船山云：抱孤心臨萬端。縱二千年，橫十八省，可與深譚，惟見君耳。然因君又引出我無窮之悲矣。欲歌無聲，欲哭無淚，此層教我如何揭破？會須與君以熱血相見耳。」〔註 4〕正是因為抱持著為變法改革而大無畏的信念，譚氏和唐才常等多人勇於犧牲殉難，而並非只是性格上的樂死惡生所能驅使的。

二、死君與死事之辨

譚嗣同戊戌殉難一事，可牽引出兩大議題。其一是：譚嗣同的思想裡究

〔註 2〕 見張灝：《張灝自選集》（上海市：上海教育出版社，2002 年），頁 214。
〔註 3〕 見《陳寶箴集（下）》，頁 1769～1770。
〔註 4〕 見光緒二十四年三月十八日（1898 年 4 月 8 日）《湘報》第二十九號。

竟是否有革命的意圖？其二是：譚氏的殉難，究竟和「死君」有沒有關係？

首先，據唐才質在《戊戌聞見錄》中的數條摘抄所記：

1. 新會於札記上加批，多述南海先生之學。……然新會間有排滿及倡言革命之批語，似有異於南海。予以此叩於伯兄，伯兄曰：此卓如秉復生意而偶引發之耳。

2. 復生七丈奉電旨，同心者皆慶之。然七丈忽忽若不懌者，殆遇泰思否而情不能已歟？伯兄與之擘畫聯絡哥老會事，七丈囑續密結納之，毋為仇我者偵知。……伯兄謂復生雖役其身於清廷，從事維新，而其心實未嘗須臾忘革命。其北上也，伯兄為餞行。酒酣，復生七丈口占一絕，有云：「三戶亡秦緣敵愾，功成犁掃兩崑崙。」蓋勉伯兄結納哥老會，而復於京師倚重王五，助其謀大舉也。

3. 八月初，伯兄得復生七丈急電：「速偕同志來京相助。」伯兄知有非常，乃往漢口與哥老會豪酋謀之。然彼輩皆烏合，驍勇而寡謀，事猝而未豫，何能貿然首途。旋聞噩耗，復生七丈與劉裴村、林暾谷、楊叔嶠等皆殉難。其時伯兄之悲，蓋非楮墨所能盡矣。〔註5〕

關於第一點的疑問，李哲賢曾撰文指出：「由於義和團事變所帶來之危機，章氏乃參加由康有為之弟子——唐才常所組織之『張園國會』。此次國會之主要宗旨是：『一、保全中國自主之權，創造新自立國；二、決定不讓滿清政府有統治中國之權；三、清光緒皇帝復辟。』由於此會之宗旨曖昧，章氏於會中『當場批判了唐才常不當一面排滿，一面勤王，既不承認滿清政府，又稱擁護光緒皇帝，實屬大相矛盾，絕無成事之理，宣言脫社，割辮與絕』。」〔註6〕則唐才常本人都有勤王的想法，又如何能質疑譚嗣同有革命的意圖？至於第二及第三點，亦可有兩面解說。所謂「謀大舉」，既可解釋為譚氏請諸人到京謀革命，不也可解釋請諸人來京「圍園」勤王？

至於如梁啟超〈譚嗣同之思想〉所說：「精神，解放之勇氣，正可察見。《仁學》下篇，多政治談，其篇首論國家起源及民治主義，實當時譚、梁一派之根本信條，以殉教的精神力圖傳播者也。由今觀之，其論亦至平庸，至疏闊。然彼輩當時，並盧騷《民約論》之名亦未夢見，而理想多與暗合，蓋

〔註5〕引自《譚嗣同研究資料匯編》，頁270～272。

〔註6〕見李哲賢：〈論章太炎及其終極關切——保存國粹〉，《漢學論壇》2002年6月第1輯，頁39～48。

非思想解放之效不及此。其鼓吹排滿革命也，詞鋒銳不可當。」〔註7〕趙曰生〈畢松甫先生傳略〉：「譚嗣同思利用載恬，借變法爲革命之權輿，永年實與其謀。俄而永年受嗣同之密約，將率勇士以誅奸暴。詎意政變猝發，自是乃雲遊中外，思有以匡濟時艱。」〔註8〕都有個人主觀觀點摻雜其中，並不能成爲確論。

譚恆輝、譚吟瑞也曾就此問題提出解釋：

> 或許有人要問，嗣同公既然具有強烈的反清思想，爲什麼又應詔北上，襄助光緒帝維新變法呢？關於這個問題，章士釗在《沈藎》中作過評述，指出譚嗣同和唐才常，都屬「破壞主義，……而手段不相同，故譚先爲北京之行，意覆其首都以號召天下」。歐陽予倩也說：「他骨子裡的主張跟保皇黨的主張有所不同，他對於利用光緒行新政，不過認爲是一時之手段。」在唐才常爲嗣同公北上餞行時，嗣同公即席口占，有「三戶亡秦緣敵愾，勠成犁掃兩崑崙」之句，藉以表其心志。可見，嗣同公應詔北上，參加維新變法，是有自己的深刻政治意圖的。〔註9〕

這種解釋也欠缺客觀，難道章士釗等人就沒有以自己的政治意圖來解釋譚氏的作爲？與此相比，朱維錚等人的觀察反較爲客觀：「《仁學》作於一八九六年，值得注意的是其中已體現了鮮明的反滿立場，但譚嗣同卻在百日維新中應光緒帝召，爲光緒帝向慈禧奪權而獻身。歷史的矛盾怎樣解釋？至少目前還沒人說清楚。」〔註10〕

不過可注意的是，蕭汝霖在撰寫〈譚嗣同傳〉時曾指出，嗣同在武漢專門拜訪了張之洞，張對其北上表示不解，故意諷刺說：「君非倡自立民權乎？今何赴徵？」復生曰：「民權以救國耳。若上有權能變法，豈不更勝？」〔註11〕

〔註7〕見梁啓超，《清代學術概論》（上海市：商務印書館，1923年）第27章。

〔註8〕引自《譚嗣同研究資料匯編》，頁200。趙曰生也在〈唐佛塵先生傳略〉說明：「曰生曾從事於茲役，幸而未死，既知其事，不敢緘默，備述其眞相，以俟後之論史者。」（《譚嗣同研究資料匯編》，頁204）乃是就一個曾親身參與自立軍革命的成員身份所記載的實錄，但是如果趙曰生本人即主張革命，又如何客觀地評斷譚嗣同有革命的陰謀，而非故意誇大不實？

〔註9〕見〈嗣同公生平事蹟補遺〉，《譚嗣同研究資料匯編》，頁68～69。

〔註10〕見朱維錚、龍應台編著：《維新舊夢錄：戊戌前百年中國的「自改革」運動》（北京市：三聯書店，2000年），頁222。

〔註11〕見蕭汝霖，《瀏陽烈士傳·譚嗣同傳》。

與此類似的論調還可見於康有爲在天津《國聞報》上的文章，解釋君權與民權的關係，說明用君權實行變法的必要性。他說：「君猶父也，民猶子也。中國之民皆如童幼嬰孩，問一家之中，嬰孩十數，不由父母專主之，而使童幼嬰孩自主之，自學之，能成學否乎？必不能也。敬告足下一言：中國惟以君權治天下而已，若雷厲風行，三年而規模成，二年而成效著。……今日之言議院言民權者，是助守舊者以自亡其國者也。」〔註12〕《字林西報》在政變發生後，也評論說：「中國所需要的是青年的血液，而我們在康有爲和他的死義的諸同僚的例子中，看到這種旺盛的精神是充沛的，我們引以爲慰。唯一的遺憾是，這些人竟犧牲在一個非正義的反對勢力的酷刑之下，但我們可以斷言，這些人的精神是繼續存在很多人中間的。改革一日不完成，他們一日不會休止。」〔註13〕由改革一詞，而非革命，可以了解譚氏是否堅決反滿，而必要革命不可，答案應該很明顯。

至於譚氏的殉難，究竟和「死君」有沒有關係？

邱榮舉在〈晚清政治思想界裡的彗星——譚嗣同〉文中指出譚嗣同：「一生之中所爲人非議者，似乎只有戊戌政變死難一事。原因在譚氏的政治思想中，除主張變法外，並高唱排滿革命和斥責死君之不當，即在其實際的行動中，於協助湖南推行新政，參與時務學堂和南學會事務，作『亡後之圖』之餘，亦暗中傳佈革命思想，可是後來他不但參與變法維新和擁護光緒皇帝，圖謀『殺榮祿，圍頤和園』，最後且『可走而不走，卒及於難』，似乎與其一向的思想與行動，並未能完全一致，所以多年來學者們對於此事議論紛紜，莫衷一是。」〔註14〕

錢穆先生就認爲譚嗣同「豈君臣知遇之感，亦終不能自解，故臨慷慨而出此耶？……復生果以旬日知遇，遽亡其二千載君主之慘毒，三百年滿廷之酷烈，竟自沒齒效忠，稱聖天子如常俗矣。然則復生之死，以《仁學》所謂沖決網羅毀滅君臣父子之倫常言之，不將爲無意義之徒死乎？……言思想如譚復生，皆可謂橫掃無前，目無古人。……譚氏之持論，譚氏亦自違抗之」。〔註15〕蕭公權

〔註12〕 康有爲：〈答人論議院書〉，天津《國聞報》戊戌五月二十八日，轉引自孔祥吉：《晚清史探微》（成都市：巴蜀書社，2001年），頁440。

〔註13〕 見《字林西報週刊》，《戊戌變法‧三》，頁493。

〔註14〕 見《近代中國思想人物論——晚清思想》（臺北市：時報文化出版事業公司，1970年），頁621。

〔註15〕 見《中國近三百年學術史》（臺北市：臺灣商務印書館，1966年），頁 677～

先生也指出：「戊戌之敗，譚氏死之，且嘗告梁啓超曰：『不有行者無以圖將來，不有死者無以酬聖主。』七月二十九日又與康氏捧衣帶詔大哭。與此所言（按：指譚氏認爲只有死事的道理，絕無死君的道理）不合。殆爲德宗倚任所深動，故以死報之歟？抑或以流血鼓天下士氣以遂變法之志，而自附於死事之節歟？」又說：「譚氏何人。非以一死殉戊戌變法者乎？何以有如此之主張，豈非行不掩言乎？吾人一再思之，而後得一近情之解答。康氏變法，重在保清。譚氏維新，則純出愛國。……一誤於君憲之空想，再誤於德宗之倚任。一腔熱血，遂不得灑於其衷心隱含之國民革命主張，而轉以酬報心神宗而身獻帝之『聖主』。此誠戊戌政變中最慘痛之悲劇，而益令吾人深歎譚氏無緣參與興中會之可惜也。」〔註16〕

　　邱榮舉對於上述錢、蕭兩先生的看法曾加以批評，認爲譚嗣同之戊戌死難「死君」及「自行違抗其向日所持之論」的說法實不能接受。「死事」與「任俠作風」之說可以接受，至於「酬答皇帝知遇」的話，則頗值得懷疑，理由如下：

> 譚嗣同在其所著《北遊訪學記》和《仁學》裡，曾本於「民本君末」之義，認爲：「民之於民，無相爲死之理，本之與末，更無相爲死之理」。並且指出「死君」，是「以宦官宮妾自待也，所謂匹夫匹婦之諒也」。因此，「止（只）有死事的道理，決（斷）無死君的道理」！證以戊戌政變發生後，他曾對梁啓超說：「各國變法，無不從流血而成，今日中國未聞有因變法而流血者，此國之所以不昌也。有之，請自嗣同始。」足見他當時決心死難，完全是「死事」而非「死君」，跟他以往的言論，實在並無牴觸。至於梁啓超所寫的〈譚嗣同傳〉中所謂「不有死者，無以酬聖主」這句話，其可信與否，尚有疑問。……對於譚氏在獄中所題的題壁詩，今人黃彰健懷疑它確經梁氏加以竄改，以掩瞞譚氏所表露的不滿。所以，他對於譚氏之記載，亦有可能故作不實之論。……因此，所謂「不有死者，無以酬聖主」之語，吾人頗懷疑係梁氏所擅加者。不過，關於「酬答皇帝知遇」的話，要是確係譚嗣同在決定赴死難之前所說，那麼，很可能他已把光緒

678。

〔註16〕見蕭公權，《中國政治思想史》（台北市：聯經出版事業公司，1982年），頁765。

皇帝與他之間的關係，視作已達到了「君臣朋友也」的地步，所以
不惜赴死以「酬答皇帝知遇」，這也明顯地不能視之爲「死君」，且
與其平日特重朋友一倫，及不惜爲之犧牲的言論，實相一致。總之，
以譚氏的一腔熱血和愛國的胸懷，以及其勇於改革的言論和作風，
竟未能爲國民革命效力，而「死事」於戊戌政變。〔註17〕

譚恆輝和譚吟瑞也支持邱榮舉的看法，認爲：

1898 年 9 月 21 日（戊戌夏曆八月初六日）政變發生，康有爲已先一
日逃離北京經天津南下，梁啓超則由嗣同公促其到日本使館避難。嗣
同公和梁啓超分別後，閉門不出，翻箱倒篋，清理書信，以免連累親
屬朋友。據説，他曾模仿曾祖父的筆跡，寫了訓斥自己的一封信，留
置書桌抽屜以待捕者。但捕者不至，他就於次日赴日本使館，將所著
《仁學》及其他詩文稿交給梁啓超，要梁逃往日本，並且説：「不有
行者，無以圖將來，不有死者，無以召後起！」……但是，梁啓超逃
到日本後撰寫〈譚嗣同傳〉，卻說「不有死者，無以酬聖主」。究竟是
「無以酬聖主」，還是「無以召後起」，雖僅三個字的差異，而意義卻
有很大區別，我們認爲後者是對的。證以黃鴻壽《清史紀事本末》和
《湖南省志》第一卷《湖南近百年大事紀》所記載的均爲「不有死者，
無以召後起」，我們覺得自己的看法是有根據的。應當指出，「無以酬
聖主」這種說法是不符合嗣同公的政治思想的。他在《仁學》中早已
明白地反對爲君主「死節」。他說：「故夫死節之説，未有如是之大悖
者矣。君亦一民也，且較之一尋常之民而更爲末也。民之於民，無相
爲死之理，本之與末，更無相爲死之理。然則古之死節者，乃皆不然
乎？請爲一大言斷之曰：『止有死事的道理，決無死君的道理。』」（《全
集》下冊第 339 頁）由此可見，如果死爲「酬聖主」的話，豈不是與
嗣同公的思想完全背離？嗣同公生平言行一致，決不會出爾反爾！梁
啓超出於保皇的政治需要，把嗣同公説的「召後起」篡改爲「酬聖主」，
我們不可信以爲眞。〔註18〕

再次比對光緒二十四年十一月十一日出版的《知新報》第七十五冊所收兩篇

〔註17〕見《近代中國思想人物論——晚清思想》，頁 626～627。黃彰健懷疑譚氏在獄
中所題的詩，業已證明梁啓超並未加以竄改，説詳本文第六章。

〔註18〕見〈嗣同公生平事蹟補遺〉，《譚嗣同研究資料匯編》，頁 66～67。

據說是譚嗣同寫給康有爲和梁啓超的獄中絕筆，而這兩封絕筆信後來也都收入了《譚嗣同全集》。其中〈致康有爲〉寫道：「受衣帶詔者六人，我四人必受戮；彼首鼠兩端者不足與語；千鈞一髮，惟先生一人而已。天若未絕中國，先生必不死。嗚呼！其無使死者徒死而生者徒生也！嗣同爲其易，先生爲其難。魂當爲厲，以助殺賊！裂襟嚙血，言盡於斯。南海先生。譚嗣同絕筆敬上。」（《全集》頁 532）另一封日期署名爲「八月十日嗣同獄中絕筆」的〈致梁啓超三〉則是：「八月六日之禍，天地反覆，嗚呼痛哉！我聖上之命，懸於太后、賊臣之手，嗣同死矣！嗣同之死畢矣！天下之大，臣民之眾，寧無一二忠臣義士，傷心君父，痛念神州，出爲平、勃、敬業之義舉乎？果爾，則中國人心眞已死盡，強鄰分割即在目前，嗣同不恨先眾人而死，而恨後嗣同而死者之虛生也。嚙血書此，告我中國臣民，同興義憤，翦除國賊，保全我聖上。嗣同生不能報國，死亦爲厲鬼，爲海內義師之助。卓如未死，以此書付之，卓如其必不負嗣同、皇上也。」（《全集》頁 519）此外，還有譚嗣同刑行前的〈臨終語〉：「有心殺賊，無力回天。死得其所，快哉快哉！」（《全集》頁 287）這裡同樣都說到「殺賊」、「國賊」，這是指誰？是慈禧？還是光緒？亦或是清朝？若說兩封絕筆信都不可靠，則臨終語也不可靠？

　　誠然可說譚嗣同絕不會爲完全背離自己在《仁學》中的思想，而主張「死君」，但是如果忽略了譚嗣同對光緒的評價，似乎也欠公允。細讀五月初二日譚嗣同在給妻子李閏的信中，提到被保薦的事說：「我此行眞出人意外，絕處逢生，皆平日虔修之力，故得我佛慈悲也。夫人益當自勉，視榮華如夢幻，視死辱爲常事，無喜無悲，聽其自然。惟必須節儉，免得人說嫌話。」（〈致李閏·一〉《全集》頁 530）又譚氏於六月十三日〈致李閏·二〉再說：「總理衙門有文書（係奉旨，又有電報）來，催我入都引見，可見需人甚急。雖不值錢之候補官，亦珍貴如此！聖恩高厚，蓋可見矣。現定本月十六日乘輪赴南京領取咨文，趕速入都，途中別無耽擱，亦甚忙碌。此後暫不寫家信，實因無暇，幸勿懸盼爲要。」（《全集》頁 531）譚氏此時的心情「絕處逢生，皆平日虔修之力，故得我佛慈悲也」，難道是扭捏作態？「聖恩高厚」又是指誰？如果要說絕筆信不可信，難道李閏手上這兩封信也遭到康、梁的篡改？

　　再有一例，何澤翰曾撰〈譚嗣同《獄中題壁》詩新解──兼論譚不肯出亡的原因〉一文指出：

　　嗣同與康、梁志事相同，職責相同，當危難時，何以康、梁皆設法

出亡，而嗣同獨堅決等死，且未聞康、梁諸人有一言片語勸嗣同偕走呢？現在爲了探索歷史的眞實，我匯合各方面的材料，再聯繫嗣同的哲學思想加以研究，發現嗣同的坐以等死，不肯出亡，還有其複雜的原因。（當然他決心要爲變法而流血是主導的一面，眞不愧爲錚錚鐵骨的好漢。明知坐以等死無補於事，只得強調要爲變法而流血。）即當時事變發生時，你早考慮到自己的老父正在湖北巡撫任上，他如果像康、梁一樣出走，則他的七旬老父譚繼洵的後果，必然和康有爲之弟康廣仁一樣，株連被殺。誠然，嗣同是不忍心做這種事的。他在《仁學‧自敘》中曾宣稱要「沖決網羅」，如說「沖決倫常之網羅」等等，其實這只是他的思想躍進的一面，實際上他還有篤於封建孝道的一面。正如魯迅所説：「表面上毀壞禮教者，實則倒是承認禮教，太相信禮教。」（見〈魏晉風度及文章與藥及酒之關係〉）嗣同自己也説過：「眞無網羅乃可言沖決，故沖決網羅者即是未嘗沖決網羅。」原來嗣同的篤於孝道還重人一等，據他的老友龍紱瑞在《武溪雜憶錄》（載《湖南文獻匯編》第一輯）中説：「譚敬甫丈（繼洵）老成拘謹，君則發揚蹈厲，不守繩墨，故父子頗異趣。⋯⋯顧其人侍父極孝，於兄弟友愛甚篤，讀《寥天一閣》之〈城南思舊銘〉可見一斑。一日偶與余論及節孝，君頗訾詆，謂守節爲宋人謬説。父子天性，色養乃應盡之責，無所謂孝。余曰：『君此言乃《淮南子》引嫁女者云：「善尚不可爲，面況不善乎？」陳義太高。』龍紱瑞爲嗣同的世交，其所記全爲實錄。則嗣同之孝父爲朋友所深知，故嗣同的好友經學大師皮錫瑞曾有〈哭譚復生詩〉五首（載《皮錫瑞年譜》），中有句云：「孝忠難喻俗，成敗總由天。」「孝忠」二字，可謂已透露此中消息了。關於敘述嗣同以身庇父的記載頗多，現在略爲引證如下：陳叔通撰〈譚嗣同就義與梁啓超出亡〉（見《戊戌變法》4冊，329頁）一文中説：「戊戌政變六君子中，譚嗣同爲湖北巡撫譚繼洵之子。政變時北京有俠客某願負挾嗣同逃出北京。嗣同恐其父連坐，正代父寫家信，信中無非痛戒其子如何如何，以見其父教子之嚴。信甫寫完，緹騎已至，遂被捕棄市，家亦查抄。⋯⋯但繼洵並無處分，或即因查抄時發現家信，有人爲之解釋，故獲免。於此可見嗣同之從容就義而不忘其父。」按陳叔

通係清末翰林，此內掌故，必所習聞。其所述是可信的。又嗣同有兩位同鄉老師，一位是歐陽中鵠，號瓣薑，一位是劉人熙，字艮生，號蔚廬。《譚嗣同全集》中載有嗣同上這兩位老師的函札甚多。劉人熙著述頗多，民國初年，做過湖南督軍，與嚴復有交情。所著《蔚廬亥子集》（民國二年四月排印本）卷四有如下一詩：「瓣翁寄我復生〈獄中題壁〉詩云『我自橫刀向天笑，去來（按原文作來）肝膽兩崑崙』，蓋指二僕相隨也。」又云：「英教士李提摩太故與生善，屢迎其至英使館匿避，固不往，坐待引頸。臨刑談笑自若，可謂壯矣。惜乎未見其止也。余聞而悲之，因悼以詩，亦爲子弟前車之鑒云：『譚生才氣橫天下，不忍逋逃累老親。（原注：生既謝李提摩太之招，又在縣館焚往來信札，惟留其父訓誡之書，故其父得免於難。）他日老、韓漫同傳，董狐良史要分明。』」我們還應該認識到嗣同雖然愛憐老父，但與他的父親在思想和政見方面是背道而馳的，經常正面衝突。據胡思敬撰《戊戌履霜錄》（《戊戌變法》4 冊 55 頁）云：「……其父繼洵，方巡撫湖北，年七十矣。知嗣同必以躁進賈禍，一月三致書，促之歸省。嗣同報父書，言老父昏耄，不足爲謀天下事，聞者無不駭怪。有爲謀召外兵，實嗣同陰爲之主，事覺伏誅，繼洵坐是廢棄。」通過以上兩段材料，可以看出嗣同爲人全貌。他的政治思想實際上是封建家庭的叛逆，不僅非老父和老師所能範圍，且早已跨越時代，並且敢作敢爲，不愧爲變法運動中的英雄人物。他的捨身庇父的這種道德觀念，可以說是那個時代多數的舊知識分子無法突破的障礙。我現在再舉一個旁證。即嗣同同輩戰友張元濟，（張是與嗣同同被徐致靖保舉的五個人才之一），他在〈追述戊戌政變雜詠〉的詩下自注說：「四卿既誅，黨人捕逐殆盡，有勸余出亡者，余有母在，此求生害仁之事，余何能爲，惟有順受而已。」由此可見，像嗣同這一流人物，我們應該把他們放在那個時代的歷史環境裡去考察，他們都被一種道德標準約束著，這是很明顯的。

[註19]

從何澤翰此文的論述可證，如果說「死君說」會與《仁學》衝突，那麼譚氏

[註19] 原載自《瀏陽文史資料》第一集，轉引自《譚嗣同研究資料匯編》，頁 456～462。

「死父」即不與《仁學》衝突？則衝決五倫之網羅，譚氏豈不又「亦自違抗之」？

　　王樹槐對此問題也有一段解釋，他認為：「人的思想不同，是因為個人的背景不同、見識不同，同時地位不同也有關係。譬如譚嗣同，他那種衝破網羅的思想，在當時是非常激烈的思想，可是等到他參加戊戌四卿入軍機處後，他的思想就變得非常忠君。這種忠君的思想與他原有《仁學》中那種衝破網羅的思想，完全是矛盾的，這就是說人因地位的不同，他的思想就會改變。康有為亦然，在其未正式參加變法以前，即光緒二十四年以前，他的思想比較激烈，迨光緒二十四年，他反而採取妥協的態度，認為議院的開設要和日本一樣，要二十幾年以後才可辦理。政治思想往往與現實環境有密切的關係。思想所牽涉到的範圍很廣，劉廣京先生曾說明思想本身以外的許多阻礙維新思想發展的因素。他提出知識分子往往為了既得利益，自己會把自己的思想改變。」〔註20〕這雖然也符合部分實情，但是卻說得太過。康有為暫且不說，譚氏是否真會為了既得利益，而將自己的思想改變？恐怕值得商榷。畢竟譚氏入值軍機才不過短短十多天，能得到什麼利益？

　　王元化在論及後人評價譚嗣同時，曾說：

　　　　後人對他毀譽不一，有的說他魯莽，有的說他過激，有的說他熱情有餘而理智不足，議論紛紜，莫衷一是。……用政治家的眼光看來，譚嗣同過於坦率，沒有腹藏，好像一個敞開的大門，一眼望去，就可以看出裡面有些什麼機關。戊戌政變失敗，他多少要負一點責任。一錯於看人不準，不應太相信袁世凱，再錯於操之過急，只憑與袁一席話，就決定了有關存亡的大舉。這些地方康、梁就比較老練，不像他那樣缺乏政治手腕。但正因為如此，譚嗣同沾染的舊習慣、舊思想也少得多。他有一鼓作氣勇往直前不畏任何艱險的精神，倘不早死，後來決不致像康有為那樣反而變成了進步的障礙的。這只要看他變法之志如此之堅定，就義之時如此之從容就可以斷言。戊戌政變事敗洩後，譚嗣同可以逃，但他不逃，他不逃的原因並非對於皇帝的愚忠，而有更深刻的想法。〔註21〕

〔註20〕見《近代中國維新思想研討會紀錄》（臺北市：中央研究院近代史研究所，1978年），頁34。

〔註21〕見王元化：〈譚嗣同的性格〉，《集外舊文鈔》（上海市：上海文藝出版社，2001

王元化的評語可謂平實，可惜他沒有進一步說明譚氏更深刻的想法是什麼，也許就是譚氏所說的名言：「各國變法，無不從流血而成，今中國未聞有因變法而流血者，此國之所以不昌也。有之，請自嗣同始！」

誠如王元化說，譚嗣同一生得到的評價不知凡幾，也褒貶不一。此處不一一贅述，僅擇幾說，聊備一格。

譚嗣同的老師歐陽中鵠在給劉人熙的信中，曾稱讚譚嗣同說：「譚生才氣橫絕，足達時變，然於大處卓然不肯苟且以競於世。非分之榮，視若挽己，嫉俗憤時，為吾道禦侮之選，而卒不能自申其志。時會遷流，每況愈下，猥鄙之材，應運而起。此人道與時違，疑亦不當顯達，目前所處，不能有成。聞其偶有獻替，卒誰與當事爭勝？」〔註22〕歐陽中鵠更在〈致陳荇昀〉信中，讚譽譚氏：「頃聞敬甫中丞擬疏請變法，意蓋出自復生。復生天挺異才，通知世變，起而救時，得管子、申、韓之法，方之近人，殆曾惠敏之匹而精銳殊甚。」〔註23〕批評譚嗣同的則有張謇，於光緒廿四年八月十五日日記寫到：「譚好奇論，居恆常願剪髮易服效日本之師泰西，不知波蘭、印度未嘗不剪髮而無補於亡也。又常創雜種保種之說，謬妄已甚。」〔註24〕孫寶瑄在光緒二十七年八月初一日的日記則說：「荔軒以治佛學為蹈空。余謂：『我國向來治佛學者，大抵窮愁鬱抑不得志之徒，以此為排遣之計，故墮於空也。若真能治佛學者，其慈悲熱力，不知增長若干度，救世之心愈切矣。救世之心切，則一切有益於群之事，無不慷慨擔任，且能勘破生死一關。如譚瀏陽其人者，誰謂佛學之空哉！且以經濟著名如康、梁輩，皆研治佛學之人，如謂習佛便空，則此一輩人皆當息影空山，為方外人，何必擾攘於朝堂之上，以圖變法救國耶？』公輩既不讀佛書，不知佛學之大，而妄加訾議，似可不必。」〔註25〕

從上述張謇及孫寶瑄的評語來看，如何客觀地評價譚嗣同一生，其實是困難的，總不免會落入見仁見智的爭議。但是也由此可以看出譚氏在戊戌變法時期所做的努力，的確吸引了眾人的目光。

年），頁93。
〔註22〕見〈復蔚廬〉，《譚嗣同研究資料匯編》，頁219～220。
〔註23〕引自《譚嗣同研究資料匯編》，頁231。
〔註24〕見《張謇全集》（南京市：江蘇古籍出版社，1994年）第六冊，頁414。
〔註25〕見《忘山廬日記（上冊）》，頁392～393。孫多鑫（1865～1906），字荔軒，安徽壽州人，光緒年舉人。孫氏門庭顯赫，其父是當朝大學士孫家鼐，其母為兩廣總督李瀚章（李鴻章之兄）之女，李鴻章是其外叔祖。

三、對後世的影響

吳海蘭曾整理了近代革命家對譚嗣同及《仁學》的景仰，指出：

> 傑出的資產階級民主革命的宣傳家鄒容，推崇《仁學》爲維新運動
> 的《聖經》。其《革命軍》便吸收了不少《仁學》材料，如清初入關
> 縱容軍隊焚掠，嚴申薙髮之令，及清政府苛待兵勇等內容，凡乎全
> 摘錄《仁學》。該書還從多方面繼承了《仁學》的思想，《仁學》作
> 爲《革命軍》的主要思想資料庫，充當了鄒容走上革命道路的啓蒙
> 教科書（楊鵬程《論〈仁學〉對〈革命軍〉的影響》，《船山學刊》
> 1999 年第 1 期）。馮自由甚至將譚嗣同稱爲革命同志，認爲《仁學》
> 在提倡排滿與改造社會方面作了極大貢獻。當時影響頗大的宣傳作
> 品《黃帝魂》，是輯錄清末報刊雜誌中鼓吹革命的有關文章而成，其
> 《君禍》便是選錄自《仁學》中的反清言論。可見《仁學》中的反
> 清思想已成爲資產階級革命黨人手中吶喊助威的旗幟，這可從一位
> 革命黨人的回憶中證實。他說最初許多人，便是看了《仁學》才奮
> 起參加革命的。因刺殺清政府出洋五大臣而犧牲的革命黨人吳樾，
> 著有《暗殺時代》，便從《仁學》中吸取了任俠精神。〔註26〕

譚嗣同對後人影響最大的，毛澤東應屬其中較特別的一位。毛澤東的讀書筆
記曾有「譚瀏陽英靈充塞於宇宙之間，不復可以死滅」〔註27〕的推崇之語。
甚至還大加讚揚：「現在國民思想狹隘，安得國人有大哲學革命家、大倫理革
命家，如俄之托爾斯泰其人者，沖決一切現象之羅網，發展其理想之世界，
行之以身，著之以書，以眞理爲歸，眞理所在，毫不旁顧。前之譚嗣同，今
之陳獨秀，其人者魄力雄大，誠非今日俗學所可比擬。」〔註28〕

　　周溯源也指出，譚嗣同《仁學》的思想在當時影響很大。曾與譚嗣同有
過接觸的楊昌濟對譚就非常推崇。毛澤東青年時代讀《仁學》，是受楊昌濟的
影響。楊昌濟特別注重譚嗣同的《仁學》，提倡人人要有獨立奮鬥，發動心力
的精神。他時常給學生講讀《仁學》，一段時間，研談《仁學》成爲學生中的

〔註26〕見《〈仁學〉評介》，吳海蘭評注：《仁學》（北京市：華夏出版社，2002 年），
　　　　頁 13～14。
〔註27〕摘自陳晉主編：《毛澤東讀書筆記解析》（廣州市：廣東人民出版社，1996 年），
　　　　頁 130。
〔註28〕摘自張昆弟1917 年 9 月 23 日日記，見《毛澤東早期文稿》（長沙市：湖南出
　　　　版社，1990 年），頁 639。

一種風氣。毛澤東尤爲用功，他們的日記或筆記中，常常有「譚瀏陽英靈充塞於宇宙之間，不復可以死滅」一類的議論。青年毛澤東讀《仁學》所受的影響，主要在兩個方面，一是推崇「心力」的作用，一是沖決一切不平等的羅網。據張昆第日記 1917 年 9 月 23 日記載：頭天晚上毛澤東與蔡和森、張昆第三人「夜談」，又議論到了譚嗣同及其《仁學》，認爲「前之譚嗣同，今之陳獨秀，其人者，魄力頗雄大」。1936 年同斯諾談話時，毛澤東清楚地回憶道：

> 這時候，我「寫了一篇題爲〈心之力〉的文章。我當時是一個唯心主義者，楊昌濟老師從他的唯心主義觀點出發，高度讚賞我那篇文章，給了我一百分。」毛澤東在這篇文章中對「心力」發動時不可遏止的境象的描述，與譚嗣同《仁學》的描述頗爲相似。所謂「心力」，用今天的話來說，就是人的「主觀意志」。毛澤東後來始終強調「意志」在人的實踐活動中的能動性作用，無疑與他早年接受「心力」之說有聯繫的。〔註29〕

張灝也就譚氏思想對近代知識分子的影響，提出一些說明：「在譚嗣同的生命中熔鑄了一種特有的精神，而且也個別地在 20 世紀中國知識分子的心靈中產生了不同程度的迴響。……譚嗣同的批判意識是以否定三綱、攻擊禮教爲其中心思想的。我們無法知道他在這方面對後來的知識分子究竟有多少直接影響，我們只知道從他的時代開始，否定三綱變成一股歷史潮流，日漲月增，終於形成「五四」時代的反禮教高潮，因爲這一股歷史潮流，傳統秩序的思想基礎由動搖而瓦解。譚嗣同就站在這一歷史潮流的尖端，它的抗議精神變成瓦解傳統政治社會秩序的前鋒。這是他抗議精神的歷史意義。」〔註30〕

　　幾乎可以看到，譚氏的思想與其《仁學》，在近代中國所產生的影響，都在於反清、反傳統方面。然而，在今日社會，《仁學》這樣的著作，已失去其所反對的對象，甚至若依然堅持某些衝決的對象時，是否反而有礙社會秩序的維持？因此，如何在當前社會環境下，重新思考《仁學》的意義，或許才是更重要的新課題。

〔註29〕 見周溯源編：《毛澤東評點古今人物》（北京市：紅旗出版社，2002 年），頁 900 ～901。
〔註30〕 見張灝：《思想與時代》，頁 250～254。

結　論

　　日本明治維新的思想家橫井小楠曾說道：「明堯舜孔子之道，盡西洋器械之術，何止富國，何止強兵，布大義於四海而已。」〔註1〕以日本的經驗來看待晚清時期譚嗣同的經世思想，在譚氏《仁學》中已幾乎看不到太多「中體西用」的觀念，甚至還強調了孔子「悉廢古學而改今制」的全變思想，如此是否與日本經驗相衝突？而日本可以藉「中體西用」來完成維新變法，何以中國最終還是失敗？而如果照譚氏盡變西法的方式來實踐維新運動，是否就真能成功？以本文第五、六章所述來看，變法運動的多變性其實是相當複雜，遠非堅持一種觀念，或是由少數幾人所能完成的。譚嗣同的不幸，或許只能歸之於時代的問題。

　　儘管譚氏在《仁學》中不免有過激的言論，而行事作風也常遭到非議，但是譚氏畢生貢獻於變法維新運動，最後也為了變法昌國而犧牲，至少這種勇於任事的精神，是值得肯定的。就如同孫寶瑄和宋恕在評論康有為的功過時，曾說過的：「晚，詣燕生，示以日記所駁長素語，燕生頗謂然。既而曰：『子以考古貶長素甚善，然長素非立言之人，乃立功之人。自中日戰後，能轉移天下之人心風俗者，賴有長素焉。何也？梁卓如以《時務報》震天下，使士夫議論一變，卓如之功，而親為長素弟子，亦長素功也。八比廢，能令天下人多讀書，五百年積弊豁然祛除，而此詔降於長素召見後，亦長素功也。長素考古雖疏，然有大功於世，未可厚非也。』余亦敬服其說。」〔註2〕這樣的評論原則，也應該可以用來評論譚嗣同。因而《仁學》裡固然有許多不成

〔註1〕　見島田虔次〈基調報告　孫文研究をめぐっての私見〉，《孫中山研究　日中
　　　　　国際学術討論会報告集》，孫文研究会編，法律文化社，1986 年，頁 45。
〔註2〕　見《忘山廬日記（上冊）》，頁 220。

熟的思想，譚氏個人的行事又常與《仁學》所述相衝突，但是譚氏「非立言之人，乃立功之人」的評價，早已成爲其身後百年來人們的多數共識。

本文的撰述，不僅爲釐清譚嗣同在湖南新政與戊戌維新時期的歷史地位，更重要的是，特地標舉出譚氏的經世思想，是從早年即已形成；船山思想只佔有批判政治的依據，並不能主導譚氏的經世作爲，永嘉之學才是聯繫其早年至戊戌時期的種種經世實踐的重要關鍵。此一議題，仍可以從整個晚清時期永嘉之學受到許多學者青睞的現象，再做更深入的探析，或許更能看出譚氏重視永嘉經世之學的特點。

至於本文尚待解決的問題，即是爲何是譚嗣同去見袁世凱，而不是康廣仁、或受光緒賜衣帶詔的楊銳？譚嗣同難道完全不知道帝、后之間的不合？這恐怕尚待日後的史料發掘，才有釐清的可能。再者，《仁學》裡的排滿文字，果真是出自譚氏筆下？是否可能遭到竄改？明治四十年（1907 年）七月十四日《漢文臺灣日日新報》第 2758 號刊有作者不明的一篇〈革命之半面相〉說到：「譚嗣同爲戊戌六才士之最，雖以謀遷西后，獲罪至死，於光緒則未始不忠也。何以所著《仁學》一書，於滿人入關至是，如何魚肉漢族，如何奴□漢族，歷數其罪，殆比祖龍〔註3〕尤有甚焉。令人一讀之下，熱血忿湧，欲不排滿而不得，遂使蜀人鄒容，得緣飾之以爲革命先鋒。謂滿人不可與也，則不宜參與其新政；謂可與也，何苦尤莠言以亂政，何其矛盾至是耶？抑或革命本其初心，其就官或別有所圖耶？或則曰其書出版，乃在譚死後，恐即革命黨僞託之者，未稔然否？漢口之亂，唐才常爲勤王不成而死，輿論惜之。近讀章炳麟氏所著，則唐亦革命也，惟美其詞曰革命耳，歷抉其隱謀，皆確鑿可據。惜其文甚長，不能備載，然所謂戊戌變政主動者之康南海，不嘗籌畫於其間乎？豈康亦承認其革命乎？個中消息，尤匪夷所思矣！抑章氏故以此誣唐而誣康也耶？」則懷疑《仁學》文字早已有人。而這懷疑也有跡可循。梁啓超曾說譚嗣同親往日本使館將《仁學》等著作託給他，但是他後來卻又改口說這些著作「君死後皆散逸」。而根據政變當時的日本代理公使林權助的回憶〔註4〕，梁啓超到日本使館求援時，譚嗣同等人已經被捕了，又如何能在

〔註 3〕 「祖龍」指秦始皇。《史記・秦始皇本紀》：「三十六年……秋，使者從關東夜過華陰平舒道，有人持璧遮使者曰：『爲吾遺滈池君。』因言曰：『今年祖龍死。』」裴駰《集解》引蘇林曰：「祖，始也；龍，人君像；謂始皇也。」
〔註 4〕 見《戊戌變法・三》，頁 571。

日本使館將《仁學》交給梁啓超？種種疑問，都牽涉《仁學》內容的可靠性。
究竟眞相如何？只能待日後或學界對此問題詳加考證。

重要參考文獻

一、清代以前輯著之文獻資料

1. 丁寶楨，陳夔龍編輯，《丁文誠公奏稿》，清光緒 19 年刻本。

2. 丁寶楨，《丁文誠公遺稿》，清光緒 20 年刻本。

3. 丁寶楨、翁同龢、袁昶撰，《同光之際名人尺牘》，北京市：全國圖書館文獻縮微中心，1991 年。

4. 于寶軒編，《皇朝蓄艾文編》，上海官書局印：臺北市：臺灣學生書局重印，民國 54 年。

5. 孔慶和、王冬立、張宇澄等編，《格致匯編》，南京市：南京古舊書店，1992 年

6. 文廷式，汪叔子編，《文廷式集》，北京市：中華書局，1993 年。

7. 文廷式，《國朝諸人著述目錄補編》，抄本，出版項不詳。

8. 文廷式輯，《知過軒隨錄》，北京市：全國圖書館文獻縮微中心，2001 年。

9. 毛佩之輯，《變法自強奏議彙編》，近代中國史料叢刊續編第 48 輯，臺北縣：文海出版社，民國 66 年。

10. 王文韶，袁英光、胡逢祥整理，《王文韶日記》，北京市：中華書局，1989 年 5 月。

11. 王先謙，《虛受堂文集》，續修四庫全書集部別集類 1570，上海市：上海古籍出版社，1995 年。

12. 王先謙，《虛受堂書札》，臺北縣：文海出版社，民國 60 年。

13. 王先謙編，《十朝東華錄》，上海積山書局石印本，清光緒甲午二十年。

14. 王先謙編，《郭侍郎（嵩燾）奏疏》，近代中國史料叢刊第 16 輯，臺北縣：文海出版社，民國 57 年。

15. 王國維,《王觀堂先生全集》,臺北市:文華出版社,民國 57 年。

16. 王雲五主持,《道咸同光四朝奏議》,臺北市:臺灣商務印書館,民國 49 年。

17. 王照,《小航文存》,近代中國史料叢刊第 27 輯,臺北縣:文海出版社,民國 57 年。

18. 王照口述,王樹枏錄,《德宗遺事》,成都市:四川人民出版社,1988 年。

19. 王闓運,馬積高主編,《湘綺樓日記》,長沙市:岳麓書社,1997 年。

20. 王韜,方行、湯志鈞整理,《王韜日記》,北京市:中華書局,1987 年。

21. 王韜,《弢園尺牘》,臺北縣:文海出版社,民國 72 年。

22. 王韜,李天綱編校,《弢園文新編》,香港:三聯書店,1998 年。

23. 王韜,《弢園文錄外編》,上海市:世紀出版集團,上海書店出版社,2002 年。

24. 王韜,孫邦華編選,《弢園老民自傳》,南京市:江蘇人民出版社,1999 年。

25. 左宗棠,湖南左宗棠全集整理組、中國第一歷史檔案館編,《左宗棠未刊奏摺》,長沙市:岳麓書社,1987 年。

26. 左宗棠,任光亮、朱仲岳編,《左宗棠未刊書牘》,長沙市:岳麓書社,1989 年。

27. 左宗棠,《左宗棠全集》,上海市:上海書店,1986 年。

28. 甘韓編,《皇朝經世文新編續集》,據光緒 28 年商絳雪齋書局印,臺北縣:文海出版社,民國 68 年。

29. 皮錫瑞,《師伏堂未刊日記》,北京市:全國圖書館文獻縮微複製中心,2004 年。

30. 皮錫瑞,《師伏堂筆記》,續修四庫全書子部雜家類 1165,上海市:上海古籍出版社,1997 年。

31. 《洋務檔案國家圖書館藏歷史檔案文獻叢刊》,全國圖書館文獻縮微複製中心,北京市,2004 年。

32. 朱壽朋編,張靜廬等校點,《光緒朝東華錄》,北京市:中華書局,1984 年。

33. 何良棟輯,《皇朝經世文四編》,據光緒 28 年印,臺北縣:文海出版社,民國 68 年。

34. 吳永口述,劉治襄記,《庚子西狩叢談》,北京市:團結出版社,1999 年。

35. 吳汝綸,施培毅、徐壽凱編,《吳汝綸全集》,合肥市:黃山書社,2002 年。

36. 吳廷燮編,《咸豐要錄》,天津市:天津古籍出版社,1991 年。

37. 宋育仁，《采風記》，成都，清光緒 23 年刻本。

38. 宋育仁，《時務論》，清光緒 22 年石印本，袖海山房。

39. 宋恕，胡珠生編，《宋恕集》，中國近代人物文集叢書，北京市：中華書局，1993 年。

40. 李星源，袁英光、童浩整理，《李星源日記》，北京市：中華書局，1987年。

41. 李興銳，羅眞容、廖一中整理，《李興銳日記》，北京市：中華書局，1987年。

42. 李鴻章，李國傑編，《李鴻章全集》，海口市：海南出版社，1997 年。

43. 求是齋校輯，《皇朝經世文編五集》，據光緒 28 宜今室石印，臺北縣：文海出版社，民國 76 年。

44. 沈葆楨，《沈文肅公牘》，福建省文史研究所編，揚州：江蘇廣陵古籍刻印社，1997 年。

45. 汪康年，《汪康年師友書札》，上海市：上海古籍出版社，1986 年。

46. 法式善，《存素堂文集》，續修四庫全書集部別集類 1476，上海市：上海古籍出版社，1995 年。

47. 法式善，《清秘述聞》，續修四庫全書子部雜家類 1178，上海市：上海古籍出版社，1997 年。

48. 法式善，涂雨公點校，《陶廬雜錄》，北京市：中華書局，1959 年。

49. 邵之棠輯，《皇朝經世文統編》，據光緒 27 年上海寶善齋石印，臺北縣：文海出版社，民國 69 年。

50. 金梁，《光宣小記》，上海市：上海書店出版社，1998 年。

51. 金梁，《近世人物志》，台北市：國民出版社，民國 44 年。

52. 胡思敬，《國聞備乘》，上海市：上海書局，1997 年。

53. 唐才常，湖南省哲學社會科學研究所編，《唐才常集》，北京市：中華書局，1980 年。

54. 孫詒讓，張憲文輯，《孫詒讓遺文輯存》，《溫州文史資料》第五輯，杭州市：浙江人民出版社，1990 年。

55. 孫詒讓，雪克輯點，《籀廎遺著輯存》，濟南市：齊魯書社，1987 年。

56. 孫靜安，《栖霞閣野乘》，北京市：北京古籍出版社，1999 年。

57. 孫寶瑄，《忘山廬日記》，上海市：上海古籍出版社，1983 年。

58. 容閎，《西學東漸記》，長沙市：岳麓書社，1985 年。

59. 容閎，石霓譯注，《容閎自傳：我在中國和美國的生活》，上海市：百家出版社，2003 年。

60. 徐一士，《一士談薈》，太原市：山西古籍出版社，1997 年。

61. 徐珂編，《清稗類鈔》，臺北市：臺灣商務印書館，民國 55 年。

62. 徐凌霄、徐一士，《凌霄一士隨筆》，太原市：山西古籍出版社，1997 年。

63. 徐潤，《清徐雨之先生潤自敘年譜》，(又名《愚齋自敘年譜》)，臺北市：臺灣商務印書館，民國 70 年。

64. 翁同龢，《翁文恭公遺集》，臺北市：維新書局，民國 59 年。

65. 翁同龢，陳義傑整理，《翁同龢日記》，北京市：中華書局，1989～1998 年。

66. 袁昶，《袁太常戊戌條陳》，清光緒 28 年鉛印本。

67. 馬丕瑤，《馬中丞遺集》，近代中國史料叢刊第 58 輯，臺北縣：文海出版社，民國 60 年。

68. 馬建忠，《適可齋紀言紀行》，近代中國史料叢刊第 16 輯，臺北縣：文海出版社，民國 57 年。

69. 國家檔案局明清檔案館編，《戊戌變法檔案史料》，北京市：中華書局，1958 年。

70. 康有爲，《我史》，南京市：江蘇人民出版社，1999 年。

71. 康有爲，《孟子微》，萬木草堂叢書本，臺北市：臺灣商務印書館，民國 76 年。

72. 康有爲，姜義華編校，《康有爲全集》，上海市：上海古籍出版社，1987～1992 年。

73. 康有爲，《諸天講》，北京市：中華書局，1990 年。

74. 康有爲遺稿，上海市文物保管委員會編，《戊戌變法前後》，上海市：上海人民出版社，1986 年。

75. 張之洞，范書義、孫華峰、李秉新編，《張之洞全集》，石家莊：河北人民出版社，1998 年。

76. 張元濟，張樹年、張人鳳編，《張元濟書札》，北京市：商務印書館，1997 年。

77. 張蔭桓，王貴忱註釋，《張蔭桓戊戌日記手稿》，澳門：尚志書社，1999 年。

78. 張謇，曹從坡、楊桐、南通市圖書館編，《張謇全集》，南京市：江蘇古籍出版社，1994 年。

79. 梁啓超，《梁啓超全集》，北京市：北京出版社，2000 年

80. 梁啓超，《清代學術概論》，臺北市：華正書局，民國 78 年。

81. 梁啓超等，《譚嗣同唐才常兩先生暨丙午年萍瀏醴革命史料》，臺北市：大中書局，(出版年不詳)。

82. 盛宣懷，《盛宣懷日記》，揚州市：江蘇廣陵古籍刻印社，1998 年。

83. 盛宣懷，北京市大學歷史系近代史教研室編，《盛宣懷未刊信稿》，北京市：中華書局，1960 年。

84. 盛宣懷，《愚齋存稿》，續修四庫全書集部別集類 1571～1573，上海市：上海古籍出版社，1995 年。

85. 盛康編，《皇朝經世文編續編》，楊家駱主編，臺北：臺北縣：文海出版社，民國 68 年。

86. 郭嵩燾，《郭嵩燾日記》，長沙市：湖南人民出版社，1981～1983 年。

87. 郭嵩燾，楊堅編，《郭嵩燾奏稿》，岳麓書社，1983 年。

88. 郭嵩燾，《養知書屋文集》，上海市：上海古籍出版社，1995 年。

89. 郭嵩燾等著，《郭嵩燾等使西記六種》，王立誠編校，香港：三聯書店，1998 年。

90. 陳忠倚輯，《皇朝經世文三編》，上海：上海書局石印，光緒 28 年，臺北縣：文海出版社，民國 68 年。

91. 陳弢撰，《同治中興京外奏議約編》，臺北市：新興書局，民國 75 年。

92. 陳熾，《陳熾集》，趙樹貴、曾麗雅編，北京市：中華書局，1997 年。

93. 陳寶箴，《陳寶箴集》，汪叔子、張求會編，北京市：中華書局，2003 年。

94. 陳夔龍，《夢蕉亭雜記》，太原：山西古籍出版社，1996 年 1 月。

95. 陳虬，《陳虬集》，溫州文史資料第八輯，胡珠生輯，杭州：浙江人民出版社，1992 年。

96. 章太炎，《章太炎生平與學術自述》，倪偉編選，南京市：江蘇人民出版社，1999 年。

97. 章太炎，《章太炎全集》，上海市：上海人民出版社，1982～85 年。

98. 章炳麟，《章太炎政論選集》，湯志鈞編，北京市：中華書局，1977 年。

99. 麥仲華輯，《皇朝經世文新編》，上海：大同譯書局刊，臺北：臺北縣：文海出版社，民國 68 年。

100. 彭玉麟，《彭玉麟集》，梁紹輝、劉志盛、梁小進、任光亮編，長沙市：岳麓書社 2003 年。

101. 曾紀澤，《曾紀澤日記》，劉志惠點校輯注，王澧華審閱，長沙市：岳麓書社，1998 年。

102. 曾紀澤，《曾紀澤遺集》，喻岳衡點校，長沙市：岳麓書社，1983 年。

103. 曾國藩，《曾國藩奏摺》，唐浩明評點，長沙市：嶽麓書社，2004 年。

104. 曾國藩：《曾國藩全集》，唐浩明總責任編輯，長沙市：嶽麓書社，1987～1994 年。

105. 賀長齡編，《皇朝經世文編》，上海：廣百宋齋校印，臺北縣：文海出版社，民國 68 年。

106. 馮桂芬，《校邠廬抗議》，上海市：上海書店出版社，2002 年。

107. 馮桂芬，《顯志堂稿》，臺北：臺北縣：文海出版社，民國 70 年。

108. 馮桂芬、馬建忠，《采西學議：馮桂芬馬建忠集》，鄭大華點校，遼寧人民出版社，1994 年。

109. 黃遵憲，《黃遵憲集》，吳振清、徐勇、王家祥編校整理，天津：天津人民出版社，2003。

110. 黃濬著，許晏駢、蘇同炳合編，《花隨人聖盦摭憶全編》，聯經出版公司，民國 68 年。

111. 惲毓鼎等著，《清光緒帝外傳》，北京，北京古籍出版社，1999 年。

112. 楊家駱主編，《戊戌變法文獻彙編》，臺北市：鼎文書局，民國 62 年。

113. 楊銳，《楊叔嶠先生文集》，續修四庫全書集部別集類 1568，上海市：上海古籍出版社，1995 年。

114. 經元善，《經元善集》，虞和平編，武昌市：華中師範大學出版社，1988 年。

115. 葉昌熾，《緣督廬日記》，台北，學生書局影印，民國 53 年。

116. 葉德輝編，《覺迷要錄》，近代中國史料叢刊三編第 33 輯 330，臺北縣：文海出版社，民國 76 年。

117. 葛士濬輯，《皇朝經世文續編》，上海：廣百宋齋校印，臺北縣：文海出版社，民國 68 年。

118. 榮祿，《榮祿存箚》，杜春和、耿來金、張秀清編，濟南：齊魯書社，1986 年。

119. 榮祿，《榮祿來往書信檔案》，北京市：中國科學院文獻情報中心資訊影像技術部，1991 年。

120. 榮慶，《榮慶日記》，謝興堯注釋，陝西，西北大學出版社，1986 年。

121. 熊希齡，《熊希齡先生遺稿》，上海市：上海書店出版社，1998 年。

122. 熊希齡，《熊希齡集》，林增平、周秋光編，長沙市：湖南人民出版社，1985 年。

123. 趙炳麟，《光緒大事匯鑑》，廣文書局，1978 年。

124. 劉體仁，《異辭錄》，北京市：中華書局，1998 年 3 月。

125. 劉人熙，《蔚廬文集》，清光緒 22 年大梁刊本。

126. 劉光第，《劉光第集》，《劉光第集》編輯組，北京市：中華書局，1986 年。

127. 劉光蕡，《煙霞草堂文集》十卷，附錄一卷，刻本，蘇州：思過齋，民國

7 年。

128. 劉光蕡,《煙霞草堂遺書》,刻本,蘇州:王典章思過齋,民國 8～10 年。

129. 劉坤一,《劉坤一遺集》,中國科學院歷史研究所第三所,中華書局,1959 年。

130. 德齡,《光緒帝畢生血淚史》,天津市:天津古籍出版社,1999 年。

131. 德齡,《我在慈禧太后身邊的日子》,劉雪芹譯,武漢市:長江文藝出版社,2001 年。

132. 德齡,《御苑蘭馨記》,北京市:團結出版社,1999 年。

133. 德齡,《清宮中的生活寫照》,天津市:天津古籍出版社,1999 年。

134. 蔡雲萬,《蟄存齋筆記》,上海市:上海書店出版社,1998 年 3 月。

135. 鄭孝胥,《鄭孝胥日記》,中國歷史博物館編,勞祖德整理,北京市:中華書局,1993 年。

136. 鄭孝胥,《蘇戡公最後遺稿》,鉛印本,民國間。

137. 鄭觀應,《鄭觀應集》,夏東元編,上海市:上海人民出版社,1982～1988 年。

138. 黎庶昌,《拙尊園叢稿》,清末民初史料叢書第 2 種,臺北:成文出版社,民國 57 年。

139. 駱成驤,《清漪樓遺稿》二卷,鉛印本,民國 37 年。

140. 薛福成,《薛福成全集》,臺北市:廣文書局,民國 52 年。

141. 薛福成,《薛福成選集》,丁鳳麟、王欣之編,上海市:上海人民出版社,1987 年。

142. 魏源,《魏源集》,中華書局編輯部編,北京市:中華書局,1983 年。

143. 魏源編、饒玉成續編,《皇朝經世文編續集》,光緒 8 年補刻續編,江右饒氏雙峰書屋刊本。

144. 譚嗣同,《譚嗣同全集》增訂本,蔡尚思、方行編,北京市:中華書局,1981 年。

145. 譚嗣同,《譚嗣同書簡》,歐陽予倩輯,上海市:文化供應社,民國 37 年。

146. 嚴復,《嚴復集》,王栻主編,北京市:中華書局,1986 年。

147. 蘇輿編,《翼教叢編》,近代中國史料叢刊第 65 輯 647,臺北縣:文海出版社,民國 60 年。

148. 龔自珍,《龔自珍全集》,王佩諍編,上海古籍出版社,1975 年。

二、近人專著及論文集

1. 《知新報》,澳門:澳門基金會,1996 年第 1 版。

2. 《湖南歷史資料》,美國 Virginia:中國研究資料中心。

3. 《續修四庫全書》，上海市：上海古籍出版社，1995 年。

4. 丁文江編，《梁任公先生年譜長編初稿》，台北，世界書局，民國 47 年。

5. 丁偉志、陳崧《中西體用之間：晚清中西文化觀述論》，北京市：中國社會科學出版社，1995 年。

6. 中央研究院近代史研究所編輯委員會編，《六十年來的中國近代史研究》，1989 年。

7. 中央研究院近代史研究所編，《中國近代的維新運動──變法與立憲研討會》，1981 年。

8. 中央研究院近代史研究所編，《近代中國對西方及列強認識資料彙編》，民國 61 年至 79 年。

9. 中央研究院近代史研究所編，《近代中國維新思想研討會》，民國 68 年。

10. 中央研究院近代史研究所編，《清季自強運動研討會論文集》，民國 77 年。

11. 中央研究院近代史研究所編，《道光咸豐兩朝籌辦夷務始末補遺》，民國 71 年。

12. 中國史學會主編，《中日戰爭》，邵循正等編，上海市：上海人民出版社，2000 年。

13. 中國史學會主編，《中法戰爭》，邵循正等編，上海市：上海人民出版社，2000 年。

14. 中國史學會主編，《戊戌變法》，翦伯贊等編，上海市：上海人民出版社，2000 年。

15. 中國史學會主編，《洋務運動》，翦伯贊等編，上海市：上海人民出版社，2000 年。

16. 中國史學會主編，《鴉片戰爭》，齊思和、林樹惠等編，上海市：上海人民出版社，2000 年。

17. 中國第一歷史檔案館編，《光緒朝上諭檔》，桂林市：廣西師範大學出版社，1996 年。

18. 中國第一歷史檔案館編，《光緒朝硃批奏摺》，北京市：中華書局，1995～1996 年。

19. 中華全國圖書館文獻縮微複製中心，《晚清洋務運動事類匯鈔》，北京市，1999 年。

20. 中華書局編輯，《湘報》第 1～177 號，影印本，北京市：中華書局，1965 年。

21. 孔祥吉、村田雄二郎，《罕為人知的中日結盟及其他──晚清中日關係史新探》，巴蜀書社，2004

22. 孔祥吉，《戊戌維新運動新探》，長沙市：湖南人民出版社，1988 年。

23. 孔祥吉，《康有爲變法奏議研究》，瀋陽：遼寧教育出版社，1988 年。

24. 孔祥吉，《晚清史探微》，成都：巴蜀書社，2001 年。

25. 孔祥吉，《晚清佚聞叢考：以戊戌維新爲中心》，成都：巴蜀書社，1998 年。

26. 孔祥吉編著，《救亡圖存的藍圖——康有爲變法奏議輯證》，聯合報系文化基金會，1998 年。

27. 牛仰山、孫鴻霓編，《嚴復研究資料》，福州市：海峽文藝出版社，1990 年。

28. 王汎森，《中國近代思想中的傳統因素：兼論思想的本質與思想的功能》，江蘇文藝，1997 年。

29. 王汎森，《章太炎的思想：(1868～1919) 及其對儒學傳統的衝擊》，時報文化，民國 74 年。

30. 王爾敏，《中國近代思想史論》，臺北：臺灣商務印書館，1995 年。

31. 王爾敏，《晚清政治思想史論》，臺北市：臺灣商務印書館，民國 84 年。

32. 王曉秋、尚小明，《戊戌維新與清末新政：晚清改革史研究》，北京市大學出版社，1998 年。

33. 王曉秋主編，《戊戌維新一百週年國際學術討論會論文集》，社會科學文獻出版社，2000 年。

34. 王樹槐，《外人與戊戌變法》，臺北市：中央研究院近代史研究所，民國 69 年。

35. 王樾，《譚嗣同變法思想研究》，臺北：臺灣學生書局，民國 79 年。

36. 田澍，《曾國藩與湖湘文化》，長沙市：湖南大學出版社，2004 年。

37. 全國政協文史資料委員會編，《文史資料存稿選編精選：清末民初風雲》，中國文史，2006 年。

38. 存萃學社編集，《洋務運動研究論集》，香港：崇文書店，1973 年。

39. 成曉軍，《曾國藩與中國近代文化》，長沙市：湖南出版社，1991 年。

40. 朱東安，《曾國藩集團與晚清政局》，北京市：華文出版社，2003 年。

41. 朱維錚，《求索眞文明：晚清學術史論》，上海市：上海古籍出版社，1996 年。

42. 吳文菜，《容閎與中國近代化》，珠海出版社，1999 年。

43. 吳廷嘉，《戊戌思潮縱橫論》，中國人民大學出版社，1988 年。

44. 吳銘能，《梁啓超研究叢稿》，臺北市：臺灣學生書局，2001 年。

45. 呂實強，《丁日昌與自強運動》，中央研究院近代史研究所，1972 年。

46. 宋德華，《嶺南維新思想述論——以康有爲、梁啓超爲中心》，北京市：

中華書局，2002 年。

47. 李澤厚，《中國近代思想史論》，臺北市：三民書局，民國 85 年。

48. 李文海、孔祥吉編，《戊戍變法》，成都：巴蜀書社，1986 年。

49. 李恩涵、張朋園等，《近代中國：知識分子與自強運動》，南昌市：百花洲文藝出版社，2002 年。

50. 李國祁，《張之洞的外交政策》，臺北市：中央研究院近代史研究所，民國 73 年。

51. 李細珠，《張之洞與清末新政研究》，上海市：上海書店出版社，2003 年。

52. 李澤厚，《中國近代思想史論》，臺北市：谷風出版社，民國 75 年。

53. 沈雲龍主編，《時務報》，近代中國史料叢刊三編第三十三輯，臺北縣：文海出版社，1987 年。

54. 沈雲龍主編，《清議報全編》，近代中國史料叢刊三編第十五輯，臺北縣：文海出版社，1986 年。

55. 汪榮祖，《走向世界的挫折：郭嵩燾與道咸同光時代》，長沙市：嶽麓書社 2000

56. 汪榮祖，《康章合論》，臺北市：聯經出版事業公司，1988 年。

57. 汪榮祖，《從傳統中求變：晚清思想史研究》，南昌：百花洲文藝出版社，2002 年。

58. 汪榮祖，《晚清變法思想論叢》，臺北市：聯經，民國 72 年。

59. 周妤，《中國近代經世派與經世思潮研究》，廣州市：廣東人民出版社，1999 年。

60. 周建波，《洋務運動與中國早期現代化思想》，山東人民出版社，2001 年。

61. 周陽山、楊肅獻編，《近代中國思想人物論：晚清思想》，時報文化出版公司，民國 69 年。

62. 周積明，《最初的紀元：中國早期現代化研究》，北京市：高等教育出版社，1996 年。

63. 周積明等著，《震盪與衝突：中國早期現代化進程中的思潮和社會》，商務印書館，2003 年。

64. 房德鄰，《儒學的危機與嬗變：康有為與近代儒學》，臺北市：文津出版社，民國 81 年。

65. 林文仁，《派系分合與晚清政治》，中國社會科學出版社，2005 年。

66. 林毓生，《熱烈與冷靜‧譚嗣同反傳統思想的特質》，上海市：上海文藝出版社，1998 年 6 月

67. 林載爵，《中國歷代思想家——譚嗣同》，臺北市：臺灣商務印書館，民國 76 年。

68. 林保淳，《嚴復：中國近代思想啓蒙者》，臺北市：幼獅文化事業公司，1988 年。

69. 林啓彦、黃文江主編，《王韜與近代世界》，香港：香港教育圖書公司，2000 年。

70. 金觀濤、劉青峰，《中國現代思想的起源》，香港：中文大學出版社，2000 年

71. 政協瀏陽縣委員會文史資料研究委員會、譚嗣同紀念館合編，《譚嗣同研究資料匯編》，1988 年。

72. 段本洛，《譚嗣同》，揚州市：江蘇古籍出版社，1985 年

73. 秋陽，《李端棻傳》，貴陽：貴州民族出版社，2000 年。

74. 胡偉希編選，《民聲——辛亥時論選》，瀋陽市：遼寧人民出版社，1994 年

75. 胡繩武編，《戊戌維新運動史論集》，長沙市：湖南人民出版社，1983 年。

76. 茅海建，《戊戌變法史事考》，三聯書店，2005 年。

77. 唐德剛，《晚清五十年》，臺北市：聯經，民國 86 年。

78. 夏東元，《晚清洋務運動研究》，成都市：四川人民出版社，1985 年。

79. 夏東元，《盛宣懷年譜長編》，上海市：交通大學出版社，2004 年。

80. 孫文光、王世芸，《龔自珍研究資料集》，合肥：黃山書社，1984 年。

81. 孫廣德，《晚清傳統與西化的爭論》，臺北市：臺灣商務印書館，民國 71 年。

82. 徐義君，《譚嗣同思想研究》，長沙市：湖南人民出版社，1981 年。

83. 桑咸之，《晚清政治與文化》，北京市：中國社會科學出版社，1996 年。

84. 國家檔案局明清檔案館編，《戊戌變法檔案史料》，中華書局，1958 年。

85. 張玉法，《中國近代史》，臺北市：東華書局，民國 85 年。

86. 張立文，《中國近代新學的展開》，臺北市：東大圖書公司，民國 80 年。

87. 張仲禮主編，《中國近代經濟史論著選譯》，上海市：上海社會科學院出版社，1987 年。

88. 張仲禮主編，《東南沿海城市與中國近代化》，上海市：上海人民出版社，1996 年。

89. 張宇權，《思想與時代的落差：晚清外交官劉錫鴻研究》，天津古籍出版社，2004 年。

90. 張志建，《嚴復學術思想研究》，北京市：商務印書館，1995 年。

91. 張朋園，《梁啓超與清季革命》，臺北市：中央研究院近代史研究所，民國 53 年。

92. 張朋園、李恩涵等著,《近代中國──知識分子與自強運動》,臺北市：食貨出版社,民國 60 年。

93. 張磊,《丁日昌研究》,廣東人民出版社,1988 年。

94. 張錫勤,《戊戌思潮論稿》,黑龍江教育出版社,1998 年。

95. 張耀南、陸麗雲、孫宇陽,《戊戌百日誌》,北京市：北京市燕山出版社,1998 年。

96. 張灝,《烈士精神與批判意識：譚嗣同思想的分析》,臺北市：聯經出版事業公司,民國 77 年。

97. 梁啓超,《中國近三百年學術史》,臺北市：華正書局,民國 63 年。

98. 清華大學歷史系編,《戊戌變法文獻資料繫目》,上海市：上海書店出版社,1998 年。

99. 許姬傳,《七十年見聞錄》,中華書局,1985 年。

100. 郭廷以,《近代中國之變局》,臺北市：聯經,民國 79 年。

101. 郭廷以,《近代中國史綱》,臺北市：曉園出版社,民國 84 年。

102. 陳善偉,《唐才常年譜長編》,香港：中文大學出版社,1990 年。

103. 陳越光、陳小雅,《搖籃與墓地：嚴復的思想和道路》,四川人民出版社,1985 年。

104. 陳耀南,《魏源研究》,香港：乾惕書屋,1979 年。

105. 陸寶千,《清代思想史》,臺北市：廣文書局,民國 72 年。

106. 章開沅,《張謇傳》,北京市：中華工商聯合出版社,2000 年。

107. 章開沅、田彤,《張謇與近代社會》,武漢：華中師範大學出版社,2002 年。

108. 彭明輝,《晚清的經世史學》,臺北市：麥田出版社,2002 年。

109. 湯志鈞,《康有為與戊戌變法著》,北京市：中華書局,1984 年。

110. 湯志鈞、湯仁澤,《維新‧保皇‧知新報》,上海市：上海市社會科學院出版社,2000 年。

111. 馮友蘭,《中國哲學史新編》第六冊,北京：人民出版社,1992 年。

112. 馮天瑜、何曉明,《張之洞評傳》,南京市：南京大學出版社,1991 年。

113. 馮天瑜、黃長義,《晚清經世實學》,上海市：上海社會科學院出版社,2002 年。

114. 馮契主編,《中國近代哲學史》,上海：上海人民出版社,1989 年。

115. 黃彰健,《戊戌變法史研究》,臺北市：中央研究院歷史語言研究所,民國 59 年。

116. 黃彰健,《康有為戊戌真奏議》,臺北市：中央研究院歷史語言研究所,

民國 63 年。

117. 楊一峰，《譚嗣同》，臺北市：中央文物供應社，民國 48 年。

118. 楊天石，《海外訪史錄》，北京市：社科文獻出版社，1998 年。

119. 楊天石，《尋求歷史的謎底》，北京市：首都師範大學出版社，1993 年。

120. 楊廷福，《譚嗣同年譜》，香港：崇文書店，1972 年。

121. 楊榮國，《譚嗣同哲學思想》，北京市：人民出版社，1957 年。

122. 賈維，《譚嗣同與晚清士人交往研究》，長沙市：湖南大學出版社，2004 年。

123. 熊月之，《馮桂芬評傳》，南京市：南京大學出版社，2004 年。

124. 福州市嚴復研究會編，《嚴復與中國近代化學術研討會論文集》，海峽文藝出版社，1998 年。

125. 劉振嵐，《戊戌維新運動專題研究》，北京市：首都師範大學出版社，1999 年。

126. 劉鳳翰，《袁世凱與戊戌政變》，台北，傳記文學出版社，民國 60 年。

127. 樓宇烈，《中國大百科全書·哲學卷》，北京市：中國大百科全書出版社，1985 年。

128. 樊百川，《清季的洋務新政》，上海市：上海書店出版社，2003 年。

129. 蔣廷黻，《中國近代史》，上海市：上海市書店，1990 年。

130. 蔡辰蘇、張勇、王憲明著，《戊戌變法史述論稿》，北京市：清華大學出版社，2001 年。

131. 鄭海麟、《黃遵憲與近代中國》，北京市：三聯書店，1988 年。

132. 鄧潭洲，《譚嗣同傳論》，上海市：上海人民出版社，1981 年。

133. 蕭一山，《清代通史》，臺北市：商務印書館，民國 56 年。

134. 蕭功秦，《危機中的變革——清末現代化進程中的激進與保守》，上海三聯書店，1999 年。

135. 錢穆，《中國近三百年學術史》，臺北市：臺灣商務印書館，民國 79 年。

136. 戴景賢，《王船山之道器論》，臺北市：廣學社印書館，民國 71 年。

137. 戴逸，《當代學者自選文庫·戴逸卷》，安徽教育出版社，1999 年。

138. 戴逸，《步入近代的歷程》，瀋陽市：遼寧大學出版社，1992 年。

139. 戴逸，《履霜集》，北京市：中國人民大學出版社，1987 年。

140. 薛化元，《晚清「中體西用」思想論：官定意識型態的西化理論》，稻鄉出版社，民國 80 年。

141. 羅志田，《權勢轉移：近代中國的思想、社會與學術》，武漢市：湖北人民出版社，1999 年。

142. 蘇同炳（莊練），《中國近代史上的關鍵人物》，台北：四季出版公司，民國 67 年。

143. 顧長聲，《容閎：向西方學習的先驅》，上海人民出版社，1984 年。

144. 龔書鐸等著，《中國近代史研究中的幾個原則爭論》，北京市師範大學出版社，2001 年。

145. 龔鵬程，《近代思想史散論》，臺北市：東大圖書，民國 80 年。

三、近人外文著作及中譯著作

1. Bastid, Marianne，〈晚清官方的皇權觀念〉，賈宇琰譯，《開放時代》2001 年 1 月號。

2. Burtt, Edwin Arthur，《近代物理科學的形而上學基礎》，徐向東譯，成都：四川教育出版社，1997 年。

3. Huntington, Samuel，《變動社會的政治秩序》，上海譯文出版社，1989 年。

4. Ingo Schäfer, "Natural Philosophy, Physics and Metaphysics in the Discoourse of Tan SiTong: The Concepts of Qi and Yitai", Michael Lackner, Iwo Amelung and Joachim Kurtz（eds.）, New Terms for New Ideas: Western Knowledge and Lexical Change in Late Imperial China, Leiden et al. 2001.

5. Karl, Rebecca E. & Peter Zarrow, *Rethinking the 1898 reform period: political and cultural change in late Qing China*, Harvard University Press, Cambridge, Mass. , 2002.

6. Kwong, Luke S. K., A mosaic of the hundred days : personalities, politics, and ideas of 1898, Council on East Asian Studies, Harvard University, 1984.

7. Kwong, Luke S. K., *T'AN SSU-T'UNG, 1865～1898: Life and Thought of a Reformer*, Leiden; New York; Koln: Brill, 1996.

8. Lewis, Charlton M., *Prologue to the Chinese Revolution: The Transformation of Ideas and Institutions in Hunan Province, 1891～1907*. Cambridge/Mass. 1976.

9. Lewis, Charlton M., The Reform Movement in Hunan （1896～1898）, *Papers on China,* vol. 15, 1961.

10. Morse, Hosea，張匯文等譯，《中華帝國對外關係史》，上海，上海書店，1960 年。

11. Niu, Pu, *Confucian statecraft in Song China: Ye Shi and the Yongjia school*, pp. 14～15, Ph.D. Dissertation, Arizona State University, 1998.

12. Robel, R. Ronald, *The Life and Thought of T'an Ssu-t'ung*. Unpublished Ph.D. dissertation of the University of Michigan, 1972.

13. Rogers, Lisa Marie, *Nature and Ethics in Late Qing Thought*. Unpublished Ph.D. dissertation of the University of Michigan, 2004.

14. Shek, Richard H., "Some Western Influences on T'an Ssu-t'ung's Thought", Paul A. Cohen and John E. Schrecker （ed.）, *Reform in Nineteenth-Century China*, East Asian Research Center, Harvard University, 1976.

15. Talbott, Nathan M., *Intellectual Origins and Aspects of Political Thought in the 'Jen-hsueh' of T'an Ssu-t'ung, Martyr of the 1898 Reform.* Unpublished Ph.D. dissertation of Washington University, 1956.

16. Wile, D. David, *T'an Ssu-t'ung: His Life and Major Work, The Jen-hsueh.* Unpublished Ph.D. dissertation of the University of Wisconsin, 1972.

17. 小野川秀美，《晚清政治思想研究》，林明德、黃福慶合譯，時報文化出版社，民國 71 年。

18. 史景遷，《追尋現代中國——最後的王朝》，溫洽溢譯，時報出版公司，2001 年。

19. 史華茲，《尋求富強：嚴復與西方》，葉鳳美譯，南京市：江蘇人民出版社，1996 年。

20. 田大里輯，《光學》，臺北：新文豐出版社，民國 78 年。

21. 任達，《新政革命與日本：中國，1898～1912 年》，李仲賢譯，江蘇人民出版社。

22. 有田和夫，《近代中國思想史論》，東京：汲古書院，1998 年。

23. 有田和夫，《氣的思想・變法運動中的氣——附：以太》，上海：上海人民出版社，1990 年。

24. 有田和夫，《清末意識構造の研究》，東京：汲古書院，1984 年。

25. 西順藏編，《原典中國近代思想史》第 2 冊《洋務運動と変法運動》，東京：岩波書店，1976 年。

26. 佐藤慎一，《近代中國の知識人と文明》，東京：東京大學出版会，1996 年。

27. 佐藤慎一編，《近代中國の思索者たち》，大修館書店，1998 年。

28. 李惠京，〈譚嗣同の《仁学》——批判哲学としての破壊と建設の役割について〉，《東方学》95。

29. 近藤邦康，《中國近代思想史研究》，東京：勁草書房，1981 年。

30. 孫路易，《中国思想認識における幾つかの問題》，朋友書店，2006 年。

31. 島田虔次，《中國近代思維的挫折》，江蘇人民出版社，2001 年。

32. 徐中約，《中國近代史》，計秋楓、朱慶葆譯，香港：中文大學出版社，2002 年。

33. 烏特亨利，《治心免病法》，傅蘭雅譯，上海格致書室，清光緒二十二年鉛印本，湖南省圖書館。

34. 狹間直樹，《梁啓超・明治日本・西方》，日本京都大學人文科學研究所

共同研究報告，北京社會科學文獻出版社，2001 年。

35. 高田淳，《中国の近代と儒教：戊戌変法の思想》，東京：紀伊国屋書店，1970 年。

36. 勒文森，《梁啓超與中國近代思想》，劉傳譯，成都：四川人民出版社，1986 年。

37. 張灝，《危機中的中國知識分子：尋找秩序與意義》，高力克等譯，山西人民出版社，1988 年。

38. 張灝，《梁啓超與中國思想的過渡（1890～1907）》，崔志海譯，江蘇人民出版社，1997 年。

39. 堀川哲男，〈譚嗣同的政治思想〉，殊毅譯，《河北師院學報》，第 4 期。

40. 費正清、劉廣京編，《劍橋中國史：晚清篇》，中國社會科學出版社，1985 年。

41. 費維愷，《中國早期工業化：盛宣懷和官督商辦企業》，中國社會科學出版社，2002 年。

42. 福爾索姆，《朋友‧客人‧同事：晚清幕府制度研究》，中國社會科學出版社，2002 年。

43. 齊赫文斯基，《中國變法維新運動和康有爲》，張時裕等合譯，北京市：三聯，1962 年。

44. 劉廣京、朱昌，《李鴻章評傳：中國近代化的起始》，陳絳譯，上海古籍出版社，1995 年。

45. 稻葉君山，《清朝全史》，但燾譯，臺北市：中華書局，民國 49 年再版。

46. 蕭公權，《翁同龢與戊戌維新》，楊肅獻譯，臺北市：聯經出版事業公司，民國 72 年。

47. 蕭公權，《康有爲思想研究》，汪榮祖譯，臺北市：聯經出版公司，民國 77 年。

48. 濮蘭德、白克好司，《慈禧外記》，陳冷汰、陳詒先譯，珠海市：珠海出版社，1995 年。

49. 龐百騰，《沈葆楨評傳：中國近代化的嘗試》，陳俱譯，上海古籍出版社，2000 年。

50. 坂元弘子，〈譚嗣同的《仁學》和鳥特亨利的《治心免病法》〉，《中國哲學》第 13 輯，1985 年。

51. 坂元弘子，〈譚嗣同思想與民族認同、性別意識〉，《譚嗣同與戊戌維新》，嶽麓書社，1999 年。

52. 坂出祥伸，《中国近代の思想と科学》，京都：同朋舍出版，1983 年。

53. 坂出祥伸，《康有爲傳》，葉妍譯，臺北：國際文化事業有限公司，1989

年。

54. 莊光茂樹，《中国近代政治の運動と思想：洋務・変法・革命運動》，時潮社，1998 年。

四、中文碩博士論文

1. 干春松，《制度化儒家的解體（1895～1919）》，中國社科院研究生院中國哲學博士論文，2001 年。

2. 尹飛舟，《湖南維新運動研究》，中國社會科學院研究生院中國近代史博士論文。

3. 王林，《《萬國公報》研究》，北京市師範大學中國近現代史博士論文，1996 年。

4. 史革新，《晚清理學研究》，北京市師範大學中國近現代史博士論文，1992 年。

5. 皮後鋒，《嚴復與西學東漸》，南京大學博士論文，1997 年。

6. 任靈蘭，《嘉道時期士大夫的學術風尚》，北京市師範大學中國近現代史博士論文，1998 年。

7. 李海英，《孫詒讓研究》，山東大學博士論文，2002 年。

8. 周敏之，《王照研究》，中國社會科學院研究生院中國近現代史博士論文，2002 年。

9. 邱榮舉，《譚嗣同的政治思想》，臺北市：國立臺灣大學政治學研究所碩士論文，民國 68 年。

10. 金慶惠，《晚清早期維新派研究》，北京市師範大學中國近現代史博士論文，1998 年。

11. 馬克鋒，《西學中源說與近代文化》，北京市師範大學中國近現代史博士論文，1991 年。

12. 張家珍，《譚嗣同「仁學」思想研究》，私立中國文化學院哲學研究所碩士論文，民國 69 年 6 月。

13. 張登德，《尋求近代富國之道的思想先驅──陳熾研究》，北京市師大中國近史博士論文，2003 年。

14. 陽信生，《湖南近代紳士階層研究（1895～1912）》，湖南師範大學中國近現代史博士論文，2003 年。

15. 董貴成，《近代科學與戊戌維新》，北京市師範大學中國近現代史博士論文，2001 年。

16. 賴溫如，《晚清新舊學派思想之論爭──以《翼教叢編》爲中心的討論》，國立臺灣師範大學國文研究所博士論文，民國 91 年。

五、中文期刊論文

1. 丁放，〈晚清政治風雲中的吳保初〉，《安徽史學》，1995 年 01 期。

2. 孔祥吉，〈蔡金台密札與袁世凱告密之真相〉，《廣東社會科學》，2005 年第 5 期。

3. 孔祥吉，〈譚嗣同「獄中題壁」詩刑部傳鈔本之發現及其意義〉，《漢學研究》12 卷 1 期，民國 83 年 6 月。

4. 孔祥吉，〈難得一見的百日維新史料——讀唐烜稿本《留庵日鈔》〉，《學術界》，2004 年 01 期。

5. 孔祥吉，〈宋伯魯與戊戌變法〉，《人文雜誌》，1984 年 02 期。

6. 王先明，〈張之洞與晚清「新學」〉，《社會科學研究》，2000 年 04 期。

7. 王林，〈《萬國公報》的變法主張述評〉，《學術研究》，2004 年 04 期。

8. 王夏剛，〈清代檔案中譚嗣同資料釋讀〉，《史學月刊》，2006 年第 7 期。

9. 王振鋒，〈晚清開放初期中堅人物的隕落——徐繼畬四論〉，《城市研究》，1995 年 02 期。

10. 王翔，〈《資政新篇》與洋務思想的文化學比較〉，《史學集刊》，4 期，1988 年。

11. 王樾，〈會通與轉化——譚嗣同宗教觀之分析〉，《淡江史學》5 期，民國 82 年 6 月。

12. 史革新，〈理學與晚清社會〉，《北京市師範大學學報（社會科學版）》，1998 年 04 期。

13. 田濤，〈晚清國人世局觀的演變〉，《天津師範大學學報（社會科學版）》，2003 年 05 期。

14. 成曉軍，〈論黎庶昌對曾國藩洋務觀的繼承和發展〉，《貴州社會科學》，1994 年 02 期。

15. 成曉軍、武增鋒、李龍躍，〈晚清「西學中源」說再認識〉，《貴州社會科學》，2002 年 01 期。

16. 朱維錚，〈在晚清思想界的黃宗羲〉，《天津市工會管理幹部學院學報》，2001 年 04 期。

17. 何一民，〈駱成驤與戊戌維新運動〉，《文史雜誌》，1987 年 04 期。

18. 何一立，〈黃英《籌蜀篇》及其維新思想〉，《四川師範大學學報社會科學版》，1986 年 05 期。

19. 吳忠民，〈論王先謙的洋務思想〉，《東嶽論叢》，1 期，1985 年。

20. 吳福環，〈洋務論者的「變局」觀〉，《史學月刊》，2 期，1987 年。

21. 呂實強，〈戊戌變法失敗原因的檢討〉，《歷史月刊》，125 期，民國 87 年

06 月。

22. 呂實強，〈自強運動時期的維新與保守〉，《復興崗學報》，12 期，民國 63
年 09 月。

23. 呂實強，〈論洋務運動的本質〉，《中央研究院近代史研究所集刊》，1991
年第 20 期。

24. 李增，〈譚嗣同以太之形上學解析〉，《譚嗣同暨戊戌維新國際學術研討會
論文集──中華仁學會叢書第八集》，臺北：中華仁學會，1998 年 10 月。

25. 李增，〈譚嗣同之仁通學〉，《國立政治大學哲學學報》3 期，民國 85 年
12 月。

26. 李澤厚，〈論譚嗣同的哲學思想和社會政治觀點〉，《中國近三百年學術思
想論集二編》，香港：存萃學社編集，崇文書店，1971 年 10 月。

27. 李澤厚，〈關於譚嗣同哲學思想的研究──對孫長江先生兩篇文章的一些
意見〉，《哲學研究》1957 年第 3 期。

28. 李書源、管書合，〈洋務派與戊戌維新運動〉，《史學集刊》，1998 年 04
期。

29. 李海紅，〈李提摩太在《萬國公報》上的變法思想〉，《西南交通大學學報
社會科學版》，2003 年。

30. 沈豔，〈晚清經世文編現象的歷史文化透視〉，《江漢論壇》，2000 年 01
期。

31. 汪林茂，〈從傳統到近代──晚清浙江學術的變遷〉，《浙江大學學報人文
社會科學版》，2004 年。

32. 汪榮祖，〈一百年前的六月──戊戌風雲今談〉，《歷史月刊》，125 期，
民國 87 年 06 月。

33. 汪榮祖，〈譚嗣同中詩透露的戊戌史事〉，《歷史月刊》154 期，民國 89
年 11 月

34. 汪榮祖撰，〈戊戌密謀再議──答高、黃兩先生〉，《歷史月刊》，民國 77
年 9 月，總第 8 期。

35. 汪榮祖撰，〈帝黨確有密謀──也論戊戌政變〉，《歷史月刊》，民國 77 年
4 月，總第 3 期。

36. 周志文，〈崇奢黜儉──論譚嗣同與章炳麟的一個經濟觀點〉，《淡江學報》
31 期，民國 81 年 1 月。

37. 周輝湘，〈洋務思潮中的三種西學觀〉，《歷史教學》，1995 年 10 期。

38. 周輝湘，〈論洋務「西體中用」文化觀〉，《求索》，2001 年 01 期。

39. 周積明，〈晚清經世實學對中國早期現代化運動的推動〉，《天津社會科
學》，2000 年 03 期。

40. 周積明，〈變革的新工具──略說戊戌時期的學堂、學會、報紙〉，《湖北大學學報（哲學社會科學版）》，1996 年第 2 期。

41. 房德鄰，〈維新派「圍園」密謀考──兼談〈詭謀直紀〉的史料價值〉，《近代史研究》，2001 年 3 期。

42. 林俊宏，〈譚嗣同「仁學」思想的社會政治分析──儒家思想的承繼與批判（上）（下）〉，《孔孟月刊》34 卷 4～5 期，民國 84 年 12 月、民國 85 年 1 月。

43. 林慶元，〈譚嗣同對中西學的匯通（上）（下）〉，《孔孟月刊》39 卷 10～11 期，民國 90 年 6～7 月。

44. 林文仁，〈由沈、榮之爭看影響晚清政局演變的兩個因素〉，《史學集刊》，1996 年 04 期。

45. 林啓彥，〈王韜中西文化觀的演變〉，《漢學研究》，17 卷 1 期，民國 88 年 06 月。

46. 邱展雄，〈彭玉麟的洋務思想〉，《湖南城市學院學報》，1986 年 02 期。

47. 邱榮舉，〈論晚清變法思想〉，《空大學訊》，283 期，民國 91 年 01 月。

48. 俞雄，〈孫詒讓維新思想及其實踐〉，《溫州師範學院學報》，1997 年 02 期。

49. 茅海建，〈戊戌政變的時間、過程與原委〉，《近代史研究》2002 年 4、5、6 期。

50. 苑書義，〈張謇與維新運動〉，《河北師範大學學報・哲學社會科學版》，1999 年 01 期。

51. 唐凌，〈一位不容忽視的洋務思想家──馬丕瑤〉，《廣西師範大學學報哲學社會科學版》，1988 年。

52. 孫邦華，〈西潮衝擊下晚清士大夫的變局觀〉，《二十一世紀》，65 期，民國 90 年 06 月。

53. 孫長江，〈論譚嗣同〉，《中國近三百年學術思想論集二編》，香港，崇文書店，1971 年 10 月。

54. 孫隆基，〈從「天下」到「國家」──戊戌維新一代的世界觀〉，《二十一世紀》1998 年 46 期。

55. 徐振亞，〈近代西方科技譯著對譚嗣同的影響〉，《譚嗣同思想學術研討會論文集──中華仁學會叢書第七集》，臺北：中華仁學會，1997 年 10 月。

56. 高柏園，〈譚嗣同《仁學》的理論內容與思想性格〉，《鵝湖月刊》第二十一卷第五期。

57. 張力群，〈張之洞與《時務報》〉，《復旦學報・社會科學版》，2001 年 02 期。

58. 張仲禮等，〈國外洋務運動研究概述〉，《歷史研究》，3 期 1985 年。

59. 張灝，〈中國近代思想史的轉型時代〉，《二十一世紀》，52 期，民國 88 年 04 月。

60. 張灝，〈再認戊戌維新的歷史意義〉，《二十一世紀》，45 期，民國 87 年 02 月。

61. 符必春，〈陳虬的政治維新思想〉，《貴州師範大學學報·社會科學版》，2001 年 01 期。

62. 許晏駢（高陽）撰，〈所謂「帝黨確有密謀」的面面觀——答汪榮祖先生〉，《歷史月刊》，民國 77 年 7 月，總第 6 期。

63. 許晏駢（高陽）撰，〈慈禧太后與伊藤博文——戊戌政變眞相之揭發〉，《歷史月刊》，民國 77 年 2 月，創刊號。

64. 郭長庚，〈戊戌變法失敗原因新探——清代變革的環境壓力與時機問題〉，《零陵學院學報》，2004 年。

65. 郭漢民，〈譚梁交誼與晚清思想〉，《湘潭大學社會科學學報》，1999 年 04 期。

66. 陳居淵，〈略論晚清學術界的尊顏與反顏之爭〉，《河北學刊》，1997 年 01 期。

67. 陳居淵，〈論晚清儒學的「漢宋兼采」〉，《孔子研究》，1997 年 03 期。

68. 陳金陵，〈發出維新呼聲的法式善〉，《內蒙古社會科學·漢文版》，1984 年 06 期。

69. 陳康衡，〈鄭觀應與晚清社會的三個派別〉，《歷史教學》，2004 年 08 期。

70. 陳捷先，〈戊戌變法前後的帝后黨爭〉，《歷史月刊》，125 期，民國 87 年 06 月。

71. 陸寶千，〈郭嵩燾之洋務思想〉，《廣文月刊》，1 卷 3 期，民國 58 年 01 月。

72. 章鳴九、張耀美，〈論洋務思想家的理論基礎〉，《近代史研究》，6 期，1986 年。

73. 傅美林，〈洋務思潮之嚆矢——論馮桂芬的思想〉，《歷史教學》，1999 年 08 期。

74. 曾建立，〈《格致古微》與晚清「西學中源」說〉，《中州學刊》，2000 年 06 期。

75. 曾琦雲，〈譚嗣同與佛教〉，《內明》280 期，民國 84 年 7 月。

76. 湯志鈞，〈關於戊戌政變的一項重要史料——畢永年的《詭謀直紀》〉，《中華文史論叢》，1986 年。

77. 賀廣如，〈論譚嗣同的變法與復古〉，《國立中央大學人文學報》22 期，

民國 89 年 12 月。

78. 馮天瑜，〈張之洞與戊戌維新〉，《清史研究》，1999 年 01 期。

79. 黃彰健，〈戊戌變法與素王改制〉，《大陸雜誌》，100 卷 5 期，民國 89 年 05 月。

80. 黃彰健，〈論譚嗣同獄中詩——與孔祥吉先生商榷〉，《大陸雜誌》90 卷 2 期，民國 84 年 2 月

81. 黃彰健撰，〈談戊戌政變——與高陽、汪榮祖二先生商榷〉，《歷史月刊》，民國 77 年 8 月，第 7 期。

82. 涂美珍、堯奇，〈陳熾與戊戌維新運動〉，《南昌教育學院學報》，2002 年 04 期。

83. 楊天石，〈袁世凱〈戊戌紀略〉的真實性及其相關問題〉，《近代史研究》，1998 年第 5 期。

84. 楊際開，〈宋恕變法理論與清末政治思想〉，《思與言》，39 卷 04 期，民國 90 年 12 月。

85. 葉海煙，〈譚嗣同「仁學」的人學意義〉，《東吳哲學學報》3 期，民國 87 年 4 月。

86. 董劍平，〈維新與衛道：王先謙的文化心態〉，《二十一世紀》，29 期，民國 84 年 06 月。

87. 董增剛，〈論譚嗣同《仁學》以太說〉，《首都師範大學學報，社會科學版）》1994 年第 5 期。

88. 鄔昆如，〈譚嗣同哲學體系與淵源問題〉，《湖南文獻》22 卷 4 期，民國 83 年 10 月。

89. 劉金源，〈洋務運動的馬前卒——徐潤〉，《檔案與史學（漢學）》，1999 年 1～2 期。

90. 劉聖宜，〈梁慶桂與晚清廣東維新運動〉，《學術研究》，2004 年 07 期。

91. 劉廣京，〈鄭觀應易言——光緒初年之變法思想〉，《清華學報》，8 卷 1 至 2 期，民國 59 年 08 月。

92. 鄭志明，〈譚嗣同的宗教觀〉，《鵝湖》26 卷 2 期，民國 89 年 8 月。

93. 盧剛，〈《湘報》與湖南維新運動〉，《湖南社會科學》，2003 年 02 期。

94. 鮑家麟，〈宋恕（1862～1910）的變法論〉，《歷史學系學報》，2 期，民國 64 年 06 月。

95. 鮑紹霖，〈帝術縱橫：析論康有為《彼得大帝心法》之義〉，《史學理論研究》，1998 年 03 期。

96. 鍾家鼎、王羊勺，〈李端棻《變法維新條陳當務之急折》研究〉，《貴州文史叢刊》，2004 年 01 期。

97. 韓毓海、董正華，〈晚清以來的中國歷史和現代化進程——周錫瑞教授訪談錄〉，《戰略與管理》，1996。

98. 薩孟武，〈戊戌變法以前的洋務運動及反對的言論〉，《中華文化復興月刊》，3 卷 4 期，民國 59 年。

99. 鄺兆江，〈譚嗣同和傅蘭雅的一次會見〉《近代史研究》，1994 年第 6 期。

100. 嚴北溟，〈論譚嗣同的「仁學」思想〉，《中國近三百年學術思想論集五編》，香港：存萃學社編集，崇文書店，1974 年 1 月。